U0922431

总第 29 期

南昌统计年鉴

NANCHANG STATISTICAL YEARBOOK

2023

南昌市统计局 国家统计局南昌调查队 编

图书在版编目（C I P）数据

南昌统计年鉴 .2023 = Nanchang Statistical Yearbook 2023 / 南昌市统计局, 国家统计局南昌调查队编 .-- 北京 ：中国统计出版社 ,2023.10
ISBN 978-7-5230-0239-1

Ⅰ. ①南… Ⅱ. ①南… ②国… Ⅲ. ①统计资料－南昌－2023－年鉴 Ⅳ. ① C832.561-54

中国国家版本馆 CIP 数据核字(2023)第175016 号

南昌统计年鉴 2023

作　　者/ 南昌市统计局　国家统计局南昌调查队
责任编辑/ 罗浩
校　　对/ 刘涛
出版发行/ 中国统计出版社有限公司
地　　址/ 北京市丰台区西三环南路甲 6 号
邮政编码/ 100073
电　　话/ 邮购（010）63376909　书店（010）68783171
网　　址/ http://www.zgtjcbs.com
印　　刷/ 江西昌和特种票证有限公司
经　　销/ 新华书店
开　　本/ 890mm × 1240mm　1/16
字　　数/ 670 千字
印　　张/ 28.5
印　　数/ 1-300 册
版　　别/ 2023 年 10 月第 1 版
版　　次/ 2023 年 10 月第 1 次印刷
定　　价/ 400.00 元

如有印装差错，由本社发行部调换。

《南昌统计年鉴2023》

编 辑 委 员 会

编　辑　部

编 者 说 明

一、《南昌统计年鉴2023》系统收录了全市和12个县区、开发区、管理局2022年经济、社会各方面的统计数据，改革开放以来和其他重要历史年份的全市主要统计数据，以及全国各省（区、市）、省会城市和全省各地市部分主要指标数据，是一部全面反映南昌市经济和社会发展情况的资料性年刊。

二、全书内容分为20个篇目：综合，国民经济核算，人口·劳动力，就业人员和职工工资，人民生活，物价，固定资产投资，城市公用事业，财政·金融、农业，工业，能源，建筑业，交通运输、邮电通信和规上服务业，国内贸易，外贸和旅游，房地产，科技·教育·文化，卫生·体育·其他，附表。为便于读者正确使用资料，每个篇章后面附有主要统计指标解释。

三、本年鉴总量指标计算所采用的价格除注明外均为当年价格。

四、本年鉴资料主要来自年度统计报表，一部分来自抽样调查。

五、本年鉴部分数据合计数或相对数由于单位取舍不同产生的计算误差均未作机械调整。

六、 本年鉴所涉及的全国性统计数据，除特殊注明外， 均未包括香港、澳门特别行政区和台湾省数据。

七、本年鉴表中的空格表示该项统计数据不详或无该项数据，“ # ”表示其中项。

八、读者在使用历史资料时，凡与本年鉴有出入的，均以本年鉴为准。

九、年鉴公开出版以来，受到了广大读者的关心和支持，对此我们深表谢意。由于编者水平限制，本年鉴难免存在一定疏漏，欢迎读者对年鉴内容、编排等方面提出宝贵意见，帮助我们进一步提高编辑水平，更好地为读者服务。

目 录

一、综 合

二、 国民经济核算

三、人口·劳动力

四、就业人员和职工工资

五、人民生活

六、物　价

七、固定资产投资

八、城市公用事业

九、财政 · 金融

十、农　　业

十一、工　业

十二、能　源

十三、建 筑 业

十四、交通运输、邮电通信和规上服务业

十五、国内贸易

十六、外贸和旅游

十七、房 地 产

十八、科技·教育·文化

十九、卫生·体育·其他

二十、附　表

南昌市 2022 年国民经济和社会发展统计公报

南昌市统计局　国家统计局南昌调查队

2022 年，面对严峻复杂的外部环境和疫情多发散发、罕见高温旱情等多重超预期因素考验，全市上下坚持以习近平新时代中国特色社会主义思想为指导，深入贯彻习近平总书记视察江西重要讲话精神，按照“疫情要防住、经济要稳住、发展要安全”的重要要求，以率先“作示范、勇争先”的姿态，深入实施“强省会”战略，加快打造“一枢纽四中心”。全市经济进一步恢复向好，三次产业高质量协同发展，民生保障有力有效，社会大局和谐稳定，全市经济社会保持稳健向好的发展态势。

一、综　合

经省统计局统一核算，全年地区生产总值（GDP）7203.50 亿元，比上年增长 4.1%。其中，第一产业增加值 248.60 亿元，增长 3.6%；第二产业增加值 3484.61 亿元，增长 4.6%；第三产业增加值 3470.29 亿元，增长 3.7%。三次产业结构为 3.4：48.4：48.2，三次产业对 GDP 增长的贡献率分别为 3.5%、52.6% 和 43.9%。在全市地区生产总值中，非公有制经济实现增加值 4270.18 亿元，增长 4.0%。人均地区生产总值 111031 元，增长 1.8%，按年平均汇率计算，折合 16507 美元。

图 1：2018-2022 年地区生产总值及其增长速度

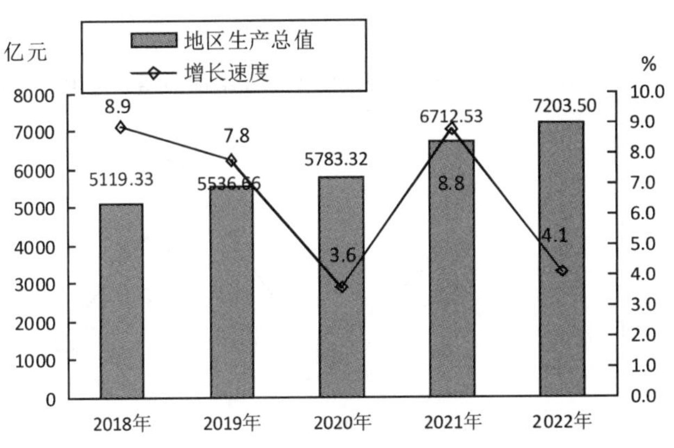

图 2：2018-2022 年三次产业增加值占地区生产总值比重

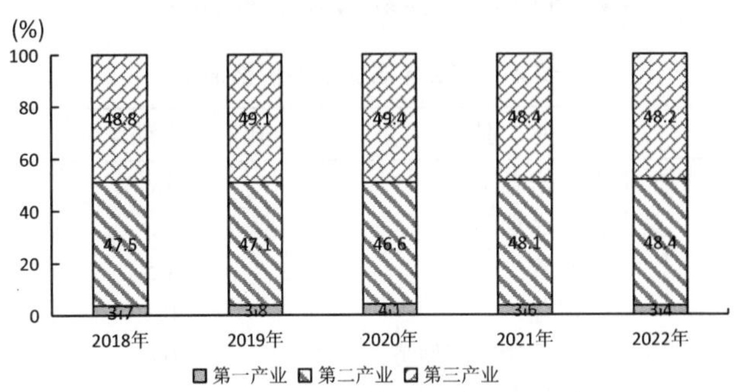

截至 10 月末，全市户籍总人口 544.44 万人。其中，城镇人口 306.93 万人，户籍人口城镇化率为 56.38%。2022 年末常住人口 653.81 万人，比上年增加 10.06 万人。其中，城镇人口 516.01 万人，常住人口城镇化率为 78.92%；全年出生人口 4.01 万人，出生率 6.19‰；死亡人口 3.54 万人，死亡率 5.45‰；人口自然增长率 0.73‰。

表 1：2022 年年末常住人口数及其构成

指　标	年末数（万人）	比重（%）
全市常住人口	653.81	100.00
其中：城镇	516.01	78.92
乡村	137.80	21.08
其中：男性	342.02	52.31
女性	311.79	47.69
其中：0-15 岁（含不满 16 周岁）	109.04	16.68
16-59 岁（含不满 60 周岁）	445.31	68.11
60 周岁及以上	99.47	15.21
其中：65 周岁及以上	73.09	11.18

全年城镇新增就业 6.80 万人，安置“4050”等困难群体 0.72 万人，新增转移农村劳动力 3.53 万人。

全年居民消费价格总指数（CPI）比上年上涨 1.8%。其中，消费品价格上涨 2.6%，服务价格上涨 0.7%，商品零售价格上涨 2.8%。

图 3：2022 年居民消费价格各月涨跌幅度

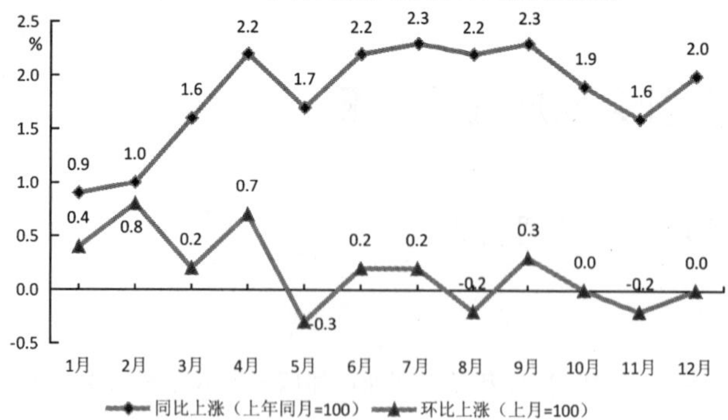

表 2：2022 年居民消费价格情况

类　别	比上年上涨（%）
居民消费价格总指数	1.8
其中：食品烟酒	2.3
衣着	1.5
居住	0.3
生活用品及服务	0.6
交通和通信	5.8
教育文化和娱乐	1.0
医疗保健	0.3
其他用品和服务	3.2

二、农　业

农业生产：全年完成农林牧渔业总产值 431.79 亿元，比上年增长 4.1%；农林牧渔业增加值 258.34 亿元，增长 4.1%。

全年粮食种植面积 34.52 万公顷，比上年增长 0.09%。其中，全年谷物种植面积 33.73 万公顷。油料种植面积 115.46 万亩，增长 7.7%。其中，油菜籽种植面积 83.65 万亩，增长 12.3%。蔬菜及食用菌种植面积 65.54 万亩，增长 2.9%。水果种植面积 16.38 万亩，增长 1.3%。茶叶种植面积 2.15 万亩，增长 0.7%。

农牧产品产量：全年粮食产量 210.57 万吨，比上年下降 1.8%。其中谷物总产量 208.20 万吨。油料总产量 11.93 万吨，增长 2.8%。蔬菜及食用菌总产量 137.81 万吨，增长 2.5%。水果总产量 13.90 万吨，增长 2.3%。茶叶总产量 0.20 万吨，增长 9.8%。

全年猪牛羊禽肉产量 30.47 万吨，比上年增长 4.8%。其中，猪肉产量 18.73 万吨，增长 6.6%；牛肉产量 0.93 万吨，下降 5.0%；羊肉产量 0.07 万吨，下降 3.8%；禽肉产量 10.74 万吨，增长 2.8%。禽蛋产量 13.85 万吨，增长 8.2%。牛存栏 16.33 万头，下降 9.7%。家禽出笼 7245.51 万只，增长 2.1%。

渔业：全年水产品总产量 44.72 万吨，比上年增长 4.0%。其中特种水产品产量 15.59 万吨，增长 4.8%。

林业：全年造林 2027 公顷，全市森林覆盖率达到 22.0%。

表 3：2022 年主要农产品产量及其增长速度

产品名称	单位	产量	比上年增长（%）
粮食	万吨	210.57	-1.8
油料	万吨	11.93	2.8
其中：油菜籽	万吨	6.62	12.2
蔬菜及食用菌	万吨	137.81	2.5
水果总产量	万吨	13.90	2.3
茶叶产量	万吨	0.20	9.8
猪牛羊禽肉	万吨	30.47	4.8
家禽出笼	万只	7245.51	2.1
水产品	万吨	44.72	4.0

生产条件：全市年末农业机械总动力 296.66 万千瓦。年内机耕面积 402070 公顷，机播面积 201830 公顷，机械收获面积 358243 公顷。

三、工业和建筑业

工业生产：全年规模以上工业增加值比上年增长 6.0%。分轻重工业看，轻工业增加值与上年持平，重工业增加值增长 9.7%。分经济类型看，国有企业增加值增长 13.5%，集体企业增加值下降 1.0%，股份制企业增加值增长 6.5%，股份合作企业增加值增长 1.2%，外商及港澳台商投资企业增加值增长 2.9%。全市规模以上工业 35 个行业大类中，黑色金属冶炼和压延加工业，废弃资源综合利用业，专用设备制造业等 6 个行业增速高于 20%。高技术制造业增加值增长 10.6%，战略性新兴产业增加值增长 11.9%，装备制造业增加值增长 4.7%。

图 4：2018-2022 年规模以上工业增加值增长速度

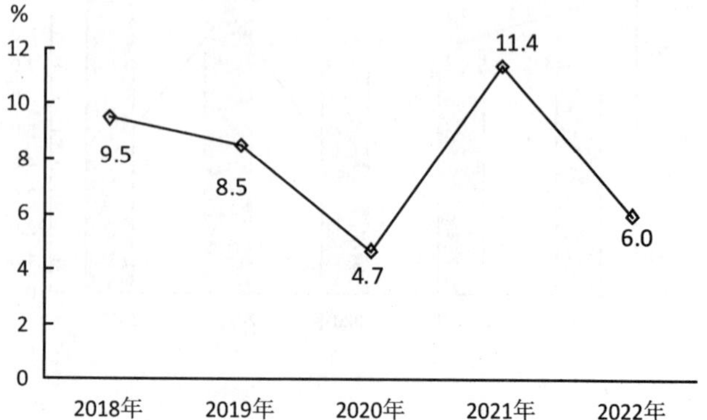

重点监测的149种主要工业产品中有65种产品产量同比实现增长，增长面为43.6%。其中，光缆、电子计算机整机、锂离子电池、半导体存储盘等工业产品产量分别增长312.3%、173.8%、83.1%、66.0%。

表4：2022年主要工业产品产量及其增长速度

产品名称	单位	绝对量	比上年增长(%)
饲料	万吨	349.78	-9.7
智能手机	万台	6661.83	-26.3
沥青和改性沥青防水卷材	万平方米	566.43	-41.8
卷烟	亿支	642.04	0.0
光缆	万芯千米	207.09	312.3
光电子器件	亿只(片)	374.01	-9.3
钢化玻璃	万平方米	16.98	-56.0
水泥	万吨	636.23	-21.6
商品混凝土	万立方米	1779.20	-23.5
生铁	万吨	360.97	1.9
粗钢	万吨	421.77	0.0
钢材	万吨	616.19	10.7
交流电动机	万千瓦	127.13	-3.1
汽车	万辆	35.85	-10.7
房间空调器	万台	289.83	-14.5

工业经济效益：全年规模以上工业产品销售率为98.1%；实现利润总额344.00亿元，比上年下降17.2%。

全年规模以上工业营业收入7872.66亿元，比上年增长5.1%，营业收入过百亿元的行业达到19个。其中，计算机、通信和其他电子设备制造业，电力、热力生产和供应业，汽车制造业，电气机械和器材制造业突破500亿元，营业收入分别为1725.78、1219.78、674.82和541.40亿元。

工业开发区：全年开发区工业企业实现营业收入7722.93亿元，比上年增长7.0%；实现利润总额377.07亿元，下降11.8%。南昌高新技术产业开发区工业营业收入稳居全省开发区第一位，为全省唯一营业收入过3000亿元的开发区。南昌经济技术开发区和小蓝经济技术开发区工业营业收入均超1000亿元，分列全省第三和第九位。

建筑业：年末全市共有资质以上建筑业企业1248家，比上年增加200家。全年完成建筑业总产值5590.06亿元，比上年增长9.5%；完成竣工产值1846.1亿元，增长12.3%；施工面积19233.0万平方米，增长3.3%；竣工面积5397.5万平方米，增长4.6%。

四、服务业

服务业：全年服务业实现增加值3470.29亿元，比上年增长3.7%。其中，批发和零售业增加值586.21亿元，增长5.3%；交通运输、仓储和邮政业增加值247.58亿元，与上年持平；住宿和餐饮业增加值67.64亿元，增长0.9%；金融业增加值729.39亿元，增长3.0%；房地产业增加值492.32亿元，下降11.5%；信息传输、软件和信息技术服务业增加值173.31亿元，增长18.9%。

全年规模以上服务业企业营业收入1371.56亿元，比上年增长9.7%；利润总额59.94亿元，下降32.8%。分行业看，信息传输、软件和信息技术服务业营业收入增长13.3%，科学研究和技术服务业营业收入增长16.2%，租赁和商务服务业营业收入增长12.5%，居民服务、修理和其他服务业营业收入增长22.0%，卫生和社会工作营业收入增长18.5%，交通运输、仓储和邮政业营业收入增长9.1%。

图5：2018-2022年服务业增加值增长速度

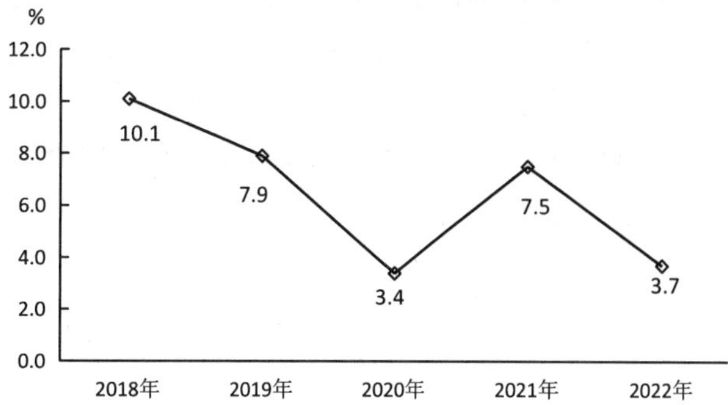

交通运输：全年铁路、公路、水路完成旅客运输量2642.5万人，比上年下降32.4%；铁路、公路、水路完成货物运输量18542.2万吨，下降0.8%。昌北机场旅客吞吐量472.46万人次，下降51.8%；货邮吞吐量4.02万吨，下降76.8%。

表5：2022年铁路、公路、水路完成客货运输量及增长速度

指　标	单位	绝对数	比上年增长（%）
旅客运输量	万人	2642.5	-32.4
铁路	万人	2087.4	-31.7
公路	万人	548	-34.9
水路	万人	7.1	-22.8
货物运输量	万吨	18542.2	-0.8
铁路	万吨	476.0	13.6
公路	万吨	16538	-1.5
水路	万吨	1528.2	3.6

汽车保有量：年末民用汽车保有量 148 万辆，比上年增长 7.2%。年末民用轿车保有量 87 万辆，增长7.4%，其中私人轿车保有量82万辆，增长7.9%。

邮电通信：全年邮政行业寄递业务量累计完成 8.05 亿件，比上年增长 3.7%；快递业务收入 69.58 亿元，增长 9.2%；发送快递 65263.80 万件，其中同城快递 6627.20 万件、异地快递 57266.86 万件、国际 / 港澳台快递 1369.74 万件。电信业务总量 88.37 亿元，增长 23.9%。年末全市固定电话用户 82.38 万户，下降 7.1%；移动电话用户 803.20 万户，增长 2.5%；互联网宽带用户数 358.25 万户，增长 15.2%。

五、固定资产投资

投资总量：全年 500 万元及以上固定资产投资比上年增长 7.6%。其中，工业投资增长 8.4%，房地产开发投资下降 19.3%。全年施工项目 4814 个，其中新开工项目 2948 个。

投资结构：全市 500 万元及以上固定资产投资中，第一产业投资比上年增长 16.2%，第二产业投资增长 8.0%，第三产业投资增长 7.3%。三次产业在固定资产投资中所占比重为 1.0:33.0:66.0。

图 6：2018-2022 年 500 万元及以上固定资产投资增长速度

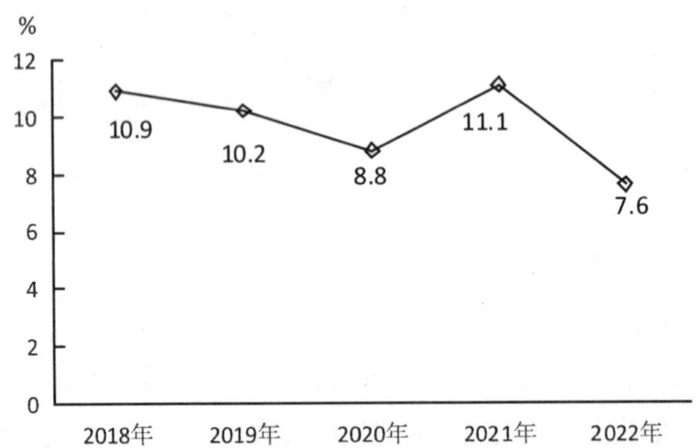

表 6：2022 年分行业固定资产投资（不含农户）增长速度

行业	比上年增长（%）
合计	7.6
第一产业	16.2
第二产业	8.0
采矿业	179.5
制造业	7.5
其中：化学原料及化学制品制造业	4.7
非金属矿物制品业	0.3
黑色金属冶炼及压延加工业	23.7
有色金属冶炼及压延加工业	47.6
电气机械及器材制造业	-16.5
计算机、通信和其他电子设备制造业	19.5
电力、燃气及水的生产和供应业	25.7
建筑业	-29.7
第三产业	7.3
批发和零售业	0.6
交通运输、仓储和邮政业	3.1
住宿和餐饮业	2.8
信息传输、软件和信息技术服务业	-12.2
金融业	36.5
房地产业	-7.1
租赁和商务服务业	27.2
科学研究和技术服务业	0.5
水利、环境和公共设施管理业	43.5
居民服务、修理和其他服务业	-13.3
教育	14.8
卫生和社会工作	28.0
文化、体育和娱乐业	21.3
公共管理和社会组织	60.0

从投资主体看，全市 500 万元及以上固定资产投资中，国有经济投资比上年增长 19.4%；非国有经济投资增长 4.3%，其中，民间投资增长 1.3%。

全年房地产开发投资比上年下降 19.3%。其中，住宅投资下降 19.9%，办公楼和商业营业用房投资下降 14.6%。

城市建设：全市实施交通强市建设行动“1688”工程，现代化综合交通体系加快构建。西二环绕城高速、洪腾高架、洪州大桥、复兴大桥、隆兴大桥等项目快速推进，地铁 1 号线北延、东延及 2 号线东延项目按期建设，桃新大道顺利通车。全市实施“胡子工程”攻坚行动，南外环高速公路等 19 个久拖不决、久推不动基建工程顺利销号，江报路、圭峰大道等一批“断头路”完工通车。全年基础设施投资比上年增长 24.9%。

六、国内贸易

消费品市场：全年社会消费品零售总额 3012.00 亿元，比上年增长 4.6%。按经营地统计，城镇零售额 2858.97 亿元，增长 3.9%；农村零售额 153.02 亿元，增长 19.3%。按行业统计，批发和零售业零售额 2835.62 亿元，增长 5.7%；住宿和餐饮业零售额 176.37 亿元，下降 7.7%。

在限额以上批发零售业商品类别零售额中，粮油、食品、饮料、烟酒类比上年增长 18.9%；金银珠宝及化妆品类增长 20.2%；日用品类增长 6.1%；家用电器及音像器材类增长 14.8%；中西药品类增长 31.6%；家具类增长 60.7%；建筑及装潢材料类增长 6.8%；石油及制品类增长 23.6%；汽车类增长 8.7%。汽车类商品消费实现零售额 494.33 亿元，是我市规模最大的商品类别，占限额以上批零住餐零售额比重为 29.4%。

图 7：2018-2022 年社会消费品零售总额及其增长速度

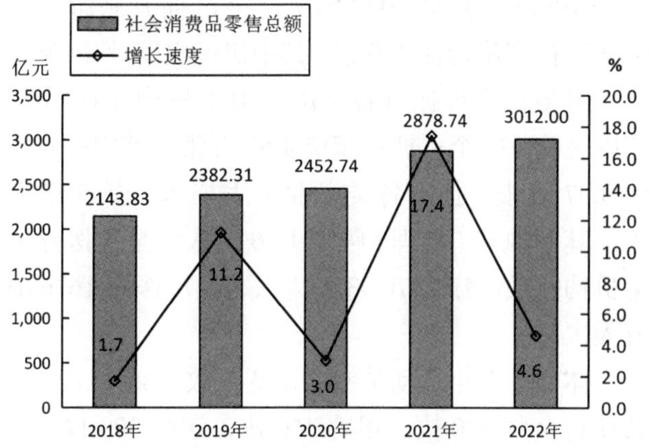

商品交易市场：全市年成交额亿元以上的商品交易市场有 25 个，成交总额 833.25 亿元，比上年下降 9.9%。其中，洪城大市场年交易额 361.82 亿元，南昌（深圳）农产品批发市场年交易额 192.92 亿元。

七、对外经济

对外贸易：全年进出口总值 1345.56 亿元，比上年增长 4.3%。其中，出口值 954.89 亿元，增长 6.7%；进口值 390.67 亿元，下降 1.2%。

图 8：2018-2022 年进出口情况

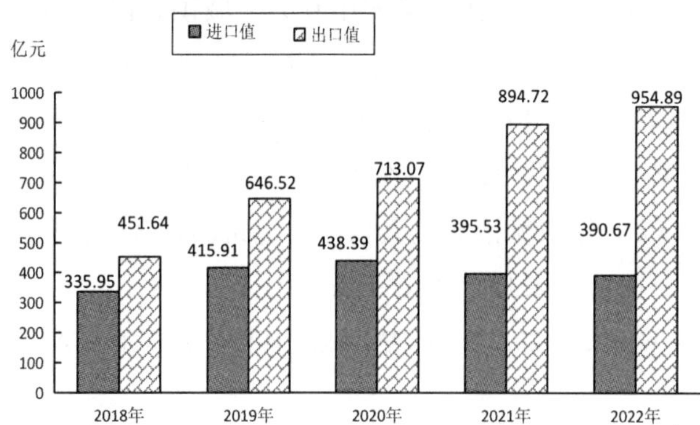

利用内外资：全年实际利用外资 4.17 亿美元，同比下降 37.8%。全年批准外商投资企业 60 家，其中中外合资企业占 60%，外商独资企业占 40%。全年利用省外项目资金 1419.65 亿元，增长 8.9%。

八、财政金融、证券和保险业

财政：全年地方一般公共预算收入 457.68 亿元，比上年下降 5.6%；如剔除增值税留抵退税因素影响，同口径增长 5.1%。地方一般公共预算收入中，增值税 63.26 亿元，下降 48.9%；企业所得税 49.56 亿元，下降 10.1%；个人所得税 19.95 亿元，增长 22.4%。全年地方一般公共预算支出 939.04 亿元，增长 7.9%。其中，城乡社区支出 215.97 亿元，增长 50.7%；社会保障和就业支出 86.34 亿元，增长 18.4%；公共安全支出 50.45 亿元，增长 12.7%；一般公共服务支出 75.90 亿元，增长 7.1%；卫生健康支出 89.93 亿元，增长 6.8%；教育支出 145.31 亿元，增长 5.3%；农林水事务支出 64.67 亿元，增长 1.8%。

图 9：2018-2022 年地方一般公共预算收入及其增长速度

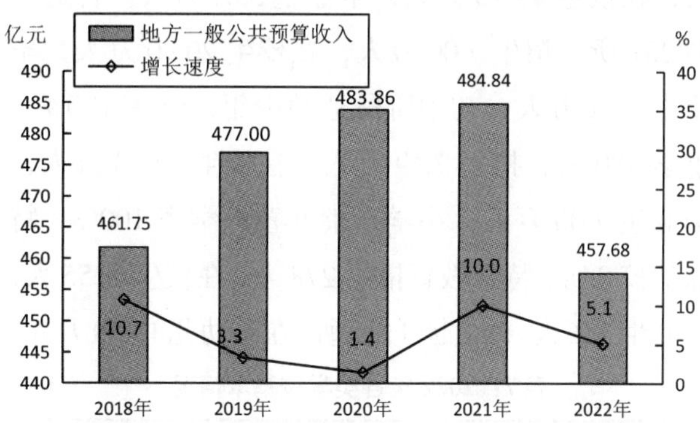

金融业：年末全市金融机构本外币各项存款余额为 16110.30 亿元，比上年末增长 9.2%。其中，住户存款 5790.39 亿元，增长 21.2%；非金融企业存款 6344.85 亿元，增长 4.4%。金融机构本外币各项贷款余额为 18949.13 亿元，增长 7.5%。其中，短期贷款 4625.78 亿元，增长 5.2%；中长期贷款 12878.89 亿元，增长 7.8%。全市金融机构人民币各项存款余额为 15982.26 亿元，增长 9.5%；金融机构人民币各项贷款余额为 18834.50 亿元，增长 8.1%。

证券业：全市拥有证券分支机构 132 家，全年证券机构股民资金账户数 377.20 万户，比上年增长 8.7%。全年客户交易结算资金 128.65 亿元，下降 3.5%；A 股交易额 28275.21 亿元，下降 12.5%；B 股交易额 4.85 亿元，下降 0.2%。

保险业：全年保险公司原保险保费收入 277.29 亿元，比上年增长 10.0%。其中，寿险业务原保险保费收入 154.75 亿元，健康险和意外伤害险业务原保险保费收入 47.40 亿元，财产险业务原保险保费收入 75.14 亿元。支付各类赔款及给付 96.72 亿元。

其中，寿险业务给付24.86亿元，健康险和意外伤害险业务赔款及给付21.71亿元，财产险业务赔款50.15亿元。

九、教育和科学技术

教育：全市拥有各级各类学校1967所（不含技工学校），教职工13.97万人，其中专任教师10.99万人。全年招收研究生1.83万人，在校研究生5.22万人，毕业研究生1.28万人。全市共有普通高等学校49所，招生25.42万人，在校生76.25万人，毕业生19.70万人。普通中等学校26所，招生2.87万人，在校生8.51万人，毕业生2.47万人。职业高中16所，招生0.61万人，在校生2.16万人，毕业生0.47万人。普通高中85所，招生4.10万人，在校生12.15万人，毕业生3.61万人。普通初中231所，招生7.00万人，在校生20.90万人，毕业生7.22万人，初中阶段适龄少年入学率100%。小学380所，招生7.49万人，在校生44.60万人，毕业生7.00万人，小学适龄儿童入学率100%。特殊学校8所，特殊教育招生278人，在校生1255人，毕业生336人。幼儿园1166所，在园幼儿19.69万人。

表7：2022年各类学校基本情况

项目	学校数（个）	招生数（人）	在校生（人）	毕业生（人）	专职教师（人）
普通高等学校	49	254236	762480	196996	38916
普通中等学校	26	28646	85056	24700	2985
普通中学	316	110993	330471	108314	33879
职业高中	16	6061	21550	4731	751
小学	380	74880	446015	70024	17549
特教学校	8	278	1255	336	252
幼儿园	1166	62429	196895	66228	14914
成人高等学校	4	81813	258050	65395	547

科技：全年新认定高新技术企业558家，全市累计拥有高新技术企业1938家。累计拥有国家级工程技术研究中心4家、重点实验室5家；累计拥有省级工程技术研究中心119家、重点实验室182家；登记省级技术成果179项。全年专利授权量17855件，登记技术合同4639项，实现技术合同成交金额135.75亿元，增长27.2%。全市新增省级产业技术创新联盟4家，累计拥有省级产业技术创新联盟39家。

十、文化、旅游、卫生和体育

文化：全年文艺创作获省级以上奖项18个，其中国家级奖项3个。年末全市拥有各类专业艺术表演团体3个，公共图书馆10个，文化馆10个，博物馆、纪念馆28个，全国重点文物保护单位10处。年末全市有线电视用户36.13万户。

旅游：全年旅游总人次16283.02万人次，比上年下降8.5%。旅游综合收入1399.33亿元，比上年下降19.8%。截至2022年末，全市拥有旅游饭店69家；拥有旅行社340家，其中出境组团社48家。

卫生：全市拥有各类医疗卫生机构2703个，其中医院138个；拥有床位4.57万张，其中医院床位3.97万张。拥有各类专业卫生技术人员5.52万人，其中执业（助理）医师1.96万人。全年医疗卫生机构完成诊疗2770.93万人次，其中医院1676.68万人次。

体育：全年运动员参加比赛人数3.35万人次，共获得金牌580枚，银牌360枚，铜牌390枚。全年举办单项比赛20次，举办全民健身活动400次，其中千人以上的活动10次，参加活动的人数总计28.86万人。全年完成全民健身工程1个，总投资196万元。全年发行体育彩票17.76亿元，比上年增长34.8%。

十一、人民生活和社会保障

人民生活：全年城镇居民人均可支配收入52622元，比上年增长4.3%；农村居民人均可支配收入24218元，增长5.7%；城乡居民人均可支配收入之比为2.17，比上年缩小0.03。城镇居民人均消费性支出32515元，增长4.8%；农村居民人均生活消费支出17706元，增长6.8%。城镇居民家庭恩格尔系数为29.4%，农村居民家庭恩格尔系数为31.4%。年末城镇居民人均住房建筑面积35.71平方米，比上年末减少2.76平方米。

图10：2018-2022年城乡居民收入水平及城乡居民收入比

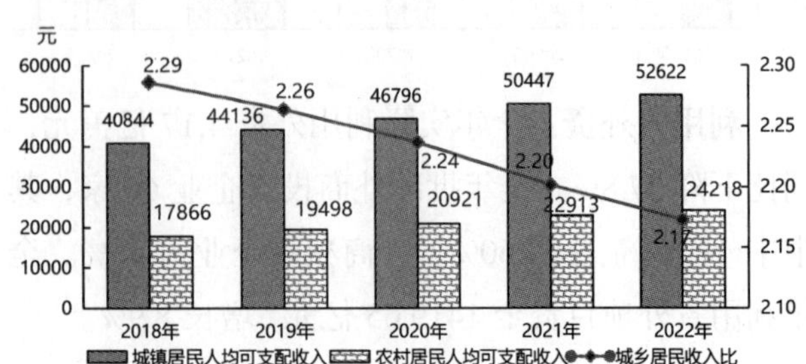

社会治安： 全年共立案各类刑事案件 2.11 万起，破获经济案件 157 起，挽回经济损失 2057.84 万元。

住房公积金： 全年归集公积金 208.67 亿元（含年度结息 7.66 亿元），比上年增长 8.3 %；发放住房公积金贷款 102.07 亿元，增长 47.2 %；发放户数 18771 户，增长 21.8%；提取住房公积金 131.32 亿元，增长 4.2%。

社会保障： 全市城镇职工参加基本医疗保险人数 153.83 万人，比上年增加 11.49 万人。参加失业保险人数 106.57 万人，增加 37.38 万人。城镇参加基本养老保险人数为 271.90 万人，其中参保职工 204.5 万人，参保离退休人员 67.4 万人；企业养老金社会化发放率达 100%。全年发放公租房租赁补贴 28037 户，棚户区新改造开工 10000 套，基本建成 5000 套。

社会福利： 全市拥有各类社会福利单位 102 个，床位 1.72 万张；收养各类人员 0.51 万人。城镇社区服务站（中心）974 个；城市居民最低生活保障家庭 1.68 万户，保障人数 2.89 万人；农村居民最低生活保障家庭 4.24 万户，保障人数 7.40 万人；城乡医疗救助人数 13.52 万人。

十二、资源、环境与安全生产

环境质量： 全市拥有国家生态文明建设示范市县 2 个、国家生态县（市、区）1 个、国家级生态乡镇 18 个，省级生态县（区）4 个，省级生态乡（镇）64 个，省级生态村 91 个，“绿水青山就是金山银山”省级实践创新基地 4 个，市级生态村 844 个。全年空气质量优良天数 313 天，优良率 85.8%，列中部六省会城市第 2。赣江、抚河南昌段国考、省控监测断面共 19 个，水质优良率 100%。县级及以上集中式饮用水质达标率 100%。区域声环境质量昼间等效声级 54.5 分贝，道路交通声环境昼间等效声级路段长度加权均值 65.8 分贝。城市生活污水集中处理率达到 96.3%。

城市园林绿化： 初步核算，全市拥有园林绿地面积 15144.95 公顷，建成区绿化覆盖面积 16256.33 公顷，公园绿地 4332.21 公顷，城市建成区绿化覆盖率达到 43.15%，人均公园绿地面积达到 13.18 平方米。

节能减排： 全年规模以上工业综合能源消费量 612.61 万吨标准煤，比上年下降 3.3%；万元规模以上工业增加值能耗下降 8.7%。

安全生产： 全年共发生各类生产安全事故 103 起，死亡 88 人，与上年相比，事故减少 45 起，下降 30.4%，死亡人数减少 41 人，下降 31.8%。其中，生产经营性道路交通事故 68 起，死亡 54 人；火灾事故 4821 起，死亡 12 人，伤 9 人。

注：

1. 本公报中统计数据均为初步统计数，正式数据以《南昌统计年鉴 –2023》为准。部分数据因四舍五入的原因，存在分项与合计不等的情况。

2. 规模以上工业统计范围为年主营业务收入 2000 万元及以上的工业法人单位。固定资产投资（不含农户）统计范围为计划总投资 500 万元及以上项目和房地产开发项目。限额以上批零住餐企业是指年主营业务收入 2000 万元及以上的批发业法人单位、500 万元及以上的零售业法人单位、200 万元及以上的住宿和餐饮业法人单位。规模以上服务业企业是指交通运输、仓储和邮政业，信息传输、软件和信息技术服务业，水利、环境和公共设施管理业三个门类和卫生行业大类中年营业收入 2000 万元及以上服务业法人单位；租赁和商务服务业，科学研究和技术服务业，教育三个门类，以及物业管理、房地产中介服务、房地产租赁经营和其他房地产业四个行业小类中年营业收入 1000 万元及以上服务业法人单位；居民服务、修理和其他服务业，文化、体育和娱乐业两个门类，以及社会工作行业大类中年营业收入 500 万元及以上服务业法人单位。

3. 地区生产总值和各产业增加值绝对数按现价计算，增长速度按不变价格计算。

4. 根据《国民经济行业分类》（GB/T4754-2017），第一产业指农、林、牧、渔业（不含农、林、牧、渔专业及辅助性活动），第二产业指采矿业（不含开采专业及辅助性活动），制造业（不含金属制品、机械和设备修理业），电力、热力、燃气及水生产和供应业，建筑业，第三产业即服务业，是指除第一产业、第二产业以外的其他行业。

5. 实际利用外资从 2022 年 7 月起改为国家商务部统计口径数据。

6.2022 年全民健身活动包含县区数据。

7. 由于南昌住房公积金管理中心机构调整，已将南昌铁路分中心并入至南昌市中心，因此，2022 年住房公积金数据为南昌市中心、省直分中心、铁路分中心的汇总数据。

劈波斩浪奋楫进　行稳致远谋新篇

——《南昌市2022年国民经济和社会发展统计公报》解读

南昌市统计局党组书记、局长　兰　园

2022年，面对形势严峻的外部环境和艰巨繁重的发展任务，南昌市委、市政府坚持以习近平新时代中国特色社会主义思想为指导，完整准确全面贯彻新发展理念，有效应对疫情、旱情等多重超预期因素影响和各类风险挑战，扎实做好“六稳”工作、落实“六保”任务。经过全市上下共同努力，经济呈现持续恢复、结构向好、动能蓄积、质效提升的良好态势，高质量发展取得新成效。最新发布的《南昌市2022年国民经济和社会发展统计公报》全面记录了全市人民顶住压力奋进拼搏的过程，生动展现了过去一年南昌市经济社会发展取得的成就和进步。

一、经济总量稳步增长，综合实力再上台阶

2022年，全市经济运行承压前行，面对内外部风险挑战，全市上下因时因势统筹疫情防控和社会发展，认真贯彻新发展理念，城市综合实力和竞争力不断增强，展现出强大的发展韧性。

经济总量迈上新台阶。全年全市地区生产总值突破7000亿元，达到7203.50亿元，再上一个千亿台阶，在全国省会城市排第14位，较上年前移1位，连续两年实现赶超。人均GDP突破11万元大关，达111031元，预计列全国省会城市第9位，按年平均汇率（6.7261）计算达到16507美元，达到高收入地区水平。经济总量占全省比重为22.5%，城市综合竞争力持续增强。

产业发展提质增效。全市三次产业结构由上年的3.5:48.1:48.4调整为3.4:48.4:48.2，第二产业占比提高0.3个百分点。其中工业增加值占GDP比重为34.9%，较上年提高0.2个百分点，拉动GDP增长1.6个百分点。顶住了高温旱情的压力，实现农林渔牧增加值4.1%的正增长，粮食总产量稳定在42亿斤以上，保障了农业发展稳定有效；主导产业实现了新的突破，八大主导产业营业收入超6000亿元，达到6054.10亿元；社会消费品零售总额首次突破3000亿元，比上年增长4.6%，增速在全国省会城市排第二，实现消费市场的扩容提质。

市场主体活力涌现。营商环境的优化为我市经济主体的培育提供了良好的基础，不断激发市场主体活力。全年新增一套表单位2050户（不含其他投资法人），比上年增长36.9%，列全省第二；单位总数达到8597户，比上年净增1600户，总量和增量均创历年新高；全市市场主体数量达到68.46万户，净增市场主体16.34万户。

人口规模持续扩大。我市持续推进“每年吸引10万名大学生和技能人才来昌留昌创业就业”工作，人才培育和引进工作取得重大成效，人口聚集能力明显提升。截至2022年末，全市常住人口653.81万人，比2021年末的643.75万人增加10.06万人，增长1.56%，增量和增速均位列全省第一。常住人口总量占全省的比重由2021年的14.25%提升到14.44%，提高0.19个百分点，增量占全省的95.1％。

二、内生动力不断积蓄，创新发展凸显成效

2022年，我市加大支持企业研发，从政策支撑、资金投入、知识产权保护等多方入手，营造良好创新创业环境，推动创新发展取得新成效。

科技实力持续加强。我市坚定贯彻落实创新发展战略，扎实推进科技事业发展，加强核心科技攻关，推动科技成果与产业需求精准对接。全年专利授权量17855件，登记技术合同4639项，实现技术合同成交金额135.75亿元，比上年增长27.2%，创新产出量保持较高水平。新认定高新技术企业558家，累计拥有高新技术企业1938家，国家级工程技术研究中心4家、重点实验室5家，省级工程技术研究中心119家，重点实验室182家，战略科技力量不断壮大，有力带动现产业现代化发展。

金融支撑稳健有力。全年资本市场活跃，金融服务实体经济能力持续加强。年末金融机构本外币各项

存款余额为16110.30亿元，同比增长9.2%，增幅较上年回升1.3个百分点；金融机构本外币各项贷款余额为18949.13亿元，增长7.5%，存量贷款盘加大，资金利用率提高，为我市实体经济发展提供有力支撑和充足的资金供给。

高技术产业引领增长。我市深入推进“一枢纽四中心”建设，加快建设区域创新高地。在创新驱动战略引领下，我市高技术产业快速增长，高技术产业增加值比上年增长10.6%，高于规模以上工业增加值4.6个百分点；信息传输、软件和信息技术服务业营业收入增长13.3%，科学研究和技术服务业增长16.2%。对高技术产业的投资力度也不断增强，新动能增长引擎作用持续显现，全年高技术产业投资增长14.2%，高于固定资产投资6.6个百分点，其中高技术制造业投资增长22.4%。

“双一号工程”稳步推进。我市深入实施营商环境优化升级“一号改革工程”和数字经济做优做强“一号发展工程”，致力打造智慧南昌发展格局。政务服务更加便捷。率先开展国家营商环境创新试点41个改革事项，升级打造赣服通南昌分厅4.0版，将全市政务服务事项全部纳入“四级一体化政务服务平台”。实施“一网、一门、一窗、一次”办理模式，全市2137项依申请政务服务事项网上可办率、一网通办率分别提升至96.12%、95.84%，基本实现“网上办、就近办、不见面、不求人”。数字产业加速发展。我市高标准打造九龙大道数字经济产业园核心引领区，“一核三基地多点支撑”的空间格局加速形成；截至12月底，全市规上数字经济核心产业企业实现营业收入2387.77亿元，总量位列全省第一，比上年增长8.3%。

三、绿色低碳稳步推进，生态环境展新面貌

2022年，我市持续推进生态文明建设，坚定践行绿水青山就是金山银山的发展理念，打好蓝天、碧水、净土保卫战，不断巩固拓展污染防治攻坚战成果，全市绿色转型成果凸显，生态环境展现新面貌。

“双碳”工作落实有效。全年新能源和可再生能源发电项目总装机容量达60万千瓦，超过全口径发电装机容量四分之一，为节能减排打下基础；完成人工造林、封山育林、退化林修复等4.1万亩，梅岭森林生态系统更加稳定多样，提高了我市生态吸碳能力；实现规模以上工业综合能源消费量612.61万吨标准煤，比上年下降3.25%，万元规模以上工业增加值能耗下降8.7%，万元GDP能耗下降1.0%。

污染治理持续推进。全面落实河湖长制，大力开展城市水系综合治理，赣抚尾闾综合整治、裘家洲生态修复工程加快推进；持续开展专项“清河行动”，有效消除黑臭水体，前湖水系、乌沙河等水质明显改善；有序推进雨污分流改造工作，全年完成1152个排水单元整治任务。

生态成果日益显现。全年空气质量优良天数313天，优良率85.8%，列中部六省会城市第二；赣江、抚河南昌段国考、省控监测断面共19个，水质优良率100%，县级及以上集中式饮用水质达标率100%。生态文明主体不断扩大。拥有国家生态文明建设示范市县2个、国家生态县（市、区）1个、国家级生态乡镇18个，省级生态县（区）4个，省级生态乡（镇）64个，省级生态村91个，“绿水青山就是金山银山”省级实践创新基地4个，市级生态村844个；2022年获评国际湿地城市。

四、社会事业全面进步，软硬设施日趋完善

2022年，我市聚焦民生短板，满足群众所盼所需，不断推动医疗、文化、教育、交通等领域进步，软硬件并驾齐驱，推动我市社会事业全面发展。

文化体育协调发展。普及教育是教育改革发展的战略重点，我市新增普惠性幼儿园40所、普惠性园位10600余个，初中阶段适龄少年和小学适龄儿童入学率均达100%，基础教育日渐完善。文化产业蓬勃发展。我市拥有规模以上文化产业企业367家，比上年增加65家，实现营业收入547.29亿元，对经济增长的作用日益重要；拥有各类专业艺术表演团体3个，公共图书馆10个，文化馆10个，博物馆、纪念馆28个，夯实的文化设施基础有效的满足了居民日益增长的精神消费需求。体育事业齐头并进。全民健身工程总投资196万元；举办全民健身活动400次，参加活动的人数总计28.86万人。

卫生水平不断提高。2022年，全市公共卫生体系日趋完善，医疗卫生水平得到有效提升，经受住了疫情多发的考验，有效满足人民群众健康需求。截至年底，全市拥有各类医疗卫生机构2703个，其中医院

138个；拥有床位4.57万张，其中医院床位3.97万张。全市拥有各类专业卫生技术人员5.52万人，较上年增加1100人。

基础设施日益完善。全市实施交通强市建设行动“1688”工程，现代化综合交通体系加快构建。西二环绕城高速、洪腾高架、洪州大桥、复兴大桥、隆兴大桥等项目快速推进，地铁1号线北延、东延及2号线东延项目按期建设，桃新大道顺利通车，全市交通健康指数在全国36个重点城市排名第一。加快基础设施布局，全年基础设施投资比上年增长24.9%。网络信息业务不断增长。全年电信业务总量88.37亿元，增长23.9%；移动电话用户803.20万户，增长2.5%；互联网宽带用户数358.25万户，增长15.2%。

五、民生福祉持续改善，居民生活更加幸福

2022年，面对疫情多发，居民就业、收入和生活受到很大影响，市委、市政府坚持以人民为中心，利民惠民政策持续巩固，用心用情用力办好民生实事，人民群众安全感、获得感、幸福感稳步提升。

城乡差距不断缩小。2022年，全市全体居民实现人均可支配收入44422元，比上年增长4.8%。城镇居民实现人均可支配收入52622元，增长4.3%；农村居民实现人均可支配收入24218元，增长5.7%。城乡收入差距有所缩小，城乡居民收入比调整为2.17：1，比上年收窄0.03个点。

社会保障逐步健全。我市始终坚持民生优先，在财政收支紧张的情况下，依旧持续加强民生保障力度，民生类支出占财政支出比重超80%。全年财政支出中用于社会保障和就业支出86.34亿元，增长18.4%，高于地方一般公共预算支出10.5个百分点；发放困难群众生活救助资金7.48亿元、创业担保贷款15.62亿元，全力保障居民正常生活水平。参保人数持续增加。城镇职工参加基本医疗保险人数153.83万人，比上年增加11.49万人；参加失业保险人数106.57万人，增加37.38万人。

就业物价保持稳定。我市全面落实稳就业稳物价政策，全力助企纾困稳岗扩岗，促进重点对象就业创业。2022年，城镇新增就业6.8万人，安置“4050”等困难群体0.72万人，新增转移农村劳动力3.53万人。市场物价保持温和上涨。全年全市居民消费价格比上年上涨1.8%。其中，消费品价格上涨2.6%，服务价格上涨0.7%，商品零售价格上涨2.8%。

2022年是我市落实强省会战略、推进“一枢纽四中心”建设的起步之年，面对各种风险挑战，经济社会发展取得的成就和进步来之不易。2023年，我们要继续坚持以习近平新时代中国特色社会主义思想为指导，深入学习宣传贯彻党的二十大精神，完整准确全面贯彻新发展理念，构建新发展格局，奋力推动南昌城市综合实力和竞争力不断增强，为全面建设社会主义现代化南昌开好局起好步。

一、综　　合

GENERAL SURVEY

本篇内容包括:

1. 一套表新增法人单位数
2. 主要年份国民经济主要指标

自然、地理、资源

位　置

南昌市位于东经115° 27'—116° 11'北纬28° 09'—29° 11'。地处江西省中部偏北，赣江、抚河下游，东北方濒临我国最大的淡水湖鄱阳湖。

地势、面积

全市以平原为主，东南地势平坦，西北丘陵起伏。全市土地面积7194.98平方公里。南北长约112.1公里，东西宽为107.6公里。

山脉、河流、湖泊

位于西北部的西山山脉，呈东北向逶迤绵延，山脉中段的梅岭为市区最高点，其主峰洗药峰海拔841.4米。

全市境内江河纵横，湖泊池塘星罗棋布。主要河流有赣江、抚河、锦江和潦河等。湖泊主要有军山湖、青岚湖、金溪湖、瑶湖等，市区有青山湖、贤士湖，市中心错落着东湖、西湖、南湖、北湖等四个人工湖。

气　候

南昌气候湿润温和，属亚热带季风区，雨量充沛，四季分明，春秋季短，冬夏季长。2022年平均气温19.5℃，极端最高气温39.6℃，极端最低气温−1.7℃。年降水量1558.9毫米，降水日为127天，年平均相对湿度为70%。年日照时间1816.5小时。年平均风速1.8米／秒。冬季多偏北风，夏季多偏南风。适合植物、花卉生长，是营造“花园城市”的理想地区。

水力资源

2022年，全市地表水资源量71.48亿立方米，比多年均值多15.4%；地下水资源量14.01亿立方米，比多年均值多4.3%；水资源总量75.80亿立方米，比多年均值多15.1%。

1-1 土地面积

单位：平方公里

地　区	土地面积
全　市	**7195**
区	
东湖区	54
西湖区	35
青云谱区	37
青山湖区	224
新建区	2233
红谷滩区	194
县	
南昌县	1811
安义县	660
进贤县	1946

注：1. 本表数据由市自然资源和规划局提供。
2. 数据来源于南昌市2021年国土变更调查数据。

1-2 行政区划（2022年末）

单位：个

地　区	街道办事处	居委会	镇	乡	村委会
全　市	**39**	**974**	**48**	**28**	**1153**
区	**38**	**714**	**21**	**6**	**481**
东湖区	7	91	1		21
西湖区	10	138			13
青云谱区	5	79	1		12
青山湖区	4	149	4		67
新建区	5	147	14	5	290
红谷滩区	7	110	1	1	78
县	**1**	**260**	**27**	**22**	**672**
南昌县	1	155	11	7	304
安义县		31	7	3	104
进贤县		74	9	12	264

注：本表数据由市民政局提供，新建区数据含湾里管理局。

1–3 气象

项　　目	2021年	2022年
全年降雨天数(天)	155	127
全年降雪天数(天)	3	1
全年降水量(毫米)	1962.8	1558.9
全年日照时数(小时)	1666.6	1816.5
全年蒸发量(毫米)	976.0	1100.0
全年平均气温(度)	19.7	19.5
极端最高气温(度)	37.6	39.6
极端最低气温(度)	-4.2	-1.7
全年相对湿度(%)	72.0	70.0
全年平均风速(米/秒)	1.8	1.8

注：本表数据由市气象局提供。

1-4　各县区按专业分组一套表法人单位数（2022 年）

单位：个

地　区	合　计	工　业	建筑业	批发和零售业	住宿和餐饮业	房地产开发经营业	服务业
全　　市	8597	2092	1248	2749	484	531	1493
东 湖 区	482		86	205	39	23	129
西 湖 区	1138	5	113	667	114	50	189
青云谱区	624	36	103	283	22	40	140
青山湖区	953	328	88	336	27	34	140
新 建 区	586	187	126	135	16	38	84
红谷滩区	772	2	132	209	138	61	230
南 昌 县	1309	448	271	309	35	105	141
安 义 县	414	283	28	49	5	13	36
进 贤 县	465	252	74	71	9	38	21
经济开发区	874	286	106	265	25	42	150
高新开发区	779	230	75	180	34	56	204
湾里管理局	198	34	46	40	20	31	27

注：1. 南昌市单位总数采用省局反馈数据（包含省统单位工业省电力、服务业省电信和南昌铁路局），分县区数据采用一套表平台数据，所以分县区加总数据略小于全市总数。
2. 本表单位总数包含挂库单位数。

1—5 主要年份国民经济

指　　标	1978	1980	1990	2000
人口				
年末常住人口(万人)	306.82	317.23	378.39	433.17
男性人口			196.28	226.18
女性人口			182.11	206.99
城镇人口				211.54
乡村人口				221.62
年末户籍人口(万人)	233.97	241.50	372.59	432.55
就业				
年末社会就业人数(万人)	131.13	136.03	199.00	214.96
#职工人数	53.14	58.51	82.04	58.77
国民经济核算				
地区生产总值(亿元)	14.37	16.95	63.20	476.04
第一产业	4.21	4.54	13.85	51.29
第二产业	7.07	8.20	25.07	192.95
第三产业	3.09	4.21	24.29	231.80
人均地区生产总值(元)	474	538	1705	11027
农业				
农业总产值(亿元)(按当年价)	4.50	5.56	23.65	69.44
主要农产品产量				
粮食(万吨)	117.43	120.16	170.81	156.12
棉花(万吨)	0.22	0.29	0.11	0.33
油料(万吨)	1.16	1.43	4.04	9.78
园林水果(万吨)			0.94	0.92
蔬菜(万吨)			60.02	109.09
水产品(万吨)	0.83	1.16	5.52	22.00
肉类总产量(万吨)			10.23	20.80
生猪年末存栏(万头)	78.45	77.43	121.32	166.13
生猪当年出栏(万头)			140.98	208.18
工业				
规模以上工业增加值(亿元)				79.26
轻工业				42.76
重工业				36.50
主要工业产品产量				
纱(万吨)			2.33	2.61
布(万米)	7976	12294	9923	13285
机制纸及纸板(万吨)	3.26	4.35	6.16	8.16
发电量(亿千瓦小时)	7.54	7.91	15.46	31.13
钢材(万吨)	7.75	20.67	22.33	80.85
水泥(万吨)	6.65	8.64	20.85	33.00
效益指标				
资产总计(亿元)				
负债合计(亿元)				
营业收入(亿元)				

注：1. 规模以上工业营业收入 2018 年及以前为规模以上工业主营业务收入数据。
2. 表中 2018—2019 年常住人口数据为第七次全国人口普查后修订数。
3. 表中 2018—2022 年规模以上工业数据为快报数。

和社会发展主要指标

2010	2018	2019	2020	2021	2022	2022年比上年增长(%)
505.33	601.62	614.05	625.58	643.75	653.81	1.6
263.95	314.63	321.33	327.47	337.18	342.02	1.4
241.38	286.99	292.71	298.11	306.57	311.79	1.7
332.05	457.77	475.98	488.44	506.23	516.01	1.9
173.28	143.85	138.06	137.14	137.52	137.80	0.2
502.25	531.88	536.00	538.29	540.38	544.44	0.8
281.20	322.90	327.40	330.00	333.82	334.71	0.3
63.21	102.30	102.72	104.54	100.93	94.48	-6.4
2145.46	5119.33	5536.66	5783.32	6712.53	7203.50	4.1
121.00	190.68	212.92	235.45	238.30	248.60	3.6
1206.84	2432.81	2608.05	2693.40	3227.00	3484.61	4.6
817.63	2495.84	2715.69	2854.47	3247.23	3470.29	3.7
42734	85772	91088	93307	105765	111031	1.8
204.66	321.01	360.53	401.62	411.11	431.79	4.1
181.06	214.48	211.50	211.77	214.52	210.57	-1.8
0.38	0.16	0.15	0.14	0.05	0.01	-82.5
10.80	11.54	11.26	11.70	11.61	11.93	2.8
2.36	4.17	4.19	4.24	4.49	4.79	6.8
93.91	129.89	130.34	132.35	134.50	137.80	2.5
34.57	40.44	41.00	41.87	43.01	44.72	4.0
32.97	31.43	28.65	24.45	29.07	30.47	4.8
195.99	156.06	19.36	134.33	130.36	118.39	-9.2
317.77	279.07	111.22	145.52	215.55	230.60	7.0
650.92						6.0
329.19						0.0
321.73						9.7
3.00	6.64	12.29	14.83	17.08	17.62	5.4
12691	2553	905		124	1805	-21.9
37.09	64.41	65.26	66.80	0.17	0.17	-0.2
77.81	111.50	100.08	110.75	111.47	106.66	-4.3
307.13	464.29	421.55	490.28	556.59	616.19	10.7
319.17	693.06	832.13	848.10	785.59	636.23	-21.6
1961.54	6106.99	6757.24	7158.20	6810.79	6912.67	1.2
1138.93	3519.59	3941.81	4152.19	3882.86	3986.81	2.1
2768.52	6395.38	6997.07	7346.91	7723.86	7872.66	5.1

1－5

指　　标	1978	1980	1990	2000
建筑业(资级企业)				
建筑业企业人数(万人)				10.12
建筑业总产值(亿元)	3.13	3.77	9.07	38.11
施工房屋面积(万平方米)	111.62	173.28	318.00	695.00
竣工房屋面积(万平方米)	37.25	96.56	126.00	298.00
交通运输业				
公路通车里程(公里)	1286	1148	1831	1958
#等级公路				
货物运输量(万吨)			2820	3171
#民航				
铁路			221	224
公路	261	257	2298	2784
水运	150	77	301	163
旅客运输量(万人)			3289	3904
#民航				
铁路			517	906
公路	352	634	2720	2978
水运	87	96	52	20
邮电通信业				
电信业务总量(万元)				
邮政业务总量(万元)				
函件(万件)	6472	9739	4781	3016
移动电话用户(万户)				43
固定电话用户(万户)	0.58	0.65	3.15	74
互联网宽带用户数(万户)				
固定资产投资				
全社会固定资产投资(亿元)	1.22	2.11	10.32	79.87
#工业投资	0.53	0.49	1.46	17.29
房地产开发投资				13.20
新增固定资产(亿元)	0.71	1.31	8.62	36.72
市政建设				
全社会用电量(亿千瓦时)	12.50	15.42	22.36	36.08
#工业用电量	5.50	7.47	15.53	23.23
营运公共汽车(辆)				

注：1. 2021 年交通运输部开展货运专项调查对 2019 年、2020 年全国公路货运数据进行了调整。
2. 根据《国家邮政局办公室关于规范做好统计信息对外发布工作的通知》（国邮办函【2022】354 号）文件要求，

续表 1

2010	2018	2019	2020	2021	2022	2022年比上年增长(%)
22.81	71.57	65.03	74.12	74.38	70.37	-5.4
791.86	3643.06	4160.18	4495.14	5106.47	5590.06	9.5
6226.84	18048.57	18054.69	17927.21	18612.29	19232.97	3.3
2167.65	6368.67	5862.89	5384.58	5162.42	5397.49	4.6
9707	11258	11966	11890	11917	11674	-2.0
7802	9672	10654	11519	11580	11606	0.2
8327	15657	14130	14787	18695	18546	-0.8
3	8	12	18.2	17.3	4.0	-76.9
412	327	318	362.6	418.8	476.0	13.7
7244	14199	12568	13156	16784	16538	-1.5
668	1123	1232	1250.2	1474.9	1528.2	3.6
10971	7893	7895	5497.4	4888.8	3115.0	-36.3
475	1352	1364	942.7	979.6	472.5	-51.8
1977	3769	3946	2658.8	3058.0	2087.4	-31.7
8519	2772	2583	1892	842	548	-34.9
			3.9	9.2	7.1	-22.8
108578	3861000	6030000	7027000	847000	884000	4.4
358600	634900	816300	1122800	706700		
17971	1384	891	645.6	386.0	471.3	22.1
473	697	709	727.3	783.8	803.2	2.5
162	91	87	91.5	88.7	82.4	-7.1
62	238	265	275.2	310.9	358.3	15.2
1939.35						7.6
646.86						8.4
110.22						-19.3
1412.92						13.1
112.84	230.00	247.20	253.99	287.00	307.50	7.1
64.24	116.85	123.37	132.30	147.52	146.22	-0.9
	4112	3916	4361	4287		

自 2022 年 10 月起取消发布“邮政业务总量”指标数据。

1—5

指　标	1978	1980	1990	2000
建成区绿化覆盖率(%)				
污水处理率(%)				
内外贸易和旅游				
社会消费品零售总额(亿元)	5.26	7.49	29.49	161.94
海关进出口总额(亿美元)				11.15
出口额				8.86
进口额				2.28
实际利用外资额(亿美元)				0.29
旅游总收入(亿元)				
接待入境旅游者人数(万人次)				3.70
旅游外汇收入(万美元)				2578
财政				
地方一般公共预算收入(亿元)	2.51	3.33	10.00	18.30
地方一般公共预算支出(亿元)	0.90	1.14	5.51	23.77
金融业				
金融机构本外币存款余额(亿元)				700.96
#金融机构人民币存款余额	2.75	7.91	54.71	627.48
金融机构本外币贷款余额(亿元)				458.25
#金融机构人民币贷款余额	9.92	12.45	82.20	400.74
保险公司保费收入(亿元)			0.61	8.05
保险公司赔付支出(亿元)			0.27	2.15
价格指数(上年=100)				
商品零售价格指数	99.7	107.4	101.8	97.8
居民消费价格指数	99.7	106.6	103.3	102.6
教育、文化、卫生				
普通高等学校在校学生数(人)	11989	18359	30939	78252
普通中等专业学校在校学生数(人)	7841	11970	20437	80622
普通中学在校学生数(万人)	15.19	12.94	20.97	26.15
小学在校学生数(万人)	32.35	33.21	37.86	40.94
图书馆藏书量(万册)	208	228	338	332
卫生机构数(个)	598	612	832	932
卫生技术人员数(人)	12275	13470	21658	22477
#医　生	5582	6693	9632	9527
医疗卫生机构病床数(张)	11749	12704	16205	15130
人民生活				
城镇非私营单位在岗职工平均工资(元)	577	732	1798	8756
城镇居民人均可支配收入(元)		339	1349	5734
农村居民人均可支配收入(元)		184	721	2390

注：1.2016 年以后图书馆藏书不含省图书馆藏书。
2. 海关进出口数据中，2018 年之前以亿美元为单位，2019 年之后以人民币亿元为单位。
3. 实际利用外资从 2022 年 7 月起改为国家商务部统计口径数据。
4. 自 2021 年起市文广新旅局不再对入境旅游人数和旅游外汇收入进行统计。
5. 2022 年地方一般公共预算收入增速为同比增速，同口径增速为 5.1%。
6. 2021 年保险公司保费收入和赔付支出的统计口径调整为不包含风险处置机构，故 2021 年比上年增速为统计口径调

续表 2

2010	2018	2019	2020	2021	2022	2022年比上年增长(%)
38.09	43.25	41.25	41.30	43.00	43.15	
73.23	71.60	91.00	95.00	95.80	96.30	
767.97	2143.68	2382.31	2452.74	2878.74	3012.00	4.6
53.07	119.57	1062.43	1151.47	1290.25	1345.56	4.3
36.76	68.63	646.52	713.07	894.72	954.89	6.7
16.30	50.94	415.91	438.39	395.53	390.67	-1.2
14.77	34.89	37.72	40.60	43.95	4.17	-37.8
100.80	1520.00	1869.16	1475.24	1743.95	1399.33	-19.8
12.05	29.12	32.69	2.84			
3069	12681	14236	6035			
146.47	461.75	477.00	483.86	484.83	457.68	-5.6
232.03	752.41	834.11	838.17	870.01	938.84	7.9
4199.08	10733.08	12096.80	13676.82	14757.42	16110.30	9.2
4167.67	10605.78	11980.04	13526.76	14601.55	15982.26	9.5
3506.30	12124.64	14047.32	16005.62	17620.96	18949.13	7.5
3461.52	11950.32	13864.69	15814.55	17420.55	18834.50	8.1
61.36	201.48	224.90	267.89	252.19	277.29	10.0
12.79	61.52	69.75	83.85	95.48	96.72	1.3
103.0	100.8	101.3	101.5	101.6	102.8	2.8
103.2	102.3	102.8	102.5	101.0	101.8	1.8
490241	610624	630485	687852	708034	762480	7.7
99202	69282	70491	75569	83127	85056	2.3
30.21	30.58	31.52	32.18	32.92	33.05	0.4
43.66	42.98	42.77	43.54	44.03	44.60	1.3
440	222	224	351	354	390	10.2
798	2245	2502	2686	2715	2703	-0.4
27980	41532	46675	50757	54139	55191	1.9
10330	14797	16778	17857	19133	19597	2.4
20025	33517	36333	44206	46077	45733	-0.7
35038	82672	88470	93774	102084	106663	4.5
18276	40844	44136	46796	50447	52622	4.3
7193	17866	19498	20921	22913	24218	5.7

整后的增速。

1-6 主要年份国民经济主要比例关系

单位：%

指标	1978	1980	1990	2000	2010	2018	2019	2020	2021	2022
地区生产总值										
第一产业	29.3	26.8	21.9	10.8	5.6	3.7	3.8	4.1	3.6	3.5
第二产业	49.2	48.4	39.7	40.5	56.3	47.5	47.1	46.6	48.1	48.4
工 业			37.7	30.9	42.8	34.1	33.2	32.9	34.7	34.9
建筑业			2.0	9.7	13.4	13.5	14.0	13.7	13.3	13.5
第三产业	21.5	24.8	38.4	48.7	38.1	48.8	49.1	49.4	48.4	48.2
#交通运输、仓储和邮政业			5.0	6.0	4.6	3.9	3.9	3.3	3.5	3.4
批发零售和住宿餐饮业			10.8	13.5	8.9	8.7	8.8	8.6	8.9	9.1
金融业			10.7	5.2	5.3	9.5	9.8	10.6	10.0	10.1
全市总人口										
城镇人口					65.71	76.09	77.52	78.08	78.64	78.92
乡村人口					34.29	23.91	22.48	21.92	21.36	21.08
社会就业人员										
第一产业	58.6	55.8	47.5	39.5	24.2	17.1	16.5	16.1	15.6	15.4
第二产业	26.9	29.1	30.7	26.2	32.0	34.5	34.4	34.2	34.4	34.5
第三产业	14.5	15.1	21.8	34.3	43.8	48.4	49.1	49.7	50.0	50.1
农业总产值										
农 业	85.4	84.1	55.6	41.9	37.1	44.1	41.0	38.5	40.7	41.0
林 业	0.9	0.9	1.1	1.5	1.1	1.5	1.5	1.5	1.6	1.6
畜 牧 业	11.8	12.6	31.2	35.2	39.2	27.2	32.3	36.9	30.8	30.7
渔 业	1.4	1.3	6.4	21.4	20.7	22.8	20.7	18.5	21.4	20.3
农林牧渔专业及辅助性活动	0.5	1.1	5.7		1.9	4.4	4.5	4.5	5.6	6.5
规模以上工业增加值										
轻工业				53.9	50.6	38.7	39.9	40.6	38.9	35.5
重工业				46.1	49.4	61.3	60.1	59.4	61.1	64.5
全社会固定资产投资										
第一产业	8.3	6.1	1.1	1.5	1.3	1.1	0.9	1.3	1.9	1.8
第二产业	43.1	23.1	14.2	54.2	40.8	31.8	32.9	31.3	33.3	32.7
第三产业	48.6	70.8	84.7	44.3	57.9	67.1	66.2	67.4	64.8	65.5
研究与试验经费(R&D经费)占GDP比重				**1.37**	**1.94**	**1.70**	**1.81**	**1.95**	**1.93**	**1.94**
科教文卫事业费占财政支出的比例	**29.9**	**31.2**	**24.6**	**22.8**	**26.7**	**29.9**	**30.0**	**33.1**	**32.2**	**30.6**

注：2000年之前“交通运输、仓储和邮政业”的统计口径为“交通运输仓储邮电业”。

1-7　主要年份主要指标每人年平均水平

指　　标	1978	1980	1990	2000	2010	2018	2019	2020	2021	2022
地区生产总值(元)	**474**	**538**	**1705**	**11027**	**42734**	**85772**	**91088**	**93307**	**105765**	**111031**
农业总产值(元)	**148**	**176**	**638**	**1623**	**4076**	**5378**	**5931**	**6480**	**6478**	**6655**
主要农产品产量(千克)										
粮食	386.96	381.37	460.80	364.84	360.63	359.35	347.96	341.67	338.00	324.56
棉花	0.73	0.92	0.30	0.77	0.76	0.27	0.25	0.23	0.08	0.02
园林水果			2.54	2.15	4.70	6.99	6.89	6.84	7.07	7.38
水产品	2.74	3.68	14.89	51.41	68.86	67.76	67.45	67.55	67.77	68.93
肉类总产量			27.60	48.61	65.67	52.66	47.13	39.45	45.80	46.96
主要工业产品产量										
纱(千克)			6.29	6.10	5.98	11.12	20.21	23.93	26.93	27.16
布(米)	26.28	39.02	26.77	31.05	25.28	4.28	1.49		0.20	2.78
发电量(千瓦小时)	248.42	251.05	417.07	727.48	1549.81	1868.14	1646.51	1786.84	1756.36	1644.01
钢材(千克)	25.53	65.60	60.23	188.94	611.74	777.91	693.54	791.02	876.98	949.76
水泥(千克)		27.42	56.25	77.12	635.72	1161.20	1369.02	1368.32	1237.79	980.65
人民生活										
城镇非私营单位在岗职工平均工资(元)	577	732	1798	8756	35038	82672	88470	93774	102084	106663
城镇居民人均可支配收入(元)		339	1349	5734	18276	40844	44136	46796	50447	52622
农村居民人均可支配收入(元)		184	721	2390	7193	17866	19498	20921	22913	24218

1-8 主要年份平均每天主要社会经济活动

指标	1978	1980	1990	2000	2010	2018	2019	2020	2021	2022
地区生产总值(万元)	394	464	1732	13042	58780	140256	153320	158447	182206	197356
农业总产值(万元)	123	152	648	1897	5607	8795	9878	10973	11263	11830
主要工业产品产量										
纱(吨)			63.84	71.31	82.19	181.82	336.58	405.19	467.95	482.79
布(万米)	21.85	33.59	27.19	36.30	34.77	6.99	2.48		0.34	4.94
发电量(万千瓦时)	207	216	424	851	2132	3055	2742	3026	3054	2922
水泥(吨)	182	236	571	902	8744	18988	22798	23172	21523	17431
社会消费品零售总额(万元)	144	205	808	4437	21039	58731	65269	67015	78870	82520
其他经济活动										
货物运输量(万吨)			7.73	8.66	22.81	42.89	46.33	48.36	51.22	50.81
旅客运输量(万人)			9.01	10.67	30.06	21.62	21.63	15.02	13.39	8.53
函件(万件)	17.73	26.61	13.10	8.24	49.24	3.79	2.44	1.76	1.06	1.29

1-9　南昌市主要经济指标占全省的比重（2022 年）

项　　目	江　　西	南　　昌	南昌所占比重(%)
土地面积(平方公里)	16.69万	7194.98	4.3
年末总人口(万人)	4527.98	653.81	14.4
地区生产总值(亿元)	32074.72	7203.50	22.5
农业总产值(亿元)	4223.8	431.79	10.2
主要工业产品产量			
机制纸及纸板(万吨)	390.77	0.17	0.0
发电量(亿千瓦小时)	1568.58	106.66	6.8
钢材(万吨)	3457.01	616.19	17.8
水泥(万吨)	8768.64	636.23	7.3
主要农产品产量			
粮食(万吨)	2151.91	210.57	9.8
棉花(万吨)	2.17	0.01	0.5
油料(万吨)	137.46	11.93	8.7
园林水果(万吨)	538.88	4.79	0.9
蔬菜及食用菌(万吨)	1786.9	137.80	7.7
水产品(万吨)	283.24	44.72	15.8
肉类总产量(万吨)	359.89	30.47	8.5
社会消费品零售总额(亿元)	12853.49	3012.00	23.4
进出口总额(亿元)	6712.98	201.93	3.0
#出口额	5088.43	143.35	2.8
实际利用外资额(亿美元)	21.66	4.17	19.3
普通高等学校在校学生(万人)	146.44	76.25	52.1
普通中等专业学校在校学生(万人)		8.51	
普通中学在校学生(万人)	329.00	33.05	10.0
小学在校学生(万人)	383.92	44.60	11.6
卫生技术人员(万人)	31.40	5.52	17.6
#医生	11.33	1.96	17.3
卫生机构病床数(万张)	31.44	4.57	14.5

二、国民经济核算

NATIONAL ACCOUNTS

本篇内容包括:

1．主要年份地区生产总值
2．主要年份地区生产总值指数
3．主要年份地区生产总值构成
4．地区生产总值增长
5．县区地区生产总值

地区生产总值

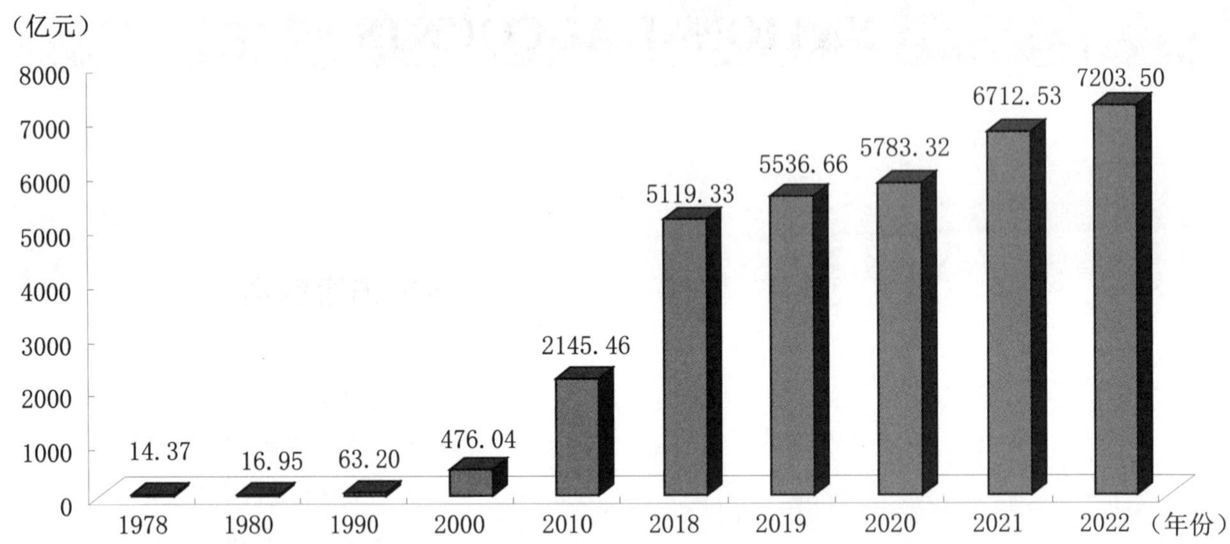

2022年地区生产总值构成

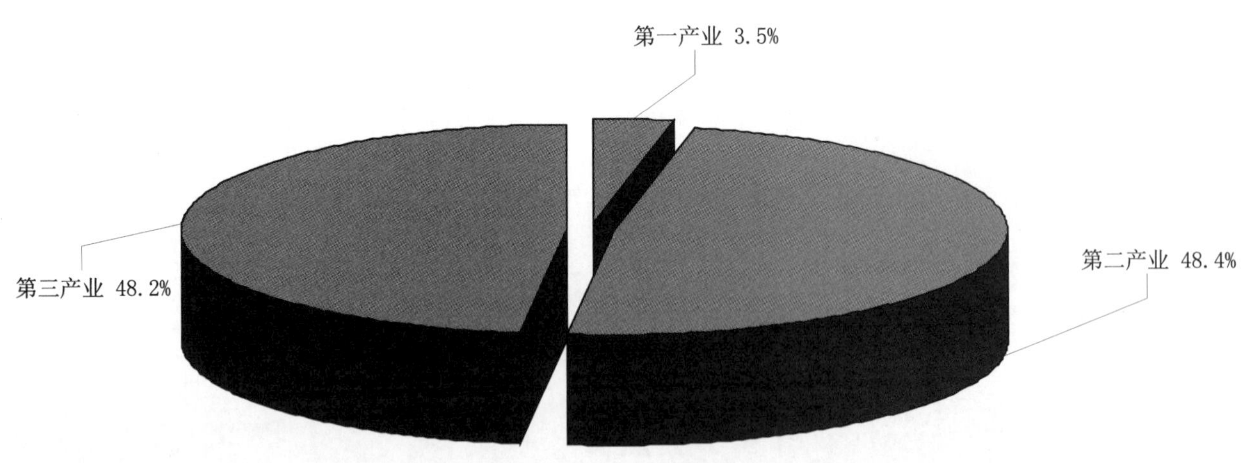

2-1 主要年份地区生产总值

年　份	地　区 生产总值 (万元)				人均地区 生产总值 (元)
		第一产业	第二产业	第三产业	
1957	37287	18053	10601	8633	223
1962	42877	12109	15716	15052	222
1965	65435	21413	28837	15185	315
1970	93305	22785	51086	19434	389
1975	107291	34267	47251	25773	382
1978	143727	42065	70744	30918	474
1979	158303	42494	74784	41025	511
1980	169513	45361	82026	42126	538
1981	189093	53874	91014	44205	593
1982	204423	61052	97054	46317	632
1983	212229	62386	100002	49841	649
1984	257925	79281	116105	62539	781
1985	325718	78735	171408	75575	977
1986	369492	82109	185935	101448	1093
1987	435864	90367	193554	151943	1266
1988	518161	96081	231734	190346	1474
1989	591567	120079	252286	219202	1647
1990	632034	138479	250705	242850	1705
1991	728886	143295	285370	300221	1910
1992	946665	178041	395972	372652	2436
1993	1293955	225343	584546	484066	3279
1994	1818436	334901	801503	682032	4550
1995	2454072	398415	1115241	940416	6074
1996	3105911	496539	1394535	1214837	7610
1997	3752067	536822	1702856	1512389	9100
1998	3992606	440170	1853634	1698802	9584
1999	4237630	500233	1940558	1796839	10074
2000	4760425	512922	1929540	2317963	11027

2-1 续表

年 份	地 区 生产总值 (万元)				人均地区 生产总值 (元)
		第一产业	第二产业	第三产业	
2001	5242006	541131	2159890	2540985	12024
2002	5980910	582947	2615354	2782609	13591
2003	6885021	596810	3272931	3015280	15516
2004	8420214	710263	4276699	3433252	18839
2005	9796983	759382	5211578	3826023	20932
2006	11649389	829203	6466998	4353188	24566
2007	14120436	942028	7702944	5475464	29386
2008	16521905	1097078	8931235	6493592	33905
2009	17827139	1144246	9613633	7069260	36020
2010	21454633	1209970	12068367	8176296	42734
2011	26358983	1379140	14840994	10138849	51569
2012	28768982	1500169	15913544	11355269	55073
2013	32073474	1595067	17626380	12852027	60245
2014	34984514	1685837	19098100	14200577	64446
2015	37788182	1775060	19845947	16167175	68185
2016	41374868	1803042	21226968	18344858	72954
2017	45476292	1807875	22917817	20750600	77957
2018	51193279	1906820	24328060	24958399	85772
2019	55366568	2129226	26080479	27156863	91088
2020	57833240	2354518	26933985	28544737	93307
2021	67125276	2382992	32269988	32472296	105765
2022	72035006	2486031	34846075	34702900	111031

2-2 主要年份地区生产总值指数

（按可比价计算）

单位：%

年份	地区生产总值 (以1978年为100)	第一产业	第二产业	第三产业	地区生产总值 (以上年为100)	第一产业	第二产业	第三产业	人均地区生产总值
1980	121.9	100.6	117.9	149.4	105.5	99.6	111.5	100.7	103.7
1981	130.4	107.0	135.9	141.1	107.0	106.4	115.3	94.4	105.7
1982	142.2	122.6	140.8	162.1	109.1	114.5	103.6	114.9	107.6
1983	154.8	135.3	162.3	174.4	108.8	110.4	115.3	107.6	107.6
1984	185.7	147.1	196.2	222.4	120.0	108.7	120.9	127.5	118.8
1985	216.2	157.1	239.8	251.7	116.4	106.8	122.2	113.2	115.3
1986	241.5	164.5	254.4	326.5	111.7	104.7	106.1	129.7	110.2
1987	256.9	185.5	233.8	416.6	106.4	112.8	91.9	127.6	104.5
1988	288.8	186.4	264.7	493.7	112.4	100.5	113.2	118.5	110.1
1989	306.7	216.8	268.1	529.2	106.2	116.3	101.3	107.2	103.9
1990	323.9	250.0	266.5	568.4	105.6	115.3	99.4	107.4	103.2
1991	366.6	260.0	315.3	647.9	113.2	104.0	118.3	114.0	109.6
1992	425.6	268.6	379.9	773.6	116.1	103.3	120.5	119.4	114.1
1993	497.1	281.2	470.7	902.8	116.8	104.7	123.9	116.7	115.3
1994	588.1	304.0	588.0	1051.8	118.3	108.1	124.9	116.5	116.8
1995	682.8	316.1	699.1	1251.7	116.1	104.0	118.9	119.0	114.8
1996	788.0	347.4	799.7	1490.7	115.4	109.9	114.4	119.1	114.2
1997	891.2	371.1	901.3	1732.2	113.1	106.8	112.7	116.2	112.0
1998	960.7	320.6	1008.6	1929.7	107.8	86.4	111.9	111.4	106.7
1999	1046.2	353.3	1094.3	2105.3	108.9	110.2	108.5	109.1	107.8
2000	1142.4	363.9	1195.0	2336.9	109.2	103.0	109.2	111.0	107.3

2-2 续表

（按可比价计算）

单位：%

年 份	地区生产总值 (以1978年为100)	第一产业	第二产业	第三产业	地区生产总值 (以上年为100)	第一产业	第二产业	第三产业	人均地区生产总值
2001	1280.7	378.8	1349.1	2647.7	112.1	104.1	112.9	113.3	111.0
2002	1457.4	395.1	1586.6	2978.6	113.8	104.3	117.6	112.5	112.7
2003	1683.3	406.2	1886.4	3425.4	115.5	102.8	118.9	115.0	114.6
2004	1961.0	435.8	2273.2	3918.7	116.5	107.3	120.5	114.4	115.6
2005	2290.5	457.6	2755.1	4486.9	116.8	105.0	121.2	114.5	111.5
2006	2636.4	479.6	3259.2	5056.8	115.1	104.8	118.3	112.7	113.6
2007	3042.4	495.9	3803.5	5845.6	115.4	103.4	116.7	115.6	113.8
2008	3498.7	524.6	4514.8	6500.3	115.0	105.8	118.7	111.2	113.4
2009	3957.1	565.0	5174.0	7260.9	113.1	107.7	114.6	111.7	111.4
2010	4511.0	596.1	6001.8	8146.7	114.0	105.5	116.0	112.2	112.4
2011	5097.5	624.1	6842.0	9181.3	113.0	104.7	114.0	112.7	110.9
2012	5734.7	653.5	7772.6	10273.9	112.5	104.7	113.6	111.9	110.0
2013	6348.3	694.6	8697.5	11239.6	110.7	106.3	111.9	109.4	108.6
2014	6970.4	726.6	9697.7	12116.3	109.8	104.6	111.5	107.8	107.7
2015	7639.6	754.9	10657.8	13303.7	109.6	103.9	109.9	109.8	107.4
2016	8327.1	784.4	11553.0	14660.7	109.0	103.9	108.4	110.2	106.5
2017	9076.6	815.7	12523.5	16141.4	109.0	104.0	108.4	110.1	105.9
2018	9884.4	841.8	13588.0	17771.7	108.9	103.2	108.5	110.1	106.5
2019	10655.4	866.2	14675.0	19175.7	107.8	102.9	108.0	107.9	105.8
2020	11038.9	885.3	15232.7	19827.6	103.6	102.2	103.8	103.4	101.6
2021	12010.4	934.9	16832.1	21314.7	108.8	105.6	110.5	107.5	106.3
2022	12502.8	968.5	17606.4	22103.4	104.1	103.6	104.6	103.7	101.8

2-3 主要年份地区生产总值构成

（以地区生产总值为 100）　　单位：%

年 份	第一产业	第二产业			第三产业			
			工业	建筑业		#交通运输仓储和邮政业	批发零售住宿餐饮业	金融业
1980	26.8	48.4			24.8			
1981	28.5	48.1			23.4			
1982	29.9	47.5			22.6			
1983	29.4	47.1			23.5			
1984	30.7	45.0			24.3			
1985	24.2	52.6			23.2			
1986	22.2	50.3			27.5			
1987	20.7	44.4			34.9			
1988	18.5	44.7			36.8			
1989	20.3	42.6	40.7	1.9	37.1	6.6	11.7	10.5
1990	21.9	39.7	37.7	2.0	38.4	5.0	10.8	10.7
1991	19.6	39.2	35.1	4.1	41.2	4.0	10.6	10.4
1992	18.8	41.8	37.7	4.1	39.4	3.5	10.3	10.3
1993	17.4	45.2	41.0	4.2	37.4	5.0	7.9	5.3
1994	18.4	44.1	39.8	4.3	37.5	5.0	10.3	5.1
1995	16.2	45.4	39.0	6.4	38.4	5.4	11.9	5.1
1996	16.0	44.9	37.0	7.9	39.1	5.8	11.3	5.0
1997	14.3	45.4	34.8	10.6	40.3	6.1	11.5	4.9
1998	11.0	46.4	35.7	10.7	42.6	6.6	11.9	5.0
1999	11.8	45.8	35.1	10.7	42.4	6.7	11.7	4.8
2000	10.8	40.5	30.9	9.7	48.7	6.0	13.5	5.2

注：2000 年之前“交通运输、仓储和邮政业”的统计口径为“交通运输仓储邮电业”。

2–3 续表

（以地区生产总值为 100）

单位：%

年 份	第一产业	第二产业			第三产业			
			工业	建筑业		#交通运输仓储和邮政业	批发零售住宿餐饮业	金融业
2001	10.3	41.2	31.4	9.8	48.5	6.1	12.7	4.8
2002	9.7	43.7	32.8	11.0	46.5	6.0	11.5	4.6
2003	8.7	47.5	35.2	12.3	43.8	5.9	9.9	4.0
2004	8.4	50.8	36.6	14.2	40.8	5.7	9.1	4.4
2005	7.8	53.2	37.5	15.7	39.1	5.3	8.9	4.4
2006	7.1	55.5	38.7	16.8	37.4	6.7	8.0	4.1
2007	6.7	54.6	38.5	16.0	38.8	5.9	8.1	5.1
2008	6.6	54.1	39.8	14.3	39.3	5.4	8.4	5.1
2009	6.4	53.9	40.0	14.0	39.7	5.0	9.0	5.7
2010	5.6	56.3	42.8	13.4	38.1	4.6	8.9	5.3
2011	5.2	56.3	43.8	12.5	38.5	4.1	9.2	5.4
2012	5.2	55.3	42.4	13.0	39.5	4.6	9.1	5.3
2013	5.0	55.0	41.4	13.6	40.1	4.3	8.7	6.1
2014	4.8	54.6	40.7	13.9	40.6	4.2	8.7	6.7
2015	4.7	52.5	39.1	13.5	42.8	4.2	8.9	7.7
2016	4.4	51.3	38.0	13.3	44.3	4.0	8.8	8.2
2017	4.0	50.4	37.1	13.3	45.6	4.1	9.0	7.8
2018	3.7	47.5	34.1	13.5	48.8	3.9	8.7	9.5
2019	3.8	47.1	33.2	14.0	49.1	3.9	8.8	9.8
2020	4.1	46.6	32.9	13.7	49.4	3.3	8.6	10.6
2021	3.6	48.1	34.7	13.3	48.4	3.5	8.9	10.0
2022	3.5	48.4	34.9	13.5	48.2	3.4	9.1	10.1

2-4 地区生产总值增长

单位：万元

项目	2021年	2022年	2022年比上年增长(%)
地区生产总值	**67125276**	**72035006**	**4.1**
第一产业	2382992	2486031	3.6
第二产业	32269988	34846075	4.6
工业	23324727	25110266	4.7
建筑业	8960306	9750409	4.3
第三产业	32472296	34702900	3.7
农林牧渔专业及辅助活动	78654	97354	14.0
批发和零售业	5329416	5862149	5.3
交通运输、仓储和邮政业	2354691	2475803	0.0
住宿和餐饮业	666961	676370	0.9
金融业	6689283	7293936	3.0
房地产业	5446333	4923194	-11.5
其他营利性服务业	4937567	5454048	9.3
非营利性服务业	6954346	7905446	13.5

注：工业中开采专业及辅助性活动，金属制品、机械和设备修理业属于第三产业。

2-5 县区地区生产总值

地 区	总量(万元)		增速(%)	
	2021年	2022年	2021年	2022年
东 湖 区	4546317	4823059	8.2	2.8
西 湖 区	6745295	7272351	10.1	4.7
青云谱区	4051098	4433735	10.3	5.1
青山湖区	6195392	6753096	9.0	5.0
新 建 区	4025301	4077375	9.0	3.3
红谷滩区	7324239	8022749	8.0	3.2
南 昌 县	12025997	12803494	8.8	4.2
安 义 县	1318889	1390737	8.5	4.1
进 贤 县	3598702	3780834	8.6	3.7
经济开发区	7308293	7804501	8.6	4.7
高新开发区	9233793	10102421	9.0	4.9
湾里管理局	751961	770654	0.8	0.4

注：从 2021 年起，乐化镇和樵舍镇由新建区调整为经济开发区管辖。

主要统计指标解释

地区生产总值 即 GDP，是一个国家（地区）所有常住单位在一定时间内按市场价格计算的生产活动的最终成果。国内生产总值有三种表现形态，即价值形态、收入形态和产品形态。从价值形态看，它是所有常住单位在一定时间内所生产的全部货物和服务价值超过同期投入的全部非固定资产货物和服务的差额，即所有常住单位的增加值之和；从收入形态看，它是所有常住单位在一定时间内所创造并分配给常住单位和非常住单位的初次分配收入之和；从产品形态看，它是最终使用的货物和服务减去进口货物和服务。在实际核算中，生产总值的三种表现形态为三种计算方式，即生产法、收入法和支出法。三种方法分别从不同的方面反映生产总值及其构成。这项指标名称全国为国内生产总值，各省、市、县都称地区生产总值。

增加值 指各部门（单位）在一定时期内从事经济、社会活动获得最终成果的货币表现。反映生产单位和部门对国内生产总值的贡献。增加值包括固定资产折旧、劳动者报酬、生产税净额、营业盈余。

三次产业 根据社会生产活动历史发展的顺序对产业结构的划分，产品直接取自自然界的部门称为第一产业，对初级产品进行再加工的部门称为第二产业，为生产和消费提供各种服务的部门称为第三产业。

根据《国民经济行业分类》(GB/T 4754-2017)，我国的三次产业划分是：

第一产业是指农、林、牧、渔业（不含农、林、牧、渔专业及辅助性活动）。

第二产业是指采矿业（不含开采专业及辅助活动），制造业（不含金属制品、机械和设备修理业），电力、热力、燃气及水生产和供应业，建筑业。

第三产业即服务业，是指除第一产业、第二产业以外的其他行业。

当年价格 指报告期的实际价格，如工厂的出厂价格、农产品的收购价格、商业的零售价格等。按当年价格计算，是指一些以货币表现的物量指标加工农业总产值、国内生产总值等，按照当年的实际价格来计算总量。使用当年价格计算的数字，是为了使国民经济各项指标相互衔接，便于考察当年经济效益，便于对生产和流通、生产和分配、生产和消费进行经济核算的综合平衡。

按当年价格计算的价值指标，在不同年份之间进行对比时，因为包含有各年间价格变动因素，不能确切反映实物量的增减变动。必须消除价格变动因素后，才能真实反映经济发展动态。因此，在计算增长速度时都使用按可比价格计算的数字。

可比价格 指在不同时期的价值指标对比时，扣除了价格变动的因素，以确切表示物量的变化。按可比价格计算有两种方法：一种是直接按产品产量乘其不变价格计算；一种是用物价指数换算。

不变价格 指用同类产品的年平均价格作为固定价格，来计算各年产品价值。按不变价格计算的产品价值除了价格变动因素，不同时期对比可以反映生产的发展速度。新中国成立后，随着工农业产品价格水平的变化，国家统计局先后五次制定了全国统一的工业产品不变价格和农业产品不变价格。从 1949 年至 1957 年使用 1952 年工（农）业产品不变价格，从 1957 年到 1971 年使用 1957 年不变价格，从 1971 年到 1981 年使用 1970 年不变价格，从 1981 年到 1990 年使用 1980 年不变价格，从 1990 年开始使用 1990 年不变价格，从 1995 年开始使用 1995 年不变价格，从 2000 年开始使用 2000 年不变价格，从 2005 年开始使用 2005 年不变价格，从 2010 年开始使用 2010 年不变价格，从 2015 年开始使用 2015 年不变价格，从 2020 年开始使用 2020 年不变价格。

平均每年增长速度 在我国计算平均增长速度有两种方法，一种是习惯上经常使用的“水平法”又称几何平均法，是以间隔期最后一年的水平同基期水平对比来计算平均每年增长（或下降）速度。

另一种是“累计法”，又称代数平均法或方程法，是以间隔期内各年水平的总和同基期水平对比来计算平均每年增长（或下降）速度。

在一般情况下，两种方法计算的平均每年增长速度比较接近，但在经济发展不平衡，出现大起大落时，两种方法计算的结果差别较大。

本年鉴内所列的从某年到某年平均增长速度的年份，均不包括基期年在内。如改革开放以来的平均增长速度是以 1978 年为基期计算的，则写为 1979—某年平均增长速度，其余类推。

国民经济行业分类 在统计工作中为取得分行业的数据资料并统一分类和编码，正确反映国民经济各行业的结构和发展状况，便于研究国民经济的各项比例关系，而制定的国民经济行业划分标准。按现行统计制度规定，我国行业划分为 20 大类，排列顺序如下：

(1) 农、林、牧、渔业 (2) 采矿业 (3) 制造业 (4) 电力、热力、燃气及水生产和供应业 (5) 建筑业 (6) 批发和零售业 (7) 交通运输、仓储和邮政业 (8) 住宿和餐饮业 (9) 信息传输、软件和信息技术服务业 (10) 金融业 (11) 房地产业 (12) 租赁和商务服务业 (13) 科学研究和技术服务业 (14) 水利、环境和公共设施管理业 (15) 居民服务、修理和其他服务业 (16) 教育 (17) 卫生和社会工作 (18) 文化、体育和娱乐业 (19) 公共管理、社会保障和社会组织 (20) 国际组织。

三、人口·劳动力

POPULATION AND LABOUR FORCE

本篇内容包括:

1. 主要年份户数和人口
2. 人口构成情况
3. 人口变动情况
4. 计划生育情况

年末户籍总人口

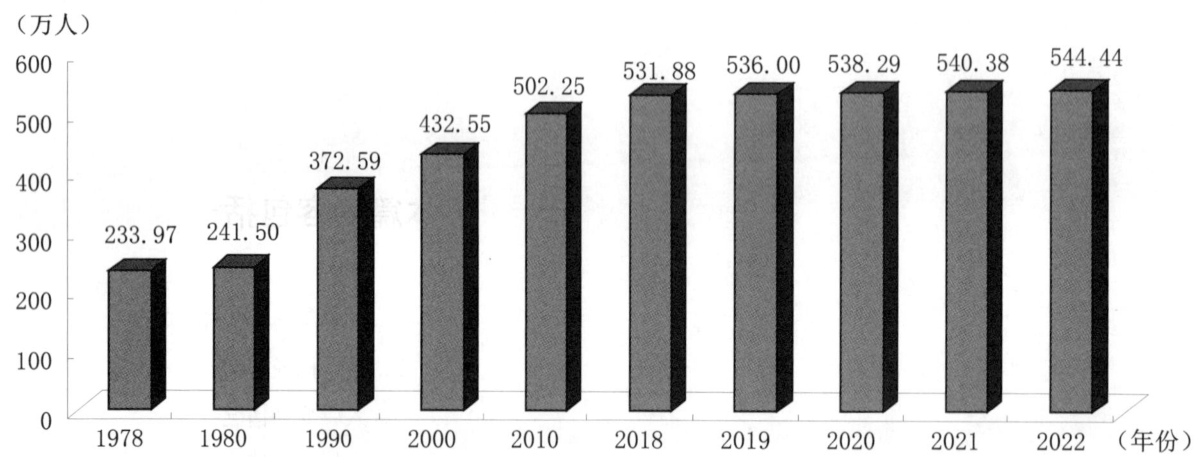

户籍人口自然增长率

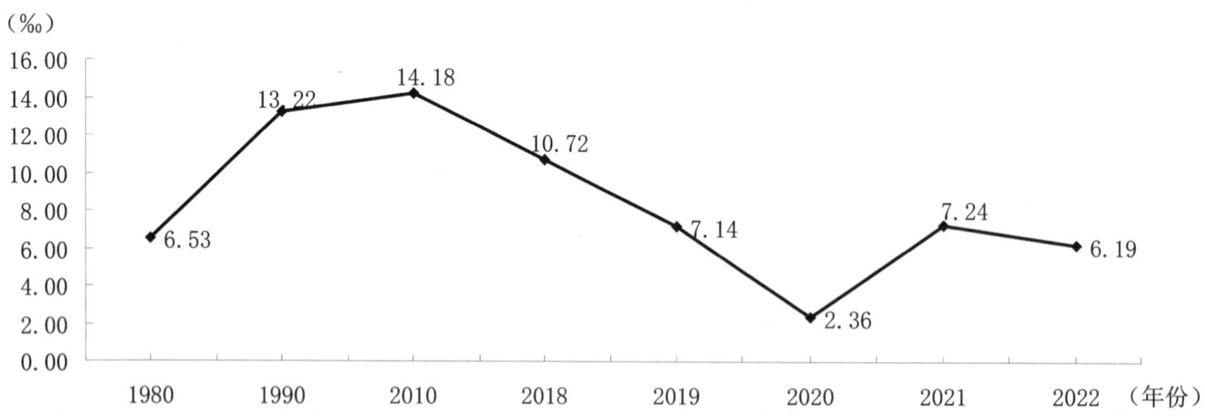

3-1 主要年份户数和人口数

单位：万人

年份	总户数(万户)	总人口	按性别分	
			男	女
1980	49.42	241.50	126.32	115.18
1990	86.70	372.59	193.70	178.89
2000	111.85	432.55	225.42	207.13
2010	145.20	502.25	262.55	239.70
2011	148.86	504.95	263.30	241.65
2012	152.56	507.87	264.41	243.46
2013	156.28	510.08	265.30	244.78
2014	159.42	517.73	268.60	249.13
2015	160.42	520.38	269.98	250.40
2016	162.54	522.79	271.45	251.34
2017	166.13	524.66	271.57	253.09
2018	167.94	531.88	274.92	256.96
2019	169.89	536.00	276.94	259.06
2020	172.09	538.29	277.72	260.57
2021	173.32	540.38	278.69	261.70
2022	175.21	544.44	280.66	263.78

注：3-1 至 3-6 表均为公安户籍数据。

3-2　主要年份农业、非农业人口数和人口结构

年　份	农业、非农业人口(万人)		人 口 结 构 (%)			
	农业人口	非农业人口	男	女	农业人口	非农业人口
1980	148.13	93.37	52.3	47.7	61.3	38.7
1990	235.79	136.80	52.0	48.0	63.3	36.7
2000	256.66	175.89	52.1	47.9	59.3	40.7
2010	268.22	234.02	52.3	47.7	53.4	46.6
2011	271.23	233.72	52.1	47.9	53.7	46.3
2012	273.59	234.28	52.1	47.9	53.9	46.1
2013	274.12	235.96	52.0	48.0	53.8	46.2
2014	279.35	238.38	51.9	48.1	54.0	46.0
2015			51.9	48.1		
2016			51.9	48.1		
2017			51.8	48.2		
2018			51.7	48.3		
2019			51.7	48.3		
2020			51.6	48.4		
2021			51.6	48.4		
2022			51.6	48.4		

3-3 主要年份人口自然变动

年　份	年平均人口（万人）	人口出生率（‰）	人口死亡率（‰）	人口自然增长率（‰）	人口密度（人/平方公里）
1980	240.29	11.73	5.20	6.53	504
1990	367.78	18.24	5.02	13.22	503
2010	499.79	21.97	7.79	14.18	678
2011	503.60	12.46	3.14	9.32	680
2012	506.41	15.03	8.39	6.64	684
2013	508.97	14.42	5.41	9.01	688
2014	513.90	26.89	4.74	22.15	694
2015	519.06	13.56	3.52	10.04	701
2016	521.59	13.41	2.89	10.52	704
2017	527.73	15.67	12.10	3.57	734
2018	528.27	13.90	3.18	10.72	734
2019	533.94	11.52	4.37	7.14	742
2020	537.14	12.16	9.80	2.36	747
2021	539.34	9.22	1.99	7.24	750
2022	542.41	8.26	2.07	6.19	754

3-4 县区户数和人口数（2022 年）

地　区	户　数 (户)	总　人　口(人)				
		合　计	男	女	城镇人口	乡村人口
总　计	**1752096**	**5444413**	**2806637**	**2637776**	**3069279**	**2375134**
东 湖 区	142472	419789	207494	212295	389439	30350
西 湖 区	161461	462568	228889	233679	462568	
青云谱区	87558	258868	130984	127884	258868	
青山湖区	151437	442998	223767	219231	379159	63839
新 建 区	167271	555254	291739	263515	195955	359299
红谷滩区	145706	445687	225714	219973	311881	133806
南 昌 县	322836	1080293	566625	513668	364522	715771
安 义 县	102529	307447	164191	143256	93743	213704
进 贤 县	257658	840986	442524	398462	232634	608352
经济开发区	72755	211560	108054	103506	158082	53478
高新开发区	107379	332066	171089	160977	171910	160156
湾里管理局	33034	86897	45567	41330	50518	36379

3-5 各县区人口变动情况（2022年）

地　区	年平均人口(人)	机械变动(人)		自然变动(人)		人口出生率(‰)	人口死亡率(‰)	人口自然增长率(‰)	人口机械增长率(‰)
		迁　入	迁　出	出　生	死　亡				
总　计	**5424126**	**77922**	**70925**	**44783**	**11209**	**8.26**	**2.07**	**6.19**	**1.29**
东湖区	422922	5752	13246	2202	979	5.21	2.31	2.89	-17.72
西湖区	461242	11517	10703	3038	1199	6.59	2.60	3.99	1.76
青云谱区	259074	4745	5962	1414	611	5.46	2.36	3.10	-4.70
青山湖区	442495	6715	6661	3309	1002	7.48	2.26	5.21	0.12
新建区	599098	3858	4514	5322	1411	8.88	2.36	6.53	-1.09
红谷滩区	390705	21665	6975	5012	481	12.83	1.23	11.60	37.60
南昌县	1076654	7665	7156	9030	2247	8.39	2.09	6.30	0.47
安义县	307409	492	2432	2650	635	8.62	2.07	6.55	-6.31
进贤县	841566	1143	6372	5777	1714	6.86	2.04	4.83	-6.21
经济开发区	208982	5725	2731	2462	271	11.78	1.30	10.48	14.33
高新开发区	328216	6428	3178	3563	492	10.86	1.50	9.36	9.90
湾里管理局	85763	2217	995	1004	167	11.71	1.95	9.76	14.25

3-6 县辖镇户数和人口数（2022 年）

地　区	户　数（户）	总　人　口(人)				
		合　计	男	女	城镇人口	乡村人口
合　计	**435825**	**1386002**	**729743**	**656259**	**541856**	**844146**
南 昌 县	**193152**	**640418**	**336756**	**303662**	**216324**	**424094**
莲 塘 镇	42592	132618	68214	64404	126445	6173
向 塘 镇	31414	96341	49676	46665	33904	62437
冈 上 镇	13586	49089	25983	23106	5998	43091
幽 兰 镇	24437	78511	42040	36471	7854	70657
武 阳 镇	17457	55782	29931	25851	7089	48693
三 江 镇	8513	31917	16658	15259	8829	23088
塘 南 镇	16426	60808	32586	28222	8220	52588
蒋 巷 镇	27365	95377	50765	44612	11260	84117
广 福 镇	11362	39975	20903	19072	6725	33250
安 义 县	**86960**	**257421**	**137202**	**120219**	**92898**	**164523**
龙 津 镇	26540	69633	36546	33087	59271	10362
鼎 湖 镇	13663	39716	21144	18572	9297	30419
东 阳 镇	9164	27525	14644	12881	6646	20879
长 埠 镇	7498	23790	12713	11077	4031	19759
万 埠 镇	9818	31542	16977	14565	4876	26666
石 鼻 镇	14277	45862	24619	21243	3986	41876
黄 洲 镇	6000	19353	10559	8794	4791	14562
进 贤 县	**155713**	**488163**	**255785**	**232378**	**232634**	**255529**
民 和 镇	55315	168927	86451	82476	123377	45550
梅 庄 镇	12340	38828	20472	18356	10490	28338
前 坊 镇	10352	33425	17639	15786	11479	21946
温 圳 镇	14000	47242	25085	22157	26750	20492
李 渡 镇	14325	43533	23051	20482	20908	22625
文 港 镇	18946	53907	28724	25183	16914	36993
架 桥 镇	9700	32063	17109	14954	13234	18829
罗 溪 镇	10791	33437	17699	15738	5585	27852
张 公 镇	9944	36801	19555	17246	3897	32904

注：莲塘镇包含澄碧湖派出所数据，民和镇包含新区和星火派出所数据。

3-7 常住人口及变动情况

指　　标	2021年	2022年
年末常住人口(万人)	643.75	653.81
城镇人口	506.23	516.01
乡村人口	137.52	137.80
男性	337.18	342.02
女性	306.57	311.79
年初常住人口	625.58	643.75
城镇化率(%)	78.64	78.92

3-8 各县区常住人口数

(2013-2022 年)　　单位：人

地　　区	2013	2014	2015	2016	2017	2018	2019	2020	2021	2022
总　　计	**5369614**	**5487421**	**5596603**	**5746168**	**5920796**	**6016213**	**6140465**	**6255814**	**6437506**	**6538127**
东 湖 区	476273	499968	499011	497998	475090	465819	440899	421744	412925	418881
西 湖 区	519854	525112	529388	533666	520317	516892	508517	485223	482904	491695
青云谱区	332749	338479	344669	344597	345429	346076	348719	349119	357410	360394
青山湖区	611017	603025	604329	616467	635986	645009	654351	662722	675610	688392
新 建 区	630496	634188	638957	644151	653934	658576	663965	676116	640291	612790
红谷滩区	305651	322135	340476	368056	411748	443488	493436	555826	594198	644489
南 昌 县	924336	957297	991489	1041378	1084445	1121016	1152431	1186972	1227211	1238617
安 义 县	201935	208913	216215	226128	232614	240234	244397	252623	265336	267743
进 贤 县	675884	672973	670185	667186	664527	660958	642826	620334	643481	650733
经济开发区	337324	353489	370710	392582	412120	423027	465565	486649	561415	572978
高新开发区	268641	280445	293329	312381	381167	386165	415291	447178	463175	475833
湾里管理局	85454	91397	97845	101578	103419	108953	110068	111308	113550	115582

注：表中 2013-2019 年数据为第七次全国人口普查后常住人口修订数。

3–9 人 口 和

(2021 年 10 月—

项　　目	合计	东湖区	西湖区	青云谱区	青山湖区
一、期末已婚育龄妇女数	936605	77615	75767	38687	82484
#无孩	49828	5337	6353	2627	5453
一孩	336639	43197	39707	22036	36538
二孩	427914	26009	26525	12883	34400
二、期末落实节育措施数	671257	57666	49064	22281	53067
结扎	185156	4403	3196	1503	12206
上环	226988	21264	8925	7704	21641
皮埋	97	4	1	3	4
药具	254048	31850	36890	12966	15617
其他	4338	48	24	104	3550
三、期内出生人数	37035	2312	3063	1255	3069
#一孩	17016	1210	1547	630	1465
二孩	13812	876	1223	516	1198
四、国家免费孕前优生健康检查数	29067	2041	2993	1734	4666

注：本表数据由市卫健委提供。

计划生育

2022年9月）

单位：人

新建区	红谷滩区	南昌县	安义县	进贤县	经济开发区	高新开发区	湾里管理局
114630	51193	184430	57255	157877	32869	49583	14215
4526	2317	9342	2597	6379	2008	2361	528
33911	19225	56312	11555	45941	10157	13507	4553
50201	22978	93641	31140	84761	14283	24953	6140
87700	40190	122224	43957	121792	25229	37009	11078
32361	7246	47232	14270	39968	7649	11783	3339
31597	8919	52788	12773	44802	6508	6632	3435
11	13	5	16	15	5		20
23409	23939	22058	16773	36845	10993	18458	4250
104	71	109	27	96	60	129	16
4905	2905	7578	2007	4781	1975	2568	617
2049	1350	3526	847	2187	867	1091	247
1747	1158	2719	652	1722	740	1035	226
4268	493	5848	1782	3623	307	608	704

主要统计指标解释

人口数 指一定时点，一定地区范围内有生命的个人总和。

城镇人口和乡村人口 城镇人口是指居住在城镇范围内的全部常住人口，乡村人口是除上述人口以外的全部人口。

出生率（又称粗出生率） 指在一定时期内（通常为一年）一定地区的出生人数与同期内平均人数（或期中人数）之比， 用千分率表示。本资料中的出生率指年出生率，其计算公式为：

$$出生率=\frac{年出生人数}{年平均人数}\times 1000‰$$

式中：出生人数指活产婴儿，即胎儿脱离母体时（不管怀孕月数），有过呼吸或其他生命现象。年平均人数指年初、年底人口数的平均数，也可用年中人口数代替。

死亡率（又称粗死亡率） 指在一定时期内（通常为一年）一定地区的死亡人数与同期平均人数（或期中人数）之比，用千分率表示。本资料中的死亡率指年死亡率，其计算公式为：

$$死亡率=\frac{年死亡人数}{年平均人数}\times 1000‰$$

人口自然增长率 指在一定时期内（通常为一年）人口自然增加数（出生人数减死亡人数）与该时期内平均人数（或期中人数）之比，用千分率表示。计算公式为：

$$人口自然增长率=\frac{本年出生人数-本年死亡人数}{年平均人数}\times 1000‰$$

$$=人口出生率-人口死亡率$$

四、就业人员和职工工资

EMPLOYMENT AND WAGE

本篇内容包括：

1. 劳动力资源
2. 从业人员的社会分布状况
3. 单位从业人员劳动报酬、人数、平均工资

社会就业人员

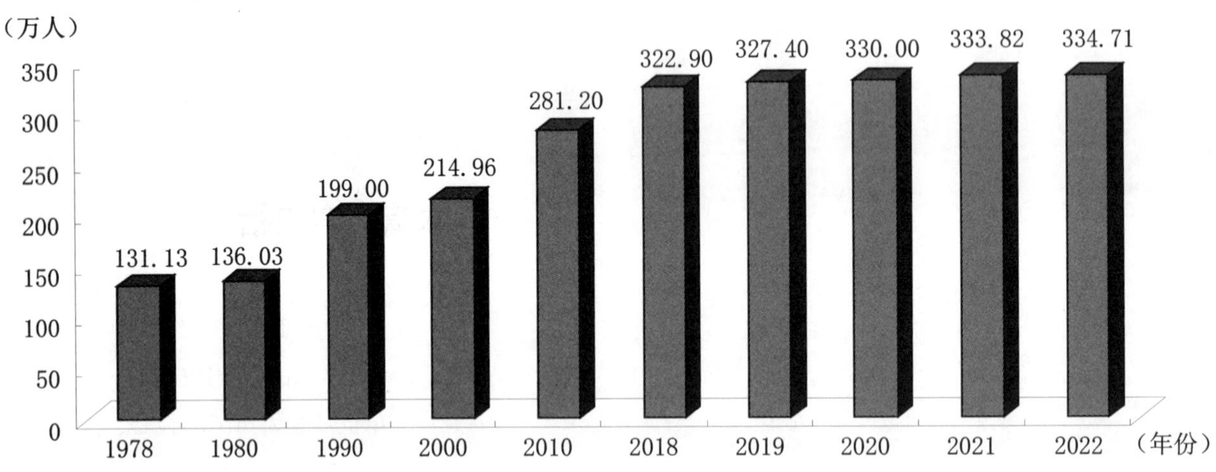

在岗职工平均工资

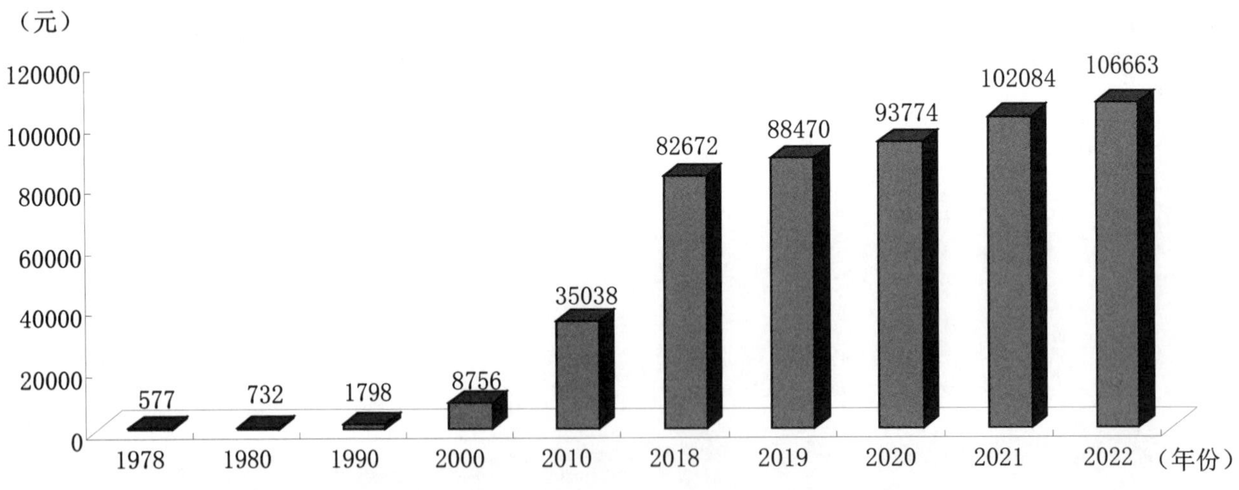

4-1 劳动力资源

单位：万人

年份	劳动力资源总数	社会就业人数	#职工人数	国有经济单位	城镇集体经济单位	其他各种经济单位
1979		134.58	56.73			
1980	152.67	136.03	58.51	43.73	14.78	
1981		137.25	61.86			
1982		141.27	64.33			
1983		143.02	65.26			
1984		153.19	68.69			
1985	193.75	165.46	72.22	51.32	20.85	0.05
1986	195.01	166.54	73.92	52.88	20.96	0.08
1987	199.16	172.28	77.16	55.53	21.55	0.08
1988	211.77	182.55	81.28	58.71	22.48	0.09
1989	218.33	186.67	81.13	59.64	21.34	0.15
1990	233.57	199.00	82.04	60.52	21.35	0.18
1991	239.51	204.30	84.87	62.38	22.01	0.48
1992	241.51	205.96	86.79	64.23	21.87	0.69
1993	246.17	195.87	87.11	64.35	20.55	2.21
1994	251.42	205.28	88.03	64.51	20.59	2.93
1995	258.86	211.79	89.04	65.80	20.37	2.87
1996	261.08	210.96	81.04	61.83	16.18	3.04
1997	263.43	215.45	73.34	55.74	14.20	3.40
1998	277.94	215.39	66.88	46.52	11.30	9.06
1999	286.93	218.15	63.58	44.43	10.19	8.97
2000	296.74	214.96	58.77	40.25	9.22	9.31
2001	299.59	216.87	54.66	38.19	6.74	9.72
2002	300.42	214.54	51.27	35.60	5.72	9.94
2003	311.49	234.69	49.90	33.95	5.15	10.80
2004	319.09	239.60	51.34	33.90	4.89	12.56
2005	339.38	244.28	53.56	34.91	4.97	13.68
2006	345.22	267.78	56.06	36.71	4.57	14.77
2007	342.51	271.99	59.04	38.55	5.53	14.96
2008	352.82	277.59	58.98	38.49	4.95	15.54
2009	358.15	282.80	62.06	41.09	3.96	17.02
2010	360.49	281.20	63.21	40.89	3.93	18.38
2011	370.42	287.10	75.66	35.95	5.84	33.87
2012	379.65	292.30	86.99	39.20	2.47	45.32
2013	390.39	298.40	106.01	38.13	2.46	65.42
2014	392.24	303.90	106.16	31.61	2.03	72.52
2015	395.04	308.20	105.81	33.67	1.76	70.38
2016	397.05	313.30	106.37	33.13	1.69	71.54
2017	395.36	319.20	105.66	31.36	1.38	72.92
2018	395.29	322.90	102.30	25.61	1.50	75.20
2019	395.20	327.40	102.72	27.15	1.73	73.84
2020		330.00	104.54			
2021		333.82	100.93			
2022		334.71	94.48			

注：1. 自1998年起，职工人数为在岗职工人数。2012年起，在岗职工人数含劳务派遣人员。
2. 由于2020年劳动工资统计制度改革，年度数据推算方法有所调整，省统计局不再反馈地市国有单位、城镇集体单位、其他单位从业人员及工资数据。

4-2 三次产业社会就业人员数（年末数）

年 份	合 计 (万人)	#城镇就业人员数	第一产业	第二产业	第三产业	构 成(%)		
						第一产业	第二产业	第三产业
1979	134.58		76.38	38.47	19.73	56.8	28.6	14.6
1980	136.03		75.84	39.60	20.59	55.8	29.1	15.1
1981	137.25		73.31	40.03	23.91	53.4	29.2	17.4
1982	141.27		73.41	40.47	27.39	52.0	28.6	19.4
1983	143.02		74.31	40.98	27.73	52.0	28.7	19.3
1984	153.19		62.27	47.12	43.80	40.6	30.8	28.6
1985	165.46		72.58	54.88	38.00	43.9	33.2	22.9
1986	166.54		72.23	56.13	38.18	43.4	33.7	22.9
1987	172.28		72.68	60.89	38.71	42.2	35.3	22.5
1988	182.55		80.65	62.38	39.52	44.2	34.2	21.6
1989	186.67		86.74	59.04	40.89	46.5	31.6	21.9
1990	199.00		94.57	60.98	43.45	47.5	30.7	21.8
1991	204.30		92.53	67.03	44.74	45.3	32.8	21.9
1992	205.96		90.08	67.45	48.43	43.7	32.8	23.5
1993	195.87		82.47	61.96	51.44	42.1	31.6	26.3
1994	205.28	97.33	86.27	63.87	55.14	42.0	31.1	26.9
1995	211.79	100.54	89.65	66.55	55.59	42.3	31.4	26.3
1996	210.96		86.24	61.77	62.95	40.9	29.3	29.8
1997	215.45		89.12	63.50	62.83	41.4	29.5	29.1
1998	215.39	101.92	88.88	59.46	67.05	41.3	27.6	31.1
1999	218.15	103.39	87.84	59.07	71.24	40.3	27.1	32.6
2000	214.96	98.67	84.84	56.34	73.78	39.5	26.2	34.3
2001	216.87	98.05	84.52	56.49	75.86	39.0	26.0	35.0
2002	214.54	94.64	84.71	57.43	72.40	39.5	26.8	33.7
2003	234.69	113.35	82.73	66.61	85.35	35.2	28.4	36.4
2004	239.60	117.86	81.49	64.43	93.68	34.0	26.9	39.1
2005	244.28	120.77	80.00	63.29	100.99	32.7	25.9	41.4
2006	267.78	143.46	80.04	56.75	130.99	29.9	21.2	48.9
2007	271.99	149.24	77.42	60.44	134.13	28.5	22.2	49.3
2008	277.59	153.36	74.72	67.31	135.56	26.9	24.3	48.8
2009	282.80	157.50	71.93	67.02	143.85	25.4	23.7	50.9
2010	281.20	167.60	68.05	89.98	123.17	24.2	32.0	43.8
2011	287.10	175.13	65.75	93.88	127.47	22.9	32.7	44.4
2012	292.30	182.40	63.72	97.34	131.24	21.8	33.3	44.9
2013	298.40	190.98	61.77	101.46	135.18	20.7	34.0	45.3
2014	303.90	198.45	60.48	104.24	139.19	19.9	34.3	45.8
2015	308.20	206.49	58.56	107.25	142.39	19.0	34.8	46.2
2016	313.30	214.92	57.02	109.03	147.25	18.2	34.8	47.0
2017	319.20	224.40	56.50	110.76	151.94	17.7	34.7	47.6
2018	322.90	232.49	55.22	111.40	156.28	17.1	34.5	48.4
2019	327.40	240.97	54.02	112.63	160.75	16.5	34.4	49.1
2020	330.00	247.50	53.13	112.86	164.01	16.1	34.2	49.7
2021	333.82	254.68	52.08	114.83	166.91	15.6	34.4	50.0
2022	334.71	256.70	51.52	115.50	167.69	15.4	34.5	50.1

注：就业人员总计是根据人口变动抽样调查资料推算，因此，分地区、分经济类型、分行业资料相加不等于总计，下表同。

4–3　城镇非私营单位就业人员年末人数、工资（2022 年）

类　　别	就业人员 人　　数 （人）	就业人员 平均工资 （元）
总　　计	**1106251**	**101790**
按国民经济行业分		
农、林、牧、渔业	1463	59877
采矿业	26	124155
制造业	184042	92030
电力、热力、燃气及水生产和供应业	9224	122544
建筑业	317810	74745
批发和零售业	75998	83193
交通运输、仓储和邮政业	44352	104344
住宿和餐饮业	12093	47007
信息传输、软件和信息技术服务业	28036	109681
金融业	50160	151372
房地产业	34355	79277
租赁和商务服务业	34212	73185
科学研究和技术服务业	34875	133651
水利、环境和公共设施管理业	8767	85211
居民服务、修理和其他服务业	4263	49571
教育	113447	128603
卫生和社会工作	56189	181347
文化、体育和娱乐业	12133	121207
公共管理、社会保障和社会组织	84806	133793

4-4 城镇非私营单位在岗职工年末人数、工资（2022 年）

类别	在岗职工人数（人）	在岗职工平均工资（元）
总计	**944810**	**106663**
按国民经济行业分		
农、林、牧、渔业	1037	72444
采矿业	26	124155
制造业	178761	93475
电力、热力、燃气及水生产和供应业	9066	123597
建筑业	205218	68965
批发和零售业	74449	84282
交通运输、仓储和邮政业	43079	106137
住宿和餐饮业	9743	52075
信息传输、软件和信息技术服务业	26577	112520
金融业	38100	183881
房地产业	32961	80758
租赁和商务服务业	27191	78087
科学研究和技术服务业	33531	136971
水利、环境和公共设施管理业	6966	95694
居民服务、修理和其他服务业	3955	50899
教育	106915	133750
卫生和社会工作	53171	187863
文化、体育和娱乐业	11877	123550
公共管理、社会保障和社会组织	82188	136436

4-5 城镇非私营单位工资总额（2022 年）

单位：万元

类　别	就业人员 工资总额	在岗职工 工资总额
总　计	**11167984**	**9975358**
按国民经济行业分		
农、林、牧、渔业	9202	7606
采矿业	323	323
制造业	1685366	1667070
电力、热力、燃气及水生产和供应业	112343	111382
建筑业	2321555	1359258
批发和零售业	640375	632613
交通运输、仓储和邮政业	466616	459275
住宿和餐饮业	54966	50687
信息传输、软件和信息技术服务业	310682	301033
金融业	762148	706266
房地产业	285040	279314
租赁和商务服务业	247186	211196
科学研究和技术服务业	461022	449530
水利、环境和公共设施管理业	74889	66718
居民服务、修理和其他服务业	20666	19690
教育	1434489	1409515
卫生和社会工作	1007267	986937
文化、体育和娱乐业	148923	147587
公共管理、社会保障和社会组织	1124929	1109358

4-6 主要年份城镇非私营单位在岗职工工资总额

单位：万元

年　份	合计	国有单位	城镇集体单位	其他单位
1980	42024	33304	8720	
1990	145581	117900	27319	362
2000	511784	375482	45363	90939
2010	2205641	1553694	71540	580407
2011	2962726	1570047	141242	1251437
2012	3693667	1905581	88492	1699594
2013	4876812	2213845	93016	2569951
2014	5408797	1791237	93011	3524549
2015	6132271	2219316	77517	3835438
2016	6940303	2710331	78269	4151703
2017	7416789	3011664	62929	4342196
2018	8267766	2935952	77851	5253963
2019	9021284	3292052	96731	5632501
2020	9704265			
2021	10078689			
2022	9975358			

注：由于2020年劳动工资统计制度改革，年度数据推算方法有所调整，省统计局不再反馈地市国有单位、城镇集体单位、其他单位从业人员及工资数据。

4-7 主要年份城镇非私营单位在岗职工平均工资

单位：元

年份	合计	国有单位	城镇集体单位	其他单位
1980	732	779	597	
1990	1798	1972	1300	2122
2000	8756	9335	5123	9708
2010	35038	37938	18422	32042
2011	39816	43606	24262	38406
2012	43771	49987	38255	38670
2013	46744	58166	40548	40171
2014	51851	57322	46540	49594
2015	57730	67039	48768	53620
2016	65812	84069	49629	57952
2017	72686	96839	46432	62404
2018	82672	114526	52347	72087
2019	88470	121751	55817	76949
2020	93774			
2021	102084			
2022	106663			

注：由于2020年劳动工资统计制度改革，年度数据推算方法有所调整，省统计局不再反馈地市国有单位、城镇集体单位、其他单位从业人员及工资数据。

4-8 城镇私营单位就业人员年末人数、工资（2022年）

类　别	在岗职工 人　数 (人)	在岗职工 平均工资 (元)
总　计	**534071**	**61135**
按国民经济行业分		
农、林、牧、渔业	2066	47184
采矿业	87	62313
制造业	141996	62702
电力、热力、燃气及水生产和供应业	764	94959
建筑业	133005	60377
批发和零售业	63746	58390
交通运输、仓储和邮政业	22168	66254
住宿和餐饮业	16340	44944
信息传输、软件和信息技术服务业	20560	78526
金融业	2381	73220
房地产业	25334	66604
租赁和商务服务业	45368	54015
科学研究和技术服务业	16731	71761
水利、环境和公共设施管理业	4099	41537
居民服务、修理和其他服务业	10098	45307
教育	19121	66536
卫生和社会工作	6149	63636
文化、体育和娱乐业	4060	47746
公共管理、社会保障和社会组织		

注：本表根据城镇私营抽样调查资料整理。

主要统计指标解释

劳动力 指在16周岁及以上，有劳动能力，参加或要求参加社会经济活动的人口。包括就业人员和失业人员。

就业人员 指在一定年龄以上，有劳动能力，为取得劳动报酬或经营收入而从事一定社会劳动的人员。具体指年满16周岁，为取得报酬或经营利润，在调查周内从事了1小时（含1小时）以上劳动的人员；或由于学习、休假等原因在调查周内暂时处于未工作状态，但有工作单位或场所的人员；或由于临时停工放假、单位不景气放假等原因在调查周内暂时处于未工作状态，但不满三个月的人员。

单位就业人员 指报告期末最后一日在本单位工作，并取得工资或其他形式劳动报酬的人员数。该指标为时点指标，不包括最后一日当天及以前已经与单位解除劳动合同关系的人员，是在岗职工、劳务派遣人员及其他就业人员之和。就业人员不包括：

(1) 离开本单位仍保留劳动关系，并定期领取生活费的人员；

(2) 在本单位实习的各类在校学生；

(3) 本单位以劳务外包形式使用的人员，如：建筑业整建制使用的人员。

城镇私营就业人员 城镇私营就业人员指在工商管理部门注册登记，其经营地址设在县城关镇（含县城关镇）以上的私营企业就业人员，包括私营企业投资者和雇工。

在岗职工 指在本单位工作且与本单位签订劳动合同，并由单位支付各项工资和社会保险、住房公积金的人员，以及上述人员中由于学习、病伤、产假等原因暂未工作仍由单位支付工资的人员。在岗职工还包括：

(1) 应订立劳动合同而未订立劳动合同人员；

(2) 处于试用期人员；

(3) 编制外招用的人员，如临时人员；

(4) 派往外单位工作，但工资仍由本单位发放的人员（如挂职锻炼、外派工作等情况）。

从业人员工资总额 指本单位在月度或年度直接支付给本单位全部从业人员的劳动报酬总额。不论是计入成本的还是不计入成本的，不论是以货币形式支付的还是以实物形式支付的，均应列入工资总额的计算范围。需要明确的是，工资总额是税前工资，包括单位从个人工资中直接为其代扣或代缴的个人所得税、社会保险基金和住房公积金等个人缴纳部分以及房费、水电费等，但不包括从单位工会经费或工会账户中发放的现金或实物，入股分红、股权激励兑现的收益和各种资本性收益等。工资总额具体包括：

1. 工资，包括基本工资和绩效工资。基本工资指本单位支付给本单位从业人员的按照法定工作时间提供正常工作的劳动报酬，各单位给个人确定的底薪可作为基本工资；绩效工资指根据本单位利润增长和工作业绩定期支付给本单位从业人员的奖励性工资。

2. 奖金，指支付给本单位从业人员的超额劳动报酬和增收节支的劳动报酬。具体包括：年终奖、全勤奖、生产奖、节约奖、劳动竞赛奖和其他名目的奖金以及某工作事项完成后的提成工资、年底双薪等。

3. 津贴和补贴，指本单位制定的员工相关工资政策中，为补偿本单位从业人员特殊或额外的劳动消耗和因其他特殊原因支付的津贴，以及为保证其工资水平不受物价影响而支付的物价补贴。具体包括：补偿特殊或额外劳动消耗的津贴及岗位性津贴、保健性津贴、技术性津贴、地区津贴和其他津贴。如：过节费、通讯补贴、交通补贴、公车改革补贴、取暖补贴、物业补贴、不休假补贴、无食堂补贴、单位发的可自行支配的住房补贴以及为员工缴纳的各种商业性保险等。

4. 其他工资，指单位发放给从业人员除工资、奖金、津贴和补贴外的劳动报酬。如补发上一年度的工资等。

平均工资　指单位就业人员在一定时期内平均每人所得的工资额。它表明一定时期工资收入的高低程度，是反映就业人员工资水平的主要指标。计算公式为：

$$平均工资=\frac{报告期就业人员工资总额}{报告期就业人员平均人数}$$

五、人民生活

PEOPLE'S LIVELIHOOD

本篇内容包括：

城乡居民收入水平

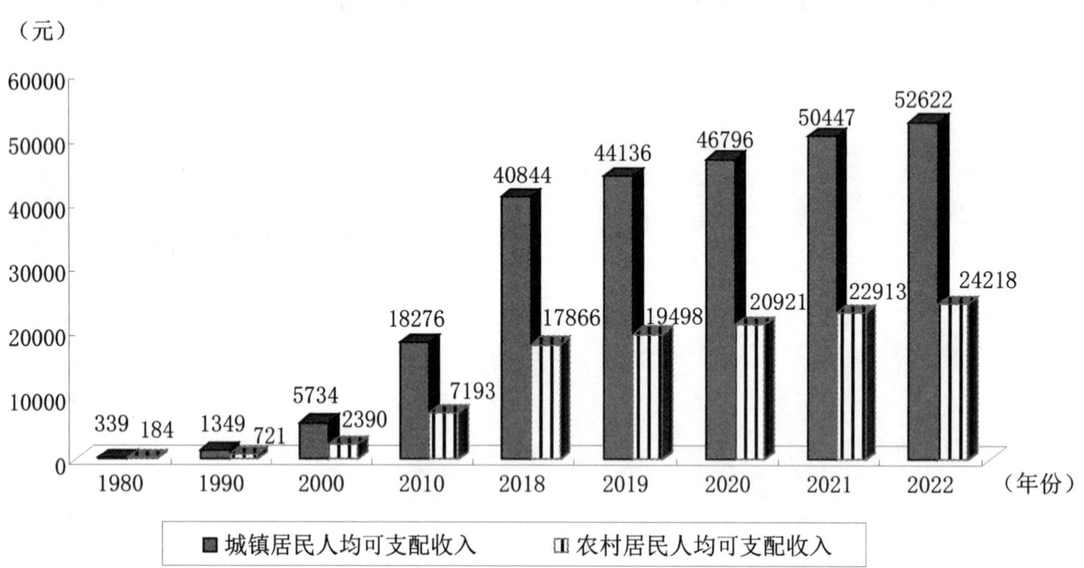

2022 年平均每百户家庭耐用消费品拥有量

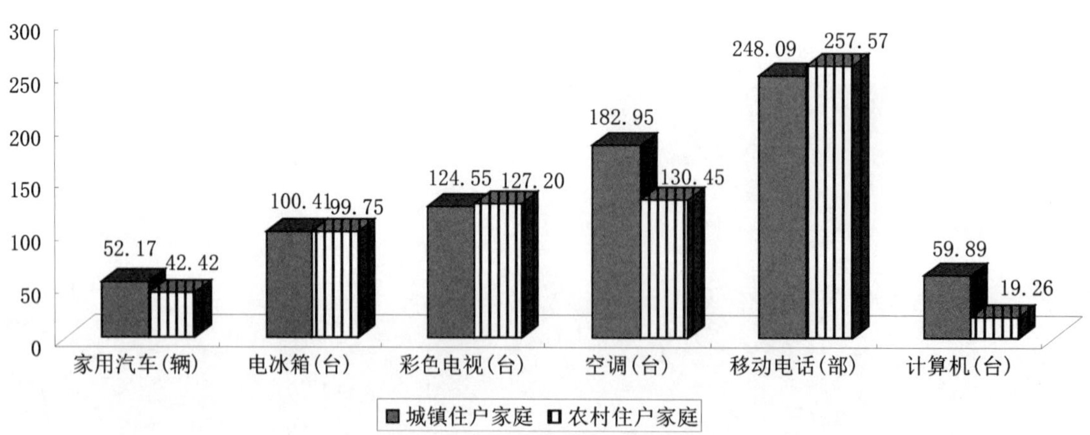

5-1 主要年份全市居民家庭生活基本情况

指　　标	1980	1990	2000	2010	2016	2017	2018	2019	2020	2021	2022
就　　业(人)											
城镇居民每一劳动力负担人口	1.98	1.77	1.92	1.82	1.93	1.91	1.48	1.43	2.09	1.43	1.40
农村居民每一劳动力负担人口		1.78	1.45	1.40	1.43	1.43	1.64	1.65	1.70	1.61	1.45
收　　入(元)											
城镇居民人均可支配收入		1349	5734	18276	34619	37675	40844	44136	46796	50447	52622
农村居民人均可支配收入		721	2390	7193	14952	16364	17866	19498	20921	22913	24218
消　　费(元)											
城镇居民人均消费支出		1086	3925	13899	22536	24275	26081	28532	27955	31038	32515
农村居民人均消费支出		588	1613	3992	9460	10240	11352	13088	14323	16576	17706
居　　住(平方米)											
城镇居民人均建筑面积		29.37	33.42	28.20	35.42	35.53	38.27	38.97	38.68	35.30	35.71
农村居民人均建筑面积			26.10	46.64	58.18	58.23	68.14	68.40	66.27	62.20	65.62
交通、通讯(辆/部)											
城镇居民每百户汽车拥有量				5.06	22.56	23.45	46.45	41.56	41.71	44.96	52.17
城镇居民每百户摩托车拥有量				8.71	11.52	11.30	9.39	9.82	6.90	3.61	3.10
城镇居民每百户拥有移动电话				16.70	204.09	211.51	237.32	245.19	244.71	246.05	248.09
农村居民每百户汽车拥有量					19.53	20.81	27.74	22.25	28.01	36.96	42.42
农村居民每百户摩托车拥有量			14.00	48.00	63.30	61.74	46.78	30.22	29.97	7.07	22.16
农村居民每百户拥有移动电话				148.00	235.44	244.30	250.32	254.08	256.65	266.20	257.57
文　　化(台/套)											
城镇居民每百户拥有彩色电视机		45.00	113.00	148.60	133.81	134.81	128.77	129.30	128.86	124.74	124.55
城镇居民每百户拥有照相机		18.00	35.70	48.31	23.94	24.52	16.49	15.79	15.89	3.88	6.99
城镇居民每百户拥有计算机				71.35	76.49	75.96	66.67	66.27	69.11	54.79	59.89
农村居民每百户拥有彩色电视机		6.00	48.75	121.00	145.12	149.33	139.03	137.70	145.87	117.59	127.20
农村居民每百户拥有照相机		1.00	3.50	7.00	0.60	0.67	2.58	2.60	2.32	0.86	0.52
农村居民每百户拥有计算机				8.00	19.19	20.47	22.26	24.20	25.61	14.25	19.26

注：2013 年之前农民居民人均可支配收入为农村居民人均纯收入指标，2013 年起所有调查指标为新口径调查数据，统一为可支配收入指标，后同。

5-2 城镇居民基本情况

年 份	调 查 户 数 (户)	平均每户家庭人口数 (人)	平均每户就业人口数 (人)	平均每个就业者负担人口数(人)	平均每人每年可支配收入 (元)	平均每人每年消费支出(元)
1981	120	4.21	2.15	1.96	407	370
1982	120	4.21	2.17	1.94	431	377
1983	120	4.23	2.19	1.93	436	387
1984	120	4.09	2.18	1.88	522	466
1985	150	3.64	2.06	1.77	639	559
1986	150	3.66	2.05	1.79	768	642
1987	150	3.64	2.01	1.81	845	750
1988	200	3.54	1.94	1.82	999	907
1989	200	3.48	1.98	1.76	1324	1012
1990	200	3.34	1.88	1.77	1349	1085
1991	200	3.41	1.85	1.85	1358	1126
1992	200	3.35	1.81	1.85	1541	1327
1993	200	3.16	1.74	1.81	2065	1846
1994	200	3.11	1.74	1.79	3064	2586
1995	200	3.07	1.76	1.75	3591	2975
1996	200	3.03	1.67	1.82	4002	3211
1997	200	3.03	1.68	1.81	4501	3743
1998	200	3.09	1.76	1.75	4871	3840
1999	334	3.05	1.68	1.82	5288	4077
2000	300	3.21	1.67	1.92	5734	3925
2001	300	3.12	1.62	1.93	6207	4294
2002	300	2.99	1.55	1.93	7021	4789
2003	300	2.93	1.48	1.98	7793	5079
2004	300	2.78	1.53	1.82	8744	5864
2005	300	2.59	1.37	1.89	10301	7064
2006	300	2.61	1.43	1.83	11243	7548
2007	300	2.66	1.62	1.64	13076	10064
2008	300	2.81	1.63	1.72	15112	11551
2009	300	2.81	1.62	1.73	15932	12406
2010	300	2.77	1.52	1.82	18276	13899
2011	300	2.79	1.50	1.86	20741	15234
2012	300	2.83	1.58	1.79	23602	16450
2013	321	3.03	1.68	1.80	26446	17925
2014	468	3.14	1.84	1.71	29091	19628
2015	465	2.95	1.58	1.87	31944	21396
2016	471	2.92	1.51	1.93	34620	22536
2017	469	2.87	1.49	1.91	37680	24276
2018	570	3.29	1.66	1.98	40848	26076
2019	570	3.11	1.69	1.84	44136	28536
2020	570	3.11	1.49	2.09	46796	27955
2021	570	3.11	1.43	2.18	50447	31038
2022	570	3.20	1.46	2.18	52622	32515

5-3　城市住户基本情况(2022年)

（按收入分组）

项　　目	全体	低收入户	中低收入户	中等收入户	中高收入户	高收入户
占调查总户数比重(%)	100	20	20	20	20	20
平均每户家庭人口(人)	3.32	4.34	3.65	2.94	2.81	2.85
平均每户家庭常住人口(人)	3.20	4.15	3.52	2.89	2.75	2.69
平均每户就业人口(人)	1.46	1.60	1.59	1.17	1.41	1.56
平均每户家庭劳动力人口比重(%)	45.8	38.4	45.2	40.3	51.2	58.2
就业者负担人口(人)	2.18	2.60	2.21	2.48	1.95	1.72
人均可支配收入(元)	52622	21701	34111	45873	60339	123317
人均消费支出(元)	32515	17089	22715	29050	33356	71715

5-4 城市居民平均每人每年收支构成

单位：元

项　　目	2021年	2022年
可支配收入	**50447**	**52622**
工资性收入	30764	31960
#工资	29757	30567
经营净收入	3106	3860
财产净收入	7493	9212
转移净收入	9084	7589
#养老金或离退休金	8310	8095
家庭总支出	**37160**	**51656**
#消费支出	31038	32515
生产经营费用支出	943	1957
财产性支出	89	79
转移性支出	2008	2785
个人所得税	86	360
部分商业保险支出	132	267
购置资产及非经常性转移支出	1818	11711
借贷性支出	1132	2344
#存入储蓄款	2	102
借出款	2	9
归还借款	33	32
归还住房贷款	870	1196

5-5 城市居民平均每人每年收支(2022年)

（按收入分组）

单位：元

项　目	总平均	低收入户	中低收入户	中等收入户	中高收入户	高收入户
可支配收入	**52622**	**21701**	**34111**	**45873**	**60339**	**123317**
工资性收入	31960	15995	24166	25650	40471	64533
#工资	30567	15915	23868	24612	38551	59869
经营净收入	3860	942	469	2249	2236	16127
财产净收入	9212	2211	3359	4763	7242	34317
转移净收入	7589	2553	6117	13210	10390	8339
#养老金或离退休金	8095	2765	5579	13642	10354	11290
家庭总支出	**51656**	**19571**	**26945**	**38171**	**39574**	**159739**
#消费支出	32515	17089	22715	29050	33356	71715
生产经营费用支出	1957	313	209	3418	206	6986
财产性支出	79		5	119	82	247
转移性支出	2785	889	1176	1750	2600	9077
个人所得税	360	37	34	22	199	1808
部分商业保险支出	267	6	17	46	36	1465
购置资产及非经常性转移支出	11711	874	1195	2428	1784	62091
借贷性支出	2344	401	1628	1359	1510	8158
#存入储蓄款	102	89	168		74	175
借出款	9			23		31
归还借款	32	10		101		68
归还住房贷款	1196	274	1289	1224	1195	2458

5–6 城市住户平均每人每年消费支出及构成

项目	消费支出(元)		构成(%)	
	2021年	2022年	2021年	2022年
消费支出	**31038**	**32515**	**100**	**100**
食品烟酒	**9644**	**9544**	**31.1**	**29.4**
食　品	6814	6742	22.0	20.7
烟　酒	670	673	2.2	2.1
饮　料	165	218	0.5	0.7
饮食服务	1995	1912	6.4	5.9
衣　着	**1780**	**1602**	**5.7**	**4.9**
衣　类	1486	1326	4.8	4.1
鞋　类	293	276	0.9	0.8
居　住	**8051**	**7879**	**25.9**	**24.2**
生活用品及服务	**1814**	**2004**	**5.8**	**6.2**
交通和通信	**3291**	**5557**	**10.6**	**17.1**
交　通	2478	4750	8.0	14.6
通　信	813	807	2.6	2.5
教育文化娱乐	**3364**	**2869**	**10.8**	**8.8**
教　育	2442	1992	7.9	6.1
文化娱乐	923	878	3.0	2.7
医疗保健	**2317**	**2041**	**7.5**	**6.3**
医疗器具及药品	479	530	1.5	1.6
医疗服务	1838	1511	5.9	4.6
其他用品与服务	**777**	**1018**	**2.5**	**3.1**
其他用品	471	442	1.5	1.4
其他服务	306	576	1.0	1.8

5–7 城市住户平均每人每年消费支出及构成（五等分，2022 年）

单位：元

项　目	总平均	低收入户	中低收入户	中等收入户	中高收入户	高收入户
消费支出	**32515**	**17089**	**22715**	**29050**	**33356**	**71715**
食品烟酒	**9544**	**6327**	**8394**	**9605**	**11411**	**13986**
食　品	6742	5080	6226	6950	7934	8508
烟　酒	673	362	615	786	918	853
饮　料	218	103	138	181	229	529
饮食服务	1912	782	1414	1688	2331	4097
衣　着	**1602**	**821**	**1139**	**1483**	**1886**	**3236**
衣　类	1326	689	933	1220	1567	2675
鞋　类	276	132	206	263	318	561
居　住	**7879**	**4572**	**5069**	**9437**	**8757**	**14030**
生活用品及服务	**2004**	**800**	**1163**	**1588**	**1990**	**5401**
交通和通信	**5557**	**1347**	**2446**	**2311**	**3020**	**22122**
交　通	4750	852	1756	1424	1985	21005
通　信	807	495	691	887	1034	1117
教育文化娱乐	**2869**	**2184**	**2315**	**2520**	**2873**	**5008**
教　育	1992	1891	1711	1581	1815	3129
文化娱乐	878	293	604	939	1058	1878
医疗保健	**2041**	**831**	**1836**	**1642**	**2563**	**4049**
医疗器具及药品	530	134	383	469	473	1452
医疗服务	1511	698	1454	1173	2090	2596
其他用品与服务	**1018**	**207**	**353**	**463**	**858**	**3883**
其他用品	442	116	212	253	394	1495
其他服务	576	91	141	210	465	2388

5-8 城市住户平均每百户主要消费品年末拥有量

品　　名	2021年	2022年
家用汽车(辆)	44.96	52.17
摩 托 车(辆)	3.61	3.10
助 力 车(辆)	94.61	96.13
洗 衣 机(台)	98.92	100.63
电 冰 箱(台)	101.04	100.41
微 波 炉(台)	71.48	72.30
彩色电视(台)	124.74	124.55
空　　调(台)	175.60	182.95
热 水 器(台)	103.72	102.10
移动电话(部)	246.05	248.09
计 算 机(台)	54.79	59.89
照 相 机(架)	3.88	6.99

5-9 农村居民家庭基本情况

年　份	平均每户家庭人口(人)	平均每户整半劳动力(人)	平均每个劳动力负担人口(人)	平均每人可支配收入(元/人)	平均每人住房面积(平方米)
1986	5.61	3.02	1.86	452	16.77
1987	5.41	2.82	1.91	501	18.36
1988	5.41	2.96	1.83	586	19.52
1989	5.36	3.52	1.52	660	20.69
1990	5.25	2.95	1.78	721	19.50
1991	5.02	2.79	1.80	768	19.78
1992	4.99	2.81	1.76	855	21.30
1993	4.91	2.86	1.72	969	19.69
1994	4.79	2.89	1.66	1311	22.53
1995	4.75	2.91	1.63	1626	23.71
1996	4.67	2.91	1.61	2031	23.44
1997	4.55	2.84	1.60	2359	25.12
1998	4.46	2.80	1.59	2164	26.26
1999	4.30	2.89	1.49	2307	26.77
2000	4.29	2.96	1.45	2390	26.10
2001	4.28	2.93	1.46	2517	27.92
2002	4.21	2.93	1.44	2664	28.21
2003	4.16	2.92	1.42	2808	29.46
2004	4.13	2.90	1.42	3414	35.48
2005	4.14	2.92	1.42	3879	38.66
2006	4.12	2.92	1.41	4392	41.03
2007	4.10	2.92	1.40	5034	42.32
2008	4.08	2.90	1.40	5774	44.14
2009	4.04	2.89	1.40	6296	45.04
2010	3.98	2.85	1.40	7193	46.64
2011	4.10	2.96	1.39	8484	49.21
2012	4.07	2.91	1.40	9730	48.86
2013	3.98	2.72	1.46	11184	52.22
2014	3.63	2.56	1.42	12414	54.70
2015	3.54	2.47	1.43	13693	58.38
2016	3.52	2.46	1.43	14952	58.18
2017	3.52	2.46	1.43	16364	58.23
2018	3.84	2.35	1.64	17866	68.14
2019	3.90	2.33	1.43	19498	68.40
2020	3.83	2.25	1.70	20921	66.27
2021	3.80	2.36	1.83	22913	62.20
2022	3.31	2.29	1.45	24218	65.62

注：2013 年之后平均每户家庭人口为常住人口。

5-10 农村居民家庭总收入及构成

项 目	平均每人(元)		构成(%)	
	2021年	2022年	2021年	2022年
全年总收入(未扣除生产费用)	**26788**	**27846**	**100**	**100**
工资性收入	12602	12953	47.0	46.5
经营净收入	9622	9488	35.9	34.1
第一产业	5957	2106	22.2	7.6
农业	4725	1346	17.6	4.8
林业	447	154	1.7	0.6
牧业	704	444	2.6	1.6
渔业	81	162	0.3	0.6
第二产业	444	1041	1.7	3.7
第三产业	3220	6341	12.0	22.8
财产净收入	1044	1220	3.9	4.4
转移净收入	3521	4186	13.1	15.0

5-11 农村居民家庭总支出及构成

项　　目	平均每人(元)		构成(%)	
	2021年	2022年	2021年	2022年
总　支　出	**22900**	**24320**	**100**	**100**
消费支出	16576	17706	72.4	72.8
食品烟酒	5378	5557	23.5	22.8
衣着	752	824	3.3	3.4
居住	3822	4811	16.7	19.8
生活用品及服务	752	954	3.3	3.9
交通通信	2502	2368	10.9	9.7
教育文化娱乐	1970	1801	8.6	7.4
医疗保健	1114	1034	4.9	4.3
其他用品和服务	287	358	1.3	1.5
生产经营费用支出	3577	2900	15.6	11.9
第一产业	1244	825	5.4	3.4
第二产业	211	269	0.9	1.1
第三产业	2123	1806	9.3	7.4
财产性支出	71	32	0.3	0.1
转移性支出	474	459	2.1	1.9
购置资产及非经常性转移支出	1119	1985	4.9	8.2
#购置资产支出	350	844	1.5	3.5
非经常转移支出	770	1141	3.4	4.7
借贷性支出	1071	1223	4.7	5.0

5-12 主要年份农村居民人均可支配收入

单位：元

项　目	1990	2000	2010	2013	2014	2015	2016	2017	2018	2019	2020	2021	2022
人均可支配收入	**731**	**2390**	**7193**	**11184**	**12414**	**13693**	**14952**	**16364**	**17866**	**19498**	**20921**	**22913**	**24218**
工资性收入	50	1013	2687	4646	5229	5668	6645	7810	10382	10679	12216	12602	12953
经营净收入	632	1283	3624	4475	4935	5665	5948	6183	4946	4284	4806	6232	6350
第一产业	527	1077	2979	3284	3614	3736	3630	3131	1964	1329	1590	4840	1247
第二产业	24	96	179	101	114	323	313	681	682	601	406	247	756
第三产业	81	110	466	1090	1207	1606	2005	2371	2299	2354	2810	1144	4347
财产净收入	8	31	393	84	107	107	85	114	164	2152	1140	980	1188
转移净收入	41	63	489	1979	2143	2253	2275	2256	2375	2382	2759	3099	3727

5-13 农村居民生活消费支出及构成

项　　目	平均每人(元)		构成(%)	
	2021年	2022年	2021年	2022年
生活消费支出	**16576**	**17706**	**100**	**100**
食品烟酒	5378	5557	32.4	31.4
衣着	752	824	4.5	4.7
居住	3822	4811	23.1	27.2
生活用品及服务	752	954	4.5	5.4
交通通信	2502	2368	15.1	13.4
教育文化娱乐	1970	1801	11.9	10.2
医疗保健	1114	1034	6.7	5.8
其他用品和服务	287	358	1.7	2.0

5-14　农村居民家庭现金收入及构成

项　　目	平均每人(元)		构成(%)	
	2021年	2022年	2021年	2022年
现金收入(未扣除生产费用)	**54919**	**28269**	**100**	**100**
工资性收入	12589	12940	22.9	45.8
工资	12562	12906	22.9	45.7
其他工资性收入	27	33	0.0	0.1
现金经营性收入	38099	10047	69.4	35.5
第一产业	34435	2666	62.7	9.4
农业	33266	1907	60.6	6.7
林业	426	153	0.8	0.5
牧业	663	444	1.2	1.6
渔业	80	162	0.1	0.6
第二产业	444	1041	0.8	3.7
采矿业				
制造业	324	563	0.6	2.0
建筑业	120	477	0.2	1.7
第三产业	3220	6341	5.9	22.4
批发和零售业	2002	3717	3.6	13.1
交通运输、仓储和邮政业	521	541	0.9	1.9
住宿和餐饮业	692	1830	1.3	6.5
居民服务、修理和其他服务业				
其他行业		6		0.0
现金财产性收入	1044	1220	1.9	4.3
现金转移性收入	3188	4061	5.8	14.4

5–15 农村居民家庭现金支出及构成

项　目	平均每人(元)		构成(%)	
	2021年	2022年	2021年	2022年
现金支出	**19524**	**20847**	**100**	**100**
现金生活消费支出	13223	14235	67.7	68.3
#生产经营现金费用支出	3555	2898	18.2	13.9
农业	668	463	3.4	2.2
林业	57	32	0.3	0.2
牧业	482	272	2.5	1.3
渔业	14	57	0.1	0.3
采矿业				
制造业	183	239	0.9	1.1
电力、热力、燃气及水生产和供应业				
建筑业	28	29	0.1	0.1
批发和零售贸易	1447	1210	7.4	5.8
交通、运输和邮电业	414	207	2.1	1.0
住宿和餐饮业	244	385	1.2	1.8
租赁和商务服务业				
居民服务、修理和其他服务业				
其他	1		0.0	
农林牧渔服务业	16	1	0.1	0.0
现金财产性支出	71	32	0.4	0.2
现金转移性支出	474	459	2.4	2.2
部分商业保险支出	11	14	0.1	0.1
购置资产及非经常性转移支出	1119	1985	5.7	9.5
#购置生产性固定资产支出	350	844	1.8	4.0
借贷性支出	1071	1223	5.5	5.9

5-16 主要年份农村住户平均每人每年主要食品消费量

单位：千克

项　　目	1990	2000	2010	2013	2014	2015	2016	2017	2018	2019	2020	2021	2022
粮　　食	351.35	295.10	215.88	191.06	185.16	183.11	165.49	173.4	147.18	158.88	150.93	210.11	125.69
油 脂 类													
植物油	6.66	8.30	9.02	12.1	15.58	14.33	12.89	14.58	16.12	15.58	17.09	17.50	11.70
动物油	1.64	1.55	0.26	0.66	0.11	0.04	0.10	0.06	0.09	0.26	0.34	0.27	0.24
蔬菜及菜制品	172.72	97.82	86.68	97.35	92.54	106.05	103.81	91.15	86.95	114.72	110.43	127.55	144.15
肉　　类													
猪 肉	10.18	10.76	11.46	15.39	14.67	14.26	14.62	14.82	23.89	29.90	28.71	36.45	39.32
牛羊肉	0.33	0.35	0.39	1.35	1.26	1.45	1.63	2.05	3.55	4.62	3.96	4.71	4.02
禽　　类	1.49	2.48	3.7	5.6	6.25	4.83	4.72	4.55	6.98	14.12	14.82	14.89	13.81
水 产 品	3.07	5.11	7.26	9.41	9.14	9.93	9.76	9.82	16.41	24.46	21.74	23.75	24.07
蛋类及蛋制品	2.96	4.57	6.36	6.50	7.29	8.28	5.22	6.18	7.03	9.89	11.62	13.27	14.87
奶和奶制品	0.21	0.44	4.06	5.55	5.7	5.54	6.36	6.63	7.41	9.15	8.40	9.92	7.10
干鲜瓜果类	3.13	25.56	10.41	14.51	16.42	20.09	25.63	26.43	26.51	49.54	47.32	54.04	55.15
糖果糕点类													
食 糖	1.36	1.05	0.4	0.41	2.05	0.53	0.42	0.39	0.49	0.76	0.72	0.77	0.84
糖果和糕点	1.52	1.87		2.58	2.73	2.83	2.29	2.40	2.53	3.84	3.75	4.64	
茶 叶	0.07		0.07	0.02	0.03	0.04	0.03	0.05	0.08	0.08	0.11	0.08	
酒	3.52	6.97	13.19	17.31	19.71	18.62	18.80	18.92	16.99	20.09	16.87	14.19	

注：2013 年之后平均每户家庭人口为常住人口。

5–17 主要年份农村住户耐用物品拥有量

（按每百户年末平均拥有量计算）

项　　目	1990	2000	2010	2013	2014	2015	2016	2017	2018	2019	2020	2021	2022
家用汽车(辆)			4.00	12.42	12.64	15.82	19.53	20.81	27.66	24.52	28.01	36.96	42.42
摩托车(辆)		14.00	48.00	56.06	64.98	62.29	63.30	61.74	46.69	35.16	29.97	7.07	22.16
洗衣机(台)	1.00	9.25	30.00	46.55	43.32	46.13	52.19	57.05	72.98	75.16	81.59	88.57	93.87
电冰箱(台)	3.00	19.50	67.00	79.39	81.95	84.18	86.53	87.92	101.13	100.65	104.13	91.98	99.75
微波炉(台)			13.00	15.15	12.10	15.15	17.17	20.13	35.97	39.03	47.68	38.69	41.18
彩色电视机(台)	6.00	48.75	121.00	129.09	140.40	140.07	145.12	149.33	139.03	137.74	145.87	117.59	127.20
空调(台)			36.00	60.61	62.09	66.67	74.75	82.89	101.77	106.77	111.64	114.18	130.45
热水器(台)			36.00	49.70	56.68	56.23	66.33	70.81	86.29	89.35	90.26	92.73	93.01
固定电话(线)			58.00	37.88	49.10	48.15	42.42	45.64	11.85	7.74	2.83	1.74	2.03
移动电话(部)			148.00	204.24	222.70	227.27	235.44	244.30	250.40	255.16	256.65	266.20	257.57
家用计算机(台)			8.00	21.82	16.25	21.89	19.19	20.47	22.26	24.19	25.61	14.25	19.26
照相机(台)	1.00	3.50	7.00	4.42	3.25	0.01	0.60	0.67	2.58	2.58	2.32	0.86	0.52

注：自行车、电风扇、黑白电视机、收录机、影碟机已无汇总数据。

主要统计指标解释

可支配收入 指调查户在调查期内获得的、可用于最终消费支出和储蓄的总和，即调查户可以用来自由支配的收入。可支配收入既包括现金，也包括实物收入。按照收入的来源，可支配收入包含四项，分别为：工资性收入、经营净收入、财产净收入和转移净收入。计算公式为：

可支配收入 = 工资性收入 + 经营净收入 + 财产净收入 + 转移净收入

其中：经营净收入 = 经营收入 − 经营费用 − 生产性固定资产折旧 − 生产税

财产净收入 = 财产性收入 − 财产性支出

转移净收入 = 转移性收入 − 转移性支出

工资性收入 指就业人员通过各种途径得到的全部劳动报酬和各种福利，包括受雇于单位或个人、从事各种自由职业、兼职和零星劳动得到的全部劳动报酬和福利。

经营净收入 指住户或住户成员从事生产经营活动所获得的净收入，是全部经营收入中扣除经营费用、生产性固定资产折旧和生产税之后得到的净收入。计算公式具体为：

经营净收入 = 经营收入 − 经营费用 − 生产性固定资产折旧 − 生产税

财产净收入 指住户或住户成员将其所拥有的金融资产、住房等非金融资产和自然资源交由其他机构单位、住户或个人支配而获得的回报并扣除相关的费用之后得到的净收入。财产净收入包括利息净收入、红利收入、储蓄性保险净收益、转让承包土地经营权租金净收入、出租房屋净收入、出租其他资产净收入和自有住房折算净租金等。

转移性收入 指国家、单位、社会团体对住户的各种经常性转移支付和住户之间的经常性收入转移。包括养老金或退休金、社会救济和补助、政策性生产补贴、政策性生活补贴、经常性捐赠和赔偿以及报销医疗费等；住户之间的赡养收入以及本住户非常住成员寄回带回的收入等转移性收入不包括住户之间的实物馈赠。

转移净收入计算公式为：转移净收入 = 转移性收入 − 转移性支出

消费支出 指住户用于满足家庭日常生活消费需要的全部支出，包括用于消费品的支出和用于服务性消费的支出。根据用途不同，消费支出可划分为食品烟酒、衣着、居住、生活用品及服务、交通通信、教育文化娱乐、医疗保健、其他用品及服务八大类。根据来源不同，消费支出可划分为现金消费支出、实物消费支出（含自产自用、来自单位、来自政府和其他社会组织）。

六、物　　价

PRICE

本篇内容包括:

1．居民消费价格指数

2．商品零售价格指数

居民消费价格指数

(以上年价格为 100)

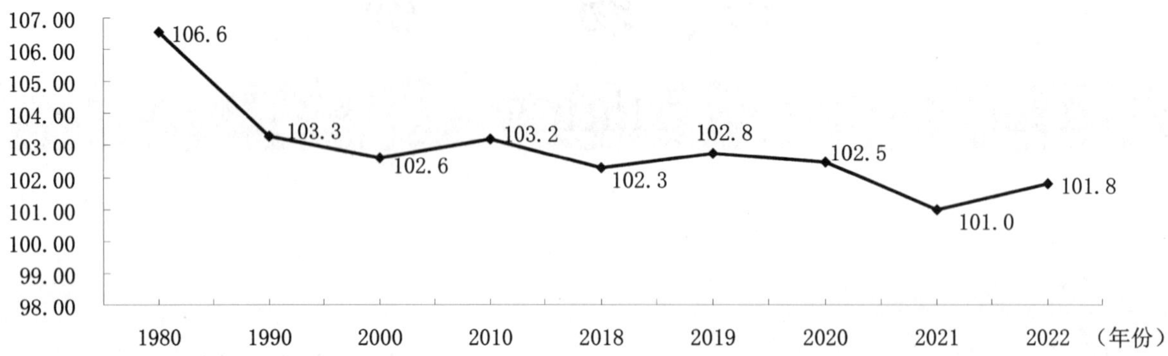

服务项目价格指数

(以上年价格为 100)

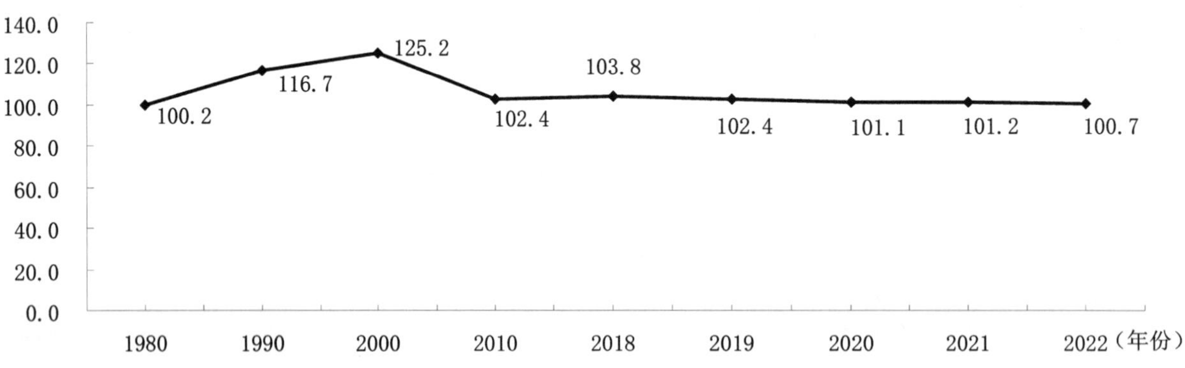

商品零售价格指数

(以上年价格为 100)

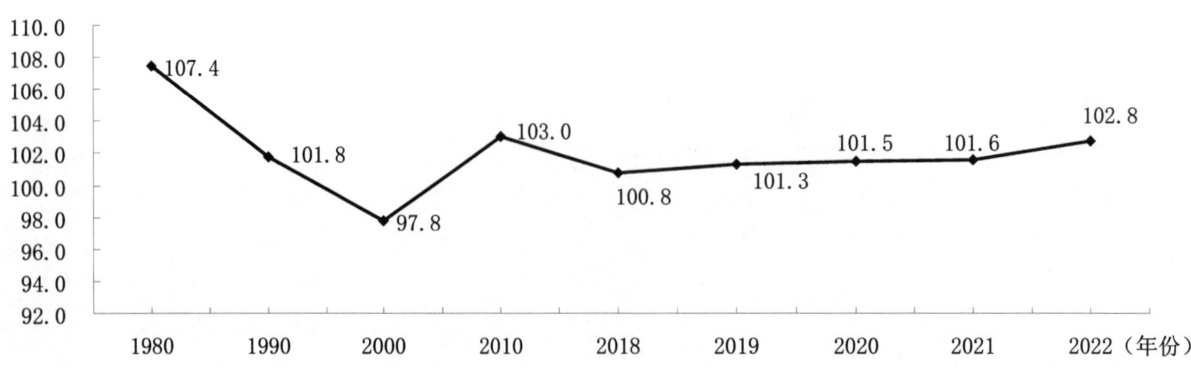

6-1 物价总指数

（以上年价格为100）

年　份	居民消费价格指数	#服务项目价格指数	商品零售价格指数
1980	106.6	100.2	107.4
1990	103.3	116.7	101.8
2000	102.6	125.2	97.8
2010	103.2	102.4	103.0
2011	105.0	102.8	105.2
2012	102.9	101.8	102.4
2013	102.3	102.6	101.3
2014	102.5	103.4	101.1
2015	101.6	101.4	100.5
2016	102.1	103.4	100.4
2017	102.1	103.4	101.0
2018	102.3	103.8	100.8
2019	102.8	102.4	101.3
2020	102.5	101.1	101.5
2021	101.0	101.2	101.6
2022	101.8	100.7	102.8

6-2 价格指数（2022年）

（以主要年份为基期）

指　标	居民消费价格指数	商品零售价格指数	服务项目价格指数
以1980年价格为100	795.1	527.0	2319.4
以1990年价格为100	380.2	252.3	1139.5
以2000年价格为100	153.4	132.3	162.1
以2010年价格为100	129.8	120.6	127.0
以2011年价格为100	123.8	114.7	123.4
以2012年价格为100	120.2	112.1	121.5
以2013年价格为100	117.6	110.7	118.3
以2014年价格为100	114.7	109.5	114.4
以2015年价格为100	113.0	109.0	112.9
以2016年价格为100	110.6	108.6	109.1
以2017年价格为100	110.8	108.3	109.5
以2018年价格为100	108.3	107.4	105.5
以2019年价格为100	105.4	106.0	103.0
以2020年价格为100	102.8	104.4	101.9
以2021年价格为100	101.8	102.8	100.7

6–3 居民消费价格指数（2022年）

（以上年价格为100）

项目	2022	项目	2022	项目	2022
居民消费价格总指数	**101.8**	鞋	102.9	通信	98.3
食品烟酒	102.3	鞋类服务	116.1	通信工具	94.6
食品	103.1	居住	100.3	通信服务	100.1
粮食	100.0	租赁房房租	99.9	邮递服务	100.0
薯类	108.2	住房装潢材料	99.3	教育文化和娱乐	101.0
豆类	102.0	物业管理费	100.0	教育	101.6
食用油	105.6	装潢维修费	100.0	教育用品	105.0
菜	103.1	水电燃料	101.5	教育服务	101.5
畜肉类	97.0	自有住房	100.0	文娱耐用消费品	96.8
禽肉类	107.2	生活用品及服务	100.6	其他文娱用品	100.0
水产品	100.0	家具	101.3	文化娱乐服务	101.1
蛋	107.8	室内装饰品	98.1	旅游	100.2
奶类	101.2	大型家用器具	98.8	医疗保健	100.3
干鲜瓜果	116.3	小家电	105.4	药品及医疗器具	100.9
糖果糕点	102.6	家用纺织品	97.2	中药	103.2
调味品	103.0	家庭日用杂品	100.1	西药	100.2
其他食品	97.6	个人护理用品	102.2	医疗服务	100.0
茶及饮料	102.7	家庭服务	102.0	其他用品和服务	103.2
烟酒	101.4	交通和通信	105.8	首饰手表	103.9
在外餐饮	100.5	交通	107.8	宾馆住宿	99.8
衣着	101.5	交通工具	100.1	美容美发洗浴	106.3
服装	101.3	交通工具用燃料	121.3	养老服务	105.8
衣着材料及配件	99.5	交通工具使用和维修	101.5	金融及保险服务	102.8
衣着服务费	101.4	交通费	103.1	中介法律及其他服务	99.8

6-4　商品零售价格指数（2022 年）

（以上年价格为 100）

项　目	2022	项　目	2022
商品零售价格总指数	**102.8**	床 上 用 品	96.3
食　　品	102.5	家用电器及音像器材	98.7
粮　　食	99.8	家庭设备	99.9
薯　　类	108.2	文娱用耐用消费品	95.4
豆　　类	101.8	专业音像器材	99.9
食 用 油	105.5	文化办公用品	98.3
菜	103.1	日　用　品	100.9
畜 肉 类	96.9	日用百货	100.5
禽 肉 类	107.3	厨具餐具茶具	102.2
水 产 品	99.9	清洗用品	101.3
蛋	107.8	其他日用品	100.8
奶　　类	101.2	体育娱乐用品	100.5
干鲜瓜果	116.3	体育户外用品	104.1
糖果糕点	102.6	娱 乐 用 品	99.6
调 味 品	103.0	交通、通信用品	98.9
其他食品	98.0	家　　具	101.3
餐饮业零售	100.4	化 妆 品	102.7
饮料、烟酒	101.7	金银饰品	104.5
茶及饮料	102.7	中西药品及医疗保健用品	100.9
卷　　烟	100.9	医疗卫生器具	97.1
酒　　类	102.6	中　　药	103.2
服装、鞋帽	101.5	西　　药	100.2
服　　装	101.2	保健器具及用品	101.0
鞋 帽 袜	102.6	书报杂志及电子出版物	101.6
其他衣着配件	98.7	燃　　料	117.8
纺 织 品	96.4	建筑材料及五金电料	100.2
服装材料	96.9		

6–5 居民消费价格

类　别	1月	2月	3月	一季度平均	4月	5月	6月	二季度平均
居民消费价格总指数	**100.9**	**101.0**	**101.6**	**101.2**	**102.2**	**101.7**	**102.2**	**102.1**
食品烟酒	98.3	98.8	100.5	99.2	102.6	101.9	102.3	102.3
食　品	97.0	97.6	100.1	98.2	103.7	102.5	103.2	103.1
粮　食	98.5	98.3	100.7	99.2	97.9	99.3	98.8	98.7
薯　类	98.4	96.6	102.6	99.2	115.1	112.1	111.2	112.8
豆　类	104.8	102.9	101.9	103.2	102.9	103.3	102.4	102.9
食用油	106.1	109.9	108.1	108.0	106.2	105.7	103.2	105.0
菜	87.7	104.2	117.8	102.5	123.0	106.8	101.8	110.6
畜肉类	77.3	75.7	78.0	77.0	84.0	89.3	96.5	89.6
禽肉类	100.3	94.5	101.7	98.7	108.0	109.4	109.6	109.0
水产品	110.0	103.2	99.7	104.1	100.4	95.1	90.6	95.3
蛋	103.9	103.5	107.0	104.8	110.1	108.2	107.2	108.5
奶　类	100.6	101.5	105.5	102.5	102.0	101.0	101.1	101.4
干鲜瓜果	118.2	112.9	106.1	112.2	119.7	124.1	130.7	124.8
糖果糕点	104.9	103.2	103.7	103.9	103.3	101.7	102.2	102.4
调味品	101.8	102.5	102.2	102.1	100.4	100.2	102.9	101.2
其他食品	97.6	95.8	98.5	97.3	93.4	97.2	100.0	96.9
茶及饮料	99.3	101.0	104.7	101.6	102.1	101.5	101.9	101.8
烟　酒	102.1	102.3	102.6	102.3	102.2	101.3	101.2	101.6
在外餐饮	100.4	100.5	100.3	100.4	100.4	100.5	100.4	100.4
衣着	100.4	99.8	101.7	100.6	101.8	99.1	100.0	100.3
服　装	100.5	99.4	101.6	100.5	101.6	98.9	99.5	100.0
衣着材料及配件	100.0	100.6	101.7	100.7	101.9	100.8	99.2	100.6
衣着服务费	100.9	100.9	101.2	101.0	101.2	101.2	101.2	101.2
鞋　类	99.9	102.1	101.9	101.3	103.4	100.5	102.7	102.2
居住	100.4	100.5	100.4	100.4	100.2	100.4	100.3	100.3
租赁房房租	99.7	99.8	99.8	99.8	99.7	99.7	99.7	99.7
住房保养维修及管理	101.1	101.3	100.0	100.8	99.2	100.9	100.4	100.2
水电燃料	101.9	102.5	103.2	102.5	102.7	102.7	102.2	102.5
自有住房	100.0	99.8	99.8	99.8	99.8	99.8	99.8	99.8
生活用品及服务	100.1	100.6	100.9	100.5	100.5	100.1	100.3	100.3
家具及室内装饰品	100.2	100.4	100.2	100.2	100.5	100.7	101.1	100.8
家用器具	99.0	101.3	100.2	100.2	100.4	99.8	98.6	99.6
家用纺织品	99.6	99.5	98.3	99.1	98.3	96.4	96.9	97.2
家庭日用杂品	100.7	100.4	101.0	100.7	99.6	98.5	99.7	99.3
个人护理用品	98.1	100.4	103.0	100.5	101.9	102.2	103.3	102.5
家庭服务	106.0	101.3	101.3	102.8	101.3	101.3	101.1	101.2
交通和通信	106.0	106.3	106.4	106.3	107.3	106.7	109.4	107.8
交　通	108.5	108.8	108.8	108.7	110.0	109.3	112.7	110.7
通　信	97.6	97.7	97.8	97.7	97.5	97.5	97.3	97.4
教育文化和娱乐	104.1	103.1	102.0	103.0	101.7	101.2	101.1	101.3
教　育	105.6	105.0	103.0	104.5	102.8	102.7	102.8	102.8
文化娱乐	101.3	99.6	100.3	100.4	99.7	98.4	97.9	98.7
医疗保健	100.2	100.3	100.3	100.3	100.3	100.2	100.3	100.3
药品及医疗器具	100.7	101.0	101.0	100.9	100.9	100.8	101.0	100.9
医疗服务	100.0	100.0	100.0	100.0	100.0	100.0	100.0	100.0
其他用品和服务	100.3	101.4	102.8	101.5	103.8	103.9	103.6	103.8

分月指数（2022 年）

（以上年同月价格为 100）

上半年平　均	7月	8月	9月	三季度平　均	1–9月平均	10月	11月	12月	四季度平　均	全　年
101.7	**102.3**	**102.2**	**102.3**	**102.3**	**101.9**	**101.9**	**101.6**	**102.0**	**101.8**	**101.9**
100.8	104.3	104.5	105.1	104.6	102.0	104.1	102.2	103.2	103.2	102.3
100.7	106.4	106.8	107.7	107.0	102.8	106.2	103.0	104.3	104.5	103.2
99.0	98.8	99.4	97.8	98.7	98.9	101.8	104.5	104.6	103.6	100.1
106.0	114.6	110.2	109.0	111.2	107.7	108.6	109.6	112.2	110.1	108.3
103.1	102.4	101.7	100.6	101.6	102.6	101.0	100.6	100.1	100.5	102.1
106.5	105.9	104.8	103.8	104.8	105.9	103.7	105.1	104.7	104.5	105.6
106.6	111.0	107.4	114.4	111.0	108.0	95.5	80.7	94.7	90.2	103.6
83.3	110.9	113.0	114.5	112.8	93.1	122.5	113.6	110.7	115.4	98.7
103.9	108.4	110.6	111.7	110.3	106.0	111.2	112.2	110.6	111.4	107.4
99.7	93.0	99.8	102.7	98.4	99.3	102.1	103.9	103.4	103.1	100.2
106.7	106.5	103.3	109.4	106.4	106.6	112.2	111.3	111.0	111.5	107.8
102.0	100.6	100.2	98.3	99.7	101.2	101.5	100.6	101.6	101.2	101.2
118.5	123.4	119.0	114.9	119.1	118.7	110.5	109.7	106.9	109.0	116.3
103.2	102.3	102.2	102.4	102.3	102.9	103.1	101.8	101.0	102.0	102.7
101.7	104.1	104.9	103.5	104.2	102.5	103.8	104.8	104.6	104.4	103.0
97.1	100.0	99.6	97.4	99.0	97.7	98.4	98.0	95.3	97.2	97.6
101.7	102.3	103.8	104.0	103.4	102.3	103.8	103.7	104.0	103.9	102.7
102.0	100.9	100.9	100.7	100.8	101.6	100.9	101.0	100.9	101.0	101.4
100.4	100.3	100.4	100.4	100.4	100.4	100.3	100.8	101.2	100.8	100.5
100.5	100.1	100.4	102.2	100.9	100.6	102.1	104.8	106.0	104.3	101.5
100.3	99.5	99.5	101.9	100.3	100.3	101.9	105.0	106.0	104.3	101.3
100.5	99.1	98.8	97.0	98.3	99.9	96.8	98.0	100.0	98.2	99.5
101.1	102.2	102.2	102.2	102.2	101.5	101.0	101.0	101.0	101.0	101.4
101.8	103.3	105.5	104.4	104.4	102.6	103.4	104.0	105.5	104.3	103.1
100.4	100.2	100.3	100.3	100.3	100.3	100.1	100.1	100.2	100.1	100.3
99.8	99.9	100.0	100.1	100.0	99.8	100.1	100.1	100.1	100.1	99.9
100.5	100.1	100.1	100.4	100.2	100.4	100.2	100.0	100.6	100.3	100.4
102.5	101.5	101.7	100.5	101.2	102.1	99.4	100.1	100.3	99.9	101.5
99.8	99.9	100.0	100.2	100.0	99.9	100.2	100.2	100.1	100.2	100.0
100.4	100.7	100.0	101.0	100.6	100.5	101.2	101.0	100.8	101.0	100.6
100.5	101.4	101.2	102.0	101.5	100.8	101.7	100.8	101.0	101.2	100.9
99.9	99.5	99.0	99.8	99.4	99.7	101.7	99.9	100.4	100.7	100.0
98.2	98.1	96.7	95.4	96.7	97.7	96.1	96.0	95.7	96.0	97.3
100.0	98.6	99.1	99.7	99.1	99.7	100.5	101.6	101.3	101.2	100.1
101.5	104.5	102.1	104.2	103.6	102.2	102.1	103.0	101.9	102.3	102.2
102.0	101.1	101.1	102.4	101.6	101.9	102.4	102.4	102.4	102.4	102.0
107.1	106.4	105.2	104.7	105.4	106.5	103.5	103.9	103.4	103.6	105.8
109.7	108.8	107.2	106.6	107.5	109.0	104.5	104.7	104.2	104.4	107.8
97.6	97.5	97.7	97.9	97.7	97.6	100.1	100.8	100.3	100.4	98.3
102.2	100.1	100.5	99.4	100.0	101.4	99.5	99.4	99.9	99.6	101.0
103.7	100.8	100.8	99.1	100.2	102.5	99.1	99.1	99.0	99.1	101.7
99.6	98.9	100.0	100.0	99.6	99.6	100.4	99.9	101.5	100.6	99.8
100.3	100.3	100.2	100.2	100.2	100.3	100.3	100.3	100.3	100.3	100.3
100.9	101.1	100.7	100.7	100.8	100.9	101.0	101.1	101.1	101.1	100.9
100.0	100.0	100.0	100.0	100.0	100.0	100.0	100.0	100.0	100.0	100.0
102.7	103.0	103.4	103.3	103.2	102.8	103.8	104.1	105.2	104.4	103.2

6-6 居民消费价格

类　　别	1月	2月	3月	4月	5月
居民消费价格总指数	**100.4**	**100.8**	**100.2**	**100.7**	**99.7**
食品烟酒	100.8	101.7	99.4	101.7	99.2
食　　品	101.4	102.6	98.7	102.6	98.8
粮　　食	99.9	100.5	99.5	100.2	102.4
薯　　类	104.0	103.1	102.4	109.1	99.0
豆　　类	100.4	100.8	99.9	100.0	100.3
食 用 油	98.7	101.2	99.4	101.3	99.5
菜	98.2	111.5	103.1	102.6	86.3
畜 肉 类	99.8	99.0	95.0	101.0	100.0
禽 肉 类	102.6	101.2	100.8	104.2	100.1
水 产 品	105.6	106.2	96.6	104.6	98.0
蛋	98.8	98.5	99.4	103.6	101.0
奶　　类	100.4	101.1	100.1	99.4	100.7
干鲜瓜果	107.6	101.6	95.7	108.5	107.0
糖果糕点	99.9	99.0	101.6	100.3	99.7
调 味 品	100.7	100.3	100.0	98.1	100.6
其他食品	97.2	98.4	100.0	97.3	103.2
茶及饮料	100.4	101.9	99.3	99.8	100.2
烟　　酒	99.5	99.8	101.0	100.1	99.5
在外餐饮	100.0	100.2	100.4	100.1	99.9
衣着	99.4	98.8	102.2	100.5	98.0
服　　装	99.0	98.3	102.5	100.0	97.5
衣着材料及配件	99.9	100.2	100.5	99.8	98.8
衣着服务费	100.0	100.0	100.0	100.0	100.0
鞋　　类	101.9	101.3	100.6	103.3	100.8
居住	100.0	100.2	100.0	99.9	100.2
租赁房房租	100.0	100.1	100.0	99.9	100.0
住房保养维修及管理	99.6	100.1	99.5	99.5	101.4
水电燃料	100.5	100.2	100.6	99.8	100.1
自有住房	100.0	100.2	100.0	100.0	100.0
生活用品及服务	100.0	100.2	100.2	100.6	99.7
家具及室内装饰品	99.5	100.2	100.1	100.4	100.2
家用器具	100.2	101.1	99.9	100.7	99.7
家用纺织品	100.4	100.2	99.4	99.7	98.8
家庭日用杂品	98.8	100.1	100.4	100.6	98.3
个人护理用品	98.6	101.5	100.9	101.0	100.6
家庭服务	105.6	95.8	100.0	100.0	100.0
交通和通信	101.3	101.7	101.5	101.4	100.1
交　　通	101.6	102.2	101.8	101.8	100.1
通　　信	100.2	99.7	100.0	99.8	99.8
教育文化和娱乐	99.9	100.4	99.6	99.9	99.8
教　　育	100.0	100.0	100.0	99.8	100.0
文化娱乐	99.7	101.2	98.7	100.1	99.5
医疗保健	100.0	100.1	100.0	100.0	100.0
药品及医疗器具	100.0	100.3	100.0	100.0	100.0
医 疗 服 务	100.0	100.0	100.0	100.0	100.0
其他用品和服务	100.9	100.8	100.9	100.7	100.8

分月指数（2022 年）

（以上月价格为 100）

6月	7月	8月	9月	10月	11月	12月
100.2	**100.2**	**99.8**	**100.3**	**100.0**	**99.8**	**100.0**
99.5	101.1	100.2	100.8	99.3	99.2	100.3
99.2	101.7	100.3	101.4	98.7	98.5	100.3
99.2	100.1	100.8	98.3	102.7	101.0	100.0
94.8	100.9	98.8	96.9	98.1	105.0	100.3
99.6	100.0	99.4	100.0	100.0	99.8	99.9
100.9	102.4	100.3	99.9	99.4	101.8	99.8
93.4	107.3	100.8	111.0	93.9	85.0	105.9
100.6	110.5	100.3	102.6	105.1	100.2	97.0
100.2	100.7	101.2	101.1	99.0	100.6	98.5
97.0	98.7	102.1	102.9	94.5	98.5	99.5
98.0	100.5	102.2	106.3	101.6	101.3	99.5
100.1	100.1	99.6	98.2	101.6	99.3	101.0
102.2	93.1	97.8	94.3	93.3	105.0	102.5
100.5	100.5	100.0	99.7	100.1	100.2	99.4
102.7	101.3	100.3	99.3	100.5	100.4	100.5
103.0	100.7	99.4	97.1	101.2	98.7	99.1
100.3	100.1	101.6	99.3	100.4	100.3	100.4
100.2	100.3	100.0	99.3	101.2	100.2	99.7
99.9	99.8	100.0	100.0	100.0	100.4	100.6
100.7	99.7	99.7	103.7	100.4	100.4	102.4
100.7	99.9	99.9	104.6	100.3	100.5	102.8
98.4	100.0	100.0	100.0	99.7	100.3	102.4
100.0	101.0	100.0	100.0	100.0	100.0	100.0
100.6	98.5	98.9	99.0	100.4	99.9	100.3
99.9	99.9	100.1	99.9	100.2	100.0	100.0
100.0	100.0	100.1	100.0	100.0	100.0	100.0
99.6	99.7	99.9	100.2	100.7	99.9	100.4
99.5	99.3	100.4	99.3	100.4	100.3	99.8
100.0	100.0	100.0	100.0	100.0	100.0	99.9
99.9	100.1	99.9	100.2	100.5	99.4	100.3
100.3	100.1	99.7	100.5	99.9	100.1	100.0
99.0	100.3	99.9	99.3	101.1	97.8	101.4
99.8	100.1	99.7	97.8	101.6	97.8	100.4
100.6	100.5	100.2	100.4	100.7	100.7	100.0
100.0	99.5	99.7	101.0	99.7	99.9	99.5
100.0	100.0	100.0	101.2	100.0	100.0	100.0
102.8	98.9	98.0	99.2	100.3	100.3	97.9
103.5	98.6	97.6	99.1	100.0	100.5	97.5
99.8	100.2	99.9	99.9	101.9	99.5	99.7
99.6	100.9	100.2	99.3	100.5	99.7	100.1
100.1	100.0	100.0	99.2	100.0	100.0	100.0
98.7	102.5	100.7	99.5	101.5	99.0	100.3
100.1	100.0	100.1	100.0	100.1	100.0	100.0
100.3	100.0	100.2	100.1	100.2	100.0	100.0
100.0	100.0	100.0	100.0	100.0	100.0	100.0
99.8	99.1	100.2	99.8	100.5	100.0	101.6

6-7 商品零售价格

类别	1月	2月	3月	一季度平均	4月	5月	6月	二季度平均
商品零售价格总指数	**101.7**	**102.2**	**103.1**	**102.4**	**103.8**	**103.0**	**103.7**	**103.5**
食品	97.4	97.9	99.8	98.4	102.7	101.8	102.3	102.2
粮　　食	98.4	98.2	100.5	99.0	97.7	99.0	98.5	98.4
薯　　类	98.4	96.6	102.6	99.2	115.1	112.1	111.2	112.8
豆　　类	103.8	102.0	101.3	102.4	102.5	103.0	102.5	102.7
食 用 油	105.9	109.7	107.9	107.8	105.9	105.5	103.1	104.8
菜	87.6	104.2	117.9	102.5	123.0	106.9	101.8	110.7
畜 肉 类	76.7	75.1	77.3	76.3	83.4	88.8	96.4	89.3
禽 肉 类	100.3	94.4	101.7	98.7	108.1	109.5	109.6	109.0
水 产 品	110.1	103.2	99.7	104.1	100.4	94.9	90.4	95.1
蛋	103.9	103.5	106.9	104.8	110.0	108.2	107.2	108.4
奶　　类	100.5	101.5	105.5	102.4	102.0	101.0	101.1	101.4
干鲜瓜果	118.2	112.8	106.1	112.2	119.6	124.1	130.6	124.8
糖果糕点	104.7	103.1	103.5	103.8	103.3	101.7	102.2	102.4
调 味 品	101.6	102.4	102.1	102.1	100.2	100.1	103.0	101.1
其他食品	98.1	96.4	99.3	97.9	94.0	97.6	100.4	97.3
餐饮业零售	100.2	100.3	100.0	100.2	100.1	100.3	100.3	100.2
饮料、烟酒	101.5	102.0	103.1	102.2	102.2	101.3	101.4	101.6
茶及饮料	99.0	101.0	105.0	101.6	102.0	101.6	101.9	101.8
卷　　烟	102.5	102.3	102.3	102.4	100.7	101.4	100.7	100.9
酒　　类	101.1	102.3	103.5	102.3	106.0	101.1	102.7	103.2
服装、鞋帽	100.3	99.8	101.7	100.6	101.9	99.0	99.9	100.3
纺 织 品	97.8	97.9	96.5	97.4	95.9	95.8	96.4	96.0
家用电器及音像器材	99.8	100.7	99.7	100.1	98.6	97.6	96.8	97.7
文化办公用品	96.4	98.2	97.2	97.3	97.7	98.5	97.9	98.0
日 用 品	99.9	99.9	101.4	100.4	100.6	100.3	101.3	100.8
体育娱乐用品	98.8	99.7	99.8	99.4	100.2	99.7	101.1	100.4
体育户外用品	100.2	104.5	104.8	103.1	105.8	106.6	105.8	106.1
娱乐用品	98.5	98.5	98.5	98.5	98.8	98.0	100.0	98.9
交通、通信用品	99.7	98.9	99.2	99.3	99.6	98.5	98.7	98.9
家　　具	100.9	100.9	100.8	100.9	101.0	101.1	101.6	101.2
化 妆 品	98.0	100.3	101.0	99.7	101.3	102.7	103.4	102.4
金银饰品	98.8	101.8	106.8	102.4	106.5	105.5	104.1	105.4
中西药品及医疗保健用品	100.6	101.0	100.9	100.8	100.8	100.8	100.9	100.8
书报杂志及电子出版物	103.3	102.5	102.5	102.7	102.5	102.7	102.7	102.6
燃　　料	117.6	120.8	122.4	120.3	124.9	124.2	128.1	125.8
建筑材料及五金电料	103.8	104.0	101.4	103.1	100.1	100.6	99.3	100.0

分月指数（2022 年）

（以上月价格为 100）

上半年平均	7月	8月	9月	三季度平均	1—9月平均	10月	11月	12月	四季度平均	全年
102.9	**103.2**	**102.8**	**103.0**	**103.0**	**103.0**	**102.2**	**102.2**	**102.5**	**102.3**	**102.8**
100.3	105.1	105.5	106.3	105.6	102.1	105.4	102.8	103.9	104.0	102.6
98.7	98.5	99.2	97.6	98.4	98.6	101.6	104.5	104.5	103.5	99.8
106.0	114.6	110.2	109.0	111.2	107.7	108.6	109.6	112.2	110.1	108.3
102.5	102.7	102.0	100.5	101.7	102.2	100.7	100.5	100.1	100.4	101.8
106.3	105.8	104.8	103.8	104.8	105.8	103.8	105.2	104.8	104.6	105.5
106.6	111.1	107.4	114.4	111.0	108.0	95.5	80.7	94.6	90.1	103.6
82.8	111.5	113.7	115.2	113.5	93.0	123.9	114.3	111.2	116.3	98.8
103.9	108.4	110.7	111.8	110.3	106.0	111.3	112.3	110.7	111.4	107.4
99.6	92.8	99.7	102.6	98.3	99.2	101.9	103.6	103.2	102.9	100.1
106.6	106.5	103.3	109.4	106.4	106.5	112.2	111.3	111.0	111.5	107.8
101.9	100.6	100.2	98.3	99.7	101.2	101.5	100.6	101.7	101.2	101.2
118.5	123.4	119.0	114.9	119.1	118.7	110.5	109.7	106.9	109.0	116.3
103.1	102.3	102.2	102.4	102.3	102.8	103.1	101.8	101.0	102.0	102.6
101.6	104.3	105.0	103.6	104.3	102.5	103.9	104.9	104.7	104.5	103.0
97.6	100.2	99.9	97.7	99.3	98.2	98.7	98.3	95.6	97.5	98.0
100.2	100.2	100.3	100.3	100.2	100.2	100.2	100.8	101.4	100.8	100.4
101.9	101.1	101.6	101.3	101.3	101.7	101.5	101.6	101.6	101.6	101.7
101.7	102.1	104.0	104.0	103.4	102.3	103.8	103.8	104.2	103.9	102.7
101.6	100.0	100.0	100.0	100.0	101.1	100.5	100.5	100.5	100.5	100.9
102.8	103.0	103.2	102.4	102.9	102.8	102.0	102.3	102.1	102.1	102.6
100.4	99.9	100.3	102.2	100.8	100.6	102.0	104.7	106.0	104.2	101.5
96.7	97.7	96.3	95.0	96.3	96.6	95.9	95.7	95.3	95.6	96.3
98.9	97.6	97.3	98.8	97.9	98.5	99.7	98.6	98.9	99.0	98.7
97.6	98.4	98.0	98.8	98.4	97.9	98.8	99.8	100.0	99.5	98.3
100.6	100.4	100.7	100.9	100.7	100.6	102.0	102.0	101.7	101.9	100.9
99.9	101.2	101.5	101.4	101.4	100.4	101.1	100.9	100.8	100.9	100.5
104.6	106.3	103.5	102.5	104.1	104.4	104.4	102.2	102.8	103.1	104.1
98.7	99.9	101.0	101.2	100.7	99.4	100.3	100.6	100.3	100.4	99.6
99.1	98.1	98.2	97.9	98.1	98.8	98.9	99.7	99.3	99.3	98.9
101.1	101.6	101.7	102.2	101.8	101.3	102.0	100.9	100.9	101.3	101.3
101.1	105.7	103.8	105.7	105.1	102.4	102.7	104.5	103.2	103.5	102.7
103.9	103.0	104.7	104.1	103.9	103.9	106.1	106.2	106.8	106.4	104.5
100.8	101.0	100.7	100.7	100.8	100.8	101.0	101.2	101.2	101.2	100.9
102.7	102.5	102.9	99.9	101.8	102.4	99.9	99.3	98.9	99.4	101.6
123.0	120.9	117.1	115.4	117.8	121.3	108.3	108.4	108.6	108.4	118.1
101.5	98.6	98.6	99.5	98.9	100.7	98.7	98.5	99.9	99.1	100.3

主要统计指标解释

居民消费价格指数（Consumer Price Index，简称 CPI） 是反映居民购买并用于消费的一组代表性商品和服务项目价格水平的变化趋势和变动幅度的统计指标。调查内容既有城乡居民日常生活需要的各类消费品，也包括多种与人民生活密切相关的服务项目，如水、电、交通、教育、医疗等费用。该价格指数为分析和制定货币政策、价格政策、居民消费政策、工资政策以及进行国民经济核算提供科学依据。国际上通常将居民消费价格指数作为反映通货膨胀（或通货紧缩）程度的重要指标。

商品零售价格指数 是反映城市商品零售价格变动趋势的一种经济指数。零售物价的调整变动直接影响到城市居民的生活支出和国家的财政收入，影响居民购买力和市场供需平衡，影响消费与积累的比例。因此，计算零售价格指数，可以从一个侧面对上述经营活动进行观察和分析。

七、固定资产投资

INVESTMENT IN FIXED ASSETS

本篇内容包括:

1．全社会固定资产投资构成及增速
2．各行业固定资产投资构成及增速
3．固定资产投资资金来源增速
4．各县区固定资产投资增速

全社会固定资产投资增速

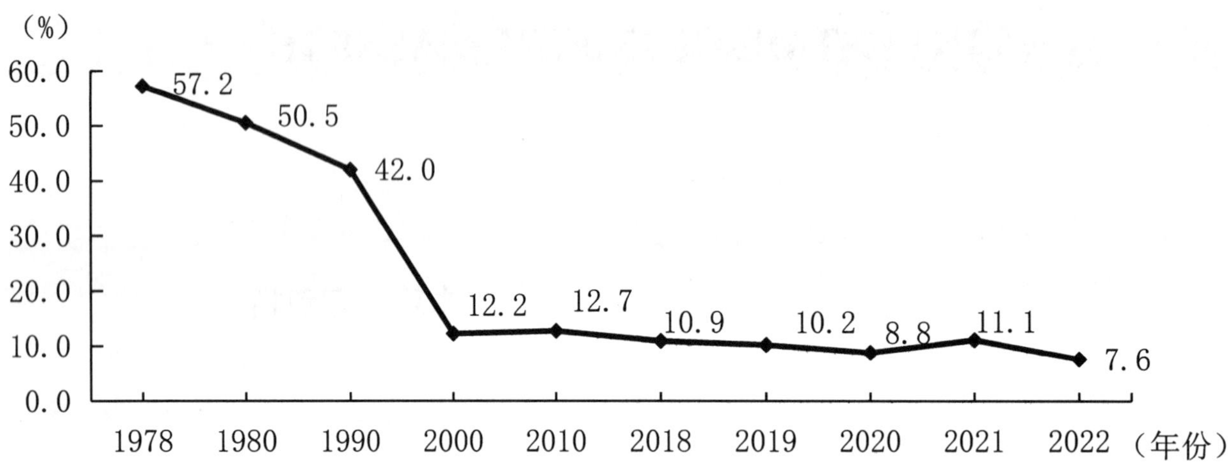

2022 年全社会固定资产投资三次产业投资比重

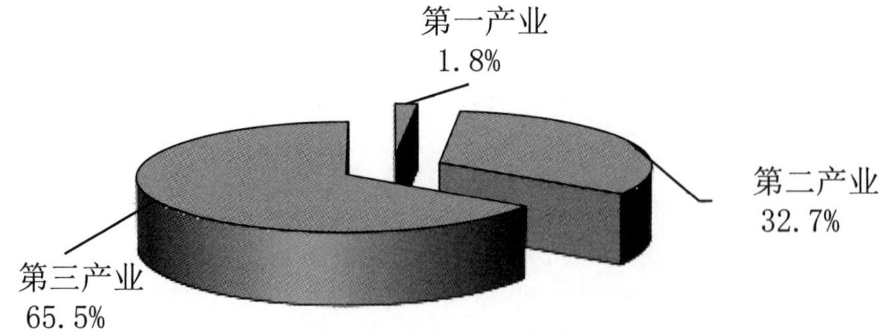

7–1 全社会固定资产投资构成及增速（2022 年）

项　　目	构成(%) (以投资总量为100)	比上年增长(%)
总　　计	**100.0**	**7.6**
500万元以上	99.1	7.6
国　　有	23.9	19.4
非公有制	74.7	3.8
房地产开发投资	17.1	-19.3
农村农户投资	0.9	5.5

7-2 各行业固定资产投资构成及增速（2022 年）

行　业	构成(%) (以投资总量为100)	比上年增长(%)
总　计	**100.0**	**7.6**
农、林、牧、渔业	1.2	12.5
工　业	32.8	8.4
采矿业	0.0	179.5
制造业	31.1	7.5
农副食品加工业	0.4	-48.8
食品制造业	0.2	-53.0
酒、饮料和精制茶制造业	0.4	-45.7
烟草制品业	0.0	1.8
纺织业	0.4	19.5
纺织服装和服饰业	1.5	58.8
皮革、毛皮、羽毛及其制品业	0.0	15.9
木材加工及木、竹、藤、棕、草制	0.1	37.7
家具制造业	0.2	-14.8
造纸及纸制品业	0.2	-13.6
印刷业和记录媒介的复制	0.5	23.7
文教、美工、体育和娱乐用品制造业	0.1	-10.5
石油加工、炼焦加工业	0.0	-61.6
化学原料及化学制品制造业	0.4	4.7
医药制造业	2.3	134.0
化学纤维制造业	0.0	***
橡胶和塑料制品业	0.4	-38.8
非金属矿制品业	1.7	0.3
黑色金属冶炼和压延加工业	0.1	23.7
有色金属冶炼和压延加工业	1.0	47.6
金属制品业	1.2	-24.4
通用设备制造业	0.9	27.8
专用设备制造业	3.8	27.9
汽车制造业	2.2	31.6
铁路、船舶、航空航天和其他运输设备制造业	1.9	-42.7
电气机械及器材制造业	2.5	-16.5
计算机、通信和其他电子设备制造业	7.6	19.5

注：“***”表示无上年同期数，增速无穷大，后同。

7-2 续表

行　业	构成(%) (以投资总量为100)	比上年增长(%)
仪器仪表制造业	0.7	62.2
其他制造业	0.4	155.1
废弃资源综合利用业	0.1	55.8
金属制品、机械和设备修理业	0.0	***
电力、燃气及水的生产和供应业	1.7	25.7
电力、热力的生产和供应业	1.3	59.2
燃气生产和供应业	0.1	36.9
水的生产和供应业	0.3	-30.3
建 筑 业	0.2	-29.7
批发和零售业	4.2	0.6
交通运输、仓储和邮政业	4.3	3.1
铁路运输业	0.2	-32.3
道路运输业	2.6	-4.2
仓储业		
住宿和餐饮业	1.1	2.8
信息传输、软件和信息技术服务业	3.0	-12.2
金融业	0.3	36.5
房地产业	25.2	-7.1
租赁和商务服务业	5.9	27.2
科学研究和技术服务业	1.1	0.5
水利、环境和公共设施管理业	13.3	43.5
水利管理业	0.9	45.4
生态保护和环境治理业	0.1	-8.5
公共设施管理业	12.3	43.9
居民服务和其他服务业	0.4	21.0
教育	2.0	14.8
卫生和社会工作	2.0	28.0
#卫生	1.6	14.5
文化、体育和娱乐业	1.9	21.3
公共管理和社会组织	0.8	60.0

7-3　按行业和登记注册类型分

行　　业	合 计	内 资			
			国有	集体	股份合作
总　　计	**7.6**	**8.7**	**35.7**	**320.1**	**24.8**
农、林、牧、渔业	**12.5**	**18.9**	**104.4**		
农　业	89.5	86.2	744.4		
林　业	-59.4	-59.4	-86.8		
畜牧业	-39.8	-29.9	1792.6		
渔　业	159.6	159.6			
农、林、牧、渔服务业	-1.6	-1.6	54.0		
采矿业	**179.5**	**179.5**			
煤炭开采和洗选业					
黑色金属矿采选业					
有色金属矿采选业					
非金属矿采选业	179.5	179.5			
开采辅助活动					
制造业	**7.5**	**7.9**	**–38.6**	**89.7**	**–77.5**
农副食品加工业	-48.8	-49.5	-93.1		
食品制造业	-53.0	-52.3			
酒、饮料和精制茶制造业	-45.7	-51.7		-100.0	48.0
烟草制品业	1.8	1.8			
纺织业	19.5	18.9			
纺织服装、服饰业	58.8	63.8	62.4		
皮革、毛皮、羽毛及其制品和制鞋业	15.9	227.1			
木材加工及木、竹、藤、棕、草制品业	37.7	37.7			
家具制造业	-14.8	-14.8			
造纸及纸制品业	-13.6	-38.6			
印刷和记录媒介复制业	23.7	23.7			
文教、美工、体育和娱乐用品制	-10.5	-10.5	-100.0		
石油加工、炼焦加工业	-61.6	-61.6			
化学原料及化学制品制造业	4.7	15.3			
医药制造业	134.0	132.0			
化学纤维制造业					
橡胶和塑料制品业	-38.8	-38.8			
非金属矿物制品业	0.3		-100.0		-100.0
黑色金属冶炼及压延加工业	23.7	23.7			
有色金属冶炼及压延加工业	47.6	48.2	8.1		
金属制品业	-24.4	-24.9			

固定资产投资增速（2022 年）

单位：%

联营	有限责任公司	股份有限公司	私营	其他	港澳台商投资	外商投资	个体经营
0.3	**5.3**	**–22.3**	**4.4**	**37.8**	**–29.3**	**22.4**	**26.1**
	–23.3	**–5.6**	**25.7**	**1055.4**	**–75.1**	**1.9**	
	51.2	-5.6	107.4				
	-43.1		-74.2				
	-55.3		-42.6		-91.3	1.9	
	-100.0		153.1				
	-100.0		54.4	391.8			
			28.6				
			28.6				
	18.1	**0.3**	**4.8**	**–19.9**	**17.3**	**–28.9**	**–45.1**
	21.2	-22.4	-56.0	-100.0	-100.0	631.3	
	15.7		-60.7		-66.4	-64.4	-100.0
	193.0	-100.0	-56.2	149.3	54.7	45.4	
	-3.4		37.7				
	-71.6		37.7		57.7		
	558.7		11.0	-58.7	-65.3		-70.4
			20.3		-96.0		
	-100.0		54.6				
	58.8		-27.9	-100			
	322.0		-83.8		3373.9		
	60.5		-38.5	98.1			
			64.1	-76.9			
			-61.6				
	1483.8	99.9	-15.8		-29.7		
	84.1	95.9	164.7	-100.0	1361.9		
	-10.6		-45.3	21.8			
	-9.5		4.9	-75.6		74.9	
	-78.8	75.7	22.2	-100.0			
	-68.3		97.9			7.5	
	303.2		-37.4	59.2	66.0	-17.7	

7—3

行　业	合 计	内 资	国有	集体	股份合作
通用设备制造业	27.8	-5.3	-31.2		
专用设备制造业	27.9	28.9	-66.5		
汽车制造业	31.6	79.2	-100.0		-100.0
铁路、船舶、航空航天和其他运	-42.7	-42.7	-80.4		
电气机械和器材制造业	-16.5	-16.5			-100.0
计算机、通信和其他电子设备制造业	19.5	17.9	110.4		
仪器仪表及制造业	62.2	62.0			
其他制造业	155.1	155.1			
废弃资源综合利用业	55.8	55.8			
金属制品、机械和设备修理业					
电力、热力、燃气及水生产和供应业	**25.7**	**28.1**	**11.9**		
电力、热力的生产和供应业	59.2	66.4	33.9		
燃气生产和供应业	36.9	39.5			
水的生产和供应业	-30.3	-29.6	-39.2		
建筑业	**–29.7**	**–28.8**		**74.1**	
房屋建筑业	-3.7	18.4			
土木工程建筑业	86.0	86.0			
建筑安装业	53.9	53.9		74.1	
建筑装饰业和其他建筑业	-90.3	-90.3			
批发和零售业	**0.6**	**0.7**	**–10.0**	**1957.3**	**–21.7**
批发业	17.7	18.2	-49.3	2429.0	148.0
零售业	-21.7	-21.9	12.8	918.8	-100.0
交通运输、仓储和邮政业	**3.1**	**17.9**	**0.1**		**–100.0**
铁路运输业	-32.3	5350.9			
道路运输业	-4.2	-12.9	11.1		-100.0
水上运输业	154.2	154.2			
航空运输业	36.1	36.2	35.5		
管道运输业	-40.6	-40.6	-77.4		
装卸搬运和其他运输服务业	-58.6	-73.7	-100.0		
仓储业	44.9	327.1	33.3		
邮政业	-5.2	-5.2	-53.9		
住宿和餐饮业	**2.8**	**3.4**			
住宿业	-1.7	-0.9			
餐饮业	10.6	10.6			

续表 1

单位：%

联 营	有限责任公司	股份有限公司	私营	其 他	港澳台商投 资	外商投资	个体经营
	22.9	-62.5	-18.1	284.9	1979.8	636.6	
	53.3	-100.0	27.6	-30.6	-65.9	160.6	
	135.1	-62.0	107.9		-74.8	-67.1	
	-22.3		-71.2				
	3.9	-38.4	-34.1	262.4		-3.7	
	-0.4		53.4		5349.1	-48.8	
	157.4	5.1	-12.0				
	231.4		43.7				
	-47.1		64.1				
	2.0	**32.5**	**175.0**	**–91.2**	**11.1**	**–7.8**	
	17.0	179.5	402.7	-7.4		-7.8	
	-30.1			-100.0	33.3		
	-18.9	-42.3	-24.3	-100.0	-100.0		
	36.6		**–55.3**	**–68.7**	**–52.1**		
	-100		64.6		-52.1		
	375.2		17.5	-100			
			7.5				
	-100.0		-92.3	-66.1			
	–36.8	**42.8**	**9.1**	**23.2**	**–100.0**	**–96.8**	
	7.4	32.5	15.9	5.8	-100.0	-100	
	-66.0	82.9	-4.6	44.2		-90.4	
	24.8	**814.9**	**–15.1**	**207.7**	**–65.8**		
		112100.0	273.9		-100.0		
	-21.8	508.5	-20.1	183.5			
	216.3		-100.0				
	80.7		-12.7		-24.5		
	-58.6		-89.7	144.9	1.6		
	655.4		18.9	731.6	-93.1		
	286.2		150.4	-7.7			
–100.0	**–38.2**	**–65.4**	**16.1**	**20.9**	**–91.5**		**10.7**
-100.0	-42.1	-100.0	31.2	-31.6	-91.5		
	-27.0	56.1	-4.1	114.6			10.7

7—3

行　业	合 计	内 资			
			国有	集体	股份合作
信息传输、软件和信息技术服务业	**−12.2**	**−11.3**	**35.5**	**23823.1**	
电信、广播电视和卫星传输服务业	-47.7	-47.2	9.1		
互联网和相关服务业	-6.5	-7.6		14069.2	
软件和信息技术服务业	-2.5	-2.5			
金融业	**36.5**	**49.7**		**−100.0**	
货币金融服务	-11.5	-11.5		-100.0	
资本市场服务	-82.9	-76.2			
保险业	70.5	70.5			
其他金融活动	252.5	252.5			
房地产业	**−7.1**	**−6.4**	**37.2**	**77.5**	
租赁和商务服务业	**27.2**	**21.7**	**154.6**	**227.4**	
租赁业	-55.2	-58.5			
商务服务业	32.1	27.1	154.6	227.4	
科学研究和技术服务业	**0.5**	**−1.7**	**103.0**		
研究与试验发展	16.9	16.9	58.3		
专业技术服务业	43.6	32.1	39.9		
科技推广和应用服务业	-21.0	-20.0	1795.7		
水利、环境和公共设施管理业	**43.5**	**43.8**	**70.8**	**−70.3**	
水利管理业	45.4	45.4	-14.3		
生态保护和环境治理业	-8.5	-8.5	1.4		
公共设施管理业	43.9	44.3	75.4	-83.0	
居民服务、修理和其他服务业	**−13.3**	**−11.3**	**−30.7**	**227.2**	
居民服务业	46.9	46.9	-30.7	227.2	
机动车、电子产品和日用产品修理业	-54.4	-54.4			
其他服务业	-15.1	-5.4			
教育	**14.8**	**15.9**	**27.6**		
卫生和社会工作	**28.0**	**28.0**	**58.5**	**83.0**	
卫生	14.5	14.5	46.0	83.0	
社会工作	245.9	245.9	660.8		
文化、体育和娱乐业	**21.3**	**22.2**	**−59.1**	**37.5**	**236.2**
新闻和出版业	61.0	61.0	2780.0		
广播、电视、电影和影视录音制作业	69.2	60.9			
文化艺术业	6.4	7.0	-84.6	398.0	236.2
体育	-9.4	-9.4	-44.2	-100.0	
娱乐业	42.0	46.8		62.6	
公共管理、社会保障和社会组织	**60.0**	**63.1**	**50.2**	**625.9**	

续表 2

单位：%

联 营	有限责任公司	股份有限公司	私营	其 他	港澳台商投 资	外商投资	个体经营
	-49.7	**-11.6**	**30.2**	**59.4**	**-69.5**		
	-67.1	-100.0	-100.0		-69.5		
	-53.5	25.1	-17.1	13.9			
	-43.8	-68.4	60.0	87.3			
-100.0	**27.3**	**-20.3**	**121.1**	**-47.5**		**-100.0**	
-100.0	670.1	-20.3	-61.3				
	-100.0		4.5	-100.0		-100.0	
	69.2		141.9	8.9			
	-100.0		390.3				
	-5.4	**-4.8**	**-9.2**	**-52.2**	**-29.1**	**57.2**	
	0.3	**-91.0**	**35.2**	**115.7**	**1313.0**	**63.8**	
	-87.6		-52.6	-19.2			
	4.0	-91.0	46.0	125.2	1313.0	62.0	
	15.5	**256.8**	**-24.7**	**-1.0**		**-93.1**	
	299.1		-31.5	243.5			
	38.3	56.5	10.1	296.4		-100.0	
	-17.8		-33.8	-29.5		-87.0	
	33.3	**-83.6**	**26.0**	**90.2**	**-69.6**	**-100.0**	
	67.2	-100.0	-100.0	416.6			
	-10.7	-100.0	-60.4				
	31.2	-37.5	31.8	80.9	-69.6	-100.0	
	-21.1		**-6.4**	**-23.1**		**-100.0**	
	-49.8		30.2	850.6			
	-62.0		-36.9	-84.5			
	87.0		-13.1	-80.5		-100.0	
	13.5	**209.7**	**-37.2**	**37.5**		**-100.0**	
-100.0	**43.2**	**126.5**	**-21.7**	**-16.4**			
-100.0	-1.5	126.5	-22.4	-41.1			
	425.9		-14.1	279.9			
	-20.7	**117.5**	**58.5**	**88.0**	**-94.0**	**88.9**	
	-76.3		272.4	-48.4			
	123.2	-100.0	49.4	103.3			
	-32.0	15072.7	70.4	212.5		-100.0	
	-39.1		19.4	-21.6			
	15.2		36.1	715.0	-94.0		
	40.7		**358.0**	**98.4**		**-100.0**	

7−4 固定资产投资

行　　业	资金来源合　　计	上末结余资金	本年资金来源小计
合　计	**6.4**	**−16.0**	**9.4**
按行业分			
农、林、牧、渔业	13.9	534.6	8.0
采矿业	179.5		179.5
制造业	4.6	0.2	4.7
电力、热力、燃气及水生产和供应业	34.0	-83.9	37.4
建筑业	50.1	4075.6	-11.1
批发和零售业	44.8	499.5	35.7
交通运输、仓储和邮政业	79.6	2788.0	69.7
住宿和餐饮业	80.1	15.2	82.6
信息传输、软件和信息技术服务业	15.0	-57.2	23.4
金融业	164.3	-83.3	192.2
房地产业	-20.6	-21.1	-20.4
租赁和商务服务业	91.3	11.7	95.1
科学研究和技术服务业	28.9	76.2	26.8
水利、环境和公共设施管理业	50.5	-67.6	54.7
居民服务、修理和其他服务业	79.3	128.3	78.1
教育	-16.6		-17.5
卫生和社会工作	50.7	-75.9	62.5
文化、体育和娱乐业	55.5	91.4	54.4
公共管理、社会保障和社会组织	73.4	136.3	72.2
按地区分			
东 湖 区	-16.2	-73.2	27.4
西 湖 区	43.0	-24.9	50.6
青云谱区	13.0	-55.4	35.5
青山湖区	52.1	25.2	55.8
新 建 区	-20.4	-36.8	-18.8
红谷滩区	14.9	-42.4	19.0
南 昌 县	-18.0	-13.1	-19.0
安 义 县	53.7	397.9	38.4
进 贤 县	1.0	-28.9	3.7
经济开发区	31.8	-37.5	32.9
高新开发区	24.5	46.5	24.3
湾里管理局	-35.0	-50.6	-29.1

资金来源增速（2022 年）

单位：%

国　　家 预算内金	国内贷款	债　券	利用外资	自筹资金	其他资金
92.5	**-14.9**	**393.1**	**-93.9**	**10.5**	**8.8**
-80.8	45.5			11.4	214.3
				179.5	
-8.2	85.6		12.9	-4.6	161.0
158.7	12.3			39.1	14.4
				-48.5	
98.5	-83.9		-100.0	21.0	435.2
834.3			-100.0	29.9	59.3
1294.8				75.8	141.0
	-100.0		-100.0	36.0	-51.4
			-100.0	299.8	
-57.9	-44.7		-100.0	-2.7	-26.3
620.0	94.2		-53.9	73.2	252.1
55.6				34.4	-13.1
218.3			-99.5	32.5	139.9
				51.9	26395.8
	-100.0			-33.0	
361.6	-100	-100.0	-100.0	20.0	928.6
-20.7			-100.0	73.8	305.2
131.0	-31.7		-100.0	29.3	299.5
686.9	-84.5			67.6	-42.0
166.8	117.8			10.3	77.6
-70.6	-82.4		-100.0	94.1	54.5
-55.5	21.2			59.7	54.9
25.4	-77.8		-98.5	3.7	-52.9
1576.2	2518.2	-100.0	-86.0	5.2	488.2
135.3	-67.4		-100.0	-17.0	-22.7
104.5	-93.0			49.7	42.6
1078.9	-76.3		-100	6.3	44.6
64.5	286.4	1009.5	-59.8	7.5	63.0
-19.2	235.3			23.0	13.9
335.1	-100.0		-100.0	-27.7	-29.9

7-5 分县区固定资产

指　　标	全 市	东湖区	西湖区	青云谱区	青山湖区
固定资产投资	**7.6**	**-29.8**	**12.8**	**13.6**	**11.8**
#工业投资	8.4		-72.4	82.6	10.7
采矿业	179.5				
制造业	7.5		492.1	77.8	11.2
电力、燃气及水的生产和供应业	25.7		-94.9	1792.5	-100.0
按构成分					
建筑安装工程	11.4	7.4	5.7	36.2	15.7
设备工器具购置	6.0	-12.6	13.6	-54.1	-4.8
其他费用	-7.5	-89.0	181.2	-69.9	-21.4
按登记注册类型					
内资	8.7	-22.1	15.9	12.5	12.8
国　有	35.7	-9.0	146.7	29.1	-3.4
集　体	320.1		-100.0	752.6	114.5
股份合作	24.8		-100.0	72.3	116.3
联　营	0.3		-100.0		
有限责任公司	5.3	-34.0	-10.5	-27.2	23.6
股份有限	-22.3	69.1	-0.6	6.4	60.1
私　营	4.4	3.1	13.1	43.3	-9.7
其　他	37.8	443.5	142.1	58.1	80.2
港澳台投资	-29.3		3.3		-55.3
外商投资	22.4	1.6		-100.0	-100.0
个体经营	26.1			***	-100.0

投资增速情况（2022 年）

单位：%

新建区	红谷滩区	南昌县	安义县	进贤县	经济开发区	高新开发区	湾里管理局
7.1	**2.7**	**11.0**	**11.1**	**6.4**	**11.4**	**13.2**	**–24.7**
-22.5	-19.3	17.2	23.2	-13.6	17.9	6.8	-25.0
***				50.9			
-25.3	17.0	13.5	21.3	-18.6	18.7	7.2	-37.3
-2.9	-100.0	257.3	307.5	10.5	9.5	-5.7	46.6
5.2	-4.2	22.7	-0.7	13.6	-0.8	30.4	-22.2
-1.9	-61.8	-38.7	107.9	26.3	361.9	-44.4	-40.2
-1.1	119.9	-3.2	24.4	-36.3	81.1	-65.8	-40.6
5.9	0.8	12.0	13.7	8.6	11.2	14.3	-24.1
47.4	143.2	32.7	34.4	49.9	14.7	-48.9	77.1
		-100.0				-75.1	210.7
48.0	-100.0				-100.0		
-0.5	-24.2	20.8	-41.4	6.2	26.2	14.4	-23.2
70.3	41.7	-80.3	116.2	112.2	-13.6	48.9	-21.8
-7.4	0.1	7.9	20.5	-3.4	-33.1	47.6	-30.7
252.5	-11.8	485.0	141.8	35.4	-25.0	54.5	-100.0
7.0	-54.1	-32.6	-100.0	-36.4	-1.7	-16.4	-55.0
8.1	44.4	21.3	-0.8	-3.4	111.8	-14.7	
***	-100.0	-100.0				***	

主要统计指标解释

全社会固定资产投资 固定资产投资额（又称固定资产投资完成额），是以货币形式表现的在一定时期内建造和购置固定资产的工作量以及与此有关的费用的总称。它是反映固定资产投资规模、结构和发展速度的综合性指标，又是观察工程进度和考核投资效果的重要依据。

全社会固定资产投资包括城镇500万元及以上投资、房地产开发投资、农村非农户投资和农村农户投资。

固定资产投资按国民经济行业分 国民经济行业类别是按企业、事业、行政单位所从事的生产或其他社会经济活动性质的同一性进行的分类。固定资产投资统计中的国民经济行业分类，基本建设项目只能属于一种国民经济行业；更新改造、其他固定资产投资根据整个企、事业单位所属的行业来划分，一般情况下，一个企、事业单位只能属于一种国民经济行业。为了更准确地反映国民经济和行业之间的比例关系，联合企业（总厂）所属分厂属于不同行业的，原则上按分厂划分行业。

固定资产投资按建设性质分 建设项目的性质是指固定资产再生产的性质，一般分为新建、扩建、改建、单纯建造生活设施、迁建、恢复、单位购置。基本建设根据整个建设项目的情况确定；更新改造和其他固定资产投资按整个企业、事业、行政单位的情况确定。一般情况下，一个基本建设项目或企业、事业、行政单位只能有一种建设性质。目前基本建设和更新改造是根据我国现行的计划管理体制区分的，所以基本建设和更新改造都可以分别按新建、扩建和改建等划分。

1．新建一般是指从无到有，“平地起家”开始建设的企业、事业和行政单位或独立的工程。现有企业、事业、行政单位一般不属于新建。但如有的单位原有基础很小，经过建设后新增的固定资产价值超过该企业、事业、行政单位原有固定资产价值（原值）三倍以上的也应作为新建。

2．扩建是指在厂内或其他地点，为扩大原有产品的生产能力（或效益）或增加新的产品生产能力，而增建主要的生产车间（或主要工程）、分厂、独立的生产线的企业、事业单位。行政、事业单位在原单位增建业务用房（如学校增建建学用房、医院增建门诊部、病房等）也作为扩建。

3．改建是指原有设施进行技术改造或更新（包括相应配套的辅助性生产、生活福利设施），没有增建主要生产车间、分厂等的企业、事业单位。现有企业、事业单位为适应市场变化的需要，而改变企业的主要产品种类，或原有产品生产作业线由于各工序（车间）之间能力不平衡，为填平补充充分发挥原有生产能力而增建不增加本企业主要产品设计能力的车间．也应用为改建。

4．单纯建造生活设施是指在不扩建、改建生产性工程和业务用房的情况下，单纯建造职工住宅、托儿所、子弟学校、医务室、浴室、食堂等生活福利设施的企业、事业及行政单位。

5．迁建是指为改变生产力布局或由于城市环境保护和安全生产的需要等原因而搬迁另地建设的企业、事业单位。在搬迁另地建设过程中，不论是维持原来规模还是扩大规模都按迁建统计。

6．恢复是指因自然灾害、战争等原因，使原有的固定资产全部或部分报废，以后又投资恢复建设的单位。不论是按原规模恢复还是在恢复的同时进行扩建的都按恢复统计。尚未建成投产的基本建设项目或企业、事业单位，因自然灾害而损坏的，不作为恢复项目，仍按原有建设性质划分。

7．单纯购置是指现有企业、事业、行政单位单纯购置不需要安装的设备、工具、器具、而不进行工程建设的单位。有些单位当年虽然只从事一些购置活动，但其设计中规定有建筑安装活动，应根据文件的内容来确定建设性质，不得作为单纯购置统计。

固定资产投资按构成分 固定资产投资活动按其工作内容和实现方式分为建筑工程，安装工程，设备、工具、器具购置，其他费用。

1．建筑工程是指各种房屋、建筑物的建造工程，又称建筑工作量。这部分投资额必须兴工动料，通过施工活动才能实现，是固定资产投资额的重要组成部分。

2．安装工程是指各种设备、装置的安装工程，又称安装工作量。安装工程包括：①生产、动力、起重、运输、传动和医疗、实验等各种需要安装设备的装配和安装，与设备相连的工作台、梯子、栏杆等装设工程，附属于被安装设备的管线敷设工程，被安装设备的绝缘、附腐、保温、油漆等工作；②为测定安装工程质量，对单个设备、系统设备进行单机试运、系统联动无负荷试运工作（投料试运工作台不包括在内）。在安装工程中，不包括被安装设备本身价值。

3．设备、工具、器具购置是指建设单位或企、事业单位购置或自制的，达到固定资产标准的设备、工具、器具的价值。①设备是指各种生产设备、传导设备、动力设备、运输设备等，分为需要安装的设备和不需要安装的设备两种；②工具、器具是指具有独立用途的各种生产用具、工作工具的仪器。

4．用于更新的设备是指为更新陈旧设备而购置的设备。用于更新的设备与原有设备在台数和价值上不一定相等。

5．购置旧设备是指从外单位购入的，已经使用过的各种设备，不包括从国外购进的旧设备。

6．其他费用是指在固定资产建造和购置过程中发生的。

其中：①土地购置费是指建设项目通过划拨方式或出让方式取得土地使用权而支付的各项费用；②旧建筑物购置费是指购置已使用过的各种旧房屋及其他建筑物的费用。

新增固定资产　新增固定资产（又称交付使用的固定资产），是指已经完成建造和购置过程，并已交付生产或使用单位的固定资产的价值。新增固定资产是表示固定资产投资成果的价值指标，也是反映建设进度，计算固定资产投资效果的重要数据。

八、城市公用事业

URBAN PUBLIC UTILITY

本篇内容包括:

1．城市公共交通
2．园林绿化
3．环境保护、环境卫生

8-1 城市公共交通

项　　目	2021年	2022年
年末实有运营车辆(辆)		
公共汽车	4287	
运营线路条数(条)		
公共汽车	438	
轨道交通	4	
运营线路长度(公里)		
公共汽车	10346.70	
轨道交通	128.60	
全年客运量(万人次)		
公共汽车	22402.00	
轨道交通	25968.01	
出租汽车		
年末营运车辆(辆)	5453	

8-2 城市园林绿化（2022年）

项　　目	全　　市
绿地面积(公顷)	15144.95
公园绿地面积(公顷)	4380.64
人均公园绿地面积(平方米)	13.18
城市绿化覆盖面积(公顷)	16256.33
绿地率(%)	40.2
苗圃面积(公顷)	614
公园(含动物园，个)	135
公园面积(公顷)	2730.6

注：1. 本表数据来源于市城管执法局。
2. 本表中绿地面积、公园绿地面积、人均公园绿地面积、城市绿化覆盖面积、绿地率指标统计口径均为建成区。
3. 统计中所指的建成区以赣江为界，分东西两大块。其中，东部区块：东至昌东大道，南至昌南大道，西至沿江大道，北至富大有路的围合区域；西部区块：东至港口大道、经开大道、赣江大道，南至南外环高速，西至南昌绕城高速（含湾里黄洋界路），北至南昌绕城高速的围合区域。

8-3 城市环境卫生（2022年）

项　目	全　市
全年清扫面积(万平方米)	8079
全年清运生活垃圾(万吨)	190.4
生活垃圾无害化处理(万吨)	190.4
公共厕所数(座)	1079
环卫机械数量(辆)	4131
清洁卫生工作人员(人)	13961
垃圾中转站(座)	184
果壳箱(个)	23246

注：1. 本表数据来源于市城管执法局。
　　2. 表中公共厕所数含社会公厕，环卫机械数量含小型作业车辆。

8-4 环 境 保 护

项　　目	2021年	2022年
“三废”排放、处理及综合利用情况		
污水集中处理率(%)	95.8	96.3
废水排放总量(万吨)	23522.5	25715.25
#工业废水(万吨)	3798.8	3355.40
工业废气排放总量(亿标立方米)	1950.3	1916.28
工业二氧化硫排放量(吨)	4931.8	3018.30
工业烟尘排放量(吨)	2822.9	2740.24
工业固废产生量(万吨)	263.3	353.94
工业固废综合利用量(万吨)	254.9	332.83
工业固废综合利用率(%)	96.8	94.0
工业危险废弃物处置利用率(%)	99.6	99.2
医疗废物处置率(%)	100.0	100.0
污染治理情况		
工业企业用于污染治理资金(万元)	87187.5	43149.6
#治理废水(万元)	16689.0	13712.3
治理固体废弃物(万元)	2208.0	1348.6

注：本表数据为初步数据，来源于市生态环境局。

主要统计指标解释

绿化覆盖面积 指城市中的乔木、灌木、草坪等所有植被的垂直投影面积。包括公园绿地、防护绿地、生产绿地、附属绿地、其他绿地的绿化种植覆盖面积、屋顶绿化覆盖面积以及零散树木的覆盖面积，不含各类绿地中的水域面积以及没有被植被覆盖的面积（硬化道路、无屋顶绿化的建筑物等）。

绿地面积 指报告期末用作园林和绿化的各种绿地面积。包括公园绿地、生产绿地、防护绿地、附属绿地和其他绿地的面积。

公园绿地 城市中向公众开放的、以游憩为主要功能，有一定的游憩设施和服务设施，同时兼有健全生态、美化景观、防灾减灾等综合作用的绿化用地。

人均公园绿地面积 指报告期末区域内城区人口平均每人拥有的公园绿地面积。人口数采用年底人口数。计算公式为：

$$人均公园绿地面积=\frac{公园绿地面积}{城区人口+城区暂住人口}$$

建成区绿地率 指报告期末建成区内绿地面积与建成区面积的比率。计算公式：

$$建成区绿地率=\frac{建成区绿地面积}{建成区面积}\times 100\%$$

建成区绿化覆盖率 指报告期末建成区内绿化覆盖面积与建成区面积的比率。计算公式为：

$$建成区绿化覆盖率=\frac{建成区绿化覆盖面积}{建成区面积}\times 100\%$$

生活垃圾清运量 指收集和运送到各生活垃圾处理场（厂）和生活垃圾最终消纳点的生活垃圾数量。生活垃圾指城市日常生活或为城市日常生活提供服务的活动中产生的固体废物以及法律行政规定的视为城市生活垃圾的固体废物。包括：居民生活垃圾、商业垃圾、集市贸易市场垃圾、街道清扫垃圾、公共场所垃圾和机关、学校、厂矿等单位的生活垃圾。

生活垃圾无害化处理量 指用卫生填埋、堆肥、焚烧等工艺方法处理生活垃圾的总量。即生活垃圾在无害化处理厂（场）处理的垃圾总量。

污水处理厂集中处理率 指报告期内通过污水处理厂处理的污水量与污水排放总量的比率。计算公式：

$$污水处理厂集中处理率=\frac{污水处理厂处理的污水量}{污水排放总量}\times 100\%$$

工业废水处理量 指经各种水治理设施（含城镇污水处理厂、工业废水处理厂）实际处理的工业废水量，包括处理后外排的和处理后回用的工业废水量。虽经处理但未达到国家或地方排放标准的废水量也应计算在内。计算时，如遇有车间和厂排放口均有治理设施，并对同一废水分级处理时，不应重复计算工业废水处理量。

工业废水排放量 指经过企业厂区所有排放口排到企业外部的工业废水量。包括生产废水、外排的直接冷却水、废气治理设施废水、超标排放的矿井地下水和与工业废水混排的厂区生活污水，不包括独立外排的间接冷却水（清浊不分流的间接冷却水应计算在内）。

工业废气排放量 指企业厂区内燃料燃烧和生产工艺过程中产生的各种排入空气中含有污染物的气体的总量，以标准状态(273K，101325Pa)计算。

二氧化硫排放量 指企业在燃料燃烧和生产工艺过程中排入大气的二氧化硫总质量。工业中二氧化硫主要来源于化石燃料（煤、石油等）的燃烧，还包括含硫矿石的冶炼或含硫酸、磷肥等生产的工业废气排放。

烟（粉）尘排放量 指企业在燃料燃烧和生产工艺过程中排入大气的烟尘及工业粉尘的总质量之和。烟尘或工业粉尘排放量可以通过除尘系统的排风量和除尘设备出口烟尘浓度相乘求得。

一般工业固体废物产生量 指未被列入《国家危险废物名录》或者根据国家规定的危险废物鉴别标准(GB5085)、固体废物浸出毒性浸出方法(GB5086)及固体废物浸出毒性测定方法(GB/T 15555)鉴别方法判定不具有危险特性的工业固体废物。计算公式是：

一般工业固体废物产生量＝（一般工业固体废物综合利用量－其中：综合利用往年贮存量）＋一般工业固体废物贮存量＋（一般工业固体废物处置量－其中：处置往年贮存量）＋一般工业固体废物倾倒丢弃量

一般工业固体废物综合利用量 指通过回收、加工、循环、交换等方式，从固体废物中提取或者使其转化为可以利用的资源、能源和其他原材料的固体废物量（包括当年利用的往年工业固体废物累计贮存量）。如用作农业肥料、生产建筑材料、筑路等。综合利用量由原产生固体废物的单位统计。

一般工业固体废物综合利用率 指一般工业固体废物综合利用量占一般固体废物产生量与综合利用往年贮存量之和的百分率。计算公式为：

$$\text{一般工业固体废物利用率}=\frac{\text{一般工业固体废物综合利用量}}{\text{一般工业固体废物生产量}+\text{综合利用往年贮存量}}\times 100\%$$

危险废弃物处置利用率 指危险废弃物处置量占危险废弃物产生量与处置往年贮存量之和的百分率。计算公式为：

$$\text{危险废弃物处置利用率}=\frac{\text{危险废弃物处置量}}{\text{危险废弃物生产量}+\text{综合利用往年贮存量}}\times 100\%$$

九、财政·金融

PUBLIC FINANCE, BANKING AND INSURANCE

本篇内容包括:

1. 财政收支
2. 金融机构存贷款
3. 商业保险概况

地方一般公共预算收入

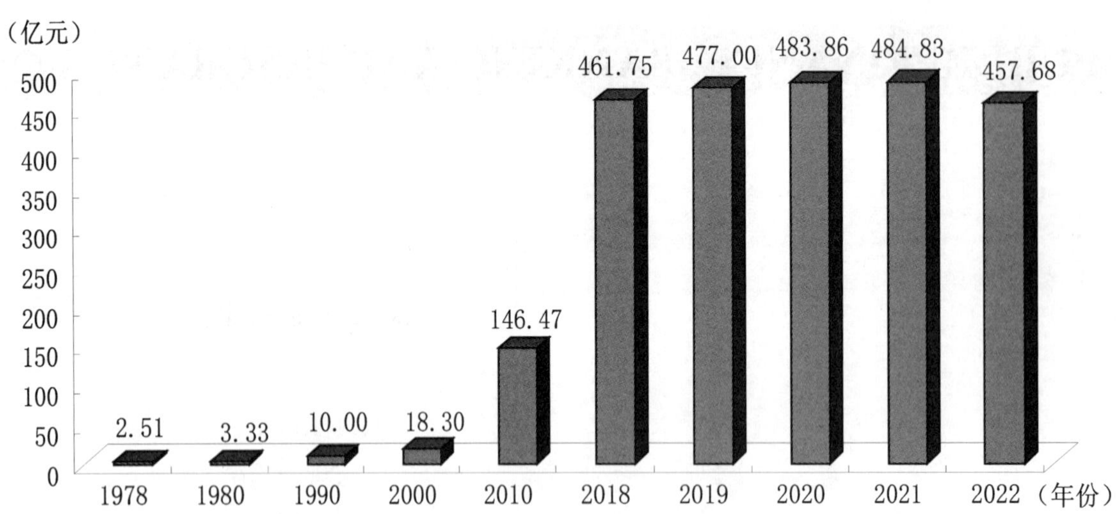

金融机构人民币存贷款余额

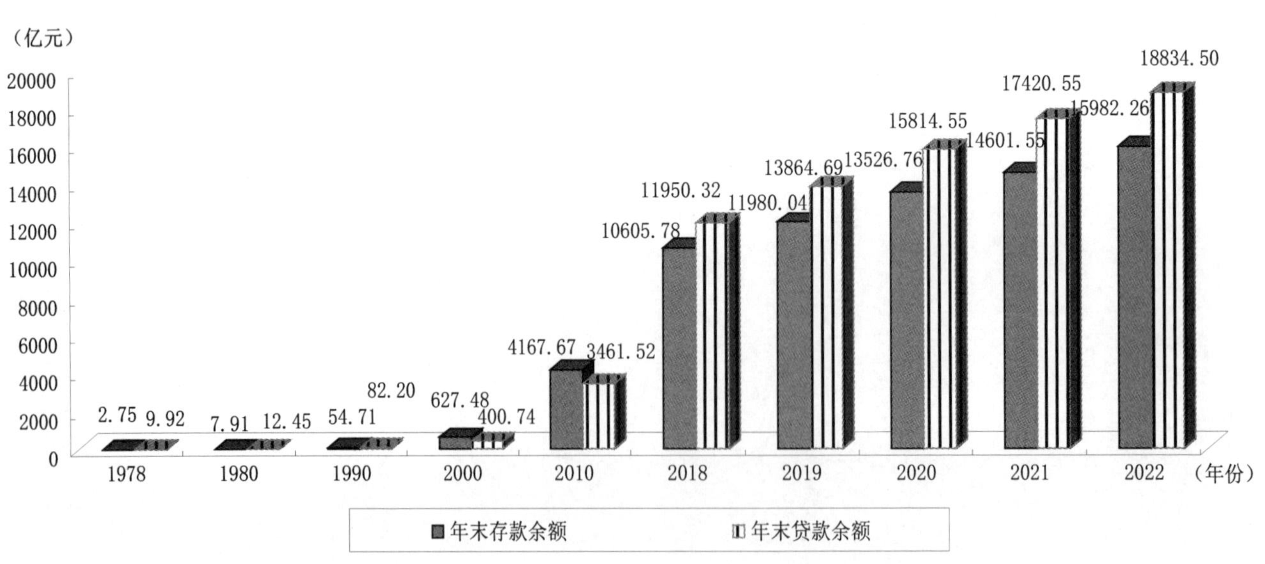

9-1 财政收入

单位：万元

年份	财政总收入	一般公共预算收入	税收收入	#增值税	营业税	企业所得税	非税收入	上交中央收入	财政总收入占GDP比重(%)
1994	182958	81683	69291				12392		10.1
1995	204548	100551	83486				17065		8.3
1996	253226	119393	93362				26031		8.2
1997	264936	135653	106697				28956		7.1
1998	301878	156418	120876	25111	55967	7550	35542		7.6
1999	327446	167714	131975	25347	58635	13563	35739		7.7
2000	415414	183011	149313	36044	65950	11451	33698		8.7
2001	486936	214131	178099	39061	70841	27289	36032		9.3
2002	590771	257466	204032	39087	89231	29487	53434		9.9
2003	764711	314094	240631	46315	118917	22525	73463		11.1
2004	901988	421911	323321	47873	172200	33100	98590		10.7
2005	1138723	582783	390510	60258	201404	48429	141565	517936	11.6
2006	1341955	681075	541782	72722	245728	65589	139351	617396	11.5
2007	1660063	872199	714032	88111	331300	90568	158167	732421	11.8
2008	1898665	1021477	810109	88224	358746	100815	211364	802342	11.5
2009	2117141	1158800	955725	90963	449573	108902	203064	871822	11.9
2010	2593063	1464650	1241615	109989	542595	125197	223035	1066737	12.1
2011	3254979	1870273	1584510	140346	673643	174503	285763	1316082	12.3
2012	4089000	2401427	2001690	151891	871127	257675	399737	1603833	14.2
2013	4775662	2919097	2453517	211938	1020353	301333	465580	1776288	14.9
2014	5507386	3422065	2875277	305189	1122252	351446	546788	2011577	15.7
2015	6289109	3893412	3157905	350598	1207890	399635	735507	2248355	16.6
2016	6846784	4021831	3186658	766736	736004	422673	835173	2551515	16.5
2017	7828457	4170774	3261844	1261765	7165	534844	908930	3337607	17.2
2018	8693566	4617462	3715175	1385102	3300	602741	902287	3716956	17.0
2019	9029782	4769998	3784200	1537786		628295	985798	3909953	16.3
2020	9120080	4838581	3702335	1356694		619468	1136246	3853201	15.9
2021		4848319	3444974	1237210		551087	1403345		
2022		4576780	2758058	632612		495641	1818722		

注：1.1994-2009 年企业所得税含退税。
2.1994-1997 年国有资产经营收益体现为国有企业上缴利润。
3.1997 年地方财政收入和非税收入包含当年纳入基金预算收入的城市教育附加费、矿产资源补偿费、排污费和城市水资源费收入。
4. 从 2002 年开始，上交中央收入包含上划所得税。
5. 农业税收包含农业税、农业特产税 (2006 年含烟叶税部分)、耕地占用税、契税。
6. 以上数据根据南昌市历年财政总决算整理得出。
7. 从 2021 年起，财政部门不再统计财政总收入。
8.9-1 至 9-6 表数据由南昌市财政局提供。

9-2 一般公共预算收入

(2014—2022 年)

单位：万元

项　　目	2014	2015	2016	2017	2018	2019	2020	2021	2022
总　　计	**3422065**	**3893412**	**4021831**	**4170774**	**4617462**	**4769998**	**4838581**	**4848319**	**4576780**
税收收入	**2875277**	**3157905**	**3186658**	**3261844**	**3715175**	**3784200**	**3702335**	**3444974**	**2758058**
#增值税	305189	350598	766736	1261765	1385102	1537786	1356694	1237210	632612
营业税	1122252	1207890	736004	7165	3300				
企业所得税	351446	399635	422673	534844	602741	628295	619468	551087	495641
个人所得税	129136	163161	186852	178859	213340	133804	147086	162977	199493
资源税	3176	3279	4783	9778	5206	3489	4287	1912	1291
城市维护建设税	173129	180940	213775	226182	242047	264475	254370	284183	270784
房产税	69764	84832	85708	115045	136085	148605	121454	143723	178230
印花税	37972	40412	49837	61099	64286	61923	68590	86893	108307
城镇土地使用税	69794	74480	80366	79533	85721	87784	69644	86926	103201
土地增值税	261096	283525	251209	301962	435517	407592	507520	379546	324739
车船税	18041	22101	23795	32181	32294	37401	45710	59365	60136
耕地占用税	18889	62196	34184	62028	13302	43362	34515	43867	98514
契　税	315393	284856	330728	391403	494869	427246	470536	405571	282105
环境保护税					1288	1687	1846	1497	1518
非税收入	**546788**	**735507**	**835173**	**908930**	**902287**	**985798**	**1136246**	**1403345**	**1818722**
国有资本经营收入	1060	6488						7360	2130
行政性收费收入	293600	298023	403233	298792	336636	396919	490743	476219	381131
罚没收入	56546	46513	69928	176342	129553	120541	78563	197579	246088
专项收入	87444	227504	208935	227352	207706	232610	148363	170333	159408
国有资源(资产)有偿使用收入	81391	129570	127263	159263	202326	201384	390091	511927	989880
捐赠收入	2196	879	377				1480		56
政府住房基金收入			3183	47127	26066	34072	26716		35674
其他收入	24551	26530	22254	54		272	290	39927	4355

注：2019 年起全国全面取消营业税。

9-3 一般公共预算支出

（2014—2022 年）

单位：万元

项　　目	2014	2015	2016	2017	2018	2019	2020	2021	2022
总　　计	**4731561**	**5431789**	**5832565**	**6531223**	**7524137**	**8341066**	**8381744**	**8700084**	**9388389**
一般公共服务	422895	444772	538799	683904	759225	796143	768660	708689	759025
国防	5828	4480	4915	3175	3286	12361	10991	8885	14555
公共安全	245040	280627	339858	413586	496863	508620	503437	447764	504527
教育	814016	854606	900287	998001	1110034	1264296	1351071	1380575	1451258
科学技术	79045	82004	101403	217331	273821	339770	372224	458501	395079
文化旅游体育与传媒	46846	54496	67295	78855	79356	98536	115206	118479	125193
社会保障和就业	463715	617643	670641	759333	897947	672780	621985	729119	863337
卫生健康	460359	564207	587977	688874	789690	802690	933167	842116	899253
节能环保	39817	77535	44717	120843	138498	243321	302119	306769	319903
城乡社区事务	672851	893236	1054280	1146753	1395936	2298558	1556543	1433152	2159665
农林水事务	354848	379786	347070	403273	429807	471801	622172	635229	646541
交通运输	412005	408265	360906	342113	364247	152251	150047	92158	163748
资源勘探信息等	311153	368801	486049	251866	403096	235819	411849	768244	269682
商业服务业等	39807	60784	48426	44015	45124	37904	60545	65351	69004
金融	663	1448	1861	703	15243	6169	21297	9508	16807
援助其他地区									
自然资源海洋气象等	15707	17382	20914	30505	34267	36925	46507	42916	51810
住房保障支出	169327	256655	161160	195093	149738	190990	274525	376711	383234
粮油物资储备	11702	12532	9172	7121	8812	10605	12070	14640	11191
债务付息	114189	4447	49353	85240	93815	123337	140573	148132	169702
债务发行费用		761	2236	283	444	697	885	996	868
灾害防治及应急管理						30670	69169	50377	79555
其他支出	51748	47322	35246	60356	34888	6823	36702	61773	34452

9-4 财政收支总额及增长速度

品 名	财政总收入(万元)	一般公共预算支出(万元)	收支差额(万元)	比上年增长(%)	
				财 政总收入	一般公共预算支出
1978	25144	9046	16098	36.5	33.8
1979	29827	12452	17375	18.6	37.7
1980	33283	11411	21872	11.6	-8.4
1981	36294	12589	23705	9.0	10.3
1982	36418	12449	23969	0.3	-1.1
1983	37761	13456	24305	3.7	8.1
1984	42362	17687	24675	12.2	31.4
1985	55665	24455	31210	31.4	38.3
1986	62808	33970	28838	12.8	38.9
1987	66114	34442	31672	5.3	1.4
1988	77381	42103	35278	17.0	22.2
1989	87833	49048	38785	13.5	16.5
1990	99960	55090	44870	13.8	12.3
1991	106250	62186	44064	6.3	12.9
1992	123700	69867	53833	16.4	12.4
1993	163492	71828	91664	32.2	2.8
1994	182958	81546	101412	11.9	13.5
1995	204548	102101	102447	11.8	25.2
1996	253226	119608	133618	23.8	17.1
1997	264936	145353	119583	4.6	21.5
1998	301878	160750	141128	13.9	10.6
1999	327446	218552	108894	8.5	36.0
2000	415414	237688	177726	26.9	8.8
2001	486936	281618	205318	17.2	18.5
2002	590771	342542	248229	21.3	21.6
2003	764711	395944	368767	29.4	15.6
2004	901988	521873	380115	18.0	31.8
2005	1138723	757947	380776	26.2	45.2
2006	1341955	933749	408206	17.8	23.2
2007	1660063	1168596	491467	23.7	25.2
2008	1898665	1476667	421998	14.4	26.4
2009	2117141	1817014	300127	11.5	23.0
2010	2593063	2320305	272758	22.5	27.7
2011	3254979	2988005	266974	25.5	28.8
2012	4089000	3459909	629091	25.6	15.8
2013	4775662	4193652	582010	16.8	21.2
2014	5507386	4731561	775825	15.3	12.8
2015	6289109	5431789	857320	14.2	14.8
2016	6846784	5832565	1014219	8.9	7.4
2017	7828457	6531223	1297234	14.3	12.0
2018	8693566	7524137	1169429	11.1	15.2
2019	9029782	8341066	688716	3.9	10.9
2020	9120080	8381744	738336	1.0	0.5
2021		8700084			3.8
2022		9388389			7.9

9-5 各地区一般公共预算收入（2022 年）

单位：万元

地 区	一般公共预算收入	增值税	企业所得税	个人所得税	其他收入
全 市	**4576780**	**632612**	**495641**	**199493**	**3249034**
东湖区	153851	12143	24085	22106	95517
西湖区	226150	25759	50574	9594	140223
青云谱区	107826	16034	10647	18892	62253
青山湖区	148793	19021	16550	6723	106499
新建区	309793	55383	8578	4141	241691
红谷滩区	337361	15318	48638	11328	262077
南昌县	776917	81621	37434	12553	645309
安义县	146148	24416	5733	2735	113264
进贤县	212439	40945	16478	3063	151953
经济开发区	193378	9325	17954	4439	161660
高新开发区	285583	48051	44992	29675	162865
湾里管理局	109994	15214	5311	2291	87178

注：本表财政收入不含中央两税收入。

9-6 各地区一般公共预算支出（2022 年）

单位：万元

地 区	一般公共预算支出	一般公共服务	教育	社会保障和就业	卫生健康	农林水事务	其他支出
全 市	**9388389**	**759025**	**1451258**	**863337**	**899253**	**646541**	**4768975**
东湖区	249754	32217	46530	36889	25697	3790	104631
西湖区	358810	32895	72230	41852	35240	1844	174749
青云谱区	223426	29699	43313	18419	12475	1399	118121
青山湖区	330760	47522	71243	25005	22639	8410	155941
新建区	671465	54693	173149	67471	51913	81483	242756
红谷滩区	815392	58651	79366	40393	50897	6995	579090
南昌县	1385007	148291	316729	129955	89399	245605	455028
安义县	351449	34334	63583	39746	25097	69436	119253
进贤县	531323	45920	126537	94698	46593	101505	116070
经济开发区	350309	38685	57295	16927	10508	8095	218799
高新开发区	513959	36447	62261	15635	23426	11375	364815
湾里管理局	138084	23656	32204	11910	11910	12895	45509

9–7 金融机构本外币信贷资金平衡表年末余额（2022 年）

单位：万元

项 目	年末余额	比年初增减	比年初增长(%)
各项存款	**161102958**	**13528799**	**9.2**
境内存款	160975443	13688350	9.3
住户存款	57903861	10141554	21.2
活期存款	20639611	2667424	14.8
定期及其他存款	37264250	7474130	25.1
非金融企业存款	63448488	2737963	4.5
活期存款	25263022	1033210	4.3
定期及其他存款	38185467	1704752	4.7
广义政府存款	32747476	957453	3.0
财政性存款	9466011	1504666	18.9
机关团体存款	23281465	-547214	-2.3
非银行业金融机构存款	6875617	-148620	-2.1
境外存款	127515	-159551	-55.6
各项贷款	**189491345**	**13281771**	**7.5**
境内贷款	189108201	13348532	7.6
住户贷款	48128472	-366642	-0.8
短期贷款	9208073	-1238588	-11.9
中长期贷款	38920399	871946	2.3
企（事）业单位贷款	140534575	13518174	10.6
短期贷款	37049729	3505554	10.5
中长期贷款	89868477	8470555	10.4
票据融资	12413701	2100601	20.4
融资租赁	912234	-623769	-40.6
各项垫款	290434	65232	29.0
非银行业金融机构贷款	445154	197000	79.4
境外贷款	383144	-66760	-14.8

注：1. 本表统计口径包括中国人民银行、政策性银行、国有独资商业银行、邮政信汇局、其他商业银行、农村合作银行、城市信用社、农村信用社、信托投资公司、财务公司等金融机构。后同。
2.9–7 至 9–8 表数据由中国人民银行南昌中心支行提供。

9-8 金融机构人民币信贷资金平衡表年末余额（2022 年）

单位：万元

指　　标	年末余额	比年初增减	比年初增长(%)
各项存款	**159822554**	**13807076**	**9.5**
境内存款	159740363	13848105	9.5
住户存款	57503712	10123747	21.4
活期存款	20457923	2675459	15.0
定期及其他存款	37045789	7448288	25.2
非金融企业存款	62658349	2933674	4.9
活期存款	24663138	960684	4.1
定期及其他存款	37995211	1972990	5.5
广义政府存款	32706059	940751	3.0
财政性存款	9466011	1504666	18.9
机关团体存款	23240047	-563916	-2.4
非银行业金融机构存款	6872242	-150066	-2.1
境外存款	82191	-41030	-33.3
各项贷款	**188344983**	**14139479**	**8.1**
境内贷款	188342993	14140289	8.1
住户贷款	48127351	-366975	-0.8
短期贷款	9206955	-1238921	-11.9
中长期贷款	38920396	871946	2.3
企（事）业单位贷款	139770488	14310264	11.4
短期贷款	36727815	4133675	12.7
中长期贷款	89563011	8771232	10.9
票据融资	12413701	2100601	20.4
融资租赁	912234	-623769	-40.6
各项垫款	153727	-71475	-31.7
非银行业金融机构贷款	445154	197000	79.4
境外贷款	1990	-810	-28.9

9-9　保险公司主要指标(2022 年)

单位：万元

指　　标	保费收入	赔付支出
合　　计	**2772883**	**967185**
财产保险公司	887863	573991
企业财产保险	33803	12636
机动车辆保险	486686	316476
责任保险	53174	25201
信用保证保险	89335	103811
货物运输保险	4430	667
农业保险	37099	18432
其他财产保险	183335	96769
人寿保险公司	1885021	393195
寿险	1547467	248620
健康险	310109	134346
意外伤害险	27445	10229

注：1.9-9 表数据由国家金融监督管理总局江西监管局提供。

2. 保险业相关数据为各公司上报中国保险统计信息系统数据，未经审计；因部分机构目前处于风险处置阶段，数据口径暂时调整为不包含风险处置机构，直至相关机构风险处置结束。

9-10 上市公司数量和股票发行量

年份	上市公司数量(个)	股票发行量(亿股)	A股	H股	B股	股票筹资额(亿元)	A股	配股	B股
2012	17								
2013	16	0.55	0.55			4.80	4.80		
2014	16	2.56	2.56			16.19	16.19		
2015	17	1.99	1.99			22.44	22.44		
2016	18	14.06	14.06			166.47	166.47		
2017	19	3.08	3.08			22.39	22.39		
2018	20	0.82	0.82			8.54	8.54		
2019	22	2.12	2.12			18.87	18.87		
2020	22	10.3	9.9	0.4		119.79	119.79		
2021	25	0.65	0.65			5.93	5.93		
2022	29	226.61	223.17		3.44	16.13	16.13		

注：表中数据由中国证券监督管理江西监管局提供。

主要统计指标解释

财政收入 国家财政参与社会产品分配所得的收入，是实现国家职能的财力保证。内容几经变化，目前主要包括：

(1) 各项税收包括增值税、营业税、消费税、土地增值税、城市维护建设税、资源税、城镇土地使用税、印花税、固定资产投资方向调节税、个人所得税、企业所得税、关税、农牧业税和耕地占用税等。

(2) 专项收入包括征收排污费、征收城市水资源收入、教育费附加收入等。

(3) 其他收入包括基本建设贷款归还收入、国家能源交通重点建设基金收入、国家预算调节基金收入等。

财政支出 国家财政将筹集起来的资金进行分配使用，以满足经济建设和各项事业的需要，主要包括：一般公共服务、外交、国防、公共安全、教育、科学技术、文化体育与传媒、社会保障和就业、医疗卫生、环境保护、城乡社区事务、农林水事务、交通运输、工业商业金融等事务和其他支出等科目。

中央财政收入和地方财政收入 按财政体制划分的中央本级收入和地方本级收入。1994 年分税制财政体制以后，属于中央财政的收入包括关税、海关代征消费税和增值税，消费税，中央企业所得税，地方银行和外资银行及非银行金融企业所得税，铁道、银行总行、保险总公司等集中缴纳的营业税、所得税和城市维护建设税，增值税的 75% 部分，海洋石油资源税和证券（印花）税的 75% 部分。属于地方财政的收入包括营业税，地方企业所得税，个人所得税，城镇土地使用税，固定资产投资方向调节税，土地增值税，城镇维护建设税，房产税，车船使用税，印花税，农牧业税，农业特产税，耕地占用税，契税，增值税，证券交易税（印花税）的 25% 部分和除海洋石油资源税以外的其他资源税。

中央财政支出和地方财政支出 根据政府在经济和社会活动中的不同职责，划分中央和地方政府的事权，按照政府的事权划分确定的支出。中央财政支出包括国防支出，武装警察部队支出，中央级行政管理费和各项事业费，重点建设支出以及中央政府调整国民经济结构、协调地区发展，实施宏观调控的支出。地方财政支出主要包括地方行政管理和各项事业费，地方统筹的基本建设、技术改造支出，支援农村生产支出，城市维护，建设经费和价格补贴支出等。

信贷资金 国家银行用于发放贷款的资金叫信贷资金。中国人民银行信贷资金的来源有各项存款、对国际金融机构负债、流通中货币、银行自有资金及当年结益等。信贷资金的运用有各项贷款、黄金占款、外汇占款、财政借款及在国际金融机构中的资产等。

存款 企业、机关、团体或居民根据可以收回的原则，把货币资金存入银行或其他信用机构保管并取得一定利息的一种信用活动形式。根据存款对象的不同可划分：企业存款、财政存款、机关团体存款、对外贸易存款、城乡居民储蓄存款、农村存款等科目，它是银行信贷资金的主要来源。

贷款 银行或其他信用机构根据必须归还的原则，按一定利率，为企业、个人等提供资金的一种信用活动形式。我国银行贷款，分流动资金贷款、固定资产贷款、城乡个体工商户贷款以及农业贷款等科目。

保险金额 指保险人承担赔偿或者给付保险金责任的最高限额。

保费 指投保人为取得保险人在约定范围内所承担赔偿责任而支付给保险人的费用。

赔款 指保险人根据保险合同的规定，向被保险人支付的赔偿保险责任损失的金额。

十、农　业

AGRICULTURE

本篇内容包括:

1. 农林牧渔业生产
2. 主要农产品产量
3. 农业机械化、电气化、水利化、化学化水平
4. 农作物受灾情况

农林牧渔业总产值

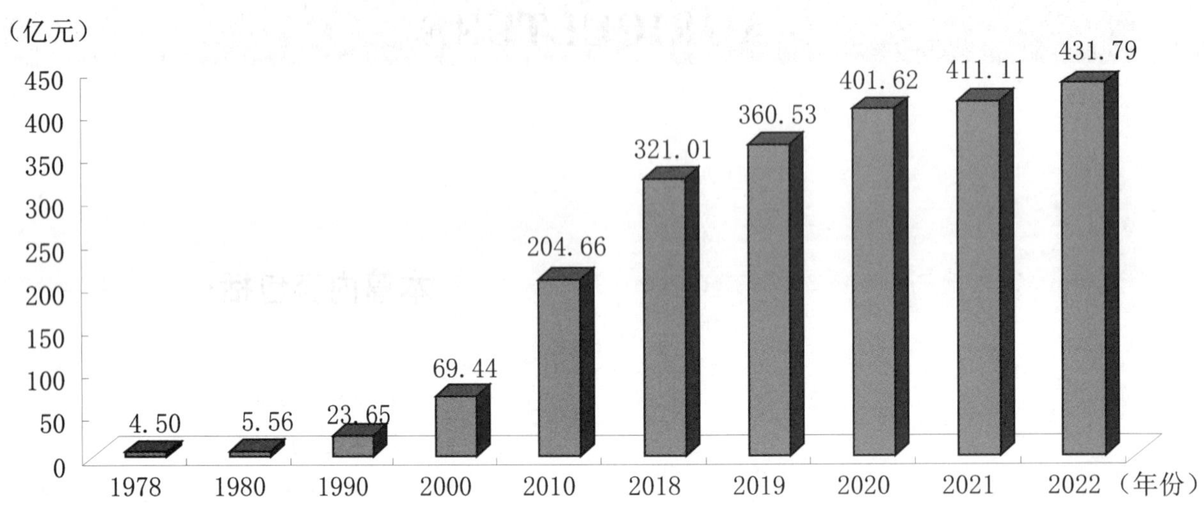

2022 年农林牧渔业占总产值比重

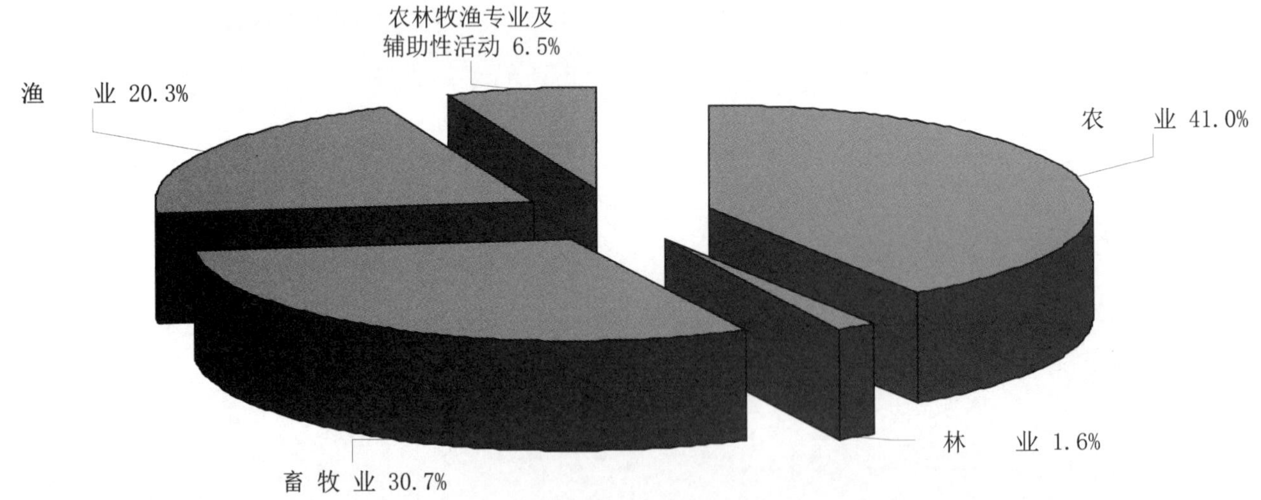

10–1　县区农林牧渔业总产值（2022 年）

（按当年价格计算）　　单位：万元

地　区	农林牧渔业总产值	农业产值	林业产值	畜牧业产值	渔业产值	农林牧渔专业及辅助性活动产值
合　计	**4317898**	**1769073**	**68491**	**1326734**	**874845**	**278755**
东湖区	13356	11335			1969	51
西湖区						
青云谱区						
青山湖区	5470	3139			2177	154
新建区	864176	352428	16481	233481	185474	76312
红谷滩区	178516	85547	2260	66727	12658	11324
南昌县	1300586	618302	6278	405411	200625	69970
安义县	278639	131063	9862	58911	47425	31378
进贤县	1282789	445758	15067	425687	338240	58038
经济开发区	272776	63934	8642	122102	73135	4964
高新开发区	65800	35194	198	12170	12288	5949
湾里管理局	55789	22373	9703	2245	853	20615

10−2 农作物播种面积和产量（2022 年）

项　　目	播种面积	单　　产	总 产 量 (万 吨)
合　　计			
一、粮食作物（万公顷，千克/公顷）	**34.52**	**6100**	**210.57**
1.谷物	33.73	6172	208.21
稻谷	33.63	6179	207.81
早稻	12.95	5721	74.09
晚稻			
一晚			
二晚			
小麦			
杂谷			
2.豆类	0.60	2494	1.51
#大豆	0.56	2547	1.43
3.薯类	0.18	23449	4.26
二、经济作物（万亩，公斤/亩）			
棉花	0.10	93	0.01
油料	115.46	103	11.93
花生	22.66	211	4.79
油菜籽	83.65	79	6.62
芝麻	9.15	56	0.52
甘蔗	1.47	2790	4.10
蔬菜	65.54	2103	137.80
瓜果类	5.73	1591	9.11
其他类	26.41		

10-3　粮食作物播种面积（分县区，2022 年）

单位：公顷

项　　目	粮食作物播种面积
全　　市	**345210**
东 湖 区	290
西 湖 区	
青云谱区	
青山湖区	1290
新 建 区	69280
红谷滩区	14770
南 昌 县	121530
安 义 县	26970
进 贤 县	86920
经济开发区	6210
高新开发区	15940
湾里管理局	2010

10-4 经济作物播种

项　　目	全市	东湖区	西湖区	青云谱区	青山湖区	新建区
经济作物播种面积	**2164702**	**26550**			**2388**	**377544**
棉花	1014					344
油料	1154638					233073
花生	226597					44314
油菜籽	836548					184533
芝麻	91493					4226
药材	17612					
甘蔗	14691					629
蔬菜	655379	26550			2336	69468
瓜果类	57258				52	3935
其他类	264109					70095

面积（分县区，2022 年）

单位：亩

红谷滩区	南昌县	安义县	进贤县	经济开发区	高新开发区	湾里管理局
36622	**575099**	**381108**	**679162**	**50326**	**25059**	**10843**
		656		15		
7295	180715	209552	491018	26703	4758	1524
3880	15467	18512	132202	11703	519	
1995	164688	190040	274679	14955	4134	1524
1420	560	1000	84137	45	105	
			17401			210
	5340	641	7894		187	
22604	245541	133709	112537	20464	18643	3525
1030	11590	10475	25847	2994	1140	195
5693	131913	26075	24465	150	330	5388

10—5 农作物总

项 目	全市	东湖区	西湖区	青云谱区	青山湖区	新建区
一、粮食作物	**2105668**	**1464**			**7981**	**411874**
1.谷物	2082050	1450			7898	408008
稻谷	2078092	1446			7898	407444
早稻	740898	158			2024	146096
晚稻						
一晚						
二晚						
小麦						
杂谷						
2.豆类	15089	9			6	2933
#大豆	14277	9				2908
3.薯类	42642	25			385	4668
二、经济作物						
棉花	94					36
油料	119326					20635
花生	47950					10442
油菜籽	66210					9888
芝麻	5166					305
药材						
甘蔗	40994					1818
蔬菜	1378050	56797			4057	98517
瓜果类	91093				180	4922
其他类						

产量（分县区，2022 年）

单位：吨

红谷滩区	南昌县	安义县	进贤县	经济开发区	高新开发区	湾里管理局
91052	**779098**	**200329**	**489461**	**36962**	**75579**	**11868**
89870	775341	198670	477385	36254	75437	11737
89813	775316	198070	474685	36254	75430	11737
25630	300249	29348	204065	12311	19216	1802
900	1504	696	8790	90	76	85
900	1091	510	8709	82	8	60
1412	11263	4814	16428	3088	330	229
		57		1		
1067	17536	25879	50825	2812	465	107
812	4337	3176	27186	1928	69	
235	13100	22629	18976	880	396	107
20	99	74	4664	4		
	17263	3359	18035		518	
33590	704663	207897	204680	27050	37972	2826
1739	24946	20420	31803	4538	2373	172

10-6 茶叶、水果生产情况

项　　目	2021年	2022年	2022年比上年增长(%)
一、产量(吨)			
茶　叶	1862	2044	9.8
#红　茶	18	17	-5.6
绿　茶	1843	2026	9.9
园林水果	44850	47882	6.8
#柑　桔	24472	27046	10.5
梨　子	2421	2399	-0.9
桃　子	2390	2829	18.3
二、年末茶园面积(亩)	**21382**	**21541**	**0.7**
#当年采摘	20197	20196	0.0
当年新增	255	180	-29.4
三、年末果园面积(亩)	**104600**	**106502**	**1.8**
#当年新增	2903	4241	46.1

10-7 茶叶、水果生产情况（分县区，2022 年）

单位：吨

项　　目	茶叶	#红茶	绿茶	园林水果	#柑桔	梨
合　　计	**2044**	**17**	**2026**	**47882**	**27046**	**2399**
新 建 区				4805	1249	
红 谷 滩 区	12		12	365	334	31
南 昌 县	815	17	798	5716	4661	522
安 义 县	1		1	14252	4567	1300
进 贤 县	847		847	18130	13536	521
经济开发区	318		317	1136	1120	15
高新开发区				1840	1579	
湾里管理局	51		51	1638		10

10-8　茶园、果园面积（分县区，2022年）

单位：亩

项　目	茶叶	园林水果	#柑桔	梨
合　计	**21541**	**106502**	**60020**	**9607**
新 建 区		4135	1709	
红谷滩区	645	515	365	150
南 昌 县	2626	5766	4389	699
安 义 县	15	29981	7771	6425
进 贤 县	9135	59835	42664	2153
经济开发区	1185	1515	1320	150
高新开发区		2375	1802	
湾里管理局	7935	2380		30

10-9　林 业 生 产 情 况

项　目	2021年	2022年	2022年比上年增长(%)
一、造林总面积(公顷)	1653	2040	23.4
用 材 林	54	40	-25.9
经 济 林	734	2000	172.5
防 护 林	865		
二、飞播造林面积(公顷)			
三、当年新封山(沙)育林面积(公顷)	1261	438	-65.3
四、森林改培面积(公顷)		1609	
五、森林抚育面积(公顷)	3066	1067	-65.2
六、人工造林面积(公顷)	1653	2040	23.4
七、主要产品产量			
#油 茶 籽(吨)	18522	14871	-19.7
八、木 材 采 伐(万立方米)	1.12	1.02	-8.9

10-10 牧业生产

项目	全市	东湖区	西湖区	青云谱区	青山湖区	新建区
一、出栏肉猪头数(万头)	230.60					49.24
出售和自宰肉用牛(头)	75065					12789
出售和自宰肉用羊(只)	35573					9847
出售和自宰肉用兔(只)						
出售和自宰肉用禽(万只)	7245.51					1481.56
二、肉类总产量(吨)	304690					64367
猪肉	187291					40496
牛肉	9301					1657
羊肉	665					184
兔肉						
禽肉	107434					22030
三、牛奶产量(吨)	11186					19
四、禽蛋产量(吨)	138458					34909
五、牛年底数(头)	163296					35067
#能繁殖母牛						
#肉牛	160310					35067
奶牛	2236					
六、猪年底数(万头)	118.39					21.51
#能繁殖母猪(头)	123866					21390
七、羊年底数(只)	26411					2725
八、兔年底数(只)						
九、家禽年底数(万只)	3864.39					939.90
十、蚕茧产量(吨)						

情况（分县区，2022 年）

红谷滩区	南昌县	安义县	进贤县	经济开发区	高新开发区	湾里管理局
6.02	66.44	13.03	81.60	12.97	1.30	
2290	23351	5200	27807	3313	250	65
2859	7706	8363	5039	1389	73	297
152.86	2199.30	209.00	3006.41	170.74	23.02	2.63
6654	88599	14420	115594	13533	1469	55
4190	53010	10416	67584	10493	1101	
325	2802	595	3428	456	29	8
52	144	156	92	30	1	7
2087	32643	3253	44490	2554	338	40
	951		10216			
6401	44532	6432	41659	3810	560	155
14700	35158	12745	61693	3275	583	75
14700	34164	12640	59806	3275	583	75
	316		1920			
2.51	33.35	10.08	44.60	6.09	0.25	
2303	33622	11503	48700	6010	338	
2751	5045	8483	5801	1202	54	350
188.56	1258.34	113.63	1223.61	121.08	15.93	3.35

10-11 牧业生产情况

项　　目	2021年	2022年	2022年比上年增长(%)
一、肉猪出栏数(万头)	215.55	230.60	7.0
出售和自宰肉用牛(万头)	7.75	7.51	-3.2
出售和自宰肉用羊(只)	32728	35573	8.7
出售和自宰肉用兔(只)	37375		
出售和自宰肉用禽(万只)	7099.21	7245.51	2.1
二、肉类总量(万吨)	29.07	30.47	4.8
猪　肉(万吨)	17.57	18.72	6.6
牛　肉(吨)	9785	9301	-5.0
羊　肉(吨)	691	665	-3.8
兔　肉(吨)	67		
禽　肉(万吨)	10.45	10.74	2.8
三、牛奶产量(万吨)	2.36	1.12	-52.5
四、禽蛋产量(万吨)	12.80	13.85	8.2
五、牛年底数(万头)	18.08	16.33	-9.7
#能繁殖母牛			
#肉　牛	17.38	16.03	-7.7
奶　牛	0.70	0.22	-68.2
六、猪年底数(万头)	130.36	118.39	-9.2
#能繁殖母猪	13.07	12.39	-5.3
七、羊年底数(只)	26283	26411	0.5
八、兔年底数(只)	6939		
九、家禽年底数(万只)	4142.87	3864.39	-6.7
十、蚕茧产量(吨)			

10—12 渔业生产情况

项　目	2021年	2022年	2022年比上年增长(%)
一、渔业乡(个)	2	2	
二、渔业村(个)	13	13	
三、渔业户(万户)	2.14	2.12	-0.9
四、渔业人口(万人)	10.60	10.53	-0.7
五、渔业从业人员(万人)	6.51	6.51	
专业从业人员(万人)	3.15	3.16	0.3
#捕捞			
养殖	2.64	2.65	0.4
兼业从业人员(万人)	2.20	2.20	
六、已养殖面积(万亩)	76.47	76.30	-0.2
#池塘	26.48	27.46	3.7
水库	5.23	4.91	-6.1
湖泊	40.05	40.23	0.4
七、养殖单产(公斤/亩)	562	586	4.3
#池塘	1088	1116	2.6
水库	413	411	-0.4
湖泊	178	181	2.1
八、水产品总产量(万吨)	43.01	44.72	4.0
#养殖	43.01	44.72	4.0
#池塘	28.80	30.65	6.4
水库	2.16	2.02	-6.5
湖泊	7.11	7.29	2.5
#鱼类	37.93	39.17	3.3
甲壳类	3.86	4.27	10.6
贝类	0.78	0.79	1.3
九、珍珠产量(吨)			
十、鱼苗产量(亿尾)	33.15	35.23	6.3
十一、鱼种产量(吨)	44617	45645	2.3

注：本表数据来源于市农业农村局。

10—13 渔业生产

项　目	全　市	东湖区	青云谱区	青山湖区	新建区
一、渔业乡(个)	2				
二、渔业村(个)	13				
三、渔业户(万户)	2.12				0.18
四、渔业人口(万人)	10.53			0.02	0.65
五、渔业从业人员(万人)	6.51	0.01		0.01	0.41
专业从业人员(万人)	3.16	0.01		0.01	0.26
#捕捞					
养殖	2.65	0.01		0.01	0.18
兼业从业人员(万人)	2.20				0.10
六、已养殖面积(万亩)	76.30	0.19		0.18	6.51
#池塘	27.46	0.19		0.18	4.65
水库	4.91				0.57
湖泊	40.23				1.02
七、养殖单产(公斤/亩)	586	677		743	1138
#池塘	1116	677		743	1034
水库	411				610
湖泊	181				622
八、水产品总产量(万吨)	44.72	0.13		0.13	7.41
#养殖	44.72	0.13		0.13	7.41
#池塘	30.65	0.13		0.13	4.80
水库	2.02				0.35
湖泊	7.29				0.63
#鱼类	39.17	0.13		0.13	5.80
甲壳类	4.27				1.57
贝类	0.79				
九、珍珠产量(吨)					
十、鱼苗产量(亿尾)	35.23				8.86
十一、鱼种产量(吨)	45645				6013

注：本表数据来源于市农业农村局。

情况（分县区，2022 年）

红谷滩区	南昌县	安义县	进贤县	经济开发区	高新开发区	湾里管理局
			2			
			13			
	1.04	0.13	0.55	0.05	0.16	
0.01	3.75	0.59	4.90	0.22	0.39	0.01
0.01	2.89	0.41	2.48	0.08	0.20	0.01
	1.82	0.21	0.67	0.07	0.10	
	1.56	0.16	0.62	0.04	0.07	
	0.81	0.18	1.01	0.01	0.07	0.01
0.49	16.79	3.91	44.75	2.01	1.30	0.17
0.49	12.14	2.42	5.37	0.88	1.30	0.03
	0.14	1.44	2.35	0.26		0.15
	1.72		36.56	0.76		
980	912	946	312	1408	560	235
980	1075	1388	1175	1881	560	504
	278	216	378	1570		145
	87		159	943		
0.48	15.32	3.70	13.96	2.83	0.73	0.04
0.48	15.32	3.70	13.96	2.83	0.73	0.04
0.48	13.05	3.37	6.30	1.65	0.73	0.01
	0.04	0.31	0.89	0.41		0.02
	0.15		5.80	0.71		
0.48	13.59	3.37	12.10	2.82	0.73	0.03
	1.47	0.06	1.16	0.01		
	0.10	0.19	0.50			
1.28	9.28	2.75	12.90	0.16		
45	24134	4188	10450		798	17

10-14 主要农业机械年末拥有量

项　目	2021年	2022年	2022年比上年增长(%)
一、农业机械总动力（万千瓦）	**289.64**	**296.66**	**2.4**
#柴油发动机动力	228.64	235.55	3.0
汽油发动机动力	15.55	15.55	
电动机动力	45.43	45.53	0.2
二、主要农业机械与设备			
大中型拖拉机(混合台)	11782	13141	11.5
大中型拖拉机(万千瓦)	62.52	73.92	18.2
小型拖拉机(混合台)	61482	50978	-17.1
小型拖拉机(万千瓦)	67.69	56.10	-17.1
大中型拖拉机配套农具(部)	10013	10637	6.2
小型拖拉机配套农具(部)	57818	50970	-11.8
农用水泵(台)	37294	37497	0.5
节水灌溉类机械(套)	252	251	-0.4
联合收获机(台)	7345	7780	5.9
机动割晒机(台)			
机动脱粒机(台)	4803		

注：本表数据来源于市农业农村局。

10—15　农业机耕、水电、化肥情况

项　　目	2021年	2022年	2022年比上年增长(%)
一、农业机械化情况			
当年实际机耕面积(千公顷)	394.47	418.01	6.0
当年实际机播面积(千公顷)	192.19	194.89	1.4
当年实际机收面积(千公顷)	360.61	367.08	1.8
当年实际机电灌溉面积(千公顷)	151.90	220.80	45.4
二、农业电气化情况			
农村用电量(万千瓦小时)	149202.47		
三、农业化学化情况			
化肥施用量(实物量)(万吨)	33.49	33.02	-1.4
氮　　肥	7.04	7.07	0.4
磷　　肥	5.13	4.98	-2.9
钾　　肥	3.65	3.59	-1.5
复 合 肥	17.69	17.38	-1.7
化肥施用量(折纯量)(万吨)	12.93	12.79	-1.0
氮　　肥	2.59	2.60	0.4
磷　　肥	1.68	1.65	-1.5
钾　　肥	1.63	1.61	-1.5
复 合 肥	7.03	6.94	-1.4
农用塑料薄膜使用量(吨)	1774	1893	6.7
#地膜使用量(吨)	912	928	1.8
地膜覆盖面积(公顷)	6061	6273	3.5
农药使用量(吨)	3137	2950	-5.9
农用柴油使用量(万吨)	3.26	3.13	-4.1

10-16 农业化学化

地区	化肥施用量(实物量)	氮肥	磷肥	钾肥
合计	**330176**	**70664**	**49772**	**35892**
东湖区	590	126	132	164
西湖区				
青云谱区				
青山湖区	953	203	527	101
新建区	66222	8733	5168	3121
红谷滩区	13577	2659	2787	991
南昌县	112044	19118	14009	14284
安义县	31204	9010	8836	6319
进贤县	85670	26520	16351	9774
经济开发区	9694	1551	1007	468
高新开发区	8614	2427	642	441
湾里管理局	1607	317	313	228

情况（分县区，2022 年）

单位：吨

复合肥	化肥施用量（折纯量）	氮　肥	磷　肥	钾　肥	复合肥
173848	**127946**	**25971**	**16510**	**16082**	**69383**
168	249	54	59	74	63
122	263	56	107	50	51
49200	22767	4017	1034	1529	16187
7140	4456	971	688	459	2338
64633	51966	6029	6711	7069	32157
7039	14704	4242	4012	3143	3307
33025	27936	9441	3499	3438	11558
6668	2879	487	179	152	2061
5103	2146	577	156	62	1351
749	579	98	65	106	310

10-17 水利灌溉设施

（年末数）

项　　目	2021年	2022年
水利工程数量		
水库数量(座)	472	466
大(1)型		
大(2)型		
中　型	8	8
小(1)型	67	67
小(2)型	397	391
塘坝数量(座)	3614	3619
窖池数量(座)	282	282
水电站数量(座)	4	4
泵站数量(处)	3126	3129
水闸数量(座)	2477	2496
农村集中式供水工程数量(处)	224	254
机电井数量(眼)	140543	140403

注：本表数据来源于市水利局。

10-18　主要年份农作物受灾情况

单位：公顷

年　份	受灾面积	旱　灾	水　灾	其　他
2000	36968	13403	4917	18648
2010	189127		127492	61635
2011	91065	33590	53163	4312
2012	23356		22460	896
2013	35048	21295	13506	269
2014	22028		18934	3094
2015	24524		23684	840
2016	24474		24061	413
2017	21613		19641	1972
2018	12398	7115	2428	2855
2019	46391	26842	19382	167
2020	80768		80428	340
2021	10682	3523	4009	3150
2022	62907	46925	10962	5020

10—18 续表

单位：公顷

年 份	成灾面积	旱 灾	水 灾	其 他
2000	30974	11402	3044	16528
2010	100526		72549	27977
2011	37456	13200	21816	2440
2012	11657		10861	791
2013	9906	7134	2794	
2014	8003		6826	1177
2015	14667		14667	
2016	9796		9783	13
2017	11503		9536	1967
2018	8258	4885	1597	1776
2019	12709	5636	6969	104
2020	47149		46842	307
2021	3805	1850	1145	810
2022	24375	19994	1835	2546

注：本表数据来源于市应急管理局。

主要统计指标解释

农林牧渔业总产值　指以货币表现的农、林、牧、渔业全部产品和对农林牧渔业生产活动进行的各种支持性服务活动的价值总量，它反映一定时期内农林牧渔业生产总规模和总成果。1957 年以前的农林牧渔业总产值中包括了厩肥和农民自给性手工业（如农民自制衣服、鞋、袜，自己从事粮食初步加工等）。1958 年及以后，林业中增加了村及村以下竹木采伐产值；牧业中取消了厩肥产值；副业中取消了农民自给性手工业产值，增加了村及村以下办的工业产值；渔业中增加了海洋捕捞水产品产值。1980 年及以后，在副业中增加了农民家庭兼营工业商品部分的产值。从 1984 年起村及村以下工业产值划归工业。从 1993 年起取消副业，将野生动物的捕猎划入牧业、野生植物采集和农民家庭兼营商品性工业划归农业。从2003 年起，执行新的国民经济行业分类标准，农林牧渔业总产值中包括了农林牧渔服务业产值。林业中增加了森林采运业产值。农业中取消了家庭兼营商品性工业产值，将野生林产品的采集划归林业。

农林牧渔业总产值的计算方法通常是按农、林、牧、渔业产品及其副产品的产量分别乘以各自单位产品价格求得；少数生产周期较长，当年没有产品或产品产量不易统计的，则采用间接方法框算其产值。

农林牧渔业增加值　指各种经济类型的农业生产单位和农户从事农业生产经营活动所提供的社会最终产品的货币表现。增加值的计算方法有两种，一是生产法：农林牧渔业增加值 = 农林牧渔业总产值 − 农林牧渔业中间消耗；二是分配法：农林牧渔业增加值 = 固定资产折旧 + 劳动者报酬 + 生产税净额 + 营业盈余。

粮食产量　指全社会的产量。包括国有经济经营的、集体统一经营的和农民家庭经营的粮食产量，还包括工矿企业办的农场和其他生产单位的产量。粮食除包括稻谷、小麦、玉米、高粱、谷子及其他杂粮外，还包括薯类和豆类。其产量计算方法，豆类按占豆荚后的干豆计算；薯类（包括甘薯和马铃薯，不包括芋头和木薯）1963 年以前按每 4 公斤鲜薯折 1 公斤粮食计算，从 1964 年开始改为按 5 公斤鲜薯折 1 公斤粮食计算。城市郊区作为蔬菜的薯类（如马铃薯等）按鲜品计算，并且不作粮食统计。其他粮食一律按脱粒后的原粮计算。

油料产量　指全部油料作物的生产量。包括花生、油菜籽、芝麻、向日葵籽、胡麻籽（亚麻籽）和其他油料。不包括大豆、木本油料和野生油料。花生以带壳干花生计算。

水产品产量　指人工养殖的水产品和天然生长的水产品的捕捞量。包括海水的鱼类、虾蟹类、贝类和藻类以及内陆水域的鱼类、虾蟹类和贝类，不包括淡水生植物。水产品产量是通过各级水产和统计部门逐级上报取得数据。1995 年及以前，贝类中牡蛎按鲜肉计算；蚶、蛤、蛏 5 公斤鲜品折 1 斤计算。1996 年以后则统一按鲜品计算。

猪、牛、羊肉产量　指当年出栏并已屠宰、除去头蹄下水后带骨肉（即胴体重）的重量。包括全社会范围内的产量。

期初（末）畜禽存栏头（只）数。指报告期初（末）农村各种合作经济组织和国营农场、农民个人、机关、团体、学校、工矿企业、部队等单位以及城镇居民饲养的大牲畜、猪、羊、家禽等畜禽的存栏数。

耕地面积　指可以用来种植农作物、经常进行耕锄的田地，包括熟地、当年新开荒地、连续撂荒未满三年的耕地和当年的休闲地（轮歇地），还包括以种植农作物为主并附带种植桑树、茶树、果树和其他林木的土地，以及沿海、沿湖地区已围垦利用的“海涂”“湖田”等面积。但不包括属于专业性的桑园、茶园、果园、果木苗圃、林地、芦苇地、天然或人工草地面积。

农作物播种面积　指实际播种或移植有农作物的面积。凡是实际种植有农作物的面积，不论种植在耕地上还是种植在非耕地上，均包括在农作物播种面积中。在播种季节基本结束后，因遭灾而重新改种和补种的农作物面积，也包括在内。它是反映耕地面积利用情况的一个重要指标。

有效灌溉面积　指具有一定的水源，地块比较平整，灌溉工程或设备已经配套，在一般年景下当年能够进行正常灌溉的耕地面积。在一般情况下，有效灌溉面积应等于灌溉工程或设备已经配套，能够进行正常灌溉的水田和水浇地面积之和。它是反映耕地抗旱能力的一个重要指标。

农用化肥施用量　指本年内实际用于农业生产的化肥数量，包括氮肥、磷肥、钾肥和复合肥。化肥施用量要求按折纯量计算数量。折纯量是指把氮肥、磷肥、钾肥分别按含氮、含五氧化二磷、含氧化钾的 100% 成分进行折算后的数量。复合肥按其所含主要成分折算。公式为：

折纯量 = 实物量 × 某种化肥有效成分含量的百分比

农业机械总动力　指主要用于农、林、牧、渔业的各种动力机械的动力总和。包括耕作机械、排灌机械、收获机械、农用运输机械、植物保护机械、牧业机械、林业机械、渔业机械和其他农业机械［内燃机按引擎马力折成瓦（特）计算、电动机按功率折成瓦（特）计算］。不包括专门用于乡、镇、村、组办工业、基本建设、非农业运输、科学试验和教掌等非农业生产方面用的动力机械与作业机械。这个指标的统计数据主要来源于农机部门。

乡村从业人员　指乡村人口中劳动年龄（16 周岁）以上实际参加生产经营活动并取得实物或货币收入的人员，包括劳动年龄内经常参加劳动的人员，也包括超过劳动年龄但经常参加劳动的人员。但不包括户口在家的在外学生、现役军人和丧失劳动能力的人，也不包括待业人员和家务劳动者。从业人员按从事主业时间最长（时间相同按收入）分为农业从业人员、工业从业人员、建筑业从业人员、交运仓储及邮政业从业人员、批零贸易和餐饮业从业人员、其他从业人员。

十一、工　　业

INDUSTRY

本篇内容包括：

1．规模以上工业企业单位数
2．工业增加值、总产值
3．主要工业产品产量
4．规模以上工业企业经济指标
5．工业园区主要指标

规模以上工业营业收入

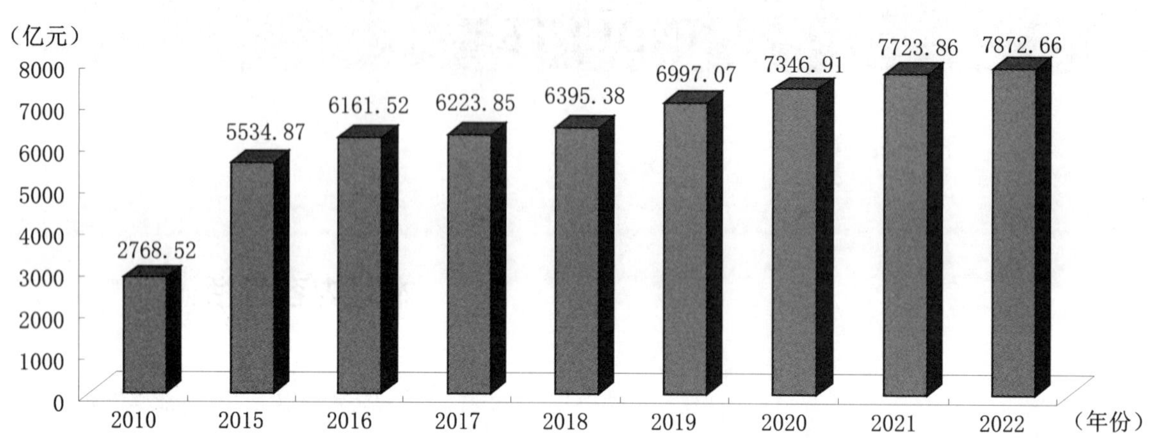

注：规模以上工业营业收入 2018 年及以前为主营业务收入数据。

2022 年规模以上工业增加值构成

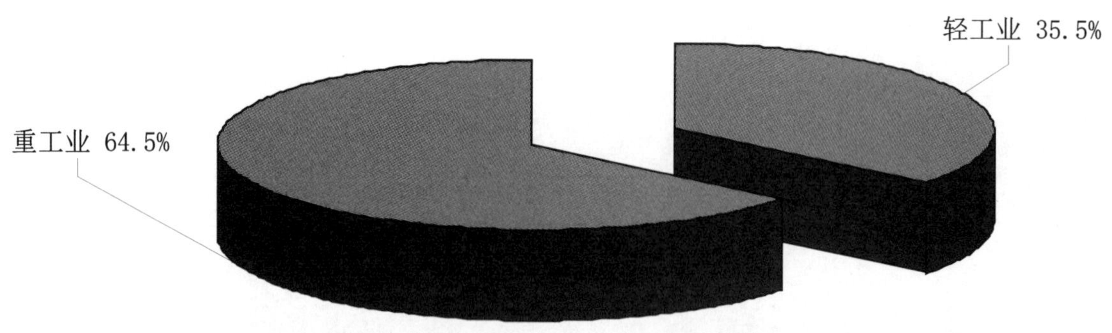

11-1　规模以上工业企业单位数（2022 年）

类　别	企业单位数(户)	#亏损企业
总　计	**1921**	**303**
按登记注册类型分		
国有企业	17	7
集体企业	2	1
股份合作企业	11	
股份制企业	1758	263
外商及港澳台商投资企业	129	30
其他经济类型企业	4	2
#国有控股企业	149	39
按隶属关系分		
中央企业	23	1
地方企业	1898	302
按轻、重工业分		
轻工业	837	102
重工业	1084	201
按企业规模分		
大型企业	45	9
中型企业	156	25
小型企业	1720	269

11-1 续表 1

类　别	企业单位数(户)	#亏损企业
按工业行业分		
非金属矿采选业	1	1
农副食品加工业	95	16
食品制造业	28	4
酒、饮料和精制茶制造业	16	
烟草制品业	1	
纺织业	80	9
纺织服装、服饰业	260	13
皮革、毛皮、羽毛及其制品和制鞋业	22	4
木材加工和木、竹、藤、棕、草制品业	26	2
家具制造业	13	1
造纸和纸制品业	23	4
印刷和记录媒介复制业	35	6
文教、工美、体育和娱乐用品制造业	20	2
石油、煤炭及其他燃料加工业	12	
化学原料和化学制品制造业	67	12
医药制造业	100	18
化学纤维制造业	4	
橡胶和塑料制品业	64	8
非金属矿物制品业	160	39
黑色金属冶炼和压延加工业	18	2
有色金属冶炼和压延加工业	88	9

11－1　续表 2

类　　别	企业单位数（户）	#亏损企业
金属制品业	131	10
通用设备制造业	76	14
专用设备制造业	81	14
汽车制造业	149	26
铁路、船舶、航空航天和其他运输设备制造业	15	3
电气机械和器材制造业	111	17
计算机、通信和其他电子设备制造业	128	52
仪器仪表制造业	20	4
其他制造业	5	1
废弃资源综合利用业	18	4
电力、热力生产和供应业	19	3
燃气生产和供应业	12	1
水的生产和供应业	23	4
按地区分		
高新开发区	221	68
经济开发区	269	61
南 昌 县	425	79
进 贤 县	230	8
安 义 县	236	26
西 湖 区	5	
青云谱区	32	3
青山湖区	291	17
新 建 区	177	31
红谷滩区	2	2
湾里管理局	32	8

注：本表总计数含省属企业，县区数据不含省属企业。

11-2　规模以上工业企业增加值增速

类　别	2021年比2020年增长（%）	2022年比2021年增长（%）
总　计	**11.4**	**6.0**
按登记注册类型分		
国有企业	24.1	13.5
集体企业	-9.6	-1.0
股份合作企业	32.7	1.2
股份制企业	9.6	6.5
外商及港澳台商投资企业	19.9	2.9
其他经济类型企业	207.1	144.7
#国有控股企业	9.4	7.8
按隶属关系分		
中央企业	9.2	9.4
地方企业	12.3	4.6
按轻、重工业分		
轻工业	12.2	0.0
重工业	10.8	9.7
按企业规模分		
大型企业	8.8	7.1
中型企业	10.2	5.4
小型企业	17.6	4.5
按工业行业分		
黑色金属矿采选业	2.2	-100.0
非金属矿采选业	-13.2	-15.9
农副食品加工业	17.5	7.3
食品制造业	9.4	20.6
酒、饮料和精制茶制造业	22.2	1.0
烟草制品业	3.7	3.6
纺织业	-40.0	-0.2
纺织服装、服饰业	48.9	-14.2
皮革、毛皮、羽毛及其制品和制鞋业	31.9	-37.0
木材加工和木、竹、藤、棕、草制品业	7.5	-3.7
家具制造业	23.6	-21.0
造纸和纸制品业	16.7	8.4
印刷和记录媒介复制业	4.8	-17.0

11-2　续表

类　　别	2021年比2020年增长（%）	2022年比2021年增长（%）
文教、工美、体育和娱乐用品制造业	-20.7	2.2
石油、煤炭及其他燃料加工业	-4.4	6.4
化学原料和化学制品制造业	5.8	7.6
医药制造业	7.9	15.1
化学纤维制造业	90.1	21.6
橡胶和塑料制品业	18.2	-3.5
非金属矿物制品业	3.0	-12.5
黑色金属冶炼和压延加工业	6.8	38.1
有色金属冶炼和压延加工业	3.1	-0.5
金属制品业	17.8	-19.2
通用设备制造业	22.1	13.5
专用设备制造业	19.0	23.5
汽车制造业	7.3	-8.7
铁路、船舶、航空航天和其他运输设备制造业	52.6	5.1
电气机械和器材制造业	2.4	3.3
计算机、通信和其他电子设备制造业	6.3	10.6
仪器仪表制造业	0.2	7.8
其他制造业	-70.5	300.0
废弃资源综合利用业	59.2	30.7
电力、热力生产和供应业	14.5	16.6
燃气生产和供应业	28.4	19.3
水的生产和供应业	32.6	-1.6
按地区分		
高新开发区	12.0	7.9
经济开发区	11.6	7.6
南 昌 县	11.3	5.5
进 贤 县	9.7	3.0
安 义 县	11.5	6.9
西 湖 区	11.0	3.5
青云谱区	9.4	5.1
青山湖区	11.2	6.9
新 建 区	11.2	3.5
红谷滩区		5.9
湾里管理局	11.4	4.4

11-3 各县区规模以上工业

分 类	全 市	高 新 开发区	经 济 开发区	南昌县
总 计	**1 921**	**221**	**269**	**425**
按登记注册类型分				
国有企业	17	3	5	1
集体企业	2		1	
股份合作企业	11		2	1
股份制企业	1 758	180	234	391
外商及港澳台商投资企业	129	37	27	30
其他经济类型企业	4	1		2
#国有控股企业	149	28	46	29
按隶属关系分				
中央企业	23	6	8	3
地方企业	1 898	215	261	422
按轻、重工业分				
轻工业	837	58	78	156
重工业	1 084	163	191	269
按企业规模分				
大型企业	45	15	11	7
中型企业	156	33	30	34
小型企业	1 720	173	228	384

注：本表全市数含省属企业，县区数据不含省属企业。

企业单位数（2022 年）

单位：户

进贤县	安义县	西湖区	青云谱区	青山湖区	新建区	红谷滩区	湾里管理局
230	**236**	**5**	**32**	**291**	**177**	**2**	**32**
	1	2	1	1	3		
				1			
			1	4	2		1
223	232	3	29	272	162	2	29
7	3		1	12	10		2
				1			
4	4	5	6	4	21		1
			1	1	3		
230	236	5	31	290	174	2	32
121	68		15	240	92		9
109	168	5	17	51	85	2	23
3		2	1	3	2		
9	13		4	15	17		1
218	223	3	27	273	158	2	31

11-4 各县区规模以上工业

分类	全市	高新开发区	经济开发区	南昌县	进贤县
总计	**6.7**	**15.6**	**9.5**	**–14.1**	**3.1**
按登记注册类型分					
国有企业	14.5	19.8	20.0	1.6	
集体企业	-6.9		7.3		
股份合作企业	-1.8		-9.0	-1.2	
股份制企业	6.7	14.4	5.0	-11.2	1.3
外商及港澳台商投资企业	6.0	17.7	18.4	-23.0	19.5
其他经济类型企业	197.7	247.9		-5.5	
#国有控股企业	10.4	6.4	13.9	-3.5	-12.8
按隶属关系分					
中央企业	15.1	2.7	5.9	14.5	
地方企业	4.7	18.0	10.1	-14.2	3.1
按轻、重工业分					
轻工业	-0.3	7.7	9.9	-16.8	3.4
重工业	9.1	18.1	9.4	-13.0	2.8
按企业规模分					
大型企业	9.0	15.2	5.9	-15.9	0.4
中型企业	4.8	30.5	22.3	-15.7	3.7
小型企业	4.5	6.9	4.2	-11.7	3.7

企业总产值增速（2022 年）

单位：%

安 义 县	西 湖 区	青云谱区	青山湖区	新 建 区	红谷滩区	湾里管理局
13.3	**12.2**	**2.9**	**2.4**	**2.6**	**–59.0**	**7.2**
130.7	-1.7	-21.6	21.4	-14.3		
			-16.7			
		4.5	0.8	-58.6		2.6
13.0	21.5	2.7	1.7	4.3	-59.0	11.8
22.1		17.7	13.9	-10.3		-5.7
			-8.8			
25.9	12.2	0.4	38.1	0.6		2.2
		-1.8	10.7	47.2		
13.3	12.2	5.6	2.4	-2.4	-59.0	7.2
24.9		1.9	4.5	-20.4		-15.4
11.5	12.2	4.5	1.5	14.2	-59.0	10.0
	12.4	-1.8	4.9	-20.6		
10.3		14.8	3.0	-19.2		-12.9
14.6	9.1	-1.5	-1.5	29.8	-59.0	11.1

11-5 工业产品产量(2022年)

类　　别	2022年	2022年比上年增长(%)
大米(万吨)	86.28	-16.2
饲料（万吨)	349.78	-9.7
乳制品（万吨)	4.80	-15.5
罐头（万吨)	3.06	9.3
饮料（万吨)	329.62	5.9
白酒（万千升)	0.32	-1.4
啤酒（万千升)	25.33	2.7
卷烟（亿支)	642.04	0.0
纱（万吨)	17.62	5.4
印染布（万米)	17216.50	-24.6
口罩(亿只)	40.46	48.6
服装（万件)	55706.40	-3.5
机制纸及纸板（吨)	1690.00	-0.2
化学药品原药（吨)	632.10	4.6
中成药（吨)	20448.90	8.0
塑料制品（吨)	140143.20	44.3
水泥（万吨)	636.23	-21.6
玻璃保温容器（万个)	241.80	17.0
耐火材料制品（吨)	251.00	-28.4

11-5 续表

类 别	2022年	2022年比上年增长(%)
生铁（万吨）	360.97	1.9
粗钢（万吨）	421.77	0.0
钢材（万吨）	616.19	10.7
棒材	41.63	-32.6
钢筋	296.04	8.1
线材	87.81	-1.5
工业锅炉（蒸发量吨）	1300.00	-32.1
金属切削机床（台）	48.00	-25.0
#数控机床	7.00	-61.1
气体压缩机（万台）	1723.84	19.5
矿山专用设备（吨）	33362.60	-17.6
小型拖拉机（台）	6766.00	-10.4
汽车（万辆）	35.85	-10.7
#载货汽车	16.48	-30.3
交流电动机（万千瓦）	127.13	-3.1
变压器（万千伏安）	1340.84	55.6
通信及电子网络用电缆（对千米）	1377012.00	4.2
房间空气调节器（万台）	289.83	-14.5
智能手机(万部)	6661.83	-26.3

11-6 主要工业

年份 地区	纱 (吨)	布 (万米)	机制纸 及纸板 (吨)	卷烟 (箱)	水泥 (吨)	生铁 (吨)
1978		7976	32582	131434	66459	43435
1980		12294	43471	156104	86365	
1985	21806	9176	59000	235075	137700	29115
1990	23287	9923	61641	284900	208500	99584
1991	22437	8391	53944	275100	256400	79000
1992	20483	8571	54561	277000	286800	141100
1993	19647	8612	58800	265500	299500	214900
1994	22917	11304	68715	246262	363500	260322
1995	24185	13565	83030	231606	353071	269571
1996	21312	12918	94573	232647	404700	318974
1997	23997	14624	97196	232849	367300	315978
1998	22025	8845	73765	253475	280000	418343
1999	25071	11739	97340	256953	360000	512521
2000	26108	13285	81584	331999	330000	668086
2001	25734	13734	94159	347773	380000	787965
2002	19571	11512	71507	357519	300000	1156589
2003	21478	7879	38704	373359	830000	1247582
2004	34470	9689	24433	382420	2487034	1376691
2005	29829	10920	200811	417131	2883350	1599938
2006	32667	9353	350336	549201	3009909	1800093
2007	33174	9645	343122	540388	3437337	2301400
2008	23934	8692	345595	593699	3762884	2067330
2009	24454	10468	347579	617200	3453229	2290209
2010	30019	12691	370923	662000	3191663	2349595
2011	33401	6838	350932	703000	3124336	2367653
2012	34323	7061	344177	1198000	4049977	2954403
2013	40845	8808	388474	1278000	5148459	3030734
2014	43994	8713	354369	1353000	6844905	3054852
2015	47534	7384	380774	1356000	7661475	3130198
2016	36667	6033	659212	1292200	7475158	3149144
2017	43351	4923	643931	1316534	7620327	3069052
2018	66364	2553	644087	1276030	6930600	3460443
2019	122851	905	652550	1275892	8321316	3042227
2020	148323		668019	1261424	8480967	3589005
2021	170763	124	1694	1284098	7855930	3540927
2022	176218	1805	1690	1284083	6362280	3609738
高新开发区				1284083		
经济开发区		1495			3069622	
南昌县	2738	134			1598240	
进贤县	4364	176	1690		990215	
安义县	160946					
西湖区						
青云谱区						
青山湖区					704202	3609738
新建区	8170					
红谷滩区						
湾里管理局						

产 品 产 量

粗　钢 (吨)	钢　材 (吨)	交流电动机 (千瓦)	金属切削 机床(台)	汽　车 (辆)	彩色电视机 (台)	智能手机 (台)	房间空气 调节器 (台)
	77481	233511		1523			
	206674			1868	4572		
	253800	354900	1124	4923	178269		
	223270	341840	676	6604	125138		
	262600	401800	921	8836	114700		
	292000	473800	1479	14687	162740		
	342200	567800	1534	21705	163500		
	347444	557514	1328	21407	123200		
	418881	455331	1313	23668	112947		289
	448688	296140	1410	16855	61345		1136
	483591	227566	1404	17340	63115		1820
	565325	168864	998	19258	22675		
	640230	196200	1045	26330	280500		
	808495	205700	1254	27500	182600		
	1012324	245900	1393	37188	299884		
	1411050	369400	1972	51685	414937		
	1568126	496900	2453	64042	635774		
1439918	1908032	772755	2863	73722	704717		436907
2138261	2630435	513237	2186	89294	891068		1666717
2625213	2884050	717515	2087	96666	642238		812041
3000419	3193036	1013175	1781	108743	390635		1362679
2416311	2720937	847055	753	103433	446184		1306308
2522525	3080403	1589641	324	124623	357681		1327249
2569247	3071304	1060721	527	199687	306217		1712105
2618644	3127036	1134751	983	203745	45754		1904143
3283067	3639342	790239	1304	217715	152740	19126453	2803064
3475441	3852158	968606	1279	262220	180607	20450673	3198693
3526646	3736732	535822	1533	316564	195745	14099533	3284302
3542624	3757631	590057	1658	324712	235615	5846321	3728673
3595701	3712859	468322	1512	411025	200543	41554141	3495157
3645581	3819282	481710	1469	440072	235822	33636729	4524762
4203051	4642938	814714	218	412871	218149	40358794	4887605
3667280	4215536	840468	144	399282	209857	31968658	5418435
4216776	4902762	1027538	62	388071	213321	21550887	3339707
4216777	5565940	1312336	64	401264	29146	90425446	3389519
4217689	6161889	1271303	48	358488		66618338	2898284
		1271303	7			64433957	
	1896086			10169		2184381	2898284
	10975		41	306635			
4217689	4254828						
				41684			

11—7 规模以上工业

（2008—2022 年）

分　类	2008	2009	2010	2011	2012	2013
企业单位数(户)	940	1116	1154	968	1015	1078
#亏损企业	109	90	84	58	89	82
资产总计(万元)	14067603	16915391	19615369	22846285	26023037	28594476
流动资产合计(万元)		7025769	9064364	10339923	12112575	13162371
负债总计(万元)	8458812	9738016	11389304	13001559	14358282	15663786
所有者权益(万元)	5608791	6728155	7988382	9784213	11583912	12791768
营业收入(万元)	18147581	21198359	27685238	33436557	38646913	44950898
税金及附加(万元)	437821	487916	578202	725979	830114	965669
销售费用(万元)	461493	649688	717262	785625	945327	1138548
利润总额(万元)	539416	967280	1387275	1683301	2113992	2507625
平均用工人数(人)	246243	285943	301514	374042	405540	418944
资本保值增值率(%)	114.40	127.97	118.73	122.48	118.39	110.43
资产负债率(%)	60.13	57.57	58.06	56.91	55.18	54.78
流动资产周转率(次)	2.99	3.02	3.05	3.28	3.21	3.44
成本费用利润率(%)	3.26	4.90	5.45	5.40	5.93	6.06
全员劳动生产率(元／人)	204673	215114	215884	203516	258597	276762
产品销售率(%)	98.47	98.13	98.04	97.90	98.64	98.35

注：表中规模以上工业营业收入 2018 年及以前为规模以上工业主营业务收入数据，税金及附加 2018 年及以前为主营业务

企业经济指标

2014	2015	2016	2017	2018	2019	2020	2021	2022
1211	1300	1385	1473	1196	1451	1553	1721	1921
120	170	172	204	217	239	268	254	303
36277945	41704834	50818607	57852476	61069861	67572355	71582047	68107934	69126734
17202585	20028478	23353950	30406520	33530461	37549396	39175372	36479805	35181327
19206522	21923813	26151945	31449097	35195896	39418067	41521899	38828598	39868059
16877068	19443521	24416682	26403379	25873965	28154288	30060148	29279336	29258675
51397103	55348665	61615233	62238498	63953801	69970675	73469130	77238550	78726551
1159140	1274256	1104974	1386463	1481221	1587794	1647460	1790448	1835319
1423181	1573545	1738980	1735970	1423010	1581228	1576678	1338882	1133381
3167045	3097572	3610540	3758497	3633715	3451362	4449411	4496183	3440030
446633	444758	494316	458430	411541	421510	421647	368890	365526
131.94	115.21	125.58	110.51	109.30	108.81	106.77	97.40	100.05
52.94	52.57	51.46	54.40	57.60	58.30	58.00	57.00	57.70
3.00	2.78	2.66	2.38	2.06	1.96	1.97	2.02	2.24
6.66	6.01	6.26	6.50	6.10	5.29	6.57	6.27	4.66
309121	326435	326007	369105	415312	411184	425058	522026	561820
98.21	98.75	99.10	99.00	99.40	99.22	98.41	98.73	98.06

税金及附加。

11-8 规模以上工业

项　　目	营业收入	税金及附加	营业成本
总　计	**78726551**	**1835319**	**69290619**
按登记注册类型分			
国有企业	533227	2481	346939
集体企业	4658	11	4313
股份合作企业	287148	83	265349
股份制企业	64225094	1791647	56817677
外商及港澳台商投资企业	13474550	41011	11655679
其他经济类型企业	201875	87	200662
#国有控股企业	26576936	1667104	22651527
按隶属关系分			
中央企业	17116797	1541923	14519154
地方企业	61609754	293396	54771465
按轻、重工业分			
轻工业	18784819	1569644	14296015
重工业	59941732	265676	54994604
按企业规模分			
大型企业	39086897	1672320	34676720
中型企业	15240598	81147	12895170
小型企业	24399056	81852	21718728
按工业行业分			
非金属矿采选业	1187	22	406
农副食品加工业	4701224	5437	4408485
食品制造业	401941	2622	325936
酒、饮料和精制茶制造业	710434	26452	478321
烟草制品业	2549476	1493116	646170
纺织业	589554	1667	528680
纺织服装、服饰业	1436895	5662	1299244
皮革、毛皮、羽毛及其制品和制鞋业	935471	2268	760357
木材加工和木、竹、藤、棕、草制品业	112096	389	101821
家具制造业	117537	122	89107
造纸和纸制品业	1644892	2448	1358077

企业主要经济指标（2022 年）

单位：万元

销售费用	资产合计	流动资产	#产成品	负　债合　计	所有者权益合　计
1133381	**69126734**	**35181327**	**2067797**	**39868059**	**29258675**
29125	1248649	308164	10440	543515	705135
4	4023	3395	141	6544	-2521
408	26182	22936	3070	13014	13168
863326	58242045	29204156	1568109	33595057	24646988
240425	9580220	5619736	483873	5686305	3893915
94	25614	22939	2164	23624	1990
344600	29551267	9871976	423305	16356638	13194629
83950	18340842	3962073	110603	9898997	8441845
1049432	50785892	31219254	1957194	29969062	20816830
533280	17990857	10880185	739364	9086251	8904606
600101	51135877	24301141	1328433	30781808	20354069
379324	37734126	15359320	679324	22019255	15714870
266587	12922651	7767714	550934	6768272	6154379
487470	18469957	12054293	837540	11080532	7389426
386	3001	1774		543	2457
48562	6502327	3780498	190326	3941341	2560985
13825	410656	285536	10857	130881	279775
92307	671160	362961	58328	332980	338179
28801	1550788	1093727	26555	178868	1371920
13771	366228	250054	29417	248434	117793
27646	526722	385841	25521	341130	185592
29930	600543	434653	8577	234670	365873
1601	58316	40007	4391	37868	20448
1400	37138	24036	4174	16589	20550
2240	843089	281997	21649	536157	306932

11-8

项　　目	营　业 收　入	税金及附加	营　业 成　本
印刷和记录媒介复制业	434449	2545	349359
文教、工美、体育和娱乐用品制造业	208261	260	168973
石油、煤炭及其他燃料加工业	41802	235	30323
化学原料和化学制品制造业	1525207	4917	1155602
医药制造业	1467018	15086	857091
化学纤维制造业	37093	75	32546
橡胶和塑料制品业	1101209	4425	861494
非金属矿物制品业	2174673	7799	1780894
黑色金属冶炼和压延加工业	2907218	19622	2715403
有色金属冶炼和压延加工业	2870184	6473	2694649
金属制品业	1846736	8061	1599865
通用设备制造业	2652697	5161	2262052
专用设备制造业	2540271	8430	2079596
汽车制造业	6748221	118615	5912912
铁路、船舶、航空航天和其他运输设备制造业	217548	1315	163524
电气机械和器材制造业	5414045	16505	4944740
计算机、通信和其他电子设备制造业	17257801	25815	16435638
仪器仪表制造业	151840	1151	105693
其他制造业	26572	113	23527
废弃资源综合利用业	1992837	9863	1987448
电力、热力生产和供应业	12197823	33839	11739867
燃气生产和供应业	1049804	1619	975439
水的生产和供应业	662537	3191	417381
按地区分			
高新开发区	20216988	1526368	17176613
经济开发区	16900586	51833	14364612
南 昌 县	11394166	144786	9852659
进 贤 县	4006757	25304	3449775
安 义 县	3628601	9340	3288910
西 湖 区	256732	2169	148507
青云谱区	563384	3437	465580
青山湖区	4234644	14328	3844712
新 建 区	5952884	25397	5475928
红谷滩区	4427	13	4138
湾里管理局	430356	1346	379227

续表 1

单位：万元

销售费用	资产合计	流动资产	#产成品	负　债 合　计	所有者权益 合　计
3481	561544	360270	20223	182895	378650
1826	89126	71700	9717	57662	31464
1493	50200	47688	4512	34814	15386
38464	778158	513213	66465	393836	384322
186279	2593807	1690976	103724	1181580	1412226
755	17616	9840	3617	9145	8471
22888	409047	268488	20462	201633	207414
60064	2045271	1417745	45539	1286522	758749
3186	1865287	925030	19199	1159239	706048
21693	985580	666529	100875	514959	470620
35322	1177391	832450	49890	541489	635901
33781	1629377	1198645	106810	978398	650978
56338	3258158	2093500	230133	1635495	1622663
194638	6279099	4083295	274118	4023963	2255137
3275	238235	160013	16913	120353	117883
74565	4629205	2813718	191881	3010004	1619201
88062	12934273	7861319	371740	7160578	5773695
11836	537574	452628	19443	203950	333624
629	50558	20585	1732	6592	43965
7176	452435	406035	23316	355011	97425
536	14124776	1669914	795	9346950	4777825
9877	748299	203794	1726	521794	226505
16749	2101753	472867	5173	941737	1160017
216483	21158467	13757147	492066	12209067	8949399
226772	12464324	6162072	494165	6212034	6252290
395751	10055951	6329142	466109	6081056	3974895
83388	3022821	1996197	190898	1699934	1322886
32734	1826705	1227001	157085	1053827	772878
14061	1624713	301614		674577	950135
8073	663584	473064	40012	163451	500134
77189	3375004	1994432	101428	2075549	1299455
68533	2836441	1699798	88117	1494742	1341698
40	10004	4233	12	6700	3303
9867	301138	233358	37905	165286	135852

11—8

项　　目	利润总额	#盈利企业的利润额	#亏损企业的亏损额
总　　计	**3440030**	**4590235**	**1150205**
按登记注册类型分			
国有企业	177450	181398	3948
集体企业	-299	13	312
股份合作企业	18366	18366	
股份制企业	2145640	3214049	1068408
外商及港澳台商投资企业	1099130	1176122	76992
其他经济类型企业	-257	288	545
#国有控股企业	915782	1183986	268204
按隶属关系分			
中央企业	417453	447054	29602
地方企业	3022577	4143181	1120604
按轻、重工业分			
轻工业	1194955	1781031	586076
重工业	2245074	2809204	564130
按企业规模分			
大型企业	680328	1421319	740991
中型企业	1578660	1836046	257386
小型企业	1181041	1332870	151828
按工业行业分			
非金属矿采选业	-115		115
农副食品加工业	-212438	286923	499361
食品制造业	31776	34750	2974
酒、饮料和精制茶制造业	91358	91358	
烟草制品业	215487	215487	
纺织业	13230	16735	3505
纺织服装、服饰业	39680	43031	3350
皮革、毛皮、羽毛及其制品和制鞋业	98922	98966	44
木材加工和木、竹、藤、棕、草制品业	2722	3393	671
家具制造业	23232	23328	96
造纸和纸制品业	252785	253136	351

续表 2

单位：万元

企业亏损面 (%)	资产负债率 (%)	产品销售率 (%)	平均用工人数 (人)	人均实现利润 (元)
15.8	**57.7**	**98.1**	**365526**	**94112**
41.2	43.5	99.2	4869	364448
50.0	162.7	100.0	159	-18824
	49.7	99.8	1027	178831
15.0	57.7	97.8	307369	69807
23.3	59.4	99.2	51704	212581
50.0	92.2	98.0	398	-6460
26.2	55.4	99.9	104070	87997
4.3	54.0	100.1	52603	79359
15.9	59.0	97.5	312923	96592
12.2	50.5	97.8	130387	91647
18.5	60.2	98.1	235139	95479
20.0	58.4	98.4	149718	45441
16.0	52.4	98.2	85763	184072
15.6	60.0	97.4	130045	90818
100.0	18.1	100.0	26	
16.8	60.6	98.8	9875	
14.3	31.9	98.2	3976	79920
	49.6	97.2	6008	152061
	11.5	100.5	4569	471629
11.3	67.8	98.3	5681	23288
5.0	64.8	98.9	41163	9640
18.2	39.1	98.0	5465	181010
7.7	64.9	99.6	865	31467
7.7	44.7	100.1	710	327215
17.4	63.6	99.7	3922	644530

项　　目	利润总额	#盈利企业的利润额	#亏损企业的亏损额
印刷和记录媒介复制业	40460	43371	2912
文教、工美、体育和娱乐用品制造业	31159	32090	930
石油、煤炭及其他燃料加工业	8411	8411	
化学原料和化学制品制造业	256775	261450	4675
医药制造业	286093	303876	17784
化学纤维制造业	2316	2316	
橡胶和塑料制品业	185558	185980	422
非金属矿物制品业	244026	256431	12406
黑色金属冶炼和压延加工业	208347	208562	215
有色金属冶炼和压延加工业	55265	80278	25013
金属制品业	103301	105735	2434
通用设备制造业	246202	260665	14463
专用设备制造业	270412	298711	28299
汽车制造业	83597	254859	171261
铁路、船舶、航空航天和其他运输设备制造业	29093	29316	222
电气机械和器材制造业	172376	226801	54425
计算机、通信和其他电子设备制造业	132835	380060	247226
仪器仪表制造业	15362	17739	2377
其他制造业	412	1356	944
废弃资源综合利用业	19029	19915	885
电力、热力生产和供应业	186722	237087	50365
燃气生产和供应业	51400	51522	123
水的生产和供应业	254240	256597	2357
按地区分			
高新开发区	244520	1001468	756948
经济开发区	1638251	1779471	141220
南 昌 县	433411	623839	190428
进 贤 县	250818	254757	3939
安 义 县	155119	160349	5230
西 湖 区	128729	128729	
青云谱区	44784	46149	1365
青山湖区	252367	257069	4702
新 建 区	213411	258664	45254
红谷滩区	-216		216
湾里管理局	22031	22933	902

注：本表总计数含省属企业，县区数据不含省属企业。

续表 3

单位：万元

企业亏损面 (%)	资产负债率 (%)	产品销售率 (%)	平均用工人数 (人)	人均实现利润 (元)
17.1	32.6	98.2	5060	79960
10.0	64.7	96.9	1635	190577
	69.3	98.8	166	506693
17.9	50.6	93.0	6731	381481
18.0	45.6	96.6	13693	208933
	51.9	96.9	376	61593
12.5	49.3	98.9	4690	395646
24.4	62.9	99.4	10759	226811
11.1	62.1	86.7	7800	267112
10.2	52.2	97.2	13054	42336
7.6	46.0	96.9	12191	84736
18.4	60.0	98.5	12383	198822
17.3	50.2	97.3	21641	124953
17.4	64.1	99.7	38082	21952
20.0	50.5	102.6	2438	119333
15.3	65.0	93.2	18973	90853
40.6	55.4	99.3	63315	20980
20.0	37.9	100.3	1611	95354
20.0	13.0	94.9	186	22161
22.2	78.5	99.5	1142	166631
15.8	66.2	100.0	39567	47191
8.3	69.7	99.3	1807	284449
17.4	44.8	99.6	5966	426148
30.8	57.7	99.7	71889	34013
22.7	49.8	98.6	64824	252723
18.6	60.5	99.6	63526	68226
3.5	56.2	94.1	25589	98018
11.0	57.7	94.0	19620	79062
	41.5	100.0	3756	342729
9.4	24.6	97.1	5148	86993
5.8	61.5	89.9	47436	53202
17.5	52.7	96.3	23852	89473
100.0	67.0	100.0	53	
25.0	54.9	99.6	2243	98219

11-9 规模以上国有控股

（2008-2022 年）

指　　标	2008	2009	2010	2011	2012	2013
企业单位数(户)	113	103	104	87	92	91
#亏损企业	39	24	21	8	15	17
资产总计(万元)	9909633	10413857	12219294	12672054	13448747	13943680
流动资产合计(万元)		4567928	5980741	5765530	6177867	6412129
负债总计(万元)	6497418	6774871	7983472	7886287	8175400	8560502
所有者权益(万元)	3412215	3189970	4044067	4780344	5255273	5380594
营业收入(万元)	8507005	8789991	11390307	12127610	12511044	13936445
税金及附加(万元)	368877	427615	508752	611883	701158	804799
销售费用(万元)	238594	291895	312125	314905	352501	387579
利润总额(万元)	193958	322655	495441	575176	645482	692290
平均用工人数(人)	120866	118685	114622	153285	150576	146129
资本保值增值率(%)	165.43	106.65	126.77	118.21	109.94	102.38
资产负债率(%)	65.57	65.06	65.33	62.23	60.79	61.39
流动资产周转率(次)	1.98	1.92	1.90	2.15	2.06	2.20
成本费用利润率(%)	2.43	3.87	4.75	5.11	5.61	5.56
全员劳动生产率(元／人)	191495	200887	216172	169742	76402	274910
产品销售率(%)	99.26	98.88	98.39	99.07	98.73	98.52

注：表中规模以上工业营业收入 2018 年及以前为规模以上工业主营业务收入数据，税金及附加 2018 年及以前为主营业务税金及附加。

工业企业经济指标

2014	2015	2016	2017	2018	2019	2020	2021	2022
97	100	92	96	95	104	108	131	149
18	24	20	17	22	21	23	29	39
16131686	18198107	22049071	26434754	27884189	30360842	31875533	28733597	29551267
7644733	8783497	8809382	11570321	12412533	13653782	12933781	10167841	9871976
9733271	10875987	12685301	15490266	16865267	18382834	18785085	15961170	16356638
6528958	7119408	9363769	10944488	11018922	11978008	13090448	12772427	13194629
15669462	16290765	18174053	20896835	24545017	25964972	26580499	24975512	26576936
969779	1072994	883215	1153382	1303161	1396015	1455502	1573785	1667104
483797	476243	592538	711760	557701	608042	591568	368429	344600
967315	932311	972886	970153	942591	728320	943807	1126562	915782
149920	112216	139539	128723	136821	136732	125947	108143	104070
121.34	109.04	131.52	112.89	103.49	108.70	109.29	97.57	101.93
60.34	59.76	57.53	58.60	60.50	60.50	58.90	55.50	55.40
2.07	1.88	2.09	1.99	3.95	2.00	2.14	2.12	2.69
6.88	6.38	5.84	5.10	4.20	3.04	3.90	4.99	3.77
234908	386395	333976	396426	429826	457140	537755	680102	803369
98.29	100.23	100.28	99.00	99.90	99.97	98.80	99.27	99.91

11-10 国有控股工业

项　　目	企　业 单位数 (户)	#亏损企业	营　业 收　入	税金及附加
总　计	**149**	**39**	**26576936**	**1667104**
按登记注册类型分				
国有企业	16	7	523777	2346
集体企业				
股份合作企业				
股份制企业	124	29	24798852	1661310
外商及港澳台商投资企业	9	3	1254307	3448
其他经济类型企业				
按隶属关系分				
中央企业	23	1	17116797	1541923
地方企业	126	38	9460139	125180
按轻、重工业分				
轻工业	31	11	3351373	1502754
重工业	118	28	23225563	164350
按企业规模分				
大型企业	11	1	19346753	1636535
中型企业	33	7	3340435	17772
小型企业	105	31	3889747	12797
按工业行业分				
非金属矿采选业	1	1	1187	22
农副食品加工业	2	1	9620	3
酒、饮料和精制茶制造业	1		110930	1444
烟草制品业	1		2549476	1493116
纺织业	1	1	8344	95
纺织服装、服饰业	5	3	59470	549
皮革、毛皮、羽毛及其制品和制鞋业	1		8086	93
造纸和纸制品业	1		3000	10
印刷和记录媒介复制业	9	2	262806	1999
石油、煤炭及其他燃料加工业	1		10682	181
化学原料和化学制品制造业	4	2	219476	1256
医药制造业	6	1	288129	5072

企业主要经济指标（2022 年）

单位：万元

营业成本	销售费用	资产合计	流动资产	#产成品	负债合计
22651527	**344600**	**29551267**	**9871976**	**423305**	**16356638**
343266	29125	1210197	299796	10440	523140
21162171	295802	27449727	9178420	388733	15317120
1146090	19672	891343	393760	24131	516378
14519154	83950	18340842	3962073	110603	9898997
8132373	260650	11210425	5909904	312702	6457641
1154545	107960	3162738	2089239	59184	674779
21496982	236640	26388529	7782738	364121	15681859
16202171	256114	21525330	5586425	183700	11736690
2926648	51626	4001044	2363290	119298	2286167
3522707	36859	4024893	1922262	120307	2333781
406	386	3001	1774		543
9372	162	11628	7045	61	11735
61826	23085	138010	56107	3372	43129
646170	28801	1550788	1093727	26555	178868
6325	15	9735	6899		2676
42161	73	100709	74033	1193	46582
5232		12844	10365		6183
2861	7	10693	3624	648	15653
203794	1718	441877	284736	10539	106080
2177		28926	27353	2011	20187
163506	5090	143005	87877	11301	40241
137567	48823	775572	488736	11035	234672

项　　目	企　业单位数(户)	#亏损企业	营　业收　入	税金及附加
非金属矿物制品业	18	4	839791	3555
黑色金属冶炼和压延加工业	1		229138	484
有色金属冶炼和压延加工业	5	3	612820	966
金属制品业	2	1	18914	11
通用设备制造业	4	1	298313	293
专用设备制造业	4	2	112222	498
汽车制造业	26	6	4613397	107922
铁路、船舶、航空航天和其他运输设备制造业	4		99292	409
电气机械和器材制造业	4	3	155493	325
计算机、通信和其他电子设备制造业	10	4	1809327	7003
仪器仪表制造业	3	1	66406	504
废弃资源综合利用业	3		902495	4200
电力、热力生产和供应业	12	2	12040094	32931
燃气生产和供应业	6		938993	1371
水的生产和供应业	14	1	309036	2793
按地区分				
高新开发区	28	9	4905257	1500715
经济开发区	46	13	3950099	15493
南 昌 县	29	3	4286009	106376
进 贤 县	4	1	57461	182
安 义 县	4	2	166804	1085
西 湖 区	5		256732	2169
青云谱区	6	1	337612	2259
青山湖区	4	1	52949	476
新 建 区	21	9	1421027	7231
红谷滩区				
湾里管理局	1		5961	119

续表 1

单位：万元

营业成本	销售费用	资产合计	流动资产		负债合计
				#产成品	
683208	11332	582430	390742	10850	306307
222995	744	58835	48040	9253	37126
600744	3409	229397	153473	26451	164261
17511	183	19020	7455	147	17898
193829	1217	59449	27450	5245	22218
105078	970	628083	344456	28063	275109
4081157	164418	4299213	2875095	166851	2870643
78901	2512	99672	74753	3723	51181
140522	3176	153584	117205	13817	100250
1618430	13052	3266430	1181442	67199	1034085
48854	4777	317737	272802	13582	121230
886979	4130	213372	183510	4545	138876
11629108	525	13828844	1519492	795	9213369
882426	9404	654373	146495	931	452411
180393	16591	1914041	387293	5137	845124
2757255	71228	4588144	2809483	81940	1647312
3316930	78464	5499295	2028755	139278	2232306
3766966	158896	4400165	2769475	136702	2923471
43462	2169	219466	47757	1502	141351
120050	2266	102264	49678	7199	43854
148507	14061	1624713	301614		674577
276336	2690	355290	246025	27793	76645
33742	885	66406	45166	1989	28824
1345150	13247	893379	558260	26901	547681
3172	205	14561	12495		8780

项　　目	所有者权益合　　计（万元）	利润总额（万元）	#盈利企业的利润额
总　计	**13194629**	**915782**	**1183986**
按登记注册类型分			
国有企业	687057	173394	177342
集体企业			
股份合作企业			
股份制企业	12132608	731075	973437
外商及港澳台商投资企业	374965	11314	33207
其他经济类型企业			
按隶属关系分			
中央企业	8441845	417453	447054
地方企业	4752784	498330	736931
按轻、重工业分			
轻工业	2487959	344493	351796
重工业	10706670	571289	832190
按企业规模分			
大型企业	9788641	606483	614474
中型企业	1714877	112197	321665
小型企业	1691112	197102	247846
按工业行业分			
非金属矿采选业	2457	-115	
农副食品加工业	-106	-13	1
酒、饮料和精制茶制造业	94881	20992	20992
烟草制品业	1371920	215487	215487
纺织业	7058	-1198	
纺织服装、服饰业	54127	-2295	437
皮革、毛皮、羽毛及其制品和制鞋业	6661	19	19
造纸和纸制品业	-4960	119	119
印刷和记录媒介复制业	335797	26847	27800
石油、煤炭及其他燃料加工业	8739	7565	7565
化学原料和化学制品制造业	102764	25125	27378
医药制造业	540900	83981	84107

续表 2

#亏损企业的亏损额	企业亏损面 (%)	资产负债率 (%)	产品销售率 (%)	平均用工人数 (人)	人均实现利润 (元)
268204	**26.2**	**55.4**	**99.9**	**104070**	**87997**
3948	43.8	43.2	99.1	4825	359366
242362	23.4	55.8	99.9	94947	76998
21893	33.3	57.9	100.4	4298	26323
29602	4.3	54.0	100.1	52603	79359
238602	30.2	57.6	99.7	51467	96825
7303	35.5	21.3	99.7	18430	186920
260901	23.7	59.4	99.9	85640	66708
7991	9.1	54.5	100.1	69964	86685
209468	21.2	57.1	98.9	23542	47658
50744	29.5	58.0	99.9	10564	186579
115	100.0	18.1	100.0	26	
14	50.0	100.9	108.0	40	
		31.3	99.1	1469	142897
		11.5	100.5	4569	471629
1198	100.0	27.5	96.9	146	
2732	60.0	46.3	100.0	5878	
		48.1	100.0	126	1468
		146.4	75.0	124	9565
953	22.2	24.0	97.6	2286	117441
		69.8	100.0	32	2364125
2253	50.0	28.1	92.0	888	282940
126	16.7	30.3	96.7	3143	267201

11－10

项　　目	所有者权益合　　计（万元）	利润总额（万元）	#盈利企业的利润额
非金属矿物制品业	276123	123180	125006
黑色金属冶炼和压延加工业	21709	4235	4235
有色金属冶炼和压延加工业	65136	-20757	1686
金属制品业	1121	-11	10
通用设备制造业	37230	99069	99545
专用设备制造业	352974	-8115	2371
汽车制造业	1428570	-24904	134373
铁路、船舶、航空航天和其他运输设备制造业	48491	10630	10630
电气机械和器材制造业	53334	813	2835
计算机、通信和其他电子设备制造业	2232345	22639	35478
仪器仪表制造业	196507	5113	6406
废弃资源综合利用业	74496	12434	12434
电力、热力生产和供应业	4615475	136387	186290
燃气生产和供应业	201962	36577	36577
水的生产和供应业	1068917	141979	142208
按地区分			
高新开发区	2940832	336974	374375
经济开发区	3266989	312615	382698
南 昌 县	1476694	10253	155081
进 贤 县	78115	6829	7481
安 义 县	58410	23375	24092
西 湖 区	950135	128729	128729
青云谱区	278645	28775	29709
青山湖区	37582	13513	13534
新 建 区	345699	-5006	8563
红谷滩区			
湾里管理局	5781	2918	2918

注：本表总计数含省属企业，县区数据不含省属企业。

续表 3

#亏损企业的亏损额	企业亏损面 (%)	资产负债率 (%)	产品销售率 (%)	平均用工人数 (人)	人均实现利　润 (元)
1826	22.2	52.6	101.3	2499	492917
		63.1	99.2	48	882333
22442	60.0	71.6	100.8	1375	
21	50.0	94.1	100.0	125	
476	25.0	37.4	99.6	1006	984780
10486	50.0	43.8	95.9	3866	
159278	23.1	66.8	100.1	22262	
		51.3	104.6	678	156777
2021	75.0	65.3	99.9	444	18318
12839	40.0	31.7	99.8	6301	35929
1294	33.3	38.2	100.0	532	96103
		65.1	99.6	560	222043
49903	16.7	66.6	100.0	39346	34664
		69.1	99.2	1483	246640
229	7.1	44.2	99.2	4818	294684
37401	32.1	35.9	100.3	10980	306898
70083	28.3	40.6	99.9	19495	160357
144828	10.3	66.4	99.9	19741	5194
652	25.0	64.4	96.8	503	135765
716	50.0	42.9	89.6	603	387650
		41.5	100.0	3756	342729
934	16.7	21.6	97.7	1749	164524
21	25.0	43.4	96.0	662	204125
13569	42.9	61.3	100.2	8902	
		60.3	100.0	89	327809

11－11 主要年份规模以上集体企业经济指标

指 标	2000	2005	2010	2015	2018	2019	2020	2021	2022
企业单位数(户)	154	31	17	5	3	2	2	2	2
#亏损企业	17	8	2	1	1	1	1	1	1
资产总计(万元)	187149	41857	28795	10992	5774	4752	4774	4424	4023
流动资产合计(万元)	83807	20674	13953	7945	4535	3681	3854	3660	3395
负债总计(万元)	115384	42862	19244	9437	6593	6166	6305	6645	6544
所有者权益(万元)	71765	-1004	9551	1555	-819	-1414	-1532	-2221	-2521
营业收入(万元)	221337	90257	148247	16627	8879	6074	5035	5001	4658
税金及附加(万元)	2773	174	1106	76	32	36	19	12	11
销售费用(万元)	7010	1658	1866	440	31	6	2	2	4
利润总额(万元)	8891	1722	7588	141	-463	-260	-335	-472	-299
平均用工人数(人)	20598	4173	2792	400	227	203	176	165	159
资本保值增值率(%)	106.44	-52.84	111.12	4.70	-	-	-	-	-
资产负债率(%)	61.65	102.40	66.83	85.85	114.20	129.80	132.10	150.20	162.70
流动资产周转率(次)	3.01	4.37	10.63	2.10	3.92	0.75	1.35	1.33	1.37
成本费用利润率(%)	4.21	1.96	5.56	0.86	-5.00	-4.12	-6.24	-8.70	-6.04
全员劳动生产率(元／人)	33769	75785	127672	170308	111529	92892	88943	87230	90453
产品销售率(%)	94.8	97.0	98.1	87.5	100.0	100.0	100.0	100.0	100.0

注：表中规模以上工业营业收入 2018 年及以前为规模以上工业主营业务收入数据，税金及附加 2018 年及以前为主营业务税金及附加。

11-12　主要年份规模以上外商及港、澳、台投资工业企业经济指标

指　标	2000	2005	2010	2015	2018	2019	2020	2021	2022
企业单位数(户)	43	108	154	143	122	118	116	137	129
#亏损企业	12	15	25	29	20	28	33	26	30
资产总计(万元)	959262	2336495	5943078	6959227	7820205	7334678	6817242	12599825	9580220
流动资产合计(万元)	467449	1169323	3232430	3104716	4871167	4605458	4166195	7182096	5619736
负债总计(万元)	634918	1292154	3565779	3653424	4062508	3680496	3463146	7049079	5686305
所有者权益(万元)	317943	786531	2179736	3292700	3757697	3654182	3354097	5550746	3893915
营业收入(万元)	575563	2106119	7367487	10558720	8053262	8027695	8574602	13864375	13474550
税金及附加(万元)	9545	28573	64630	42613	45599	39490	35169	43348	41011
销售费用(万元)	31737	123244	287063	393178	218392	198649	212436	284028	240425
利润总额(万元)	25215	137675	517089	579081	744849	609296	625760	1003883	1099130
平均用工人数(人)	23389	42481	79440	74913	57675	47515	45843	54581	51704
资本保值增值率(%)	103.22	152.17	123.13	113.96	117.64	97.25	91.79	94.27	99.69
资产负债率(%)	66.19	55.30	60.00	52.50	51.90	50.20	50.80	55.90	59.40
流动资产周转率(次)	1.30	1.89	2.28	3.42	3.31	1.81	2.06	1.82	2.40
成本费用利润率(%)	4.62	7.13	7.43	5.77	10.10	8.22	7.95	7.78	8.88
全员劳动生产率(元／人)	54297	140159	218997	380689	385467	437254	473192	620469	701553
产品销售率(%)	97.06	95.95	96.66	99.30	99.10	99.65	99.34	98.55	99.16

注：表中规模以上工业营业收入2018年及以前为规模以上工业主营业务收入数据，税金及附加2018年及以前为主营业务税金及附加。

11-13 主要年份规模以上股份制工业企业经济指标

指　　标	2000	2005	2010	2015	2018	2019	2020	2021	2022
企业单位数(户)	43	264	446	722	1049	1311	1417	1558	1758
#亏损企业	6	36	36	91	187	207	229	222	263
资产总计(万元)	1530821	3458108	9992914	24865525	43560600	60079915	64572646	55137684	58242045
流动资产合计(万元)	779257	1621165	4300320	11511999	21847111	32854633	34891285	29002455	29204156
负债总计(万元)	903324	2026371	6087918	13217694	24255759	35625380	37956175	31557286	33595057
所有者权益(万元)	569156	1390789	3884695	11386725	19304841	24454535	26616471	23580398	24646988
营业收入(万元)	778318	2774547	12188753	28174212	46279621	61519628	64460805	62727619	64225094
税金及附加(万元)	3677	15403	45838	1042248	1326302	1544878	1611629	1745915	1791647
销售费用(万元)	59849	148683	256801	671066	878612	1378825	1360498	1040485	863326
利润总额(万元)	32335	110326	422877	1549412	2527621	2768029	3748184	3383375	2145640
平均用工人数(人)	72586	97307	129171	240028	305542	370846	372788	310438	307369
资本保值增值率(%)	142.05	97.81	118.90	120.62	110.28	126.68	108.84	88.59	99.89
资产负债率(%)	59.01	58.60	60.92	53.16	55.70	59.30	58.80	57.20	57.70
流动资产周转率(次)	1.12	1.79	2.83	2.46	4.24	2.20	1.95	2.07	2.20
成本费用利润率(%)	4.30	4.20	3.64	5.99	5.90	4.81	6.30	5.81	3.55
全员劳动生产率(元／人)	39417	84614	189063	294757	426866	408543	419904	505166	550355
产品销售率(%)	96.13	99.24	98.80	98.39	99.40	99.16	98.27	98.77	97.82

注：表中规模以上工业营业收入 2018 年及以前为规模以上工业主营业务收入数据，税金及附加 2018 年及以前为主营业务税金及附加。

11-14 主要年份规模以上私营工业企业经济指标

指 标	2000	2005	2010	2015	2018	2019	2020	2021	2022
企业单位数(户)	31	225	455	402	398	712	832	1241	1400
#亏损企业	4	15	10	39	69	84	108	150	178
资产总计(万元)	31595	382492	1621181	4636780	5678031	9995516	10796359	15452490	14999804
流动资产合计(万元)	14534	183498	564687	1786357	3413064	6680043	7312232	10496026	10520807
负债总计(万元)	12764	158144	536099	1742775	2715391	5508106	6191216	8706133	8415129
所有者权益(万元)	18832	224347	1067477	2848875	2962640	4487410	4605143	6746357	6584674
营业收入(万元)	56665	788364	5604136	10863288	8870990	16389460	16364817	25871494	23772136
税金及附加(万元)	471	23130	27073	58841	37427	74150	73923	125519	97897
销售费用(万元)	1491	58790	121993	228284	145868	378843	380124	515620	391431
利润总额(万元)	377	51492	304061	573649	370116	771110	998697	1675116	1356807
平均用工人数(人)	2564	27469	61807	85084	61701	109861	112770	147076	151329
资本保值增值率(%)	122.64	122.93	109.42	101.14	106.70	151.47	102.62	146.50	107.07
资产负债率(%)	40.40	41.35	33.07	37.59	47.80	55.10	57.30	56.30	56.10
流动资产周转率(次)	2.28	4.47	9.92	6.09	5.20	3.24	2.33	2.64	2.26
成本费用利润率(%)	0.70	7.66	6.04	5.61	4.40	4.95	6.38	6.90	6.02
全员劳动生产率(元／人)	63473	110321	225028	331914	410630	348956	345292	404985	379794
产品销售率(%)	98.02	97.62	97.61	99.05	98.80	98.33	97.38	98.16	97.19

注：表中规模以上工业营业收入2018年及以前为规模以上工业主营业务收入数据，税金及附加2018年及以前为主营业务税金及附加。

11—15 工业园区主要经济指标（2022年）

项目	本年实际累计开发面积(平方公里)	投产工业企业数(户)	招商实际到位资金		出口交货值	
			绝对数(亿元)	比上年增长(%)	绝对数(亿元)	比上年增长(%)
南昌市	**51**	**2 289**	**1595.57**	**9.4**	**529.56**	**10.0**
国家级园区						
南昌小蓝经济技术开发区	6.60	472	252.80	17.1	80.29	62.6
南昌经济技术开发区	9.80	419	596.20	9.8	76.46	-16.0
南昌高新技术产业开发区	11.70	324	356.81	6.7	320.92	7.7
省级重点园区						
南昌青山湖高新技术产业园区	9.58	288	88.45	5.3	35.40	24.2
新建经济开发区	4.82	211	167.03	14.3	3.99	28.3
安义工业园区	4.00	323	44.06	-3.2	9.27	40.4
进贤产业园	4.50	252	90.22	1.6	3.21	-33.1

11—15 续表

项目	营业收入		利润总额		从事工业生产活动的从业人员平均人数(人)	
	绝对数(亿元)	比上年增长(%)	绝对数(亿元)	比上年增长(%)	绝对数(人)	比上年增长(%)
南昌市	**7722.93**	**7.0**	**377.07**	**–11.8**	**333097**	**–0.9**
国家级园区						
南昌小蓝经济技术开发区	1043.71	6.2	37.30	-23.1	60265	-2.3
南昌经济技术开发区	1718.34	9.2	165.03	6.2	70554	0.9
南昌高新技术产业开发区	3313.09	8.5	95.24	-21.0	97543	-4.1
省级重点园区						
南昌青山湖高新技术产业园区	409.98	6.5	24.70	-48.8	44792	5.4
新建长堎经济开发区	558.19	17.7	20.11	-15.8	17834	-5.5
安义工业园区	356.20	15.5	16.94	-4.8	20772	0.1
进贤产业园	323.43	14.3	17.75	34.2	21337	2.8

主要统计指标解释

工业　指从事自然资源的开采，对采掘品和农产品进行加工再加工的物质生产部门，具体包括：(1) 对自然资源的开采，如采矿、晒盐、森林采伐等（但不包括禽兽捕猎和水产捕捞）；(2) 对农副产品的加工、再加工，如粮油加工、食品加工、轧花、缫丝、纺织、制革等；(3) 对采掘品的加工、再加工，如炼铁、炼钢、炼焦、化工生产、机器制造、木材加工以及自来水、煤气的生产和电力的生产及供应；(4) 对工业品的修理、翻新，如修理机械设备、交通运输工具等。

1984 年以前农村的村及村以下办工业归属农业，1984 年及以后划归工业。

工业统计调查单位　工业统计调查单位分为两类：独立核算法人工业企业和工业活动单位。

(1) 独立核算法人工业企业是指从事工业生产经营活动的单位。独立核算法人工业应同时具备以下条件：①依法成立，有自己的名称、组织机构和场所，能够承担民事责任；②独立拥有和使用资产，承担负债，有权与其他单位签订合同；③独立核算盈亏，并能够编制资产负债表。

(2) 工业活动单位是指在一个场所从事一种或主要从事一种工业生产活动的经济单位。它包括独立核算工业企业按主营业务活动（即工业生产活动）划分的主营业务活动单位和非工业企业所属的工业生产活动单位（即原非独立核算工业生产单位）。工业活动单位，一般应同时具备以下三个条件：①具有一个场所，从事一种或主要从事一种工业活动；②单独组织工业生产、经营或业务活动；③单独核算收入和支出。

工业企业经济类型　是按企业生产资料和产品归属对象划分企业类型。1992 年以前，执行的是由国家统计局和国家工商行政管理局于 1980 年联合颁发的《关于统计上划分经济类型的暂行规定》及近几年来的补充规定，将我国经济类型划分为：全民所有制、集体所有制、全民与集体合营、全民与大陆私人合营、全民与华侨或港澳台工商业者合营、集体与大陆私人合营、集体与华侨或港澳台工商业者合营、中外合营、华侨或港澳台工商业者经营、外资经营、个体经营、其他等十二种。随着经济体制改革的不断深化和社会经济的发展，我国国民经济结构发生了新的变化，出现了一些新的经济成份，原有的分类已不能反映我国体制格局发展变化的新情况。为此，国家统计局和国家工商行政管理局在调查研究的基础上，联合颁发了修订后的《关于经济类型划分暂行规定》，将我国经济成份划分为九种类型：

(1) 国有经济工业是指生产资料归国家所有的一种经济类型，是社会主义公有制经济的重要组成部分。包括中央和地方各级国家机关、事业单位和社会团体使用国有资产投资举办的企业，也包括实行企业化经营，国家不再核拨经费或核拨部分经费的事业单位和从事经营性活动的社会团体，以及上述企业、事业单位和社会团体使用自有资金投资举办的企业。

(2) 集体经济工业是指生产资料归公民集体所有的一种经济类型，是社会主义公有制经济的组成部分。包括城乡所有用集体投资举办的企业，以及部分个人通过集资自愿放弃所有权并依法经工商行政管理机关认定为集体所有制的企业。

(3) 私营经济工业是生产资料归公民私人所有，以雇佣劳动力为基础的一种经济类型。包括所有按国家法律、规定登记注册的私营独资企业、私营合伙企业和私营有限责任公司。

(4) 个体经济工业是指生产资料归劳动者个人所有，以个体劳动为基础，劳动成果归劳动者个人占有和支配的一种经济类型。包括所有按国家有关规定登记注册的个体工商户和个人合伙经营者。

(5) 联营经济工业是指不同所有制性质的企业之间或者企业、事业单位之间共同投资组成新的经济实体的一种经济类型。联营经济只包括具备法人条件的紧密型联营企业。

(6) 股份制经济工业是指全部注册资本由全体股东共同出资，并以股份形式投资举办企业而形成的一种经济类型。股份制经济主要有股份有限公司和有限责任公司两种组织形式。国有、集体、联营、私营企业等经济组织虽然以股份制形式经营，但不以股份有限公司或有限责任公司登记注册的，仍按原有所有制性质划归经济类型。

(7) 外商投资经济工业是指国外投资者根据我国有关涉外经济的法律、法规，以合资、合作或独资的形式在大陆境内开办企业而形成的一种经济类型。外商投资经济包括中外合资经营企业、中外合作经营企业和外资企业的三种形式。

(8) 港、澳、台投资经济工业是指港、澳、台地区投资者依照中华人民共和国有关涉外经济的法律、法规，以合资、合作或独资的形式在大陆举办企业而形成的一种经济类型。港、澳、台投资经济参照外商投资经济，可分为合资经营企业、合作经营企业和独资企业三种形式。

(9) 其他经济工业是指以上八种类型之外的其他经济类型。随着经济体制改革的深化，可能会出现新的经济形式，或遇到不易划清的，可列入其他经济类型。

轻工业 指主要提供生活消费品和制作手工工具的工业。按其所使用的原料不同，可分为两大类：(1) 以农产品为原料的轻工业，是指直接或间接以农产品为基本原料的轻工业。主要包括食品制造、饮料制造、烟草加工、纺织、缝纫、皮革和毛皮制作、造纸以及印刷等工业；(2) 以非农产品为原料的轻工业，是指以工业品为原料的轻工业。主要包括文教体育用品、化学药品制造、合成纤维制造、日用化学制品、日用玻璃制品、日用金属制品、手工工具制造、医疗器械制造、文化和办公用机械制造等工业。

重工业 是指为国民经济各部门提供物质技术基础的主要生产资料的工业。按其生产性质和产品用途，可以分为下列三类：(1) 采掘（伐）工业，是指对自然资源的开采，包括石油开采、煤炭开采、金属矿开采、非金属矿开采和木材采伐等工业；(2) 原材料工业，指向国民经济各部门提供基本材料、动力和燃料的工业。包括金属冶炼及加工、炼焦及焦炭化学、化工原料、水泥、人造板以及电力、石油和煤炭加工等工业；(3) 加工工业，是指对工业原材料进行再加工制造的工业。包括装备国民经济各部门的机械设备制造工业、金属结构、水泥制品等工业，以及为农业提供的生产资料如化肥、农药等工业。

根据上述划分原则，修理业中以重工业产品为修理作业对象的划为重工业，反之划为轻工业。

大、中、小、微型企业划分 根据工业信息化部、国家统计局、国家发展改革委、财政部《关于印发中小企业划型标准规定的通知》（工信部联企业〔2011〕300 号），结合统计工作的实际情况，2011 年制定了统计上大中小微型企业划分办法。它以法人企业或单位作为对企业规模的划分对象，以从业人员数、营业收入两项指标为划分标准。企业规模的具体划分标准见下表。

指标名称	计算单位	大型	中型	小型	微型
从业人员数 (X)	人	X≥1000	300≤X<1000	20≤X<300	X<20
营业收入 (Y)	万元	Y≥40000	2000≤Y<40000	300≤Y<2000	Y<300

(1) 表中的“工业企业”包括采矿业，制造业，电力、热力、燃气及水的生产和供应业三个行业的企业。

(2) 企业划分指标以现行统计制度为准。①从业人员，是指期末从业人员，没有期末从业人员数的，采用全年平均人员数代替。②营业收入，工业采用主营业务收入。

(3) 大型、中型和小型企业须同时满足所列指标的下限，否则下划一档；微型企业只须满足所列指标中的一项即可。

(4) 企业划分由政府综合统计部门根据统计年报每年确定一次。定报统计原则上不进行调整。

工业总产值 是指以货币表现的工业企业在一定时期内生产的已出售或可供出售工业产品总量，它反映一定时间内工业生产的总规模和总水平。它包括：在本企业内不再进行加工，经检验、包装入库（规定不需包装的产品除外）的成品价值，工业性作业价值，自制半成品、在产品期末初差额价值。工业总产值采用“工厂法”计算，即以工业企业作为一个整体，按企业工业生产活动的最终成果来计算，企业内部不允许重复计算，不能把企业内部各个车间（分厂）生产的成果相加。但在企业之间、行业之间、地区之间存在着重复计算。

轻重工业总产值的划分也是按“工厂法”计算的，即一个工业企业在正常情况下生产的主要产品的性质属于轻工业，则该企业的全部总产值作为轻工业总产值；一个工业企业生产的主要产品的性质属于重工业，则该企业的全部总产值作为重工业总产值。

工业增加值　是指工业企业在报告期内以货币形式表现的工业生产活动的最终成果，是企业全部生产活动的总成果扣除了在生产过程中消耗或转换的物质产品和劳务价值后的余额，即企业生产过程中新增加的价值。

流动资产是指可以在一年或者超过一年的一个营业周期内变现或者耗用的资产，包括现金及各种存款、短期投资、应收及预付货款、存货等。

营业收入　指企业从事销售商品、提供劳务和让渡资产使用权等生产经营活动形成的经济利益流入。包括“主营业务收入”和“其他业务收入”。

利润总额　是指企业实现的利润总额，等于盈利企业的利润额减亏损企业的亏损额。

工业产品销售率　指报告期销售产值与同期全部工业总产值之比，反映工业产品生产已实现销售的程度。计算公式为：

$$工业产品销售率(\%)=\frac{报告期现价工业销售产值}{报告期现价工业总产值}\times 100\%$$

工业成本费用利润率　指报告期实现利润与成本费用之比，反映降低成本的经济效益的指标。计算公式为：

$$工业成本费用利润率(\%)=\frac{利润总额}{成本费用总额}\times 100\%$$

成本费用总额　指企业的产品销售成本、产品销售费用、管理费用和财务费用之和。由于 1994 年工业财务统计年报中没有财务费用指标，故用利息支出代替（1993 年全省利息支出占财务费用的 91.7%）。

工业全员劳动生产率　指根据产品的价值量指标计算的平均每一个职工在单位时间内的产品生产量。是考核企业经济活动的重要指标，是企业生产技术水平、经营管理水平、职工技术熟练程度和劳动积极性的综合表现。

目前我国的全员劳动生产率是将工业企业的工业增加值除以同一时期全部职工的平均人数来计算的。计算公式：

$$全员劳动生产率(元／人)=\frac{工业增加值}{全部职工平均人数}\times\frac{12}{累计月数}$$

流动资产周转次数　指一定时期内流动资产完成的周转次数，是反映工业企业投入流动资产的周转速度的指标。计算公式为：

$$流动资产周转次数(次)=\frac{报告期累计产品销售收入}{报告期流动资产平均余额}\times\frac{12}{累计月数}$$

总资产　指企业拥有或控制的全部资产。包括流动资产、长期投资、固定资产、无形及递延资产、其他长期资产、递延税项等，即为企业资产负债表的资产总计项。

(1) 流动资产指企业可以在一年内或者超过一年的一个生产周期内变现或耗用的资产合计。包括现金及各种存款、短期投资、应收及预付款项、存货等。

(2) 固定资产指企业固定资产净值、固定资产清理、在建工程、待处理固定资产损失所占用的资金合计。

(3) 无形资产指企业长期使用而没有实物形态的资产。包括专利权、非专利技术、商标权、著作权、土地使用权、商誉等。

总负债　指企业承担并需要偿还的全部债务。包括流动负债和长期负债、递延税项等，即为企业资产负债表的负债合计项。

(1) 流动负债指企业在一年内或者超过一年的一个营业周期内需要偿还的债务合计，其中包括短期借款、应付及预收款项、应付工资、应交税金和应交利润等。

(2) 长期负债指企业在一年以上或者超过一年的一个生产周期以上需要偿还的债务合计，其中包括长期借款、应付债务、长期应付款项等。

所有者权益　指企业投资人对企业净资产的所有权。企业净资产等于企业全部资产减去全部负债后的余额，其中包括投资者对企业的最初投入，以及资本公积金、盈余公积金和未分配利润。对股份制企业即为股东权益。

十二、能　　源

ENERGY

本篇内容包括:

1. 规模以上工业企业主要能源指标
2. 全社会用电量
3. 电力消费量
4. 规模以上工业能源消费情况

全社会用电量

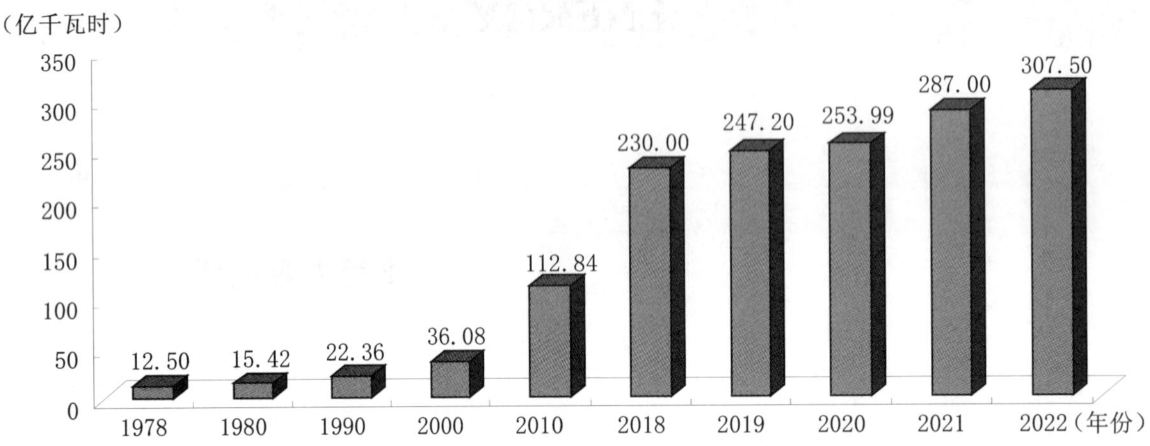

工业用电量

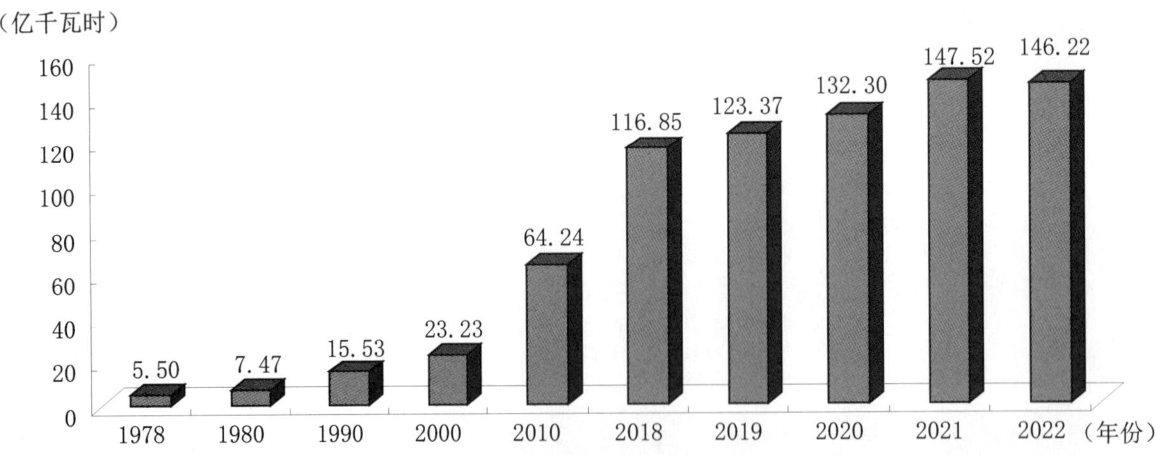

12−1　规模以上工业企业能源购进、消费与库存（2022 年）

单位：吨

项　目	年初库存	购进量	#购自省外	工业生产消费	#用于原材料	#运输工具消费	年末库存
原煤	144223	3122851	2838279	3092183			174891
洗精煤(用于炼焦)	27948	1304603	1304603	1285425			47125
其他洗煤	7812	733104	733104	734742			6173
焦炭	24402	538272	534572	1403935	236		12414
焦炉煤气(万立方米)		10486		37134			
高炉煤气(万立方米)		275443		553907			
转炉煤气(万立方米)		22574		57505			
天然气(气态)(万立方米)	127	233786		26416			56
液化天然气(液态)	7	19154	549	3945			19
汽油	46	7368	3	6595		5927	44
柴油	342	19995	417	18121		12534	303
液化石油气		353		353			
热力(百万千焦)		5425395		5425396			
电力(万千瓦小时)		19658688		1625534		6	
生物燃料(吨标准煤)	1709	56421	27	86023			16

12-2 规模以上工业企业水消费量（2022 年）

单位：万立方米

项 目	取水量	外供水量
合 计	**75332**	**59978**
地表淡水	67633	26
地下淡水	303	
自来水	7357	59706
雨水	17	
其他水	22	246
补充资料:		
外排水量	126967	
重复用水量	146550	
直流冷却水量(河湖水)	5111	
污水处理企业污水处理量(污水处理量)	117799	

12−3　规模以上工业企业主要能源库存量（2022 年末，按行业分）

单位：吨

项　目	原煤	洗精煤	其他洗煤	焦炭	汽油	柴油
总　计	**174891**	**47125**	**6173**	**12414**	**44**	**303**
农副食品加工业						7
食品制造业						3
酒、饮料和精制茶制造业						
烟草制品业						
纺织业					43	115
纺织服装、服饰业						
皮革、毛皮、羽毛及其制品和制鞋业						
木材加工和木、竹、藤、棕、草制品业						
家具制造业						
造纸和纸制品业	2422					
印刷和记录媒介复制业						
文教、工美、体育和娱乐用品制造业						
石油、煤炭及其他燃料加工业						
化学原料和化学制品制造业				49		
医药制造业						21
化学纤维制造业						
橡胶和塑料制品业						
非金属矿物制品业	180					19
黑色金属冶炼和压延加工业		47125	6173	12364		88
有色金属冶炼和压延加工业						
金属制品业					1	
通用设备制造业						
专用设备制造业	7150					
汽车制造业						
铁路、船舶、航空航天和其他运输设备制造业						
电气机械和器材制造业						
计算机、通信和其他电子设备制造业				1		25
仪器仪表制造业						
其他制造业						
废弃资源综合利用业						23
金属制品、机械和设备修理业						
电力、热力生产和供应业	165139					
燃气生产和供应业						
水的生产和供应业						

12-4 规模以上工业企业

项　　目	原煤	洗精煤	其他洗煤	焦炭	天然气(气态)(万立方米)
总　　计	**3092183**	**1285425**	**734742**	**1403935**	**26416**
农副食品加工业					1506
食品制造业					341
酒、饮料和精制茶制造业					1812
烟草制品业					578
纺织业					864
纺织服装、服饰业					4
皮革、毛皮、羽毛及其制品和制鞋业					
木材加工和木、竹、藤、棕、草制品业					39
家具制造业					
造纸和纸制品业	279562				1348
印刷和记录媒介复制业	100				203
文教、工美、体育和娱乐用品制造业					6
石油、煤炭及其他燃料加工业					
化学原料和化学制品制造业	799			236	2172
医药制造业	45				3078
化学纤维制造业					
橡胶和塑料制品业					235
非金属矿物制品业	8698			3229	1763
黑色金属冶炼和压延加工业		1285425	734742	1400269	218
有色金属冶炼和压延加工业					7048
金属制品业					394
通用设备制造业				201	577
专用设备制造业	4803				276
汽车制造业					2720
铁路、船舶、航空航天和其他运输设备制造业					
电气机械和器材制造业					716
计算机、通信和其他电子设备制造业					34
仪器仪表制造业					243
其他制造业					16
废弃资源综合利用业					223
金属制品、机械和设备修理业					
电力、热力生产和供应业	2798177				
燃气生产和供应业					
水的生产和供应业					

主要能源消费量（2022 年，按行业分）

单位：吨

液　化 天然气	汽油	柴油	液　化 石油气	热　　力 （百万千焦）	电　　力 （万千瓦时）	生物燃料 （吨标准煤）
3945	**6595**	**18121**	**353**	**5425396**	**1625534**	**86023**
	127	59			26784	4577
	28	47			3297	645
				69384	17285	
		9			5490	
	3	15			28244	6358
	90				10540	516
	22	5			2090	
					1244	
					343	
	5	52			88955	5902
	32	22			6776	997
					1627	
					381	
	5	7		573793	17411	1423
880	82	184		4314	21218	647
		27			2688	
	46	104			17631	
1900	49	7014		13289	48723	5937
		2408		4764615	150616	
616	16	10			65453	
549	280	104	305	1	14584	
	94	15			23897	
	87	33			36099	
	562	2109	48		67721	
	10	9			2789	
	196	109			39624	
	28	37			161414	
	6				1716	630
					192	
	60	385			1358	
	4724	5288			711057	58389
	38	57			227	
	5	10			48055	

12-5 各县区规模以上工业主要能源消费量（2022 年）

单位：吨

县　区	原　煤	洗 精 煤	其他洗煤	焦　炭
合　计	**3092183**	**1285425**	**734742**	**1403935**
东 湖 区				
西 湖 区				
青云谱区				
青山湖区	177	1285425	734742	1400269
新 建 区				
红谷滩区				
南 昌 县	9138			
安 义 县				
进 贤 县	5163			3430
经济开发区	3077706			236
高新开发区				
湾里管理局				

12-5 续表

单位：吨

县　区	天然气（万立方米）	汽　油	柴　油	生物燃料（吨标准煤）
合　计	**26416**	**6595**	**18121**	**86023**
东 湖 区				
西 湖 区		3		
青云谱区	329	23	347	
青山湖区	1235	46	2703	7062
新 建 区	1044	143	562	241
红谷滩区				
南 昌 县	5598	856	5126	449
安 义 县	9161		75	33675
进 贤 县	1904	255	1301	13461
经济开发区	4747	166	1401	29166
高新开发区	2076	131	1220	1969
湾里管理局	322	248	791	

12-6　全社会用电量

单位：万千瓦小时

行　业	2021年	2022年
全社会用电	**2869952.25**	**3074996.21**
全行业用电	2335669.25	2450668.16
第一产业	11942.97	16988.28
第二产业	1533434.91	1513311.07
工　业	1475200.3	1462161.81
建筑业	60947.06	53994.67
第三产业	790291.38	920368.81
居民生活用电	534283.00	624328.05
城　镇	409963.01	477093.72
乡　村	124319.98	147234.34

注：本表数据来源于省电力公司。

12—7 工业电力消费量

单位：万千瓦时

项　　目	2021年	2022年
工业	**1475200.3**	**1462161.81**
农副食品加工业	41258.19	39643.61
食品制造业	21200.19	19162.15
酒、饮料及精制茶制造业	10926.95	11279.54
烟草制品业	1589.06	3203.17
纺织业	33701.28	32571.86
纺织服装、服饰业	17881.22	18567.78
造纸和纸制品业	31734.01	67938.51
印刷和记录媒介复制业	7300.22	7508.42
文教、工美、体育和娱乐用品制造业	6139.97	6176.68
化学原料及化学制品制造业	17928.87	18393.47
医药制造业	33424.19	37304.69
橡胶和塑料制品业	33008.97	30750.28
非金属矿物制品业	57334.01	45201.44
黑色金属冶炼及压延加工业	135778.48	116539.52
有色金属冶炼及压延加工业	117655.64	107017.71
金属制品业	32302.32	26232.16
通用设备制造业	14809.36	18399.43
专用设备制造业	11418.81	12804.01
汽车制造业	53068.75	42116.71
铁路.船舶.航空航天和其他运输设备制造业	22969.39	14098.42
电气机械和器材制造业	25173.83	39056.63
计算机、通信和其他电子设备制造业	164954.69	156574.94
仪器仪表制造业	1584.6	1630.99
其他制造业	86042.23	34868.41
电力、热力生产和供应业	446919.57	500494.56
燃气生产和供应业	624.93	639.65
水的生产和供应业	26097.32	30077.89

注：本表数据来源于省电力公司。

12-8　规模以上工业能源消费情况（2022 年）

指标名称	规模以上工业能源消费总量（吨标准煤）	增长（%）	规模以上工业增加值能耗上升或下降（±%）
全　　市	**6126115**	**-3.3**	**-8.7**
高新开发区	255282	-13.0	-19.4
经济开发区	1865258	-11.4	-17.7
南 昌 县	215160	-15.3	-19.7
进 贤 县	280206	43.1	38.9
安 义 县	272032	-0.8	-7.2
西 湖 区	45423	1.2	-2.3
青云谱区	14065	3.4	-1.6
青山湖区	2293291	0.4	-6.1
新 建 区	50519	-9.7	-12.8
红谷滩区	342	-33.8	-37.5
湾里管理局	21767	65.1	58.2

主要统计指标解释

工业企业能源消费 工业企业能源消费指独立核算的法人工业企业在报告期内实际使用的能源数量。能源消费数量分别用价值量和实物量表示。

能源消费 指独立核算的法人企业在报告期内实际使用的能源的数量，包括主营活动和附营活动实际使用能源数量；并包括由本企业（作为投资单位）代填的乡镇建筑企业为完成本企业建筑项目而实际使用的能源数量。能源消费数量用价值量和实物量表示。

消费的核算原则："谁消费谁统计"，即能源在哪个企业使用，就由哪个企业统计消费。

消费的核算方法：能源进入第一道生产工序，改变了原来的形态或性能，或者已经实际投入使用，即作消费统计。

十三、建 筑 业

CONSTRUCTION

本篇内容包括:

1. 建筑业主要经济指标
2. 建筑业企业生产情况
3. 建筑业企业财务情况
4. 各县区建筑业主要经济指标

建筑业总产值

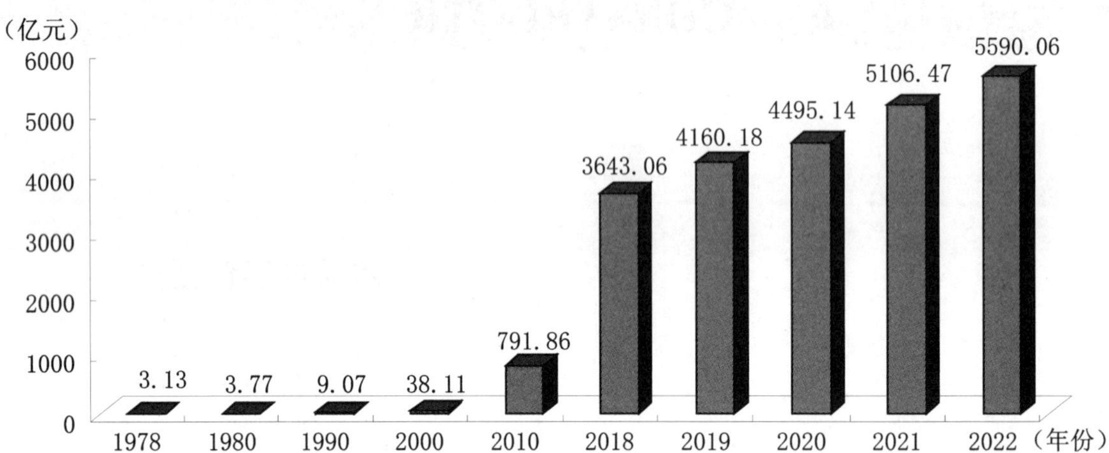

施工房屋面积及竣工房屋面积

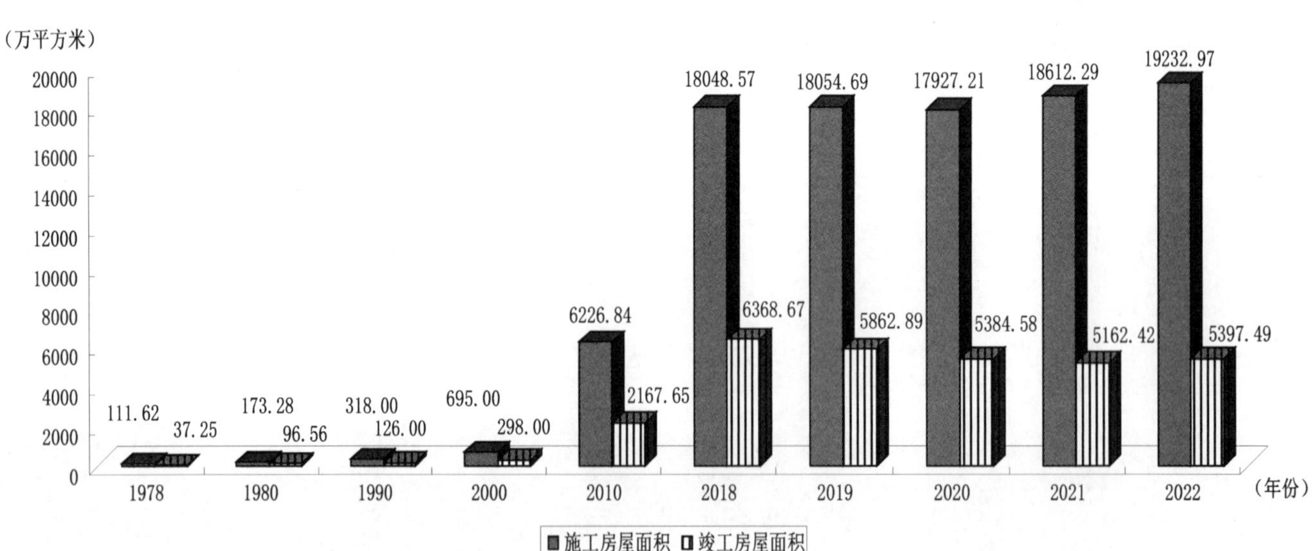

13—1 建筑业主要经济指标

指　　标	2021年	2022年	2022年比2021年增长（%）
企业个数(个)	**1048**	**1248**	**19.1**
#有工作量的企业个数	1028	1203	17.0
建筑业合同情况(万元)			
签订的合同额	86670357	99608906	14.9
上年结转合同额	37473812	39472592	5.3
本年新签合同额	49196545	60136314	22.2
承包工程完成情况(万元)			
直接从建设单位承揽工程完成的产值	49805302	54252236	8.9
自行完成施工产值	49355497	53770672	8.9
分包出去工程的产值	449805	481564	7.1
从建设单位以外承揽工程完成的产值	1709243	2129898	24.6
建筑业总产值(万元)	**51064740**	**55900570**	**9.5**
#装饰装修产值	2532453	2846803	12.4
在外省完成的产值	17833871	19982644	12.0
建筑工程产值	44076351	47763423	8.4
安装工程产值	3922056	3983686	1.6
其他产值	3066333	4153461	35.5
竣工产值(万元)	**16435334**	**18461142**	**12.3**
房屋建筑施工及竣工面积(万平方米)			
房屋建筑施工面积	18612.29	19232.97	3.3
#本年新开工面积	6446.63	6124.24	-5.0
房屋建筑竣工面积	5162.42	5397.49	4.6
竣工房屋价值(万元)	**9876075**	**11038476**	**11.8**
年末资产负债(万元)			
流动资产合计	32513674	38822000	19.4
#存　货	5981358	5008869	-16.3
固定资产原值	2101899	2282100	8.6
累计折旧	1099178	1189885	8.3
#本年折旧	133510	179372	34.4
在建工程	291249	375928	29.1
资产合计	38641964	46156556	19.4
流动负债合计	24799363	30564091	23.2
#应付账款	10133361	12479482	23.2
非流动负债合计	1608491	2267275	41.0
负债合计	27549486	33731806	22.4
所有者权益合计	11092478	12424749	12.0
#实收资本	6020160	6677035	10.9
个人资本	1321720	1348503	2.0
损益及分配(万元)			
营业收入	36620111	37279915	1.8
主营业务收入	35525524	34777689	-2.1
营业成本	34307153	34738149	1.3
主营业务成本	33014342	32193990	-2.5
营业税金及附加	195132	180539	-7.5
主营业务税金及附加	173966	166051	-4.5
其他业务利润	23175	25269	9.0
销售费用	60077	62341	3.8
管理费用	1038464	1107694	6.7
财务费用	261936	244420	-6.7
#利息收入	26655	37015	38.9
#利息支出	207269	211428	2.0
营业利润	1014736	1100164	8.4
营业外收入	34374	31509	-8.3
营业外支出	23199	22771	-1.8
利润总额	1025835	1104866	7.7
应付职工薪酬	4487111	4471374	-0.4

注：建筑业统计范围为具有建筑业资质等级的独立核算建筑业企业。

13-2 建筑业企业

（总承包和专业

项目	企业个数(个)	#有工作量的企业	建筑业合同	
			签订的合同额	上年结转
总计	**1248**	**1203**	**99608906**	**39472592**
一、按登记注册类型分组				
内资企业	1243	1198	97692550	38499982
国有企业	30	28	7730644	3673409
集体企业	25	20	1666495	550048
股份合作企业	4	4	44256	19506
联营企业	1	1	6174	1839
国有联营企业	1	1	6174	1839
有限责任公司	236	227	46709147	21879633
国有独资公司	26	25	6142198	2223283
其他有限责任公司	210	202	40566948	19656350
股份有限公司	10	8	423331	176686
私营企业	937	910	41112505	12198862
私营独资企业	1	1	1256	564
私营合伙企业	1	1	450	256
私营有限责任公司	915	889	33685461	10113369
私营股份有限公司	20	19	7425338	2084673
港、澳、台商投资企业	5	5	1916356	972610
合资经营企业(港或澳、台资)	5	5	1916356	972610
二、按控股情况分组				
国有控股	123	118	48788250	24186412
集体控股	37	31	2276919	777309
私人控股	1084	1050	48070721	14474288
港澳台商控股	4	4	473017	34583
三、按营业状态分组				
营业	1227	1198	99462520	39327509
停业(歇业)	14	3	145891	144913
当年注（吊）销	5			
其他	2	2	494	170

生产情况（一）(2022 年）

承包资质企业）

单位：万元

情况	承包工程完成情况			
本年新签	直接从建设单位承揽工程产值	自行完成施工产值	分包出去工程产值	从建设单位以外承揽工程完成的产值
60136314	**54252236**	**53770672**	**481564**	**2129898**
59192568	53216290	52734726	481564	2129898
4057235	3259672	3257032	2640	1957
1116447	1309269	1307788	1481	97
24750	16623	16623		3913
4335	10657	10657		
4335	10657	10657		
24829513	21472987	21250057	222930	861534
3918915	2257449	2252945	4504	365861
20910598	19215538	18997112	218426	495673
246645	300432	293041	7391	56424
28913643	26846651	26599528	247123	1205974
692	1256	1256		
194	400	400		
23572092	21775800	21528697	247103	1150940
5340665	5069195	5069175	20	55034
943746	1035946	1035946		
943746	1035946	1035946		
24601838	20682162	20669811	12351	568497
1499610	1768403	1766922	1481	32487
33596432	31725727	31257994	467732	1528915
438434	75944	75944		
60135011	54226106	53744542	481564	2129898
979	25180	25180		
325	950	950		

13-2

(总承包和专业

项　目	企业个数(个)	#有工作量的企业	建筑业合同 签订的合同额	上年结转
四、按企业资质等级分组				
企业资质等级(施工总承包)	940	907	93377814	37670511
特级	14	14	22805599	8859164
一级	190	187	60144616	24816235
二级	276	267	5966899	2605757
三级及以下	460	439	4460700	1389354
企业资质等级(专业总承包)	308	296	6231092	1802081
一级	83	81	4491108	1325532
二级	147	146	1202658	271898
三级及以下	78	69	537327	204651
五、按国民经济行业分组				
房屋建筑业	557	541	57097899	22819759
住宅房屋建筑	500	487	54285505	21590493
其他房屋建筑业	57	54	2812394	1229266
土木工程建筑业	409	389	32008828	13779861
铁路、道路、隧道和桥梁工程建筑	286	270	21247905	8851018
水利和水运工程建筑	38	37	5909500	2767068
工矿工程建筑	6	6	105735	23447
架线和管道工程建筑	15	15	405689	130119
节能环保工程施工	5	3	16453	7062
电力工程施工	11	11	3716120	1838837
其他土木工程建筑	48	47	607425	162310
建筑安装业	89	86	5695268	1597219
电气安装	45	42	2033942	800248
管道和设备安装	14	14	912735	164672
其他建筑安装业	30	30	2748591	632298
建筑装饰、装修和其他建筑业	193	187	4806911	1275754
建筑装饰和装修业	152	147	4230670	1153912
建筑物拆除和场地准备活动	6	5	34845	11193
提供施工设备服务	1	1	685	
其他未列明建筑业	34	34	540710	110649

续表

承包资质企业）

单位：万元

情况	承包工程完成情况			
本年新签	直接从建设单位承揽工程产值	自行完成施工产值	分包出去工程产值	从建设单位以外承揽工程完成的产值
55707303	50620090	50304372	315718	1763367
13946434	14492333	14286542	205792	222728
35328381	30068022	30034973	33049	961742
3361143	3342130	3323161	18970	275563
3071345	2717605	2659697	57907	303334
4429011	3632146	3466300	165847	366532
3165575	2560005	2405655	154350	302110
930760	792388	782759	9629	27680
332675	279754	277886	1868	36742
34278141	33933476	33671940	261536	1303098
32695012	32313524	32055376	258148	1289864
1583129	1619952	1616564	3387	13235
18228967	14018450	13978781	39669	407562
12396888	10198067	10169723	28343	306090
3142432	1657995	1653325	4670	18855
82288	70470	70470		1146
275570	251112	251112		
9391	13322	13151	171	850
1877284	1264425	1263231	1194	9679
445116	563060	557769	5290	70942
4098050	3248958	3232208	16750	117865
1233694	879046	878428	618	21525
748063	369900	369900		76394
2116293	2000012	1983880	16132	19947
3531157	3051353	2887743	163610	301373
3076759	2724514	2561896	162618	294151
23652	23442	22450	992	995
685	654	654		
430061	302743	302743		6227

13-3 建筑业企业

（总承包和专业

项　　目	建筑业总产值(万元)	#装饰装修产　值	#在外省完成产值	按构
				建筑工程
总　　计	**55900570**	**2846803**	**19982644**	**47763423**
一、按登记注册类型分组				
内资企业	54864624	2841826	19791767	46733398
国有企业	3258988	76941	1170134	2817772
集体企业	1307886	26537	243191	1204240
股份合作企业	20536	729		20408
联营企业	10657	10657		10657
国有联营企业	10657	10657		10657
有限责任公司	22111591	341801	8436065	18801812
国有独资公司	2618805	64459	1006461	2351235
其他有限责任公司	19492785	277342	7429604	16450577
股份有限公司	349465	18789	135448	296178
私营企业	27805502	2366372	9806930	23582332
私营独资企业	1256			1256
私营合伙企业	400			400
私营有限责任公司	22679637	2314052	7331455	19951886
私营股份有限公司	5124209	52321	2475475	3628790
港、澳、台商投资企业	1035946	4977	190877	1030025
合资经营企业(港或澳、台资)	1035946	4977	190877	1030025
二、按控股情况分组				
国有控股	21238308	187702	7323504	17852903
集体控股	1799409	28315	274361	1656733
私人控股	32786909	2625809	12334280	28183764
港澳台商控股	75944	4977	50498	70023
三、按营业状态分组				
营业	55874440	2846803	19964331	47738005
停业(歇业)	25180		18312	25094
当年注（吊）销				
其他	950			325

生产情况（二）(2022 年)

承包资质企业）

成　分		竣工产值（万元）	房屋建筑施工面积（平方米）		房屋竣工面积（平方米）	房屋竣工价值（万元）
安装工程	其他产值			#本年新开工面积		
3983686	**4153461**	**18461142**	**192329689**	**61242390**	**53974938**	**11038476**
3982742	4148484	17924554	185227577	59917074	52192920	10505780
54747	386470	983704	10916036	2155683	2608884	637099
13511	90135	530360	7207386	3816395	1632068	288299
	128	14129	473429		48000	8950
		9658				
		9658				
2005801	1303978	6493847	86816996	20063877	18396515	4163177
134831	132740	384646	4991691	1068508	403762	88827
1870970	1171238	6109201	81825305	18995369	17992753	4074350
43428	9859	40106	754750	42000	77548	23415
1865255	2357914	9852750	79058980	33839119	29429905	5384840
		400				153
1582728	1145024	7262709	62166157	26585963	25307585	4358117
282528	1212891	2589641	16890623	7252276	4121620	1026569
944	4977	536588	7102112	1325316	1782018	532695
944	4977	536588	7102112	1325316	1782018	532695
1889130	1496275	6273735	89673204	18128462	18794691	4671385
44913	97763	586014	8300684	3902197	1744507	316553
2048699	2554447	11597501	94355801	39211731	33435740	6050538
944	4977	3893				
3982974	4153461	18459426	192310327	61234076	53967315	11036951
86		1611	19362	8314	7623	1525
626		106				

13—3

(总承包和专业

项　目	建筑业总产值（万元）	#装饰装修产值	#在外省完成产值	按　构
				建筑工程
四、按企业资质等级分组				
企业资质等级(施工总承包)	52067739	978519	17929696	44805939
特级	14509270	217569	6981060	12691757
一级	30996715	576986	10028580	26789480
二级	3598724	75706	471401	2954664
三级及以下	2963031	108258	448654	2370037
企业资质等级(专业总承包)	3832831	1868284	2052948	2957485
一级	2707765	1724197	1695879	2126229
二级	810439	120711	320211	596727
三级及以下	314628	23376	36858	234529
五、按国民经济行业分组				
房屋建筑业	34975038	832035	12010746	31282907
住宅房屋建筑	33345239	780330	11522639	29728726
其他房屋建筑业	1629799	51705	488107	1554180
土木工程建筑业	14386343	92418	5595888	11629571
铁路、道路、隧道和桥梁工程建筑	10475813	34455	3476184	9246927
水利和水运工程建筑	1672180	1000	749279	1661528
工矿工程建筑	71616		8010	65133
架线和管道工程建筑	251112	15632	56525	171597
节能环保工程施工	14001	983	850	6022
电力工程施工	1272911		1062920	109685
其他土木工程建筑	628711	40348	242121	368680
建筑安装业	3350073	42710	685650	2514379
电气安装	899953	1755	297222	550714
管道和设备安装	446294		47641	204719
其他建筑安装业	2003827	40955	340788	1758946
建筑装饰、装修和其他建筑业	3189116	1879640	1690360	2336567
建筑装饰和装修业	2856047	1874534	1585274	2031276
建筑物拆除和场地准备活动	23445		3133	23445
提供施工设备服务	654			
其他未列明建筑业	308969	5106	101953	281845

续表

承包资质企业）

成　分		竣工产值(万元)	房屋建筑施工面积(平方米)	#本 年 新开工面积	房屋竣工面积(平方米)	房屋竣工价值(万元)
安装工程	其他产值					
3292515	3969286	17765614	190231706	59958835	52655808	10885908
360407	1457106	6300062	82100197	24611230	18987021	4183626
2156380	2050855	9263240	92180231	28722663	24809109	5484045
421755	222305	1071482	8905784	3545957	3899049	637044
353973	239021	1130831	7045494	3078985	4960629	581192
691171	184176	695529	2097983	1283555	1319130	152568
462815	118721	374524	577038	429075	177633	38978
153037	60676	218670	1370833	752859	420180	90867
75320	4779	102334	150112	101621	721317	22723
1357722	2334409	15169110	176695907	56759908	49359689	10415616
1324938	2291575	14720834	172771565	54358374	46760943	10030722
32784	42835	448276	3924342	2401534	2598746	384894
1423088	1333684	2349736	12929583	3031417	2853917	433916
94647	1134239	1561288	10507757	2815239	2291551	399012
9955	697	309562	2066525	49481	49554	2085
6216	267	865	109355			865
75077	4439	49568	15592	10651	34187	13755
7056	923	5713	6899		6899	2052
1163226		206740				
66913	193119	216000	223455	151958	470250	16146
779040	56654	312935	1344787	572103	1239375	102713
340642	8597	68035	27112	23136	218382	5966
241450	125	18155	8300		8300	1300
196948	47932	226744	1309375	546467	1012693	95447
423835	428714	629362	1359412	878962	521957	86231
409553	415218	447131	464803	219220	251642	50271
		2290				
654						
13628	13496	179941	894609	659742	270315	35960

13-4 建筑业企业

（总承包和专业

项　　目	流动资产合计	#应收工程款	#存货	固定资产减值准备	固定资产原价	累计折旧	#本年折旧	在建工程
总　　计	**38822000**	**9548392**	**5396042**	**4437**	**2282100**	**1189885**	**179372**	**375928**
一、按登记注册类型分组								
内资企业	36507256	9105547	5376045	4437	2276110	1186731	179326	351151
国有企业	2416060	446059	218935		354185	224737	17744	5865
集体企业	483358	41177	129905		78232	23594	2640	3728
股份合作企业	77700	7624	57882		3400	2165	134	
联营企业	7266	2719	2030		1164	341	60	
国有联营企业	7266	2719	2030		1164	341	60	
有限责任公司	20343398	4772153	1801144	557	803044	442574	67609	106227
国有独资公司	2785515	546110	421229	405	231248	159325	17738	49235
其他有限责任公司	17557883	4226043	1379915	152	571796	283250	49871	56992
股份有限公司	796770	536169	27746		16401	5984	458	26085
私营企业	12382704	3299646	3138404	3879	1019684	487337	90681	209246
私营独资企业	1690	259	147	8	57	1	1	556
私营合伙企业	2000	1998	2	1				
私营有限责任公司	11281361	2876049	2832687	3624	886996	403671	83103	195286
私营股份有限公司	1097653	421341	305568	247	132631	83665	7578	13404
港、澳、台商投资企业	2314744	442845	19996		5990	3154	47	24777
合资经营企业(港或澳、台资)	2314744	442845	19996		5990	3154	47	24777
二、按控股情况分组								
国有控股	22394837	4789620	1579834	410	1049565	613886	76983	105561
集体控股	869772	171692	213318		112971	37058	4076	6169
私人控股	15487880	4577685	3589517	4026	1115717	537408	98274	263482
港澳台商控股	69511	9395	13371		3847	1532	40	716
三、按营业状态分组								
营业	38659552	9545440	5345621	4435	2268296	1184326	178499	375928
停业(歇业)	11176	2814	3694	2	861	172	39	
当年注（吊）销	870				194	129	7	
其他	150402	139	46727		12749	5257	827	

财务状况（一）(2022 年）

承包资质企业）

单位：万元

资产总计	流动负债合计	#应付账款	非流动负债合计	负债合计	所有者权益合计	实收资本	#个人资本	营业收入	#主营业务收入
46156556	**30564091**	**12479482**	**2267275**	**33731806**	**12424749**	**6677035**	**1348503**	**37279915**	**34777689**
43196760	28122970	11414739	2206117	31229527	11967233	6547489	1348503	36717700	34215473
2754649	2132610	810495	41309	2177301	577348	462000	3838	1768885	1752998
573537	331582	104826	429	332011	241526	83927		785424	775154
79107	70059	3153		70708	8399	6843	2640	18461	18453
8289	5141	4258		5141	3148	1000		10410	10410
8289	5141	4258		5141	3148	1000		10410	10410
23863773	18011045	7983217	1543078	19835896	4027876	2220459	220765	16643547	16002178
3287684	2514542	1046143	380830	2895372	392312	299562	214	1676036	1663642
20576089	15496502	6937074	1162248	16940524	3635564	1920897	220551	14967511	14338536
874868	643094	40454	1194	714394	160474	75808	7300	177288	174220
15042538	6929440	2468335	620107	8094075	6948463	3697452	1113960	17313685	15482060
1746	906	101		906	840	600	600	1256	1256
2001	257	257		800	1201	100	100	2700	2700
13730946	6597165	2339918	581107	7679965	6050982	3492770	1080724	14747461	12929649
1307845	331112	128058	39001	412404	895440	203981	32535	2562268	2548455
2959796	2441121	1064742	61158	2502279	457516	129546		562215	562215
2959796	2441121	1064742	61158	2502279	457516	129546		562215	562215
26441131	20424072	8829082	1620901	22266034	4175097	2213417	38115	15638964	15120041
1002591	660094	280037	5467	735561	267029	131052	733	1106857	1089384
18631359	9438454	3354415	640907	10688739	7942620	4307370	1309655	20458818	18492988
81475	41471	15947		41471	40004	25196		75276	75276
45982593	30454016	12471910	2227000	33581456	12401137	6660734	1348223	37255701	34753474
13584	6917	2755		6917	6666	4701	280	22390	22390
1435	16	14	275	291	1144	800		53	53
158944	103141	4802	40000	143141	15802	10800		1772	1772

13—4

（总承包和专业

项　　目	流动资产合计	#应收工程款	#存货	固定资产减值准备	固定资产原价	累计折旧	#本年折旧	在建工程
四、按企业资质等级分组								
企业资质等级(施工总承包)	36686636	8979435	4992066	3996	2027767	1034482	156250	332955
特级	8926948	1860933	1154750		419943	241989	29869	54858
一级	21801389	5572777	2826383	397	1222463	626557	96491	83080
二级	3203078	816901	649627	1220	209831	98275	15835	56304
三级及以下	2755221	728823	361306	2379	175530	67661	14055	138713
企业资质等级(专业总承包)	2135363	568958	403976	441	254333	155403	23123	42973
一级	1062444	325271	184372	2	172209	115459	15132	18660
二级	808906	119837	200380	366	57127	27591	5054	20354
三级及以下	264013	123851	19224	73	24996	12353	2937	3959
五、按国民经济行业分组								
房屋建筑业	21790358	4551138	3931317	2822	1137571	538309	81711	164968
住宅房屋建筑	20183230	4306447	3485085	2689	959105	431353	71565	159820
其他房屋建筑业	1607127	244691	446231	134	178466	106955	10147	5148
土木工程建筑业	13568396	3924957	916136	677	833659	465628	72433	158932
铁路、道路、隧道和桥梁工程建筑	9286930	2379923	744413	217	641407	368954	48406	73770
水利和水运工程建筑	1834602	777462	54198	8	74112	34865	15470	3335
工矿工程建筑	51608	8876	693	381	10649	5299	533	1403
架线和管道工程建筑	122800	42642	27636		43460	22201	2602	2392
节能环保工程施工	9373	2580	1642		3362	1991	317	
电力工程施工	1809829	600204	19946		26227	14118	2668	1888
其他土木工程建筑	453254	113269	67609	71	34442	18201	2438	76145
建筑安装业	1986345	603385	203937	590	179351	115194	12906	35374
电气安装	841260	219621	132040	2	144861	96490	10737	14396
管道和设备安装	553960	134366	28063	37	4822	2852	197	298
其他建筑安装业	591126	249399	43834	552	29668	15853	1972	20681
建筑装饰、装修和其他建筑业	1476901	468913	344652	347	131520	70754	12322	16654
建筑装饰和装修业	1166407	382460	242581	336	80359	45348	7712	13524
建筑物拆除和场地准备活动	24077	15241	208		2882	1077	327	169
提供施工设备服务	7198	4436	73		23860	13567	2398	2059
其他未列明建筑业	279219	66776	101791	11	24418	10761	1885	903

续表

承包资质企业）

单位：万元

资产总计	流动负债合计	#应付账款	非流动负债合计	负债合计	所有者权益合计	实收资本	#个人资本	营业收入	#主营业务收入
43391750	29172460	11787461	2030198	32044610	11347140	5943495	1252682	33846344	32738424
10522515	7620641	3103462	585035	8205676	2316840	825387	199880	9722353	9699308
25428258	17716145	7490271	1056357	19230527	6197730	3304426	631790	18998631	18370372
3625434	1872291	704562	52115	2128809	1496624	1008712	283856	2863829	2572419
3815543	1963384	489166	336691	2479597	1335946	804970	137157	2261531	2096325
2764806	1391631	692021	237077	1687196	1077610	733540	95821	3433572	2039265
1246811	726251	392007	36428	784163	462649	303801	61678	2547696	1217575
1207000	461251	197077	197060	694340	512661	355547	22093	632363	597667
310994	204130	102938	3589	208694	102300	74192	12050	253512	224022
25172475	16440865	6325895	814463	17780777	7391699	3565376	882845	21285546	20971688
23246526	15266440	6080389	659353	16415739	6830786	3263526	841530	20271531	19976344
1925950	1174425	245506	155110	1365038	560912	301850	41315	1014015	995345
17104500	11827797	4988026	1357446	13274471	3830029	2438495	348466	10828992	10355053
12339946	8064267	3407162	1103581	9239491	3100455	1947472	265101	7135090	6699196
2018178	1598712	779351	116586	1721190	296988	179109	21808	1590673	1586025
59417	26344	15263	-326	26018	33399	13097	1200	71234	71079
159634	92452	50174	4409	98209	61424	53215	7143	217302	211389
12204	3780	1349	1051	5824	6380	3648	20	8826	8826
1888061	1695858	578158	85374	1781231	106830	89563	2682	1350296	1350272
627060	346384	156569	46771	402507	224553	152393	50512	455572	428266
2192940	1397523	770947	14805	1625406	567533	320105	55709	2316895	1955462
991460	701834	411578	14760	716595	274865	187300	20966	786256	759899
563746	219714	114920	10	430613	133133	51177	7862	526449	210063
637734	475975	244449	35	478199	159535	81628	26881	1004190	985500
1686641	897906	394614	80562	1051152	635488	353059	61483	2848482	1495485
1331524	701162	342075	76858	850684	480840	281520	52005	2515866	1183504
26112	17203	7479	61	17265	8848	6004	475	19666	19582
21377	15187	584	3642	18829	2548	2056		4353	4353
307627	164354	44476		164374	143253	63479	9003	308597	288045

13−5 建筑业企业

（总承包和专业

项　　目	营业成本	#主营业务成本	营业税金及附加	#主营业务税金及附加	其他业务利润	销售费用	管理费用
总　　计	**34738149**	**32193990**	**180539**	**166051**	**25269**	**62341**	**1107694**
一、按登记注册类型分组							
内资企业	34176750	31666695	178887	164400	25269	62341	1094525
国有企业	1676098	1656091	6419	5491	7084	1823	75031
集体企业	754553	745437	3580	3454		896	13300
股份合作企业	17740	17740	57	57		57	484
联营企业	7401	7401	42	42		824	902
国有联营企业	7401	7401	42	42		824	902
有限责任公司	15648406	14925064	55507	51873	16846	22509	436892
国有独资公司	1606098	1568711	8923	8093	3549	983	61247
其他有限责任公司	14042308	13356353	46584	43781	13298	21527	375645
股份有限公司	157863	157863	1115	1019		18	6681
私营企业	15914689	14157100	112167	102464	1339	36214	561234
私营独资企业	1157	1157	2	2			123
私营合伙企业	2581	2581	32	32		3	20
私营有限责任公司	13564344	11813521	86004	77416	1064	34053	514968
私营股份有限公司	2346608	2339841	26129	25014	275	2159	46124
港、澳、台商投资企业	561399	527295	1652	1652			13169
合资经营企业(港或澳、台资)	561399	527295	1652	1652			13169
二、按控股情况分组							
国有控股	14796815	14168741	47898	43578	22606	18403	414287
集体控股	1042779	1027719	5357	4986	1465	913	45030
私人控股	18837161	16936136	127113	117317	1198	43024	645516
港澳台商控股	61394	61394	171	171			2861
三、按营业状态分组							
营业	34716359	32172235	180382	165895	25269	62341	1105588
停业(歇业)	20721	20721	76	76			960
当年注（吊）销	50	15	2	2			44
其他	1019	1019	79	79			1103

财务状况（二）(2022 年）

承包资质企业）　　　　　　　　　　　　　　　　　单位：万元

研发费用	财务费用	利息收入	利息支出	营业利润	营业外收入	营业外支出	利润总额	所得税费用	应付职工薪酬(本年贷方累计发生额)	应交增值税
369085	**244420**	**37015**	**211428**	**1100164**	**31509**	**22771**	**1104866**	**238321**	**4471374**	**780611**
362563	230054	22397	183295	1094333	31212	22343	1099166	240866	4452663	772412
21099	15276	4291	11635	38401	2639	739	40300	9015	186782	33121
4204	3104	-85	3265	13677	481	698	13460	3075	69603	20907
	49	-1	41	73	13		86	11	5416	387
566	-54	-54		728	9		737	112	82	403
566	-54	-54		728	9		737	112	82	403
216796	95487	15351	95683	399797	15633	7610	403823	87997	2093864	321760
26740	10363	-961	23663	36697	3168	2158	37708	6963	148875	29091
190056	85124	16312	72020	363100	12464	5453	366115	81034	1944989	292668
1760	3155	42	3644	-2158	636	277	-1798	217	10031	3996
118137	113038	2853	69027	643814	11802	13018	642559	140439	2086885	391839
	0	0		10			10	2	28	39
	1			64			64	4	212	29
95219	102717	2504	66574	496723	11596	12748	495531	104136	1644460	316819
22918	10320	349	2452	147018	206	270	146954	36298	442184	74952
6522	14366	14618	28133	5831	297	429	5700	-2544	18711	8199
6522	14366	14618	28133	5831	297	429	5700	-2544	18711	8199
229812	98783	33609	124438	349672	14066	6792	352949	71518	1988793	310338
4246	6138	182	7071	2280	3251	1137	4394	3851	108846	23651
135026	139539	2523	79920	737322	14070	14842	736512	160342	2368117	445733
	-40	701		10891	121	1	11012	2611	5618	890
369085	241401	37014	211413	1103478	31380	22726	1108097	238171	4464989	779913
	90		14	544			544	149	6233	541
	-2	1		-4	129	45	79		5	
	2931			-3854			-3854	2	147	156

13－5

（总承包和专业

项　　目	营业成本	#主营业务成本	营业税金及附加	#主营业务税金及附加	其他业务利润	销售费用	管理费用
四、按企业资质等级分组							
企业资质等级(施工总承包)	31563896	30384077	167265	154954	24937	50192	963550
特级	9181952	9128820	37330	37330	4016	4784	161489
一级	17713561	17037414	88684	83329	18879	30831	566501
二级	2618941	2322095	21316	19536	165	6078	105988
三级及以下	2049442	1895749	19934	14758	1876	8499	129571
企业资质等级(专业总承包)	3174253	1809913	13273	11098	332	12148	144144
一级	2402763	1097703	6098	5747	299	5868	87734
二级	553242	522027	4541	3837	29	4928	35921
三级及以下	218248	190183	2635	1513	4	1353	20489
五、按国民经济行业分组							
房屋建筑业	19815368	19472581	112973	109529	9964	26684	505015
住宅房屋建筑	18877625	18567184	109528	106153	9964	24174	443367
其他房屋建筑业	937743	905397	3445	3376		2511	61648
土木工程建筑业	10136761	9592199	40464	33735	13303	21182	402348
铁路、道路、隧道和桥梁工程建筑	6691076	6251387	32519	27795	12314	10636	232638
水利和水运工程建筑	1528793	1470538	3772	3560	803	1786	34248
工矿工程建筑	61651	61042	615	93		40	7219
架线和管道工程建筑	210772	191010	822	799	181	578	19906
节能环保工程施工	6885	6885	22	22		0	1142
电力工程施工	1215767	1215617	1266	288		8002	85696
其他土木工程建筑	421818	395721	1448	1179	5	141	21499
建筑安装业	2102227	1770304	16403	14631	2148	7931	95755
电气安装	696477	666017	2513	2326	1996	5836	59557
管道和设备安装	454557	166111	1101	632	152	1651	6852
其他建筑安装业	951193	938176	12789	11673		445	29346
建筑装饰、装修和其他建筑业	2683793	1358906	10699	8157	-145	6543	104576
建筑装饰和装修业	2380241	1077225	7182	5850	111	3918	89242
建筑物拆除和场地准备活动	16773	16278	1179	146			1730
提供施工设备服务	3930	3930	95	95			486
其他未列明建筑业	282849	261473	2242	2065	-256	2625	13119

续表

承包资质企业）

单位：万元

研发费用	财务费用	利息收入	利息支出	营业利润	营业外收入	营业外支出	利润总额	所得税费用	应付职工薪酬(本年贷方累计发生额)	应交增值税
349042	229929	36235	200958	1009500	28485	20645	1013304	222228	4222031	727850
67801	74948	15623	86638	268997	2652	1775	269874	61066	1534474	199524
268748	123416	19544	99342	578024	17166	10602	580590	131544	2074846	413813
8248	14936	884	8221	104189	2224	5657	100757	19649	373197	66343
4245	16629	185	6757	58289	6443	2611	62083	9969	239513	48171
20043	14491	780	10470	90664	3025	2127	91562	16094	249343	52761
15378	6809	-3	4587	41882	1252	1158	41975	7960	123025	28277
1584	5787	775	5291	38259	1532	763	39028	6927	95722	17995
3081	1895	7	592	10523	241	205	10559	1207	30596	6489
143345	164853	20285	155786	683437	14037	11743	685740	154177	3369694	432073
131517	151271	29926	132575	658919	10322	10793	658457	147896	3281116	419732
11828	13582	-9641	23212	24519	3715	950	27284	6282	88578	12341
185334	60449	12348	46832	260869	12453	8283	260994	48142	778800	267713
97377	38152	9989	35954	197391	6537	6538	193346	36356	538715	212962
38497	8939	1785	2371	31589	1509	912	32186	6592	83646	21754
2405	33	137	30	2535	54	42	2547	305	33213	5231
1399	851	26	373	1434	2053	71	3416	839	32680	6867
319	47		1	1258	16		1274	23	1037	257
40682	10033	514	7061	17387	1039	93	18334	2790	55339	7712
4657	2394	-103	1042	9275	1244	627	9893	1238	34170	12930
28659	5401	4456	3538	100455	3684	1094	103046	25276	188266	42148
13437	3081	516	2946	18149	3301	811	20640	4877	89227	12645
8554	-37	1151	84	64359	63	19	64403	14574	11928	5862
6669	2357	2790	507	17947	320	264	18003	5826	87111	23642
11746	13717	-75	5272	55402	1336	1652	55086	10726	134614	38677
9486	12136	-66	4221	38867	1003	1320	38550	8636	108427	28344
	27	-2	29	1216	17	37	1196	37	1397	767
	162	6	168	227	14	15	226	15	527	95
2260	1392	-12	855	15093	302	280	15114	2038	24264	9471

13-6 各县区建筑业企业

（总承包和专业

指 标	全 市	东湖区	西湖区	青云谱区	青山湖区
企业个数(个)	**1248**	**86**	**113**	**103**	**88**
建筑业合同情况(万元)					
签订的合同额	99608906	3182045	10532185	14564084	3318780
上年结转合同额	39472592	1474250	6265672	6994430	1324559
本年新签合同额	60136314	1707794	4266513	7569655	1994221
承包工程完成情况(万元)					
直接从建设单位承揽工程完成的产值	54252236	1560361	5072866	7757431	1562780
自行完成施工产值	53770672	1557296	5069764	7755569	1550311
分包出去工程的产值	481564	3065	3102	1861	12469
从建设单位以外承揽工程完成的产值	2129898	22718	60240	36505	48251
建筑业总产值(万元)	**55900570**	**1580014**	**5130004**	**7792074**	**1598562**
#装饰装修产值	2846803	413540	35387	280403	49927
在外省完成的产值	19982644	537649	1410765	3025110	525831
建筑工程产值	47763423	1143468	4686466	5839517	1291971
安装工程产值	3983686	332878	343721	1251524	234761
其他产值	4153461	103667	99817	701033	71830
竣工产值(万元)	18461142	440009	2177557	3472007	455162
房屋建筑施工及竣工面积(万平方米)					
房屋建筑施工面积	19232.97	566.27	2435.94	3941.07	339.03
#本年新开工面积	6124.24	163.98	494.98	789.54	92.67
房屋建筑竣工面积	5397.49	93.66	547.06	814.87	173.16
竣工房屋价值(万元)	**11038476**	**186194**	**1378371**	**2280639**	**332955**

主要经济指标（2022 年）

承包资质企业）

新建区	红谷滩区	南昌县	安义县	进贤县	经济开发区	高新开发区	湾里管理局
125	**133**	**271**	**28**	**74**	**106**	**75**	**46**
4113351	17140774	28329880	358391	1288659	5560603	9900132	1320022
1467690	5145778	8027116	93119	374220	2715498	4819667	770593
2645662	11994996	20302764	265272	914439	2845105	5080465	549429
2624789	8729616	18666312	342695	1002632	3295123	2867862	769771
2602391	8564015	18431596	341651	980670	3282635	2866719	768057
22399	165601	234715	1045	21962	12489	1143	1714
76273	902785	687417	12220	70083	110123	34538	68745
2678664	**9466799**	**19119014**	**353870**	**1050753**	**3392758**	**2901258**	**836802**
188612	1236968	455332	9982	24882	30526	111009	10236
669355	3157983	7138986	1153	269526	1474559	1439518	332208
2245117	8318728	18031035	287735	867251	2149046	2238819	664271
161798	259823	804626	14975	95833	222055	158543	103148
271749	888248	283352	51161	87669	1021657	503895	69384
1140191	1215237	5479597	216268	743475	2358270	594093	169275
689.59	941.35	7105.32	109.86	394.16	1266.96	1127.43	316.00
303.25	331.30	3075.60	35.08	257.62	374.02	170.42	35.79
347.92	408.13	1919.74	113.74	311.15	379.04	243.51	45.51
520559	**924288**	**3663414**	**167882**	**335439**	**766841**	**388941**	**92952**

13—6

（总承包和专业

指　　标	全　市	东湖区	西湖区	青云谱区	青山湖区
年末资产负债(万元)					
年初存货	5008869	481018	461383	371527	189220
流动资产合计	38822000	2851456	6405038	6420915	1404292
#应收工程款	9548392	374596	1275201	1525195	425745
#存　货	5396042	470105	507070	528001	208529
固定资产减值准备	4437	440	77	51	1843
固定资产原值	2282100	205016	167189	159907	66845
累计折旧	1189885	123422	86900	83209	27590
#本年折旧	179372	11226	16280	14687	5350
在建工程	375928	16249	33117	9727	15255
资产合计	46156556	3395103	7661783	6947929	1570952
流动负债合计	30564091	2350694	5920137	5445942	1063074
#应付账款	12479482	810226	2644315	2471113	459462
非流动负债合计	2267275	338492	114102	109984	559
负债合计	33731806	2692945	6325067	5758061	1111243
所有者权益合计	12424749	702158	1336716	1189867	459708
#实收资本	6677035	387520	683714	613090	266964
个人资本	1348503	37569	72429	105767	75577
损益及分配(万元)					
营业收入	37279915	1872600	3439295	6157912	1366873
主营业务收入	34777689	1707351	3058260	5892375	1333122
营业成本	34738149	1752049	3213551	5740534	1274142
主营业务成本	32193990	1587194	2836057	5484656	1236874
营业税金及附加	180539	6095	10930	20506	5538
主营税金及附加	166051	5301	9799	17977	5039
其他业务利润	25269	4190	9825	419	6
销售费用	62341	3898	4450	18949	3693
管理费用	1107694	81009	81875	201150	54909
研发费用	369085	8528	43755	57621	5065
财务费用	244420	20267	34236	30263	4636
#利息收入	37015	-9825	23890	3669	3273
#利息支出	211428	26500	58311	16735	3818
资产减值损失	-16728	-5864	-983	3779	-119
公允价值变动收益	-3489	-4052	6		2
投资收益	41441	34902	9571	-12671	315
其他收益	51735	2652	410	470	159
营业利润	1100164	45288	99860	148769	27834
营业外收入	31509	3728	1847	2001	266
营业外支出	22771	1860	3751	2938	463
利润总额	1104866	47112	97956	147832	27635
所得税费用	238321	12224	16605	39577	5082
应付职工薪酬	4471374	94874	459283	1136218	180790
应交增值税	780611	58902	64742	86110	26478

续表

承包资质企业）

新建区	红谷滩区	南昌县	安义县	进贤县	经济开发区	高新开发区	湾里管理局
243405	372647	2131254	21399	71242	252862	295051	117863
1346439	4495533	9315842	110697	586785	2321054	3149449	414501
388013	870157	2712966	41506	86729	801979	963005	83301
319333	358031	2303765	12318	80885	219701	263556	124749
501	262	148	126	175	351	384	81
164141	302714	710172	13353	64961	113255	297254	17292
100283	154816	311725	3570	32047	50364	207204	8755
13841	26420	46623	887	4156	9430	28537	1934
23739	44496	107310	54664	26420	20317	10090	14544
1586537	6003478	10701431	187899	689741	3390724	3504395	516585
840567	3963447	6287514	49906	258699	1505490	2592241	286380
270478	1742655	2142567	8094	54259	653886	1175928	46499
21441	538421	362478	47971	106077	433284	193764	703
927725	4608382	6723664	118606	376654	2002438	2795762	291260
658812	1395096	3977767	69294	313086	1388287	708633	225325
377391	813378	1992068	38026	147672	694771	477724	184717
160471	80716	599662	3079	47235	37591	41825	86583
1594759	5604908	10401274	272351	891463	2459270	2953693	265518
1561893	4174178	10386181	181709	866491	2451375	2925870	238884
1466624	5334591	9630025	241822	822196	2238980	2785223	238412
1436729	3921163	9596625	163927	796148	2213617	2705344	215656
9165	23717	54340	7500	9809	15290	10922	6725
8997	21092	53857	3188	9639	14977	9497	6690
329	5382	740		100	1751	2520	7
4912	5159	6028	2038	4689	3024	5242	257
51402	132430	271231	8140	18711	96519	97775	12544
5010	57011	95329	129	3133	19915	73588	
15458	18609	85225	1106	2654	7607	20473	3888
916	2098	1761	5	-3	4014	4985	2233
5226	14921	58313	119	1618	6462	18749	656
216	-6510	-1454	4	10	-209	-5634	36
			1	1	352	243	-40
-116	5068	1612	2	2	1986	171	600
375	108	1303	0	5	3397	42595	262
59646	102201	378057	8810	35047	132614	51352	10686
1254	3266	9223	447	59	4438	3890	1092
820	2718	7321	11	78	1212	1424	177
60080	98749	379959	9246	35038	135840	53818	11601
11370	23283	81308	1137	6108	31018	8357	2254
167972	223381	1349540	23687	99070	450558	262636	23366
27230	128896	249513	4311	15023	75089	37810	6506

主要统计指标解释

建筑施工企业 指从事房屋、构筑物和设备安装生产活动的独立施工单位，分为建筑安装企业和自营施工单位两种组织形式。建筑安装企业是指行政上有独立组织、经济上实行独立核算的企业。一般称为建筑公司、安装公司、工程公司、工程局（处）等。自营施工单位是指附属于现有生产企业、事业内部或行政单位的，为建造和修理本单位固定资产而自行组织的。并同时具备下述条件：(1) 对内独立核算；(2) 有固定组织和施工队伍；(3) 全年施工期在半年以上。

建筑业总产值 建筑总产值是货币表现的建筑安装企业在一定时期内生产的建筑业产品的总和。按现行报表制度规定，具体包括：建筑工程产值、设备安装工程产值和其他产值。

建筑业增加值 是建筑业企业在报告期内以货币表现的建筑业生产经营活动的最终成果。建筑业增加值有两种计算方法：一是生产法，即建筑业总产出减去建筑业中间消耗后的余额；二是分配法（收入法），即从收入的角度出发，根据生产要素在生产过程中应得到的收入份额计算，具体构成项目有固定资产折旧、劳动者报酬、生产税净额、营业盈余。

利润总额 指建筑业企业在一定时期内所实现的利润。包括营业利润、投资收益和营业外收入与营业外支出的差额。

工程结算收入 指本企业承包实现的工程价额结算收入以及向发包单位收取的除工程价款以外按规定列作营业收入的各种款项，如临时设施费、劳动保险费、施工机构调迁等以及向发包单位收取的各种索赔款。

十四、交通运输、邮电通信和规上服务业

TRANSPORTATION,POSTAL TELECOMMUNICATIONS AND ABOVE DESIGNATED SIZE OF SERVICE INDUSTRY

本篇内容包括:

1．交通运输业

2．邮电通信业

3．规模以上服务业

货物运输量

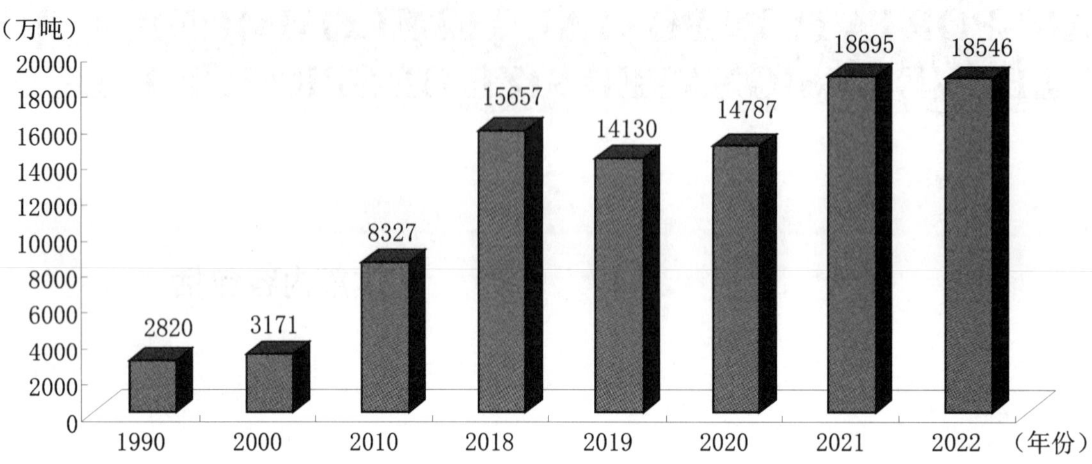

电信业务总量

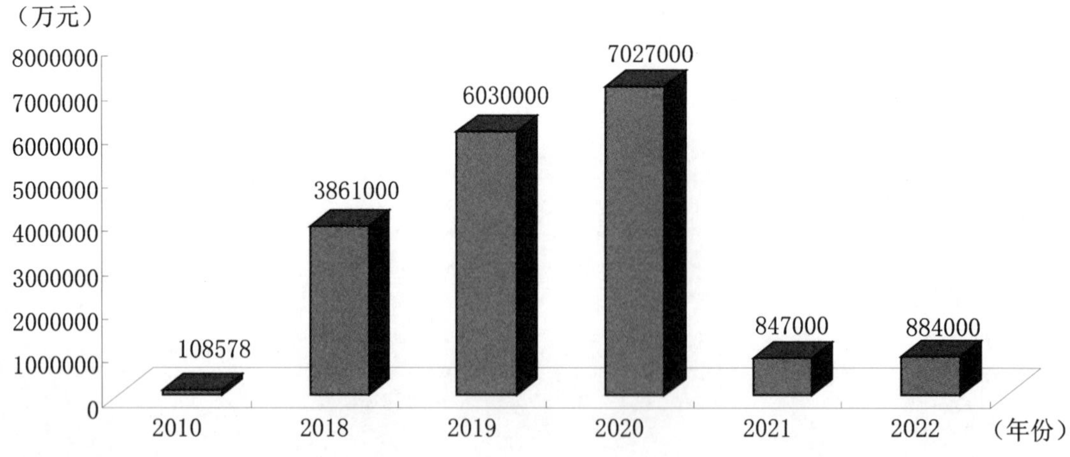

14-1 公路线路长度

(2013-2022年)

单位：公里

指　　标	2013	2014	2015	2016	2017	2018	2019	2020	2021	2022
公路通车里程	**10822**	**11166**	**11199**	**11386**	**11388**	**11258**	**11966**	**11890**	**11917**	**11674**
等级公路	9090	9553	9586	9698	9700	9672	10654	11519	11580	11606
#高速公路	342	342	377	395	417	432	429	428	429	430
一级公路	107	115	116	187	216	223	226	234	238	239
二级公路	624	628	671	689	685	674	627	657	657	659
三级公路	450	503	494	483	479	626	773	1007	1064	1181
四级公路	7568	7965	7928	7944	7903	7717	8599	9193	9192	9098
等外公路	1732	1613	1614	1688	1687	1586	1312	372	337	68

注：本表数据由市交通运输局提供。

14-2 主要年份机动车年末实有数

指　　标	1990	2000	2010	2014	2015	2016	2017	2018	2019	2020	2021	2022
民用汽车合计(辆)	21050	41707	362098	618086	738616	861045	965591	1071207	1171029	1258667	1376125	1484688
#载货汽车	11150	20827	65080	58564	59256	58354	60546	69302	75646	82726	91704	93869
载客汽车	8051	18280	287341	554951	674553	797750	899841	996367	1089466	1170371	1277617	1383359
其他汽车	1849	2600	9677	4571	4807	4941	5204	5538	5917	5570	6804	7460
摩托车(辆)	7202	102505	120963	20563	9071	6102	5996	5211	6566	9082	11339	13189
拖拉机(辆)	4681	9314	68205	64214	67855	69931	71949	73116	73851	73039	73264	64119
汽车挂车(辆)		114	988	912	988	1572	3125	3782	4587	5718	6465	7031
补充资料：												
汽车驾驶员(万人)		13.70	82.95	139.85	169.59	191.39	205.29	217.23	230.69	238.4	248.4	252.1

14−3　主要年份运输船舶年末实有数

单位：艘

指　　标	1990	2000	2010	2014	2015	2016	2017	2018	2019	2020	2021	2022
运输船舶	**982**	**475**	**268**	**248**	**255**	**184**	**170**	**144**	**156**	**142**	**126**	**125**
机动船	771	334	258	246	253	182	170	144	156	142	126	125
#客货轮	11	6								142	126	125
推拖船		29	9	1		1						
驳　船	211	141	10	2	2	2						

注：本表数据由市交通运输局提供。

14−4　主要年份全社会运输量

单位：万吨、万人

指　　标	1990	2000	2010	2014	2015	2016	2017	2018	2019	2020	2021	2022
货物运输量	**2820**	**3171**	**8327**	**12709**	**11645**	**12377**	**13836**	**15657**	**14130**	**14787**	**18695**	**18546**
民　　航			3	5	5	5	5	8	12	18.2	17.3	4.0
铁　　路	221	224	412	183	193	247	273	327	318	362.6	418.8	476.0
公　　路	2298	2784	7244	11734	10397	11067	12436	14199	12568	13156	16784	16538
水　　运	301	163	668	787	1050	1058	1122	1123	1232	1250.2	1474.9	1528.2
旅客运输量	**3289**	**3904**	**10971**	**6970**	**6709**	**6913**	**7562**	**7893**	**7895**	**5497.4**	**4888.8**	**3115.0**
民　　航			475	724	749	786	1094	1352	1364	942.7	979.6	472.5
铁　　路	517	906	1977	2415	2941	3126	3515	3769	3946	2658.8	3058	2087
公　　路	2720	2978	8519	3831	3019	3001	2953	2772	2583	1892	842	548
水　　运	52	20								3.9	9.2	7.1

注：1. 本表数据由江西省机场集团有限公司、南昌铁路局和市交通运输局提供。
2. 从 2009 年起，公路数据统计口径发生改变，故数据变动较大；2013 年全国开展了交通运输业经济统计专项调查，调整了公路 2013 年数据。
3.2015 年开展了公路水路运输量小样本抽样调查，调整了水运 2014、2015 年数据。
4.2015 年铁路旅客运输量由客发口径转变为乘车口径。
5. 民航数据为昌北机场的货邮吞吐量和旅客吞吐量。
6.2015 年交通运输部进行了第二次全国公路运输量专项调查，交通运输部根据 2015 年月度抽样调查数据，对 2015 年和 2016 年上报的道路运输量数据进行了调整。
7.2021 年交通运输部开展货运专项调查对 2019 年、2020 年全国公路货运数据进行了调整。

14—5 主要年份全社会运输周转量

单位：万吨公里、万人公里

指　　标	1990	2000	2010	2014	2015	2016
货物周转量	**152529**	**180742**	**1854517**	**2763343**	**2723225**	**2822360**
公　　路	96686	148211	1751164	2583611	2326736	2422783
水　　运	55843	32531	103353	179732	396489	399577
旅客周转量	**118856**	**197376**	**716809**	**439688**	**304955**	**302357**
公　　路	115521	195477	716809	439688	304955	302357
水　　运	3335	1899				

14—5 续表

单位：万吨公里、万人公里

指　　标	2017	2018	2019	2020	2021	2022
货物周转量	**3065439**	**3318322**	**2816134**	**2983006**	**3619232**	**3736791**
公　　路	2641744	2894242	2351029	2510923	3062294	3159929
水　　运	423695	424080	465105	472083	556938	576862
旅客周转量	**296897**	**279488**	**261586**	**193845**	**104921**	**65869**
公　　路	296897	279488	261586	193728	104643	65655
水　　运				117	278	214

注：1. 本表数据由市交通运输局提供。
2. 从 2009 年起，公路数据统计口径发生改变，故数据变动较大；2013 年全国开展了交通运输业经济统计专项调查，调整了公路 2013 年数据。
3.2015 年开展了公路水路运输量小样本抽样调查，调整了水运 2014、2015 年数据。
4.2015 年交通运输部进行了第二次全国公路运输量专项调查，交通运输部根据 2015 年月度抽样调查数据，对 2015 年和 2016 年上报的道路运输量数据进行了调整。
5. 货物周转量和旅客周转量仅包含公路和水运数据，未包含铁路、航空数据。
6.2021 年交通运输部开展货运专项调查对 2019 年、2020 年全国公路货运数据进行了调整。

14-6 主要年份邮政业务

指　　标	1990	2000	2010	2014
邮政业务总量(万元)			358600	162800
邮路总条数(条)		100	111	79
邮路总长度(单程)(公里)	5266	11821	19505	15848
农村投递路线单程长度(公里)	8110	8564	8687	8040
函　　件(万件)	4781	3016	17971	1049
包　　裹(万件)	85.0	60.0	121.2	34.4
订销报纸累计数(万份)				8573
订销杂志累计数(万份)				665
快递业务量(万件)			2245	8252
#国内同城快递(万件)			251	1324
国内异地快递(万件)			1974	6891
国际及港澳台快递(万件)			20	37

注：1. 本表 2014 年以后数据由市邮政管理局提供。
2. 2021 年邮政业务总量测算不变单价已调整。
3. 根据《国家邮政局办公室关于规范做好统计信息对外发布工作的通知》（国邮办函【2022】354 号）文件要求，

主要指标

2015	2016	2017	2018	2019	2020	2021	2022
208600	314000	430300	634900	816300	1122800	706700	
87	90	118	173	199	603	797	557
17027	43694	26453	41278	82638	64200	116400	109400
7768	8625	8612	8910	7973	7782	5930	4903
1065	1097	1055	1384	891	645.6	386.0	471.3
28.8	21.0	17.0	16.0	15.0	10.4	9.0	8.8
8586	8722	9053	8544	8353	8379.9	8923.5	9208.7
516	480	435	378	372	337.9	317.6	316.1
10646	17150	18576	27718	32735	46641.5	63637.5	65263.8
1922	2926	3278	4958	4904	5446.1	6274.9	6627.2
8612	14060	15116	22542	27560	40613.9	56489.5	57266.9
112	164	182	218	270	581.5	873.1	1369.7

自 2022 年 10 月起取消发布“邮政业务总量”指标数据。

14-7　主要年份电信业务主要指标

指　　标	1990	2000	2010	2013	2014	2015
电信业务总量(万元)			108578	565600	657300	694700
固定电话用户(万户)	3.0	74.0	162.0	127.0	112.0	107.0
移动电话用户(万户)		43.0	472.6	629.0	601.0	609.0
互联网宽带用户数(万户)			62.0	116.0	120.0	128.0

14-7　续表

指　　标	2016	2017	2018	2019	2020	2021	2022
电信业务总量(万元)	929000	1682000	3861000	6030000	7027000	847000	884000
固定电话用户(万户)	102.0	93.0	90.5	87.0	91.5	88.7	82.4
移动电话用户(万户)	555.0	613.0	697.0	709.0	727.3	783.8	803.2
互联网宽带用户数(万户)	154.0	185.0	238.0	265.0	275.2	310.9	358.3

注：1. 本表数据由市工信局提供。
2.2021 年电信业务总量测算不变单价已调整。

14-8 规模以上服务业主要指标

单位：万元

年　份	企业数(户)	资产总计	营业收入	利润总额	平均用工人数(人)
2015	499	45000995	4899844	572040	111120
2016	610	57131894	5600595	533996	125811
2017	794	60790804	6916049	542796	151008
2018	917	65684962	8105230	699074	165534
2019	1007	76620234	8966903	859679	175248
2020	1034	82535713	9567993	512333	185443
2021	1250	88012265	12597192	955247	211726
2022	1491	96672827	14463374	665773	233183

14-9 规模以上服务业

类　　别	企业数(户)	资产总计	负债合计	所有者权益合计
总　　计	**1491**	**96672827**	**56742624**	**39930203**
按登记注册类型及隶属关系分组				
内资企业	1466	96087514	56432806	39654707
国有企业	80	4369466	2867731	1501735
集体企业	3	13110	11991	1119
股份合作企业	8	19904	12954	6950
联营企业	1	23	24	-1
有限责任公司	536	75869163	45819073	30050090
股份有限公司	34	12314051	5049184	7264868
私营企业	794	3409601	2620783	788818
其他企业	10	92195	51067	41128
港、澳、台商投资企业	13	493503	241575	251927
外商投资企业	12	91810	68242	23568
#国有控股企业	318	88172573	51191057	36981516

企业主要指标（2022 年）

单位：万元

营业收入	营业利润	利润总额	所得税费用	应交增值税	平均用工人数(人)
14463374	**690467**	**665773**	**185718**	**357203**	**233183**
14246444	661065	636196	184407	347071	231338
1117033	34111	38319	34565	49208	22326
15671	-32	-40	17	134	126
25843	4816	4842	1172	1151	788
504	-52	-1	0	0	3
7150971	561688	540968	95908	187939	106951
1551273	-38619	-41612	31070	31624	10094
4289820	96006	90666	20594	76899	89456
95330	3146	3055	1080	115	1594
175583	37332	37120	529	8734	1086
41347	-7930	-7543	782	1397	759
7069287	430524	405405	141493	212301	89335

14-10 规模以上服务业

类别	企业数(户)	资产总计	负债合计	所有者权益合计
总计	**1491**	**96672827**	**56742624**	**39930203**
铁路运输业	2	7785734	3462411	4323323
道路运输业	119	50363994	29734835	20629159
水上运输业	6	143202	92525	50677
航空运输业	8	1194376	748013	446364
管道运输业				
多式联运和运输代理业	10	117684	80775	36909
装卸搬运和仓储业	21	554958	463663	91296
邮政业	18	379887	359658	20230
电信、广播电视和卫星传输服务	18	1824167	648528	1175639
互联网和相关服务	25	142785	34326	108459
软件和信息技术服务业	143	1641332	801235	840097
物业管理	97	863498	515547	347952
房地产中介服务	39	88432	63898	24534
房地产租赁经营	70	10854844	6232847	4621998
其他房地产业				
租赁业	30	200126	177590	22537
商务服务业	373	2733305	1803916	929389
研究和试验发展	9	48623	17221	31402
专业技术服务业	220	13752738	9362771	4389967
科技推广和应用服务业	7	32499	19645	12854
水利管理业	1	216799	76078	140721
生态保护和环境治理业	5	27124	15990	11134
公共设施管理业	17	721919	442492	279427
土地管理业	1	75512	58267	17245
居民服务业	22	116538	52564	63975
机动车、电子产品和日用产品修理业	17	16050	13788	2262
其他服务业	26	25776	19435	6342
教育	39	329477	187103	142375
卫生	46	340179	280392	59787
社会工作	2	7017	3674	3343
新闻和出版业	25	742878	310660	432219
广播、电视、电影和录音制作业	27	93563	78721	14843
文化艺术业	7	90561	29235	61326
体育	10	1004106	467345	536761
娱乐业	31	143142	87481	55660

分行业主要指标（2022 年）

单位：万元

营业收入	营业利润	利润总额	所得税费用	应交增值税	平均用工人数(人)
14463374	**690467**	**665773**	**185718**	**357203**	**233183**
327370	-220411	-222788	-6244	323	720
3000721	263117	236237	48013	49329	43322
37074	4674	4723	1694	584	224
140468	-121005	-121325	249	3628	4817
252937	6567	6609	1369	520	529
138055	23420	23688	553	1252	1416
746373	-52400	-55063	4522	7471	8059
1262028	227952	228590	51228	42720	10764
234590	16153	16092	2094	3076	1976
1251236	84148	87112	6689	36199	18644
406036	15909	6417	5578	17092	23273
114849	1626	2192	489	4425	2493
357986	50658	60687	15642	67199	3276
91788	7690	8109	2132	3614	744
2392113	55544	60574	7025	34585	41015
30064	2963	3130	664	651	753
1913891	219286	214460	29775	59768	25637
22700	3061	3116	82	573	360
104846	3893	3908	317	2392	734
21620	2276	2177	152	637	297
111233	18610	21888	2756	3050	7908
12471	1524	1521	372	294	27
146070	13922	14005	2398	700	6279
37011	1646	1646	12	772	580
80349	901	1021	41	1345	6263
327898	4101	757	2728	4017	8202
367405	12041	12113	2715	823	7991
4700	-3208	-3199	4	0	289
376121	59931	58673	1711	7408	3016
60719	1783	2043	758	1622	1127
11067	-4136	-2887	6	264	480
15474	-4981	-4314	109	248	698
66114	-6788	-6140	88	622	1270

14-11 规模以上服务业

类　别	企业数(户)	资产总计	负债合计	所有者权益合计
全　市	**1491**	**96672827**	**56742624**	**39930203**
东湖区	129	1179633	534664	644969
西湖区	189	46890079	27002353	19887726
青云谱区	140	2287478	1094718	1192760
青山湖区	140	10434606	6969391	3465215
新建区	84	365121	282676	82445
红谷滩区	230	18641552	10460447	8181105
南昌县	141	3176602	1469595	1707008
安义县	36	50514	32274	18240
进贤县	21	164399	152368	12031
经济开发区	150	7298934	4645820	2653115
高新开发区	204	5585455	3695148	1890307
湾里管理局	27	598454	403171	195283

分县区主要指标（2022 年）

单位：万元

营业收入	营业利润	利润总额	所得税费用	应交增值税	平均用工人数(人)
14463374	**690467**	**665773**	**185718**	**357203**	**233183**
807216	62126	63903	11232	21785	17165
3118892	-50383	-73005	34620	57693	38196
551934	54892	62958	7077	12485	14983
848286	9744	10368	3691	20868	19149
402750	-1570	-2198	2899	8216	6195
2712578	341043	327691	71626	76598	42716
1029418	28302	32013	4902	19787	24118
117281	3334	3468	554	2264	3442
114448	4907	4895	1795	1007	1108
2173443	-21536	-19358	12972	27173	24079
2385584	237809	232070	29659	105351	39607
201546	21799	22969	4693	3978	2425

主要统计指标解释

公路里程 指报告期末公路的实际长度。统计范围：包括城间、城乡间、乡（村）间能行驶汽车的公共道路，公路通过城镇街道的里程，公路桥梁长度、隧道长度、渡口宽度。不包括城市街道里程，断头路里程，农（林）业生产用道路里程，工（矿）企业等内部道路里程。

货（客）运量 指在一定时期内，各种运输工具实际运送的货物重量（旅客数量）。货运按吨计算，客运按人计算。货物不论运输距离长短、货物类别，均按实际重量统计。旅客不论行程远近或票价多少，均按一人一次客运量统计；半价票、儿童票也按一人统计。

货物（旅客）周转量 指在一定时期内，由各种运输工具运送的货物（旅客）数量与其相应运输距离的乘积之总和。该指标可以反映运输业生产的总成果，也是编制和检查运输生产计划，计算运输效率、劳动生产率以及核算运输单位成本的主要基础资料。计算货物周转量通常按发出站与到达站之间的最短距离，也就是计费距离计算。

民用汽车拥有量 指报告期末，在公安交通管理部门按照《机动车注册登记工作规范》，已注册登记领有民用车辆牌照的全部汽车数量。

移动电话用户 指在电信运营企业营业网点办理开户登记手续，通过移动电话交换机进入移动电话网，占用移动电话号码的各类电话用户。包括各类签约用户、智能网预付费用户、无线上网卡用户。

固定电话用户 指在电信企业营业网点办理开户登记手续并已接入固定电话网上的全部电话用户。包括普通电话用户、无线市话用户、公用电话用户、窄带综合业务数字网（N—ISDN）用户、智能网专用接入终端用户等。

十五、国内贸易

DOMESTIC TRADE

本篇内容包括:

社会消费品零售总额

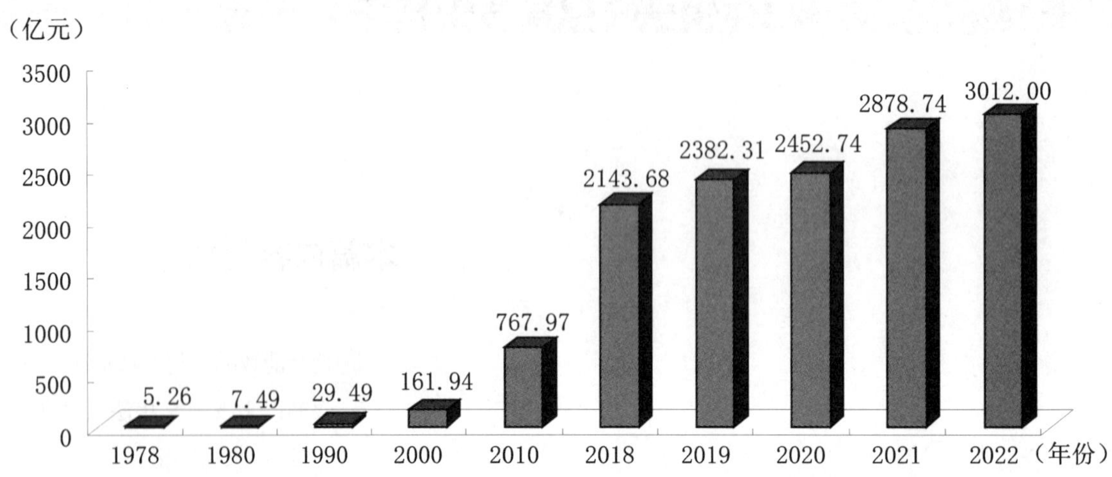

2022 年社会消费品零售总额构成

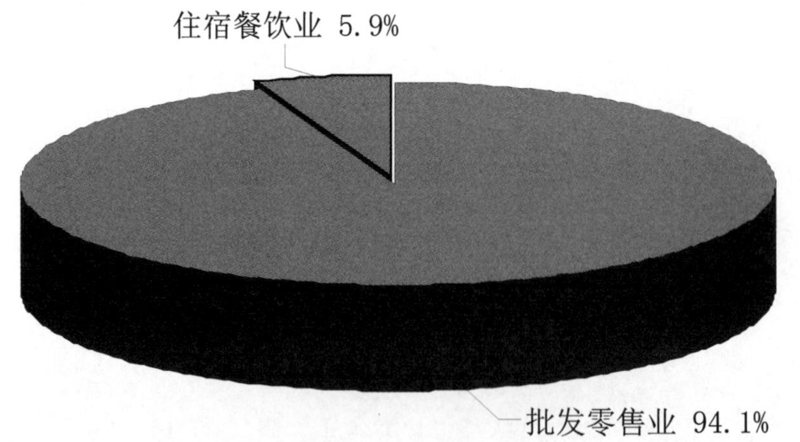

15-1 社会消费品零售总额

(1990-2022 年)

单位：万元

年 份	社会消费品零售总额	比上年增长(%)	按行业分			按所在地分	
			批发零售贸易业	住宿餐饮业	其他行业	城镇	乡村
1990	294909	1.2	280964	12866	1079	179447	115462
1991	335311	13.7	320869	13278	1164	208060	127251
1992	393991	17.5	375937	16212	1842	259531	134460
1993	500085	26.9	470907	27178	1999	328669	171416
1994	652254	30.4	615382	34252	2620	435871	216383
1995	824630	26.4	776272	44949	3409	565985	258645
1996	1031839	25.1	962780	64875	4184	728552	303287
1997	1228157	19.0	1131215	92013	4929	902310	325847
1998	1343899	9.4	1234097	104458	5345	1000601	343298
1999	1466516	9.1	1340809	119735	5972	1107671	358845
2000	1619390	10.4	1479182	134013	6195	1238411	380979
2001	1804397	11.4	1646780	151334	6283	1395367	409029
2002	2017759	11.8	1841840	170287	5631	1569270	448489
2003	2282587	13.1	2085410	190935	6242	1788745	493842
2004	2665511	16.8	2421622	237097	6792	2101204	564307
2005	3106941	16.6	2823470	277802	5669	2472405	634535
2006	3649569	17.5	3315778	327425	6367	2924053	725515
2007	4378739	20.0	3991415	379380	7944	3534892	843847
2008	5469640	24.9	5002057	458793	8791	4436885	1032755
2009	6368060	16.4	5832724	524436	10900	5187061	1180998
2010	7679726	20.6	6999550	680177		7260842	418884
2011	9322243	21.4	8320073	1002170		8810239	512003
2012	11292129	21.1	10063883	1228247		10635906	656224
2013	12960841	14.8	11560291	1400550		12249707	711133
2014	14686068	13.3	13408491	1277577		13767289	918779
2015	16711768	13.8	15454809	1256959		15578031	1133737
2016	18777450	12.4	17467184	1310266		17550024	1227426
2017	21083557	12.3	19251235	1832322		19508879	1574678
2018	21436777	1.7	19604466	1832311		19793690	1643087
2019	23823110	11.2	21739373	2083737		22051892	1771218
2020	24527390	3.0	23404415	1122975		22296509	2230881
2021	28787407	17.4	27387833	1399574		26207408	2579999
2022	30119960	4.6	28356227	1763733		27693729	2426230
东湖区	4034311	2.0	3787366	246945		3904245	130066
西湖区	4171577	5.3	3742305	429272		4171577	
青云谱区	3094459	4.9	3017186	77273		3094459	
青山湖区	3034318	5.1	2904740	129578		2983094	51224
新建区	1814544	5.0	1608003	206541		1689645	124899
红谷滩区	3214336	5.2	2966438	247898		3205457	8878
南昌县	3964468	5.5	3825270	139198		2559493	1404975
安义县	312450	5.6	262915	49535		269774	42676
进贤县	1457422	4.8	1351234	106188		1132776	324647
经济开发区	2243761	4.8	2209615	34146		2152099	91662
高新开发区	2577647	4.4	2541286	36361		2368020	209627
湾里管理局	200667	5.4	139869	60797		163090	37577

注：2010 年国家统计制度作了修订，社会消费品零售总额统计分组发生变化，取消社会消费品零售总额中的其他行业；根据国家统计局贸易司要求，依据全国第四次经济普查结果，对 1993 年至 2018 年的社会消费品零售总额及增速进行了修订。

15-2 限额以上批发零售贸易法人企业

指　　标	法人企业(个)	购进总额	#进　口
总　　计	**2748**	**60541672**	**497711**
批发业	**1712**	**48814159**	**232458**
按登记注册类型分			
内资企业	1703	47505789	200898
国有企业	36	2499748	72251
集体企业			
有限责任公司	338	23744344	72199
国有独资公司	17	2861471	36
其他有限责任公司	321	20882873	72163
股份有限公司	18	1661140	637
私营企业	1304	17429326	55812
#私营有限责任公司	1283	17328493	53204
私营股份有限公司	8	31135	
其他企业			
港澳台商投资企业	5	1225661	31207
与港澳台商合资经营企业	2	1195711	31207
港澳台商独资企业	2	29950	
其他港澳台投资企业	1		
外商投资企业	4	82709	354
#中外合资经营企业	2	75828	
外资企业	2	6881	354
按国民经济行业分			
农、林、牧、渔产品批发业	43	512671	
食品、饮料及烟草制品批发业	158	2465917	8463
#米、面制品及食用油批发业	32	573649	5556
烟草制品批发业	2	637652	
纺织、服装及家庭用品批发业	167	1660154	354
#服装批发业	55	244007	
日用家电批发业	44	766714	
文化、体育用品及器材批发业	57	780437	
医药及医疗器材批发业	227	6161516	18301
矿产品、建材及化工产品批发业	682	30628643	179312
#煤炭及制品批发业	34	4270429	
石油及制品批发业	35	2718353	
金属及金属矿批发业	10	443976	
建材批发业	194	4543754	6461
化肥批发业	11	190377	
机械设备、五金交电及电子产品批发业	318	5049429	21340
#汽车及零配件批发业	86	1595365	17280
计算机、软件及辅助设备批发业	37	193958	2522
贸易经纪与代理	22	342864	4689
其他批发业	38	1212526	

商品购进、销售、库存总额（2022 年）

单位：万元

销售总额	批发	#出口	零售	年末库存总额
63941449	**49696518**	**2198633**	**14226161**	**2770529**
50312487	**48379314**	**2197840**	**1914693**	**1687698**
49023037	47098070	1492024	1906487	1657679
2704295	2508367	83198	195927	104948
24772930	24128088	919125	642706	736257
3020346	3009662		10684	76146
21752584	21118426	919125	632022	660111
899666	680759		218907	95011
18637178	17772033	489702	848801	718649
18528580	17666559	485894	845814	711667
35055	35055			5347
1171670	1171670	610342		16299
1132650	1132650	610342		9872
39020	39020			6427
117780	109574	95474	8206	13719
101448	93242	91208	8206	10048
16333	16333	4266		3671
515561	495113		20448	42240
2971502	2602815	4193	368527	122099
637382	565141	1397	72241	61219
833708	833708			1374
1863865	1769889	267256	85001	117531
315176	300040	188803	6161	4456
832579	814066		18513	82751
867440	804643	2091	60088	42809
6793947	6500970	31186	291541	482171
30418056	29538931	218352	878180	629058
4336761	4269482	5896	67278	83890
2025379	1511711		513668	126149
449977	449977	31489		5471
4757891	4516359	10465	241195	113460
201792	201792			19725
5229824	5052892	1515628	173037	213034
1566098	1543515	589011	22583	64096
220737	177435		43303	22871
365713	361628	39464	4085	8203
1286580	1252434	119671	33787	30553

15—2

指　　标	法人企业（个）	购进总额	#进　口
零售业	**1036**	**11727513**	**265253**
按登记注册类型分			
内资企业	1009	10544475	177522
国有企业	7	114853	
股份合作企业	3	12274	
有限责任公司	263	5388148	45127
国有独资公司	3	57462	
其他有限责任公司	260	5330686	45127
股份有限公司	7	100859	
私营企业	727	4921977	132395
私营独资企业	11	14356	
私营合伙企业			
私营有限责任公司	714	4766713	132395
私营股份有限公司	2	140907	
其他企业			
港澳台商投资企业	9	666401	
#与港澳台商合资经营企业	3	76594	
港澳台商独资企业	6	589807	
外商投资企业	18	516637	87731
中外合资经营企业	4	54041	
外资企业	14	462596	87731
按国民经济行业分			
综合零售业	63	1442288	31
#百货零售业	30	989355	
超级市场零售业	23	422037	31
食品、饮料及烟草制品专门零售业	111	829192	12135
纺织、服装及日用品专门零售业	80	215079	374
#服装零售业	33	102176	374
文化、体育用品及器材专门零售业	65	931885	1002
#图书、报刊零售业	31	817270	1002
医药及医疗器材专门零售业	37	589483	
#西药零售业	21	531607	
中药零售业	6	36587	
汽车、摩托车、燃料及零配件专门	262	5220200	241916
#汽车新车零售业	204	4347908	241507
机动车燃油零售业	28	752244	
家用电器及电子产品专门零售业	199	767367	304
#日用家电零售业	59	307175	144
计算机、软件及辅助设备零售业	62	230367	
通讯设备零售业	35	107333	
五金、家具及室内装修材料专门	76	163073	
货摊、无店铺及其他零售业	143	1568947	9491

续表

单位：万元

销售总额	批发	#出口	零售	年末库存总额
13628962	**1317204**	**794**	**12311468**	**1082831**
12227813	1301156	794	10926368	1005548
134571	106741		27830	1035
12632	342		12290	324
6929664	826700		6102957	524761
53826	521		53305	5251
6875838	826179		6049652	519510
116578			116578	90523
5027195	360690	794	4666222	388614
15535	99		15436	1140
4868875	353444	794	4515149	386266
142785	7148		135637	1209
828993	10408		818586	36443
73294	5293		68001	6599
755699	5114		750585	29845
572156	5641		566515	40840
56214	5641		50573	2690
515942			515942	38150
1941324	84262		1857055	109581
1403511	84061		1319450	74212
497157			497157	33077
1035211	78404		956807	34764
254980	34825		220154	54969
121756	27918		93837	34354
1246873	419868		827005	69978
1117484	413410		704074	49428
744300	11307		732983	100688
669142	2491		666642	94991
50340	2982		47358	3628
6009723	548067		5461655	502737
4393244	281601		4111643	445718
1491842	262360		1229482	44467
863331	82988	594	780343	80264
340492	21696	29	318796	54652
263048	44769		218279	12796
121410	1693	565	119717	7285
183770	9086		174684	7804
1349452	48397	200	1300782	122046

15-3 限额以上批发零售贸易

类别	流动资产合计	固定资产原价	固定资产净额	资产总计	负债合计
总计	**25336081**	**2450731**	**1333909**	**32665576**	**24225138**
批发业	**20515432**	**1370155**	**772525**	**25155611**	**18940697**
按登记注册类型分					
内资企业	20021029	1347773	760049	24527136	18487768
国有企业	1166450	74315	32826	1584698	1105730
集体企业					
有限责任公司	11088670	939667	548794	13264643	10056225
国有独资公司	1748826	127701	54240	2264776	1347909
其他有限责任公司	9339844	811966	494554	10999866	8708317
股份有限公司	935130	54586	28737	2133911	1085863
私营企业	6507022	278791	149508	7208991	5964147
#私营独资企业	25886	140	9	26289	24310
私营有限责任公司	6382821	271555	145858	6975000	5763595
港澳台商投资企业	415607	16747	9160	448998	413213
#港澳台商独资企业	28015	14356	8182	38311	23969
外商投资企业	78796	5634	3315	179477	39715
#中外合资经营企业	58613	5634	3315	159135	20280
外资企业	20184	0		20342	19435
按国民经济行业分					
农、林、牧、渔产品批发业	149270	84829	26278	218023	140246
食品、饮料及烟草制品批发业	1619988	211648	108079	2028992	1495169
#米、面制品及食用油批发业	426657	106074	52293	536378	575123
烟草制品批发业	302900	40998	12627	319769	100205
纺织、服装及家庭用品批发业	896728	13778	5945	940711	771699
#服装批发业	106843	2859	892	114457	91617
日用家电批发业	515648	3820	1645	521421	440392
文化、体育用品及器材批发业	290213	10503	5153	306230	216027
医药及医疗器材批发业	3851388	160310	90336	4099775	3499993
矿产品、建材及化工产品批发业	10563588	764399	476248	13568051	9851873
#煤炭及制品批发业	2012641	617197	406428	3156978	2267549
石油及制品批发业	677952	57156	22120	1457638	992844
金属及金属矿批发业	5205213	28394	10845	5783137	4342034
建材批发业	2055012	34105	20983	2211428	1650727
化肥批发业	72564	2546	1706	76513	64024
机械设备、五金交电及电子产品批发业	2072352	106420	51403	2720760	1928806
#汽车及零配件批发业	512010	23001	8330	676619	583290
计算机、软件及辅助设备批发业	119987	1582	717	142466	86168
贸易经纪与代理	244008	7498	3086	297494	228329
其他批发业	827898	10770	5996	975577	808555

法人企业主要财务指标（2022 年）

单位：万元

所有者权益合计	营业收入	营业成本	营业税金及附加	营业利润	利润总额	本年应交增值税
8475763	**57670578**	**53696295**	**185454**	**772007**	**779993**	**452987**
6200169	**45302691**	**42901788**	**154323**	**596688**	**616853**	**353113**
6024622	44058834	41721970	153347	579436	598475	351567
477979	2430358	2143454	101345	118278	118925	34394
3208408	22092486	21018668	33066	323288	327396	161691
916868	2524396	2456299	3206	23739	30401	14114
2291540	19568090	18562370	29860	299549	296995	147577
1048048	816683	805609	1630	8527	9587	11808
1231097	16937242	15981455	16233	121952	135268	142712
1978	44814	43279	31	477	589	391
1197694	16837155	15893843	16048	122625	133648	140144
35785	1126288	1095159	901	1028	2152	1390
14342	44116	39664	185	-682	-737	1153
139761	117568	84659	75	16225	16226	156
138855	101556	70002	69	16485	16485	151
907	16013	14657	6	-260	-259	5
77777	495430	466557	285	8384	8710	2751
529450	2770242	2326222	102066	133203	141574	51123
-39518	614644	588373	585	-11121	-4636	11712
219565	739456	509415	99700	102179	102195	29416
168054	1745319	1621100	2293	23076	24930	9000
21882	306511	262916	252	9301	10678	626
81030	767980	718031	1625	10361	10813	5940
89928	814625	752134	447	20130	20032	1668
596658	6154559	5383110	14690	109699	112876	111299
3712649	26900612	26279621	27696	244396	242008	133324
889429	3928061	3820910	8376	82318	75072	30536
464577	1612533	1551312	3000	-7196	-7123	18039
1437790	15659858	15464704	10125	103922	106757	45476
560701	4134853	3939368	5067	42807	44597	31115
12490	186140	181461	151	1190	1324	400
789856	4869460	4600129	4861	32915	36544	26443
93329	1475748	1410743	1138	-6535	-4200	3271
56298	199164	173986	208	1341	1425	1722
69165	335577	317491	236	6985	7069	1110
166633	1216868	1155424	1749	17901	23111	16395

类　别	流动资产合　计	固定资产原　价	固定资产净　额	资产总计	负债合计
零售业	**4820649**	**1080576**	**561385**	**7509965**	**5284442**
按登记注册类型分					
内资企业	4563690	1012703	538276	6787774	4604976
国有企业	-406	4234	2571	100035	23185
股份合作企业	9383	1516	331	10452	7998
有限责任公司	2549244	649592	413575	4126601	2765425
国有独资公司	22565	205	163	24786	14487
其他有限责任公司	2526680	649388	413412	4101814	2750938
股份有限公司	38797	22780	9632	53569	33722
私营企业	1964613	334517	112131	2495019	1774091
私营独资企业	10079	483	275	10366	6449
私营合伙企业					
私营有限责任公司	1734614	229018	79740	2131589	1659972
私营股份有限公司	219920	105015	32116	353064	107670
其他企业					
港澳台商投资企业	94087	28084	13725	505718	474648
#与港澳台商合资经营企业	12730	5933	2546	24142	15544
港澳台商独资企业	81357	22151	11179	481576	459104
外商投资企业	162871	39790	9384	216473	204818
中外合资经营企业	13749	2456	306	19624	34278
外资企业	149123	37334	9079	196849	170540
按国民经济行业分					
综合零售业	520665	273652	93517	1643730	1513328
#百货零售业	398775	218304	78843	1325179	1185488
超级市场零售业	125607	48860	13308	242612	279717
食品、饮料及烟草制品专门零售业	347890	59040	32196	469374	145127
纺织、服装及日用品专门零售业	151477	8092	1932	174050	145365
#服装零售业	90735	1654	262	94798	81601
文化、体育用品及器材专门零售业	1104711	226552	158583	1467615	561054
#图书、报刊零售业	1034864	204299	148287	1381031	506600
医药及医疗器材专门零售业	417384	51742	36548	592242	463809
西药零售业	384017	50572	36088	555461	433762
中药零售业	19205	400	102	22095	18542
汽车、摩托车、燃料及零配件专门零售业	1455128	347945	149805	2103624	1577840
#汽车新车零售业	1270553	234749	88177	1606726	1271193
机动车燃油零售业	134244	92418	48771	427233	251943
家用电器及电子产品专门零售业	461615	10560	4571	521033	429056
#日用家电零售业	146248	2764	749	169449	166685
计算机、软件及辅助设备零售业	160088	2212	1050	187503	138592
通讯设备零售业	58494	566	262	61001	45958
五金、家具及室内装修材料专门零售业	129380	83206	76217	278000	233328
货摊、无店铺及其他零售业	232400	19788	8016	260298	215535

续表

单位：万元

所有者权益合　计	营业收入	营业成本	营业税金及附加	营业利润	利润总额	本年应交增值税
2275594	**12367887**	**10794507**	**31131**	**175319**	**163140**	**99875**
2194382	11081028	9634428	26729	170273	161905	92113
76851	123801	116940	247	4447	5488	-2461
2454	11380	10898	46	175	175	50
1376964	6297465	5409104	14997	140641	127105	51085
10300	49853	48713	16	-186	-183	149
1366664	6247613	5360390	14980	140828	127289	50936
19847	106930	94769	268	-3339	-2494	378
716724	4534386	3996506	11166	28074	31345	42812
3917	14224	12167	26	250	261	105
467413	4381791	3887784	10269	24215	25872	37449
245394	138372	96555	871	3609	5212	5259
32338	749632	694588	1746	6341	2430	2047
8599	66662	60507	87	188	163	380
23739	682970	634082	1659	6153	2267	1666
48875	537227	465491	2657	-1295	-1195	5715
4250	49862	44468	13	-656	-351	47
44625	487365	421023	2644	-639	-843	5668
179069	1734056	1470780	5095	-27232	-40216	7572
139691	1250512	1070986	4422	-4959	-2345	7601
4935	445042	368048	537	-18424	-34307	3011
323640	955590	759589	2370	33562	34954	8723
28685	236007	176829	512	2048	2306	4038
13197	110204	86132	218	1353	1548	1317
906561	1246100	960795	2463	113039	104184	3133
874432	1129020	854183	1992	111683	102811	2133
124710	697076	532947	1617	16181	17560	16842
117977	629453	475843	1493	14550	15913	15810
3553	45224	37936	86	877	870	800
523343	5391218	5030940	12528	43256	45295	45523
333092	4025148	3809018	10255	-10658	-7622	30362
175290	1253075	1115067	2151	53921	53105	13669
90890	787914	719926	4646	-3464	-2267	5188
1678	306841	286512	3960	-5659	-5164	1691
48912	245895	217221	336	3799	4147	2210
15044	110941	103184	54	3001	3080	443
54140	149224	126645	865	-5009	-4823	1846
44557	1170703	1016057	1036	2938	6147	7010

15-4　限额以上住宿法人企业经营情况（2022 年）

单位：万元

类　别	法人企业(个)	从业人数(人)	营业额	#客房收入	餐费收入	商品销售收入
总　计	**265**	**9235**	**177506**	**123174**	**39503**	**2762**
按登记注册类型分						
内资企业	264	9174	176021	122068	39272	2762
国有企业	8	305	5855	2612	2807	96
有限责任公司	53	3193	55008	29845	16250	1688
国有独资公司	2	146	1717	295	120	3
其他有限责任公司	51	3047	53291	29551	16130	1685
股份有限公司						
私营企业	203	5676	115159	89611	20215	977
私营有限责任公司	197	5576	113336	88000	20015	965
外商投资企业	1	61	1485	1106	231	
中外合资经营企业						
外资企业	1	61	1485	1106	231	
按控股情况分						
国有控股	19	1970	26813	10462	10146	383
集体控股	4	296	6251	3238	1719	130
私人控股	241	6908	142958	108368	27408	2248
港澳台商控股						
外商控股	1	61	1485	1106	231	
其他						
按经营形式分						
独立门店	190	7346	141142	92078	36161	1950
连锁总店(总部)	2	80	1567	1196	180	184
连锁直营店	6	201	4449	4233	200	1
连锁加盟店	48	977	20230	19000	805	193
其他	19	631	10118	6668	2157	433
按国民经济行业分						
旅游饭店	73	5028	90956	51228	29481	1860
一般旅馆	174	3855	79478	66702	8565	717
民宿服务	7	124	2141	1568	463	26
其他住宿业	11	228	4930	3677	994	159

15-5 限额以上餐饮法人企业经营情况（2022 年）

单位：万元

类 别	法人企业(个)	从业人数(人)	营业额	#客房收入	餐费收入	商品销售收入
总 计	**219**	**13613**	**364756**	**6907**	**352731**	**3406**
按登记注册类型分						
内资企业	212	9576	271269	6907	259765	2886
国有企业	2	111	7490	339	7101	
股份合作企业	1	47	756		601	
有限责任公司	37	1413	33749	3925	28558	745
其他有限责任公司	36	1336	30390	3925	25199	745
私营企业	172	8005	229275	2643	223504	2140
私营独资企业	2	22	528		528	
私营有限责任公司	170	7983	228747	2643	222977	2140
港、澳、台商投资企业						
与港澳台商合资经营企业						
外商投资企业	7	4037	93486		92966	520
中外合资经营企业	2	148	2804		2284	520
外资企业	5	3889	90682		90682	
按控股情况分						
国有控股	9	616	18143	526	17478	55
集体控股						
私人控股	204	9029	254060	6381	243187	2863
港澳台商控股						
外商控股	6	3968	92553		92065	488
其他						
按经营形式分						
独立门店	158	5451	160518	6450	150059	2616
连锁总店(总部)	14	5775	132019		131436	581
连锁直营店	11	196	4120		3965	155
连锁加盟店	5	113	3319		3201	
其他	31	2078	64780	457	64070	54
按国民经济行业分						
正餐服务	183	8383	221614	6907	209850	3146
快餐服务	11	4087	100613		100613	
其他餐饮业	9	252	22418		22371	48

15-6 限额以上住宿法人

类别	流动资产合计	固定资产原价	固定资产净额	资产总计	负债合计
总计	**246164**	**370232**	**191830**	**750179**	**546729**
按登记注册类型分					
内资企业	245338	364756	189897	746680	541361
国有企业	13738	11500	759	47949	12247
有限责任公司	74127	191493	89178	369574	192674
国有独资公司	260	107	56	329	173
其他有限责任公司	73867	191385	89122	369245	192501
股份有限公司					
私营企业	157473	161764	99960	329157	336440
私营有限责任公司	156804	161442	99741	327841	335599
外商投资企业	826	5476	1933	3499	5368
中外合资经营企业					
外资企业	826	5476	1933	3499	5368
按控股情况分					
国有控股	52841	116239	46580	279056	58083
集体控股	9042	10381	2767	34696	14365
私人控股	183456	238136	140551	432928	468913
港澳台商控股					
外商控股	826	5476	1933	3499	5368
其他					
按经营形式分					
独立门店	211755	320242	165652	636406	470233
连锁总店(总部)	2371	658	77	3239	2747
连锁直营店	7246	5852	2001	14145	7962
连锁加盟店	13069	8850	4017	27974	28025
其他	11722	34630	20083	68415	37762
按国民经济行业分					
旅游饭店	152242	321994	175720	559835	419003
一般旅馆	84042	43838	14442	178083	117255
民宿服务	6032	3448	1572	7898	7956
其他住宿业	3848	952	96	4364	2515

企业主要财务指标（2022 年）

单位：万元

所有者权益合计	营业收入	营业成本	营业税金及附加	营业利润	利润总额	本年应交增值税
165991	**183920**	**85424**	**1607**	**-33177**	**-32319**	**2965**
167860	182478	85283	1600	-32834	-31978	2958
-662	6528	2934	176	-1364	-2101	256
176900	62001	34520	898	-19047	-18234	1317
156	1634	1478	2	-79	-79	66
176744	60367	33042	895	-18969	-18156	1251
-8378	113949	47829	526	-12422	-11643	1385
-8853	112428	47045	518	-12257	-11480	1382
-1869	1442	141	7	-343	-341	7
-1869	1442	141	7	-343	-341	7
184609	35268	22488	960	-9878	-10552	1071
20331	5973	2988	64	-614	-587	140
-37080	141237	59807	576	-22342	-20840	1747
-1869	1442	141	7	-343	-341	7
128895	146950	67373	1467	-31435	-30807	2509
492	1680	1168	4	-274	-255	20
6183	4461	2016	27	-289	-257	33
-50	20595	10663	27	-477	-362	116
30472	10234	4204	82	-703	-639	288
140650	97160	41784	1243	-27651	-27321	1981
23550	79887	39585	356	-5507	-5028	902
-58	2096	927	1	-316	-279	14
1849	4778	3128	8	297	309	67

15-7 限额以上餐饮法人

类　　别	流动资产合　计	固定资产原　价	固定资产净　额	资产总计	负债合计
总　　计	**90707**	**80815**	**36483**	**211298**	**184649**
按登记注册类型分组					
内资企业	83181	60033	28839	168918	154817
国有企业	1831	1470	814	3346	1159
股份合作企业	2907	798	2	2909	4427
有限责任公司	13393	19033	9707	32950	44452
国有独资公司	874	88	63	941	593
其他有限责任公司	12519	18945	9644	32009	43859
私营企业	65051	38731	18316	129713	104780
私营独资企业	138	2		139	7
私营有限责任公司	64913	38730	18316	129575	104773
港、澳、台商投资企业					
与港澳台商合资经营企业					
外商投资企业	7525	20782	7643	42380	29832
外资企业	1785	1549	85	2703	1243
中外合资经营企业	5740	19233	7558	39677	28589
按控股情况分					
国有控股	6848	12167	7741	16886	17149
集体控股					
私人控股	77631	49274	21114	153349	138280
港澳台商控股					
外商控股	6227	19375	7627	41063	29221
其他					
按经营形式分					
独立门店	56763	37670	14592	112026	117434
连锁总店(总部)	10265	30818	14501	62106	35814
连锁直营店	2521	604	290	4142	2639
连锁加盟店	1647	1181	767	2802	2413
其他	19512	10542	6334	30222	26349
按国民经济行业分					
正餐服务	70825	55596	25237	151328	137542
快餐服务	9078	21565	8530	45083	32704
其他餐饮业	5067	2652	2138	7746	3168

企业主要财务指标（2022 年）

单位：万元

所有者权益合计	营业收入	营业成本	营业税金及附加	营业利润	利润总额	本年应交增值税
27042	**361288**	**214502**	**685**	**3655**	**3003**	**2455**
14495	268084	166152	549	-4979	-5637	2326
2188	7092	5395	5	280	375	3
-1518	714	477	2	-168	-169	43
-11502	33135	21767	126	-3519	-3348	562
348	3172	2810	2	145	161	33
-11851	29963	18956	124	-3664	-3509	529
25326	227144	138514	417	-1572	-2495	1719
131	528	269		-10	-10	
25195	226616	138244	417	-1562	-2485	1719
12548	93204	48349	136	8634	8640	129
1460	2754	1357	3	-478	-435	31
11088	90450	46992	133	9112	9075	98
-263	17532	14709	25	-1868	-1682	305
15463	251435	151769	527	-3344	-4184	2052
11842	92322	48025	133	8868	8869	99
-5015	160064	99023	370	-5949	-5562	1760
26291	129548	63515	84	9329	8457	9
1503	3990	1665	5	-154	-121	-4
389	3291	1451	87	-49	-20	87
3874	64396	48849	139	478	249	604
14179	218932	128341	502	-6633	-7036	2028
12379	100189	55055	143	10071	10066	186
4578	22312	17702	22	269	142	180

15-8 各地区限额以上批发零售贸易法人企业主要指标（2022 年）

地　　区	法人企业(个)			产业活动单位(个)	年末从业人数(人)	商品销售额合计(万元)
		批发企业	零售企业			
全　　市	**2748**	**1712**	**1036**	**4210**	**108044**	**63941449**
东 湖 区	204	109	95	167	7501	2632514
西 湖 区	667	310	357	1001	29361	8032233
青云谱区	283	202	81	60	7607	3783675
青山湖区	336	206	130	683	9948	3384532
新 建 区	135	102	33	920	8523	3627338
红谷滩区	209	107	102	163	9931	5442811
南 昌 县	309	237	72	182	13837	10131259
安 义 县	49	47	2	7	707	1040776
进 贤 县	71	49	22	3	1423	972028
经济开发区	265	203	62	569	8282	13150642
高新开发区	180	110	70	450	10250	11193097
湾里管理局	40	30	10	5	674	550545

15-8 续表（2022 年）

单位：万元

地　　区	批发额		零售额	营业收入	营业成本	营业税金及附加	营业利润
		#出　口					
全　　市	**49696518**	**2198633**	**14226161**	**57670578**	**53696295**	**185454**	**772007**
东 湖 区	1595121	41052	1037047	2369353	2164979	7280	-4377
西 湖 区	5884374	79662	2136449	7284208	6465694	113623	162476
青云谱区	2233948	95773	1549727	3453809	3229128	4377	28303
青山湖区	2088503	110558	1293457	3090330	2825209	4282	37685
新 建 区	2733465	13294	893873	3297766	3010087	7422	18192
红谷滩区	3677028	36865	1765509	5057984	4619388	7612	191845
南 昌 县	8241416	735767	1886493	9204764	8699218	10619	46044
安 义 县	1027601	5396	13174	948221	918868	987	2951
进 贤 县	498879	29759	473149	903963	745055	1610	43733
经济开发区	11763185	508525	1386638	11480481	11032381	12623	91593
高新开发区	9447157	541197	1745940	10085915	9519969	14645	150027
湾里管理局	505840	785	44705	493784	466319	375	3535

15–9 各地区限额以上住宿餐饮法人企业主要指标（2022 年）

地　　区	法人企业（个）			产业活动单位（个）	年末从业人数（人）	营业额（万元）	
		住宿企业	餐饮企业				#客房收入
全　　市	**484**	**265**	**219**	**441**	**22848**	**542261**	**130081**
东 湖 区	39	23	16	112	3501	70953	18613
西 湖 区	114	61	53	191	7511	142373	22698
青云谱区	22	14	8	12	1003	25401	7326
青山湖区	27	18	9	18	868	28887	8127
新 建 区	16	9	7		489	13694	4559
红谷滩区	138	70	68	27	4770	131948	35863
南 昌 县	36	23	13	26	1713	34554	12840
安 义 县	5	3	2		142	2754	1266
进 贤 县	9	4	5		225	5337	1964
经济开发区	25	10	15	25	974	24957	3418
高新开发区	33	18	15	26	1107	34320	11219
湾里管理局	20	12	8	4	545	27085	2188

15–9 续表（2022 年）

单位：万元

地　　区			营业收入	营业成本	营业税金及附加	营业利润
	餐费收入	商品销售收入				
全　　市	**392234**	**6167**	**545208**	**299926**	**2292**	**–29522**
东 湖 区	47430	1001	70471	26894	552	-10431
西 湖 区	115582	1329	150199	78868	955	-5699
青云谱区	16795	1062	24687	15582	64	-2252
青山湖区	19173	139	28588	12019	94	-1740
新 建 区	8861	76	13107	6476	44	-953
红谷滩区	93187	1015	130951	79627	273	-6947
南 昌 县	20089	606	34767	19048	121	-1097
安 义 县	1462		2732	1246	1	134
进 贤 县	3227	112	4952	2332	26	824
经济开发区	19938	293	24277	18115	19	-341
高新开发区	22084	81	33531	18733	89	-360
湾里管理局	24405	454	26947	20986	54	-660

15-10 城市商业综合体基本情况（2022年）

项目	所在县区	全部可出租面积（平方米）	车位数（个）	全年总客流量（万人次）	同比增长（%）	可出租摊位数（个）	出租率（%）
玺悦城	南昌县	98132	1098	580	4.0		96.0
中悦广场	南昌县	76000	602	770	8.0		96.0
南昌进贤吾悦广场	进贤县	53993	977	269		242	100.0
南昌IM乐盈广场	西湖区	35000	1000	75	7.0	180	85.0
南昌西湖万达广场	西湖区	73561	895	1094	-20.6	282	95.7
南昌王府井购物中心	青云谱区	64651	1980	1028	-22.0	430	87.0
恒茂梦时代广场	青山湖区	11000	560	391	1.0	150	86.5
华润万象汇	青山湖区	30746	960	583	-2.0	205	98.0
龙湖南昌青山湖天街	青山湖区	54105	956	700		215	93.7
青山湖万达广场	青山湖区	66215	864	1150	0.0	209	98.0
南昌新建中心	新建区	97439	1000	287	-32.0	279	70.9
南昌新建新城吾悦广场	新建区	60119	1025	702	-33.0	249	99.0
南昌红谷滩万达广场	红谷滩区	94214	1164	2200	-21.0	181	99.0
南昌融创茂	红谷滩区	81957	2941	307	-51.0	219	80.0
南昌铜锣湾广场	红谷滩区	50000	500	4000	-35.0	200	90.0
南昌华润万象城	红谷滩区	83280	1950	500	100.0	403	89.3
地铁万科时代	红谷滩区	28925	688	508	230.0	128	90.0
绿地缤纷城	红谷滩区	32741	700	461	-37.0	212	55.0
南昌印象城	红谷滩区	38166	1259	700	-25.0	120	92.0
南昌旭辉Cmall	经开区	53000	1079	580		245	97.0
南昌新城吾悦广场	高新区	60140	1819	1095	-3.0	159	90.0

15-11 城市商业综合体经营情况（2022年）

指标名称	计量单位	合计		自营联营		租赁经营	
		2022年	2021年	2022年	2021年	2022年	2021年
商户数	个	3635	2742	38	46	3597	2696
#法人单位	个	802	451	26	25	776	426
分支机构	个	445	250	7	8	438	242
个体户	个	2388	2041	5	13	2383	2028
商户销售额（商户营业额）	万元	969749	814683	22635	21835	947114	792848
营业面积	平方米	1083895	805247	18811	24809	1065084	780438

注：2021年全市在统城市商业综合体数量为15个。

15-12 亿元以上商品交易市场摊位成交额情况（2022 年）

类　　别	年末出租摊位数（个）	成交额（万元）
全　　市	**21441**	**8332458**
粮油、食品类	4856	4316686
#粮油类	492	350518
肉禽蛋类	623	666398
水产品类	977	1130366
蔬菜类	816	700146
干鲜果品类	760	778662
饮料类	105	53540
烟酒类	24	14335
服装、鞋帽、针纺织品类	5108	2498827
服装类	4097	2081277
鞋帽类	564	336962
针纺织品类	447	80588
化妆品类	59	12166
金银珠宝类	74	58072
日用品类	552	294547
#可穿戴智能设备		
五金、电料类	561	182817
体育、娱乐用品类	43	478
书报杂志类	18	260
电子出版物及音像制品类		
家用电器和音像器材类	957	57273
中西药品类		
#西药类		
中草药及中成药类		
文化办公用品类	244	93633
家具类	478	39200
通讯器材类		
煤炭及制品类		
木材及制品类		
化工材料及制品类	14	129
#化肥类		
金属材料类	679	38210
建筑及装潢材料类	1945	24490
机电产品及设备类	477	5323
#农机类		
汽车类	4520	613085
种子饲料类	8	138
棉麻类		
其他类	719	29249

15-13　各地区亿元以上商品交易市场基本情况（2022 年）

地　区	市场数量(个)	总摊位数(个)	年末出租摊位数(个)	营业面积(平方米)	成 交 额(万元)
全　市	**25**	**27225**	**21441**	**2832980**	**8332458**
东 湖 区	3	1355	1203	68434	1320275
西 湖 区	9	4389	4311	243707	375062
青云谱区	3	3094	2734	225916	2468205
青山湖区	5	4043	3578	482863	289715
红谷滩区	2	4548	1009	191955	193267
南 昌 县	3	9796	8606	1620105	3685934

15-14　批发和零售业连锁经营情况

指标名称	计量单位	合计		直营店		加盟店	
		2022年	2021年	2022年	2021年	2022年	2021年
门店总数	个	4865	5188	3033	2634	1832	2554
年末从业人员数	人	25294	27465	23954	24274	1340	3191
年末零售营业面积	平方米	1300411	1473764	1260270	1326825	40141	146939
连锁门店商品购进额	万元	2472206	3333059	2353276	3026187	118930	306872
#统一配送商品购进额	万元	2108777	2764532	1991052	2559435	117725	205097
#自有配送中心配送商品购进额	万元	1235559	1823092	1120193	1620777	115366	202315
非自有配送中心配送商品购进额	万元	279895	348341	279895	347841		500
连锁门店商品销售额	万元	4121102	5128788	3999568	4806128	121534	322660
#零售额	万元	3507576	3756153	3386042	3433493	121534	322660

15-15 住宿和餐饮业连锁经营情况

指标名称	计量单位	合计		直营店		加盟店	
		2022年	2021年	2022年	2021年	2022年	2021年
门店总数	个	250	226	250	226		
年末从业人员数	人	5340	5471	5340	5471		
年末餐饮营业面积	平方米	52230	57624	52230	57624		
客房数	间	826	1056	826	1056		
床位数	个	1325	2056	1325	2056		
餐位数	位	19071	19316	19071	19316		
连锁门店商品购进(采购)额	万元	55995	59107	55995	59107		
#统一配送商品购进(采购)额	万元	55831	57976	55831	57976		
#自有配送中心配送商品购进(采购)额	万元						
非自有配送中心配送商品购进(采购)额	万元						
连锁门店营业额	万元	111900	123542	111900	123542		
#餐费收入	万元	110662	121698	110662	121698		

15-16 批发和零售业连锁门店及配送中心分布情况

单位：个

地　区	门店总数		直营店数		加盟店数		配送中心数			
	2022年	2021年	2022年	2021年	2022年	2021年	2022年	2021年	#自有	
									2022年	2021年
全国合计	**4865**	**5062**	**3033**	**2600**	**1832**	**2462**	**25**	**25**	**20**	**20**
上海	19	44			19	44				
江苏	38	84			38	84				
#南京	2	29			2	29				
浙江	82	172		3	82	169				
#杭州	43	66			43	66				
宁波	6	16			6	16				
安徽	39	48			39	48				
#合肥	8	14			8	14				
江西	4467	4383	3032	2596	1435	1787	25	25	20	20
#南昌	1719	1871	1270	1195	449	676	13	14	12	12
山东	131	168			131	168				
#济南	23	29			23	29				
青岛	27	40			27	40				
湖北	13	27			13	27				
#武汉		8				8				
湖南	76	136	1	1	75	135				
#长沙	32	59	1	1	31	58				

主要统计指标解释

社会消费品零售总额 指各种经济类型的批发零售贸易业、住宿和餐饮业对城乡居民和社会集团的消费品零售额总和。这个指标反映通过各种商品流通渠道向居民和社会集团供应的生活消费品来满足他们生活需要，是研究人民生活、社会消费品购买力、货币流通等问题的重要指标。对居民的消费品零售额：指售给城乡居民用于生活消费的商品。对社会集团的消费品零售额：指售给机关、团体、部队、学校企业、事业单位和城市街道居民委员会、农村村民委员会用公款购买的用作非生产、非经营使用的消费品。社会消费品零售额包括：(1) 售给城乡居民作为生活用的商品及修建房屋建筑材料；(2) 售给机关、团体、学校、部队、企业、事业单位的职工食堂和旅店（招待所）附设专门供本店旅客食用，不对外营业的食堂的各种食品、燃料；企业、单位和国营农场直接售给本单位职工和职工食堂的自己生产的产品；(3) 售给部队干部、战士生活粮食、副食品、衣着品、日用品、燃料；(4) 售给来华的外国人、华侨、港澳台同胞的消费品（包括友谊商店、在海关前后设立的免税商店、外轮供应公司等）；(5) 居民自费购买的中、西药品，中药材及医疗用品；(6) 报社、出版社直接售给居民和社会集团的报纸、图书、杂志，集邮公司（包括邮局集邮专柜）出售的新、旧（盖销的）纪念邮票、特种邮票、首日封、集邮册、集邮工具等；(7) 旧货寄售商店自购、自销部分的商品；(8) 煤气公司、液化石油气站售给居民和社会集团的煤气灶具和罐装液化石油气；(9) 售给社会集团的办公用品、纸张、帐册、文印用品、计算工具、书报杂志和奖品；公共用品和纺织品、针织品；学校用的教学用具；文体用品；有明确专用的劳动保护用品。

（一）按行业分的社会消费品零售额

1. 批发和零售业零售额 指专门从事商品转卖业务的各种经济类型独立核算的批发零售贸易企业、产业活动单位直接售给居民和社会集团的消费品零售额。

2. 住宿和餐饮业零售额 指从事食品的烹饪、调制并直接零售给居民饮食的各种宾馆、旅社、饭馆、酒馆、茶馆等餐饮业的零售额。包括各种企业单位附设对外营业的饭馆、火车餐厅、轮船餐厅、车站食堂、机场餐厅的零售额。不包括旅店（招待所）专供本店旅客食用，不对外营业的食堂，机关、团体学校、企业、事业单位的职工食堂出售饭菜的收入。

（二）按销售地区分的社会消费品零售额

1. 城镇的零售额 指设立在中央直辖市，省、地辖市的市区和镇以上的各行业消费品零售额，不包括乡村的消费品零售额。

2. 城区的零售额 指设立在城区内的各行业消费品零售额。

3. 乡村的零售额 指设立在农村的各行业消费品零售额。但不包括分布在农村的独立工矿、林区的商品零售额，这部分零售额，凡属直辖镇以上的列入“城镇的零售额”中。

商品购进总额 指从本企业以外的单位和个人购进（包括从国外直接进口）作为转卖或加工后转卖的商品金额。本指标由从生产者购进额、从批发零售贸易业购进额、进口额和其他项目组成。这个指标反映批发零售贸易业从国内、国外市场上购进商品的总量。

从生产者购进额 指直接从工农业生产者购进的各种工矿产品、农副产品。

进口 指直接从国外进口的商品和委托外贸部门代理进口的商品。

商品销售总额 指对本企业以外的单位和个人出售的商品（包括售给本单位消费用的商品）金额。本指标由对生产经营单位批发额、对批发零售贸易批发额、出口额和对居民和社会集团商品零售额项目组成。这个指标反映批发零售贸易业在国内市场上销售商品以及出口商品的总量。

批发 指除零售以外的一切商品销售活动，包括对生产经营单位批发、对批发零售贸易业批发和出口。

对生产经营单位批发 指售给国民经济和社会各部门作为生产或经营使用的商品。

出口 指直接向国（境）外出口商品和委托外贸部门代理出口的商品。

零售 指售给城乡居民直接用于生活消费的商品和社会集团直接用于公用消费的商品。

期末库存 指批发零售贸易业已取得所有权的全部商品。这个指标反映批发零售业的商品库存情况，以及对市场商品供应的保证程度。

年末从业人数 指在该企业工作并取得劳动报酬的年末实有人员数。包括在岗职工、再就业的离退休人员、在该企业工作的外方人员、港、澳、台方人员、兼职人员、借用的外单位人员和第二职业者。不包括离开本单位但仍保留劳动关系的职工。

年末营业面积 零售业按建筑面积计算的直接对顾客销售商品的固定场地，不包括办公室、仓库、加工场地等面积。住宿和餐饮业对外提供就餐服务的门店建筑面积和从事食品加工、烹饪、调制的厨房面积，不包括办公用房和仓库等面积。该指标按年末实有面积统计。

住宿和餐饮业营业额 指住宿和餐饮业法人企业、产业活动单位在经营活动中因提供服务或销售商品等取得的收入。包括客房收入、餐费收入、商品销售额（含增值税）和其他收入。

客房收入 指住宿和餐饮业法人企业、产业活动单位在经营活动中因提供住宿服务取得的收入。

餐费收入 指住宿和餐饮业法人企业、产业活动单位因为顾客提供就餐服务取得的收入。包括经烹饪、调制后出售的各种食品，如主食、炒菜、凉拌菜等的收入。

商品销售额 指住宿和餐饮业法人企业、产业活动单位出售商品的销售总额（含增值税）。

其他收入 指营业额中除客房收入、餐费收入、商品销售额（含增值税）以外的其他收入。包括：娱乐、健身和商务服务等。

床位数 指宾馆、饭店、酒店、旅馆等供应旅客使用的床位数，不包括临时加的床位和宾馆、饭店、酒店、旅馆等内部工作人员使用的床位。该指标按年内正常情况下的实有数统计。

餐饮数 指住宿和餐饮业法人企业、产业活动单位为顾客提供就餐服务时，正常可同时容纳就餐人员的餐位数量，不包括临时加的餐位。该指标按年内正常情况下的实有数统计。

批发和零售业、住宿和餐饮业的限额以上统计划型标准为：

1. 批发业：全年销售额 2000 万元及以上

2. 零售业：全年销售额 500 万元及以上

3. 餐饮业：全年主营业务收入 200 万元及以上

4. 住宿业：星级宾馆、饭店连锁企业 （或称连锁店、连锁公司）指在核心企业或总店的领导下，由分散的、经营同类商品或服务的企业或活动单位，采取共同方针，实行集中采购和分散销售的有机结合，通过规范化经营，实现规模效益的经济联合组织形式。

一般连锁店应由若干个分店组成。其经营特征：(1) 经营同类商品；(2) 使用统一商号；(3) 统一采购配送，采购与销售相分离(部分商品可根据物流合理和保质保鲜原则由供应商直接送货到门店，其余均由总部统一配送。连锁店总店（总部）指连锁店的核心企业或管理中心。连锁店分店指连锁店所属各分散经营的企业或活动单位，也可称分店或成员店。

连锁店包括下列两种形式：

(1) 直营连锁：也叫正规连锁。连锁门店均由总部全资或控股开设，在总部的直接领导下统一经营。连锁总店或核心店作为一个直营店统计。

(2) 加盟连锁：包括特许连锁和自由连锁。特许连锁：各连锁门店（被特许人）通过合同形式，取得使用总部（特许人）商标、经营技术和销售总部开发的商品的特许权，各加盟连锁门店为独立法人，但无自主经营权，在总部指导下统一经营。自由连锁：也称自愿连锁，连锁公司的门店均为独立法人，各自的资产所有权关系不变，在公司总部的指导下共同经营。各成员店使用共同的店名，与总部订阅相关购、销、宣传等方面的合同，并按合同开展经营活动。在合同规定的范围之外，各成员店可以自由活动。根据自愿原则，各成员店可自由加入连锁体系，也可自由退出。

商品交易市场 指有固定场所、设施，有若干经营者入场实行集中、公开交易各类实物商品的市场。

亿元以上商品交易市场 指全年成交额在一亿元及以上的商品交易市场。

市场成交总额 指该市场所有摊位商品交易总额之和。

在地口径 指批零住餐统计中的统计范围，以企业经营所在地为统计口径的统计方法，称为“在地口径”统计。

法人口径 指批零住餐统计中的统计范围，以企业法人所在地为统计口径的统计方法，称为“法人口径”统计。

十六、外贸和旅游

FOREIGN ECONOMIC TRADE AND TOURISM

本篇内容包括:

16-1 海关货物进出口总值

单位：亿美元

年 份 地 区	进出口 总 值	出口值	进口值	差 额
2001	9.72	7.96	1.76	6.20
2002	9.09	7.28	1.82	5.46
2003	13.42	10.04	3.37	6.67
2004	16.59	10.75	5.84	4.91
2005	17.45	12.40	5.05	7.35
2006	24.90	17.24	7.66	9.58
2007	31.80	23.21	8.59	14.62
2008	33.99	25.03	8.96	16.08
2009	34.80	21.30	13.49	7.81
2010	53.07	36.76	16.30	20.46
2011	78.75	56.54	22.21	34.33
2012	82.89	64.66	18.24	46.42
2013	97.11	73.08	24.04	49.04
2014	122.22	84.17	38.05	46.12
2015	113.72	85.01	28.71	56.31
2016	93.80	57.90	35.90	22.00
2017	98.41	62.80	35.61	27.19
2018	119.57	68.63	50.94	17.69
2019	1062.43	646.52	415.91	230.60
2020	1151.47	713.07	438.39	274.68
2021	1290.25	894.72	395.53	499.18
2022	1345.56	954.89	390.67	564.22
东 湖 区	41.67	39.73	1.94	37.79
西 湖 区	61.93	55.31	6.62	48.69
青云谱区	40.86	39.58	1.28	38.3
青山湖区	96.78	95.59	1.19	94.4
新 建 区	31.24	29.25	1.99	27.26
红谷滩区	52.90	46.51	6.39	40.12
南 昌 县	191.20	162.55	28.66	133.89
安 义 县	22.01	20.47	1.54	18.93
进 贤 县	20.04	18.67	1.37	17.3
经济开发区	400.69	233.29	167.39	65.9
高新开发区	386.23	213.94	172.29	41.65
湾里管理局				

注：1. 表中数据为市商务局提供，其中2018年之前以亿美元为单位，2019年之后为人民币亿元为单位。
2. 新建区数据包含湾里管理局。

16-2 外商直接投资情况

年　份 地　区	项目数 (个)	合同外资金额 (万美元)	实际使用外资 (万美元)
2001	65	17381	10202
2002	149	53239	34233
2003	172	73579	53656
2004	195	104743	71550
2005	187	111479	83026
2006	174	120976	93520
2007	155	148992	101961
2008	137	134407	111768
2009	145	152387	125089
2010	304	235619	147655
2011	185	319599	168160
2012	164	249575	190259
2013	176	246918	211657
2014	189	306128	232115
2015	82	98858	261656
2016	72	128446	288964
2017	52	192480	318065
2018	53	100059	348899
2019	43	140657	377156
2020	60	128223	406004
2021	76	120307	439506
2022			41727
东湖区			1085
西湖区			11909
青云谱区			
青山湖区			700
新建区			31
红谷滩区			2018
南昌县			3932
安义县			451
进贤县			106
经济开发区			8552
高新开发区			12943
湾里管理局			

注：表中数据由市商务局提供，从 2022 年起，实际利用外资改为国家商务部统计口径数据。

16−3　外商在南昌直接投资情况（2022 年）

类　　别	项 目 数 (个)	合同外资金额 (万美元)	实际使用外资 (万美元)
总　　计			**41727**
按投资方式分			
合资经营企业			7658
合作经营企业			
外资企业			34034
外商投资股份制企业			35
按国民经济行业分			
农、林、牧、渔业			
农业			
林业			
渔业			
采矿业			
非金属矿采选业			
制造业			7822
农副食品加工业			11
食品制造业			
酒、饮料和精制茶制造业			
纺织业			
纺织服装、服饰业			
印刷和记录媒介复制业			
化学原料和化学制品制造业			
医药制造业			
金属制品业			
通用设备制造业			1697
专用设备制造业			
汽车制造业			3819
电气机械和器材制造业			800
计算机、通信和其他电子设备制造业			1495
废弃资源综合利用业			
电力、热力、燃气及水生产和供应业			
燃气生产和供应业			
水的生产和供应业			
文化、体育和娱乐业			
居民服务、修理和其他服务业			

16-3 续表1

类　　别	项 目 数（个）	合同外资金额（万美元）	实际使用外资（万美元）
建筑业			
房屋建筑业			
建筑装饰、装修和其他建筑业			
批发和零售业			3507
批发业			3507
零售业			
交通运输、仓储和邮政业			1906
道路运输业			
多式联运和运输代理业			
装卸搬运和仓储业			1906
住宿和餐饮业			
餐饮业			
信息传输、软件和信息技术服务业			
互联网和相关服务			
软件和信息技术服务业			
金融业			
货币金融服务			
其他金融业			
房地产业			8004
房地产业			8004
租赁和商务服务业			20360
租赁业			
商务服务业			20360
科学研究和技术服务业			93
研究和试验发展			20
专业技术服务业			
科技推广和应用服务业			73
水利、环境和公共设施管理业			
公共设施管理业			
教育			
教育			
卫生和社会工作			35
卫生			35

16-3 续表2

类　　别	项 目 数 (个)	合同外资金额 (万美元)	实际使用外资 (万美元)
按投资国别(地区)分			**41727**
亚洲			**36045**
中国香港			33256
印度			
日本			82
约旦			
中国澳门			
巴基斯坦			
新加坡			700
韩国			2007
中国台湾			
哈萨克斯坦			
非洲			
喀麦隆			
尼日利亚			
欧洲			**3857**
英国			47
德国			
法国			3810
意大利			
荷兰			
西班牙			
奥地利			
瑞士			
捷克			
南美洲			**1014**
巴巴多斯			
英属维尔京群岛			1014
北美洲			**800**
加拿大			
美国			800
大洋洲			
澳大利亚			
其他			**11**
其他			11
联合国及机构和国际组织			
创业投资公司投资			
投资性公司投资			

注：表中数据由市商务局提供。

16—4 旅游业发展情况

类　别	旅游总收入（亿元）	比上年增长（%）
2006	55.32	19.5
2007	66.73	20.6
2008	76.11	14.1
2009	85.85	12.8
2010	100.80	17.4
2011	145.54	44.4
2012	202.00	38.8
2013	275.95	36.6
2014	386.25	40.0
2015	537.90	39.3
2016	816.80	51.8
2017	1204.60	47.5
2018	1520.00	26.2
2019	1869.16	23.0
2020	1475.24	-21.1
2021	1743.95	18.2
2022	1399.33	-19.8

注：表中数据由市文广新旅局提供。

16-5 入境旅游情况

(2010-2022 年)

类　别	2010	2011	2012	2013	2014	2015	2016	2017	2018	2019	2020	2021	2022
旅游外汇收入													
绝对值(万美元)	3069	4650	5300	6390	6803	7415	8603	9971	12681	14236	6035		
比上年增长(%)	-3.1	16.3	14.0	20.6	6.5	9.0	16.0	15.9	27.2	12.3	-57.6		
接待海外旅游者人数													
绝对值(人次)	120524	143600	184466	201782	207830	222008	251000	278600	291168	326923	28365		
比上年增长(%)	15.8	18.7	28.5	9.4	3.0	6.8	13.1	11.0	9.9	12.3	-91.3		

注：1. 表中数据由市文广新旅局提供，2017 年起接待海外旅游者人数含过境一日游客。
2. 根据江西省文化和旅游厅要求，2021 年起入境旅游数据不做统计。

16-6　星级饭店接待入境旅游者人数

（2010—2022 年）

指　　标	接待总人数(人次)												
	2010	2011	2012	2013	2014	2015	2016	2017	2018	2019	2020	2021	2022
合　　计	**120524**	**143600**	**184466**	**201782**	**207830**	**222008**	**251000**	**265009**	**291168**	**326923**	**28365**		
外 国 人	**86552**	**96498**	**84854**	**95082**	**97268**	**97117**	**108681**	**116267**	**116304**	**140178**	**12245**		
亚洲小计	**23106**	**25303**	**23081**	**29568**	**33789**	**41518**	**46022**	**42557**	**43105**	**57176**	**4995**		
日　本	5789	6358	3230	3180	4180	6726	8017	6249	4880	7098	620		
韩　国	5257	5769	6920	9505	11126	8800	10862	3761	3592	7736	676		
蒙　古	26	30	25	23	20	65	4	31		132	12		
印度尼西亚	997	1082	1120	1350	1280	2463	2314	2907	3335	4006	350		
马来西亚	1279	1359	1380	1650	1518	1257	1156	2555	3343	3802	332		
菲律宾	1278	1420	1020	1378	1213	731	903	2277	3168	3716	325		
新加坡	2055	2108	2200	2659	2553	2792	2874	3524	3723	4342	379		
泰　国	1180	1308	1508	3506	5638	10750	11453	9156	7265	6917	604		
印　度	1711	1911	1801	2151	1936	2074	1727	1496	1614	2226	194		
越　南	488	505	520	630	570	451	610	1196	1351	1945	170		
缅　甸	45	50	45	46	50	91	70	928	1211	1766	154		
朝　鲜	88	90	92	90				2	6				
巴基斯坦	356	506	510	550	570	667	881	1447	1672	2289	200		
其　他	2557	2807	2710	2850	3135	4651	5151	7028	7945	11201	979		
欧洲小计	**19096**	**21173**	**19639**	**21258**	**22136**	**18787**	**25289**	**32732**	**30902**	**32692**	**2856**		
英　国	3231	3501	3280	3580	4296	2730	4469	5086	5269	5390	471		
法　国	2823	3320	2240	2680	2814	2027	3866	4951	4819	4502	393		
德　国	2470	2680	2808	3049	2896	2127	3730	4689	4356	3749	328		
意大利	1802	2008	1980	2037	1833	1823	2288	3458	3192	2586	226		
瑞　士	278	305	300	308	323	522	815	1532	1408	1733	151		
瑞　典	321	350	320	350	368	507	666	1265	1132	1485	130		
俄罗斯	2284	2584	2803	3105	3726	2835	3075	3330	3126	4012	350		
西班牙	2121	2320	2108	2309	2424	1532	1826	2670	2638	3160	276		
其　他	3766	4105	3800	3840	3456	4684	4554	5751	4962	6075	531		
美洲小计	**35485**	**39136**	**31031**	**30255**	**25779**	**16813**	**15574**	**15205**	**16486**	**18417**	**1608**		
美　国	30527	33528	25215	24125	19203	13586	12513	12691	13736	15683	1370		
加拿大	2258	2503	2608	2780	3058	1515	1687	1453	1560	1676	146		
其　他	2700	3105	3208	3350	3518	1712	1374	1061	1190	1058	92		
大洋洲小计	**2971**	**3206**	**3116**	**3358**	**3271**	**4336**	**4068**	**4085**	**4328**	**5026**	**439**		
澳大利亚	1757	1850	1808	1950	2145	1859	1898	1776	1906	2304	201		
新西兰	778	850	802	889	711	1105	1161	1348	1358	1673	146		
其　他	436	506	506	519	415	1372	1009	961	1064	1049	92		
非洲小计	**5796**	**7580**	**7905**	**10563**	**12195**	**15305**	**17688**	**20562**	**21483**	**25987**	**2270**		
其他小计	**98**	**100**	**82**	**80**	**98**	**358**	**40**	**1126**		**880**	**77**		
港澳同胞	**18998**	**29387**	**74758**	**80325**	**69250**	**71379**	**72503**	**88094**	**174864**	**186745**	**16120**		
#香港同胞	17142	23071	56467	60606	51132	44330	48590	56207	67384	64133	5950		
台湾同胞	**14974**	**17715**	**24854**	**26375**	**41312**	**53512**	**69816**	**60648**	**75061**	**81768**	**6750**		

注：1. 表中数据由市文广新旅局提供。

2. 根据江西省文化和旅游厅要求，2021 年起接待入境旅游数据不做统计。

16-7 国内旅游收入情况

(2010-2022 年)

类　别	2010	2011	2012	2013	2014	2015	2016	2017	2018	2019	2020	2021	2022
国内旅游收入													
绝对值(亿元)	98	143	199	272	382	533	811	1198	1512	1859	1471	1744	1399
比上年增长(%)	17.1	45.4	39.3	36.9	40.45	39.5	52.1	47.8	26.1	23.0	-21	18.2	-19.8
接待国内旅游人数													
绝对值(万人次)	1498	2094	2519	3282	4266	5512	8276	12029	15044	17904	15119	17795	16283
比上年增长(%)	22.1	39.8	20.3	30.3	29.98	29.2	50.1	45.3	25.3	19.0	-16	17.7	-8.5

注：表中数据由市文广新旅局提供。

16-8 春节、劳动节、国庆节旅游情况

年　份	旅游人数（万人次）			旅游收入（万元）		
	春　节	劳动节	国庆节	春　节	劳动节	国庆节
2010	75	88	334	31600	34024	95000
2011	81	102	317	34180	39638	103656
2012	98	121	448	47800	49865	130813
2013	114	146	475	57600	61132	140910
2014	138	198	539	72460	80388	194738
2015	167	282	675	91372	117527	271659
2016	251	432	953	132672	175468	428677
2017	361	628	1348	193170	248813	678600
2018	476	767	1530	267800	367060	800541
2019	496	860	1386	300000	447000	807100
2020		340	679		13 960	21 360
2021	397	689	1 442	175 500	328 600	645 100
2022	237	184	729	125 000	50 800	356 600

注：表中数据由市文广新旅局提供。

16-9 全市星级饭店一览表(2022年)

序号	饭店名称	星级	地址	电话	客房数	床位数
1	江西宾馆	五星	八一大道368号	87823388	238	395
2	锦峰大酒店	五星	江西省南昌市西湖区站前西路281号	88867777	247	332
3	江西嘉莱特和平国际大酒店	五星	南昌市广场南路10号	86111118	359	476
4	南昌力高皇冠假日酒店	五星	沿江中大道266号	86699999	380	505
5	江西省赣江宾馆有限公司	四星	八一大道138号	88856888	310	510
6	锦都皇冠酒店	四星	洪城路99号	86429999	233	352
7	江西省江西饭店有限公司	四星	八一大道356号	88858808	305	475
8	国贸酒店	四星	洪城路2号	88863265	246	402
9	江西师大白鹿会馆	四星	南昌市紫阳大道99号	88121889	94	180
10	南昌百瑞四季酒店	四星	洪都北大道10号	88688002	248	430
11	江西省京西宾馆	四星	省政府大院南一路9号	88850666	173	320
12	江西玉泉岛大酒店	四星	青山湖区湖滨东路888号	88111111	191	280
13	江西七星商务酒店	四星	南京西路225号	88866666	247	372
14	新吉花园酒店	四星	丰和北大道299号	86750606	211	369
15	进贤皇庭大酒店	四星	进贤县胜利中路68号	85539666	199	319
16	江西唯客丽晶大酒店	四星	西湖区洛阳路70号	88599999	212	362
17	进贤军山湖国际大酒店	四星	胜利中路138号	85680888	180	284
18	君亭红牛酒店	四星	二七南路552号	82116999	200	340
19	江西锦怡大酒店	四星	洛阳路25号	86392701	221	388
20	江西鼎昇大酒店	四星	洪都南大道207号	87788888	248	448
21	琴源山庄	四星	湾里管理局乌井路28号	88681000	51	106
22	洗药湖山庄	四星	湾里区太平镇云顶一号	87703333	68	120
23	江西万国国际大酒店	四星	西湖区八一大道1号	86220613	181	357
24	普瑞思酒店澄碧湖店	四星	南昌县莲西路888号	85737777	168	256
25	为邦理想酒店	四星	龙津镇迎宾大道安义大酒店一楼	83417777	169	263
26	凯美旅城国际酒店	四星	小蓝经济开发区邓埠路99号	82286888	154	218

16-9 续表

序号	饭店名称	星级	地址	电话	客房数	床位数
27	铁路大酒店	三星	南昌市二七南路238号	86168882	111	300
28	核工宾馆	三星	北京西路134号	86351111	80	130
29	东城宾馆	三星	京东大道777号	87768889	140	260
30	体育宾馆	三星	东湖区福州路28号	86202112	142	240
31	阳光假日酒店	三星	二七北路520号	82108888	130	230
32	百胜酒店	三星	青山湖区顺外路578号	87702888	138	206
33	新都宾馆	三星	礼步湖大道346号	83706699	120	242
34	大客天下度假酒店	三星	湾里太平镇望狮路1号	87193066	54	94
35	南昌君来大酒店	三星	北京西路259号	86200333	215	376
36	永恒精典酒店	三星	东湖区永外正街8号	82219788	143	218
37	江西悦岸酒店	三星	天祥大道289号	82063666	75	139
38	林兴利恒酒店	三星	金沙二路幸福时光综合楼2718		120	186
39	维也纳昌南振兴大道店	三星	南昌县迎宾大道788号	82225555	151	220
40	瑶湖明珠大酒店	三星	南昌市天祥大道291号	88388866	133	220
41	维也纳酒店新洪城华侨城店	三星	东新一路金涛御景花园43栋		121	187
42	明园大酒店	三星	二七南路527号	87037198	157	289
43	江铃宾馆	二星	迎宾北大道318号	85233348	122	212

主要统计指标解释

进出口总额 是指从国外（境外）进入国境的进口商品和从国内运出国境的出口商品的总金额，包括一般贸易（含进料加工）、技术成套设备进口和出口、补偿贸易、加工装配、易货贸易以及中外合资、合作和外商独资企业的进口和出口等。我国规定进口按到岸价格 (CIF) 计算，出口按离岸价格 (FOB) 计算。

利用外资 是指我国各级政府、部门、企业、中国银行和其他单位通过对外借款、吸收外商直接投资和用其他方式的境外现汇、设备、技术等。

对外借款 是我国利用外资的主要部分，包括我国通过外国政府贷款、国际金融组织贷款、外国银行商业贷款、出口信贷以及对外发行证券等方式，从国外和港澳地区筹措的资金。

外商直接投资 是指外国企业和经济组织或个人（包括华侨、港澳同胞以及我国在境外注册的企业）按我国有关政策、法规，用现汇、实物、技术等在我国境内开办外商独资企业、与我国境内的企业或经济组织共同举办中外合资经营企业、合作经营企业或合作开发资源的投资（包括外商投资收益的再投资）以及政府有关部门批准的项目投资总额内，企业从境外借人的资金。

外商其他投资 指对外借款和外商直接投资以外，用其他方式吸收的外资，包括补偿贸易、加工装配以及国际租赁等。

入境旅游者 指来中国（大陆）观光、度假、探亲访友、就医疗养、购物、参加会议或从事经济、文化、体育、宗教活动的外国人、港澳台同胞等游客（即入境旅游人数）中在中国（大陆）的旅游住宿设施内至少停留一夜的外国人、港澳台同胞。

入境旅游者不包括下列人员：

(1) 应邀来华访问的政府部长以上官员及其随行人员；

(2) 外国驻华使领官员、外交人员以及随行的家庭服务人员和受瞻养者；

(3) 常驻中国（大陆）一年以上的外国专家、留学生、记者、商务机构人员等；

(4) 乘坐国际航班过境不需要通过护照检查进入中国（大陆）口岸的中转旅客；

(5) 边境地区往来的边民；

(6) 回大陆定居的港澳台同胞；

(7) 已在中国（大陆）定居的外国人和原已出境又返回在中国（大陆）定居的外国侨民；

(8) 归国的中国（大陆）出国人员。

国内旅游者 指中国（大陆）居民离开惯常居住地在境内其他地方的旅游住宿设施内至少停留一夜，最长不超过 12 个月的国内游客。

国内旅游者应包括在中国（大陆）境内常住一年以上的外国人、港澳台同胞。但不包括到各地巡视工作的部以上领导、驻外地办事机构的临时工作人员、调遣的武装人员、到外地学习的学生、到基层锻炼的干部、到境内其他地区定居的人员和无固定居住地的无业游民。

旅游收入 游客（入境游客和国内游客）在旅游过程中（由游客或游客的代表为游客）支付的一切旅游支出就是国家（省、区、市）的旅游收入。旅游支出应包括（过夜）旅游者和一日游游客在整个游程中食、住、行、游、购、娱，以及为亲友、家人购买纪念品、礼品等方面的旅游支出，不包括为商业目的购物、购买房、地、车、船等资本性或交易性的投资、馈赠亲友的现金及给公共机构的捐赠。旅游收入包括国际旅游（外汇）收入和国内旅游收入。

国际旅游（外汇）收入 入境游客在中国（大陆）境内旅行、游览过程中用于交通、参观游览、住宿、餐饮、购物、娱乐等全部花费。

国内旅游收入 指国内游客在国内旅行、游览过程中用于交通、参观游览、住宿、餐饮、购物、娱乐等全部花费。

人天数 指旅游者在旅游目的地停留天数之和，天数按过夜数统计。一个旅游者过一夜为一人天。计算公式为：人天数 = 人数 × 逗留（过夜）天数

星级宾馆 指符合中华人民共和国《旅游饭店星级的划分与评定国家标准》暨《旅游涉外饭店星级的划分与评定国家标准 1997 年版》并经过有关旅游管理权威部门评定（验收）后授予“星级”称号的宾馆、饭店。

十七、房地产

REAL ESTATE

本篇内容包括:

1. 房地产开发投资
2. 房地产施工及销售
3. 房地产企业财务状况
4. 房地产企业资金及土地
5. 各县区房地产开发

房地产开发投资增速

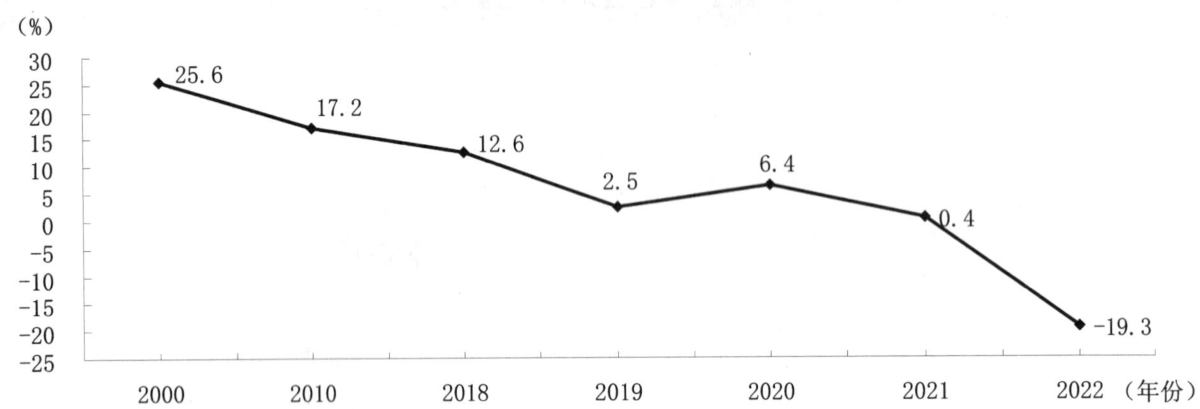

房地产施工竣工情况

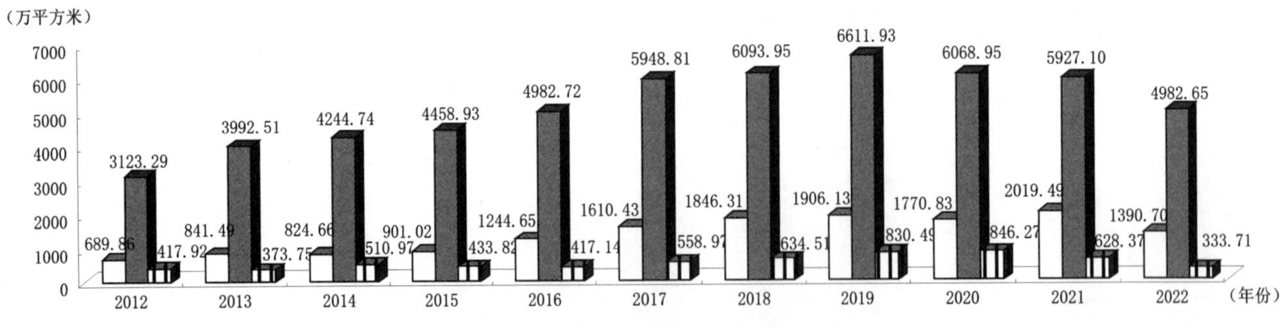

17–1 房地产开发情况（2022 年）

指　　标	企业数（个）	计划总投资比上年增长（%）	本年完成投资比上年增长（%）
按登记注册类型分	**531**	**–4.8**	**–19.3**
内资企业	498	-4.3	-19.2
国有企业	20	4.0	43.8
集体企业	1		174.4
国有独资公司	20	1.0	-35.5
其他有限责任公司	226	-8.9	-29.2
股份有限公司	4		9.1
私营独资企业	3	52.9	107.6
私营合伙企业			
私营有限责任公司	223	2.2	-11.1
私营股份有限公司	1		159.8
其他企业			
港澳台商投资企业	25	-5.1	-29.3
与港澳台商合资经营企业	13	-13.4	-52.5
与港澳台商合资合作经营企业			
港澳台商独资经营企业	11	-1.5	-8.5
其他港澳台投资	1		5.6
外商投资企业	8	-29.0	94.3
中外合资经营企业	2		
外资企业	5	1.8	105.3
外商投资股份有限公司			
其他外商投资	1		95.4
按控股情况分	**531**	**–4.8**	**–19.3**
国有控股	95	-5.7	-10.8
集体控股	5	-46.4	5.6
私人控股	405	-3.5	-22.6
港澳台商控股	20	-7.5	-10.4
外商控股	6	-25.5	95.7
其他			
按资质等级分	**531**	**–4.8**	**–19.3**
一级	8	-20.5	-32.0
二级	92	319.1	197.4
三级	37	-21.5	-23.1
四级	29	-14.0	1.8
暂定	334	-17.3	-31.3
其他	31	-30.6	-50.6

17-2　房地产销售及待售情况（2022 年）

指　　标	合 计	住 宅	#90平米以下住房	144平米以上住房	别墅、高档公寓	办公楼	商业营业用房	其 他
房屋施工面积(平方米)	49826457	34649245				3109045	5309191	6758976
#本年新开工面积	4564237	3383903				111304	327947	741083
房屋竣工面积(平方米)	3337090	2491578				176195	293031	376286
#不可销售面积	84043	548					8756	74739
商品住宅竣工套数(套)		24696						
竣工房屋价值(万元)	1150650	895591				51271	114367	89421
出租房屋面积(平方米)	7409						7409	
商品房销售面积(平方米)	13907026	10568778	970542	1583425		1255173	1494056	589019
现房销售面积	1934138	1229994				352798	216239	135107
期房销售面积	11972888	9338784				902375	1277817	453912
商品房销售额(万元)	14372970	11439869	957735	2137110		1103138	1460737	369226
现房销售额	1765772	1202207				293583	195587	74395
期房销售额	12607198	10237662				809555	1265150	294831
商品住宅销售套数(套)		93158						
现房销售套数		10592						
期房销售套数		82566						
待售面积(平方米)	1163913	325421				189275	411512	237705
#待售1-3年面积	763786	203131				167203	219172	174280
待售3年以上面积	181132	45450				6589	129093	

17–3 房地产企业财务指标（2022 年）

单位：万元

指　　标	年初存货	流动资产合计	#存　货
按登记注册类型分	**35671695**	**66805969**	**34491719**
内资企业	32556376	61180277	31661941
国有企业	859109	1374617	705497
集体企业	12935	25388	
国有独资公司	7320450	12554945	7234693
其他有限责任公司	15269077	30218038	13778240
股份有限公司	186259	993305	243515
私营独资企业	335723	464751	387581
私营合伙企业			
私营有限责任公司	8409054	15368999	9145739
私营股份有限公司	163770	180233	166675
其他企业			
港澳台商投资企业	2703423	4456175	2699369
与港澳台商合资经营企业	1251727	1767842	1221423
与港澳台商合资合作经营企业			
港澳台商独资经营企业	1177750	2253311	1170875
其他港澳台投资	273947	435022	307071
外商投资企业	411896	1169517	130409
中外合资经营企业	285350	697135	223
外资企业	124614	468672	127813
其他外商投资	1932	3711	2373
按控股情况分	**35671695**	**66805969**	**34491719**
国有控股	11388395	23516042	11429165
集体控股	93378	321326	87183
私人控股	22050739	38939942	20810320
港澳台商控股	2012636	3556277	2034866
外商控股	126547	472383	130186
其他			
按资质等级分	**35671695**	**66805969**	**34491719**
一级	316016	1300675	429281
二级	5998688	12519698	6824391
三级	6195812	10834653	6172934
四级	1402688	2930279	1547035
暂定	20308045	36585860	18045882
其他	1450447	2634804	1472196

指　　标	固定资产原　　价	固定资产累计折旧	#本年折旧	在建工程
按登记注册类型分	**1368333**	**373844**	**68892**	**1836603**
内资企业	1127767	301571	53349	1819356
国有企业	21486	4164	421	6959
集体企业	92	43	10	
国有独资公司	94311	16324	2483	734735
其他有限责任公司	644386	205309	33390	1039045
股份有限公司	3224	2708	141	1330
私营独资企业	3	0	0	
私营合伙企业				
私营有限责任公司	359989	71355	16747	37287
私营股份有限公司	4275	1668	156	
其他企业				
港澳台商投资企业	236733	70201	15447	17247
与港澳台商合资经营企业	45261	22043	1919	
与港澳台商合资合作经营企业				
港澳台商独资经营企业	191470	48157	13527	17247
其他港澳台投资	2	1	1	
外商投资企业	3834	2071	97	
中外合资经营企业	5	5	1	
外资企业	3743	2050	82	
其他外商投资	85	16	13	
按控股情况分	**1368333**	**373844**	**68892**	**1836603**
国有控股	218498	46828	7385	1777282
集体控股	510	442	83	
私人控股	909009	254500	45936	42075
港澳台商控股	236488	70007	15393	17247
外商控股	3828	2066	96	
其他				
按资质等级分	**1368333**	**373844**	**68892**	**1836603**
一级	112986	29103	2292	
二级	155417	64180	6127	16392
三级	53307	16829	1714	1035727
四级	367949	133047	20113	9268
暂定	631430	121337	36908	49824
其他	47243	9348	1739	725392

续表 1

单位：万元

资产总计	流动负债合计	非流动负债合计	负债总计	所有者权益合计	#实收资本
86173421	**46460115**	**14965684**	**61425799**	**24747622**	**9236614**
79837040	42851262	14276040	57127302	22709738	7728853
1677274	1200831	96972	1297802	379472	255774
25437	30200		30200	-4762	
22387358	5197486	5914861	11112348	11275011	742916
36541802	23357041	4971381	28328422	8213379	5219206
1362670	588994	687982	1276975	85695	69010
466600	398484	24466	422950	43650	55000
17061823	12002811	2576978	14579789	2482035	1343594
314076	75416	3400	78816	235260	43354
5110245	3020211	677636	3697846	1412398	1119358
1831618	1123003	179788	1302791	528828	394370
2843602	1897028	193000	2090028	753574	611935
435024	180	304848	305028	129997	113053
1226136	588643	12009	600651	625485	388402
704954	453964		453964	250989	169880
517131	132006	12001	144007	373123	217122
4052	2672	8	2680	1372	1400
86173421	**46460115**	**14965684**	**61425799**	**24747622**	**9236614**
37343100	14591667	8010889	22602556	14740543	2566755
322884	260007	10300	270307	52577	25000
43790021	28646384	6643878	35290262	8499759	5620689
4196234	2827378	288609	3115987	1080247	805648
521183	134679	12009	146687	374496	218522
86173421	**46460115**	**14965684**	**61425799**	**24747622**	**9236614**
1902971	1100705	227688	1328393	574578	419299
14094420	8967951	2024683	10992634	3101787	1608849
20771177	4503556	5621961	10125518	10645659	605624
4284438	2135771	504206	2639977	1644460	537066
41132420	27645288	5205018	32850307	8282114	5704051
3987995	2106844	1382128	3488971	499024	361724

17—3

指　　标	营业收入	主营业务收入	土地转让收　入	商品房屋销售收入
按登记注册类型分	**11133127**	**10449619**	**5522**	**9438160**
内资企业	9921164	9414074	5522	8422887
国有企业	377472	363238		362606
集体企业	586			
国有独资公司	1469405	1283547		465876
其他有限责任公司	5699722	5489132	1252	5348831
股份有限公司	33580	32218		32187
私营独资企业	3	3		
私营合伙企业				
私营有限责任公司	2337153	2242694	4269	2210144
私营股份有限公司	3242	3242		3242
其他企业				
港澳台商投资企业	1151206	974788		958974
与港澳台商合资经营企业	138977	138977		136573
与港澳台商合资合作经营企业				
港澳台商独资经营企业	697637	521219		507809
其他港澳台投资	314592	314592		314592
外商投资企业	60757	60757		56299
中外合资经营企业	39633	39633		39633
外资企业	21124	21124		16666
其他外商投资				
按控股情况分	**11133127**	**10449619**	**5522**	**9438160**
国有控股	3079158	2796960		1868411
集体控股	72887	71502		71502
私人控股	7239801	7016295	5522	6953656
港澳台商控股	720157	543739		527925
外商控股	21124	21124		16666
其他				
按资质等级分	**11133127**	**10449619**	**5522**	**9438160**
一级	128789	127427		113686
二级	1352281	1184627	4269	1022431
三级	1100301	1098282		419801
四级	651758	551562		551082
暂定	7383138	6972837	1252	6830356
其他	516860	514885		500804

续表 2

单位：万元

自持物业收入	房屋出租收入	其他收入	营业成本	#主营业务成本	营业税金及附加	其他业务利润
238596	**146280**	**767342**	**9064163**	**8630231**	**280718**	**58620**
220026	133933	765640	8149301	7759523	236110	33543
632	545		234526	220943	9289	916
			283		39	
185240	106137	632432	1215948	1041032	46394	27675
21242	16358	117807	4783498	4628707	97197	4688
14	14	17	40389	39178	1770	191
3	3				240	
12895	10876	15385	1874054	1829059	80674	73
			603	603	506	
14112	11709	1701	857924	813770	42421	25076
2403			121601	79415	2674	
11709	11709	1701	475141	473173	38875	25076
			261182	261182	872	
4458	637		56939	56939	2188	
			48460	48460	944	
4458	637		8480	8480	1232	
					12	
238596	**146280**	**767342**	**9064163**	**8630231**	**280718**	**58620**
196301	116179	732248	2514616	2273052	66632	31557
			59261	58978	93	
23725	17754	33393	5992019	5802025	172711	1986
14112	11709	1701	489788	487697	40039	25076
4458	637		8480	8480	1244	
238596	**146280**	**767342**	**9064163**	**8630231**	**280718**	**58620**
11103	11103	2638	98725	94703	2695	24834
21992	15867	135935	933916	782874	34720	26238
181845	103091	496636	907039	906958	54453	3669
101	101	379	404653	325629	28868	94
17538	10398	123690	6315874	6118766	150215	2899
6017	5719	8064	403957	401301	9767	887

17—3

指　标	销售费用	管理费用	财务费用			营业利润
				#利息收入	利息支出	
按登记注册类型分	**308300**	**251323**	**222990**	**18431**	**105439**	**1082630**
内资企业	277484	229076	192953	11965	100902	898907
国有企业	9021	7920	-329	961	250	43716
集体企业	388	486	0	-1		-610
国有独资公司	951	21251	53092	8487	37985	211756
其他有限责任公司	150464	103075	80198	2165	26291	505623
股份有限公司	1288	4918	16805	106	0	-28328
私营独资企业	5300	2045	92	-46		-7699
私营合伙企业						
私营有限责任公司	108647	87081	42586	293	36376	158534
私营股份有限公司	1426	2301	509			15916
其他企业						
港澳台商投资企业	28158	19082	32279	9032	3878	170402
与港澳台商合资经营企业	8550	5548	7371	7374	2922	-6755
与港澳台商合资合作经营企业						
港澳台商独资经营企业	17575	12465	19467	1658	956	133428
其他港澳台投资	2033	1069	5441			43728
外商投资企业	2658	3165	-2242	-2567	658	13321
中外合资经营企业	518	1319	-21	4		-1457
外资企业	1901	1801	-2133	-2659	658	14985
其他外商投资	238	45	-88	89		-207
按控股情况分	**308300**	**251323**	**222990**	**18431**	**105439**	**1082630**
国有控股	55804	60003	93931	10362	51810	382507
集体控股	1845	1017	1582	3	69	8260
私人控股	226878	172461	102361	1090	51939	552408
港澳台商控股	21634	15996	27338	9547	963	124677
外商控股	2140	1846	-2221	-2571	658	14778
其他						
按资质等级分	**308300**	**251323**	**222990**	**18431**	**105439**	**1082630**
一级	6351	9030	23281	118	3	22025
二级	62792	43690	28759	8	21165	165359
三级	11763	25885	48012	5091	25697	154302
四级	16095	29748	21584	369	7284	151364
暂定	197264	131209	97641	12457	49940	534467
其他	14033	11760	3712	388	1350	55114

续表 3

单位：万元

营业外收入	营业外支出	利润总额	应交增值税	本年应付职工薪酬	所得税费用	资产减值损失	公允价值变动收益	投资收益
55031	**34537**	**1110498**	**498503**	**182673**	**191031**	**–9654**	**–37634**	**95448**
54383	29999	930664	438266	166363	163432	557	-36826	90622
1027	120	31248	6031	9194	10061	10		381
1	0	-609	738	490				
862	2206	239744	56304	14026	11309	-873	-12014	20394
13414	8987	509052	240161	80057	113786	3180	-24812	42054
28422	5956	-5863	3585	3034	-38			3100
41	450	-8108	6683	2180	-255	25		
10616	12222	149343	124152	56266	29119	-1677	-1	6693
	59	15857	613	1117	-550	-108		18000
475	2784	168093	60154	13201	23470	3	-807	-260
114	820	-7460	5624	5135	-518			
348	1965	131812	5800	8066	23988	3	-807	7
13		43741	48730					-267
173	1754	11741	84	3109	4129	-10213		5086
2	1722	-3177	-549	884	85	-10256		
165	32	15118	633	1124	4092	43		5086
7	0	-201		1101	-48			
55031	**34537**	**1110498**	**498503**	**182673**	**191031**	**–9654**	**–37634**	**95448**
13229	4102	405649	125957	56428	48582	5940	-12014	67833
6	18	8916	1165	1694	12	-166		
41240	27628	558709	361666	111429	114078	-15473	-24813	22523
386	2757	122306	9082	10897	24316	3	-807	7
172	32	14918	633	2225	4044	43		5086
55031	**34537**	**1110498**	**498503**	**182673**	**191031**	**–9654**	**–37634**	**95448**
836	334	22527	3113	8389	-13	22	-807	34056
3023	9442	146424	65474	40421	27292	-747	-11967	2735
28731	9262	203101	51751	14980	4843	-129	-46	48406
649	1509	148052	13489	10438	5260			
21540	13552	542523	341261	101377	148797	-5322	-24813	10223
252	438	47870	23415	7067	4851	-3477		28

17-4 房地产企业

指　　标	本年资金来源合计	上年末结余资金	本年资金来源小计
按登记注册类型分	**12277358**	**3602597**	**8674761**
内资企业	10905217	3229758	7675459
国有企业	449521	37196	412325
集体企业	11861	2430	9431
国有独资公司	686890	182245	504645
其他有限责任公司	5118220	1459879	3658341
股份有限公司	85389	22278	63111
私营独资企业	155399	8605	146794
私营合伙企业			
私营有限责任公司	4384118	1516322	2867796
私营股份有限公司	13819	803	13016
其他企业			
港澳台商投资企业	1107654	273296	834358
与港澳台商合资经营企业	415778	208693	207085
与港澳台商合资合作经营企业			
港澳台商独资经营企业	564013	51040	512973
其他港澳台投资	127863	13563	114300
外商投资企业	264487	99543	164944
中外合资经营企业			
外资企业	112313	86945	25368
其他外商投资	152174	12598	139576
按控股情况分	**12277358**	**3602597**	**8674761**
国有控股	2446302	446739	1999563
集体控股	73667	3613	70054
私人控股	8842461	2997740	5844721
港澳台商控股	650441	54962	595479
外商控股	264487	99543	164944
其他			
按资质等级分	**12277358**	**3602597**	**8674761**
一级	119329	24032	95297
二级	3288333	796448	2491885
三级	512333	114933	397400
四级	408973	79306	329667
暂定	7550036	2517928	5032108
其他	398354	69950	328404

资金和土地情况（2022 年）

单位：万元

国内贷款	银行贷款	非银行金融机构贷款	利用外资	自筹资金
991560	**932266**	**59294**		**2677671**
989960	930766	59194		2497880
30000	30000			291667
350552	350552			72675
314956	283210	31746		1170264
62877	62877			
7000	7000			
224575	197127	27448		963274
100		100		171181
100		100		112135
				5183
				53863
1500	1500			8610
				8610
1500	1500			
991560	**932266**	**59294**		**2677671**
436097	413563	22534		827093
				4380
553863	517203	36660		1789937
100		100		47651
1500	1500			8610
991560	**932266**	**59294**		**2677671**
				27686
551738	546553	5185		575793
11000	11000			152323
85759	62877	22882		70970
324536	293309	31227		1742162
18527	18527			108737

17—4

指　　标	本年资金来源小计		
	定金及预收款	个人按揭贷款	其他资金来源
按登记注册类型分	**2583264**	**2209583**	**212683**
内资企业	2155440	1823521	208658
国有企业	65676	16142	8840
集体企业	6114	3317	
国有独资公司	78622	1026	1770
其他有限责任公司	1167145	968408	37568
股份有限公司	234		
私营独资企业	58085	81709	
私营合伙企业			
私营有限责任公司	774562	752919	152466
私营股份有限公司	5002		8014
其他企业			
港澳台商投资企业	363421	299631	25
与港澳台商合资经营企业	69689	25161	
与港澳台商合资合作经营企业			
港澳台商独资经营企业	261549	246216	25
其他港澳台投资	32183	28254	
外商投资企业	64403	86431	4000
中外合资经营企业			
外资企业	3940	8818	4000
其他外商投资	60463	77613	
按控股情况分	**2583264**	**2209583**	**212683**
国有控股	380301	325716	30356
集体控股	36939	28735	
私人控股	1807276	1515343	178302
港澳台商控股	294345	253358	25
外商控股	64403	86431	4000
其他			
按资质等级分	**2583264**	**2209583**	**212683**
一级	29971	36108	1532
二级	748964	568855	46535
三级	132290	89424	12363
四级	49269	62945	60724
暂定	1537897	1341987	85526
其他	84873	110264	6003

续表

单位：万元

本年各项应付款合计	#工程款	待开发土地面积(平方米)	本年购置土地面积(平方米)	本年土地成交价款
3025016	**1614566**	**1573291**	**481262**	**476503**
2884093	1543566	1531887	481262	476503
115907	65444		80597	41660
10102	9695			
146818	94392			
1495219	786059	1016486	213845	298081
19390	19390			
14699	11222			
1081958	557364	515401	186820	136762
117972	48267	34050		
77676	7971	34050		
12066	12066			
28230	28230			
22951	22733	7354		
5148	4930	7354		
17803	17803			
3025016	**1614566**	**1573291**	**481262**	**476503**
683854	325665	225918	200012	252322
20223	19397			
2240209	1234354	1305969	281250	224181
57779	12417	34050		
22951	22733	7354		
3025016	**1614566**	**1573291**	**481262**	**476503**
6104	6104			
983663	421890	311175	426185	387585
48166	43619	258434		
66244	56505			
1842607	1035231	1003682	55077	88918
78232	51217			

17-5 各地区房地产开发

指 标	全 市	东湖区	西湖区	青云谱区	青山湖区
企业个数(个)	**531**	**23**	**50**	**40**	**34**
投资比去年增长(%)	**-19.3**	**-48.9**	**37.2**	**-43.6**	**-15.7**
按构成分					
建筑工程	-15.0	-18.3	20.7	-27.2	-20.4
安装工程	-31.1	-35.8	-82.6	-84.5	-19.2
设备工器具购置	-58.4	-55.5	-93.8	-60.3	-48.1
其他费用	-21.4	-99.6	192.6	-70.5	-10.7
#土地购置费	-15.7	-99.8	182.6	-77.3	-5.2
按工程用途分					
住 宅	-19.9	-69.3	25.5	-37.8	-1.3
#90平方米及以下住房	-17.0	-5.8	64.7	-29.5	-17.4
办公楼	-15.4		-54.3	-51.3	-41.7
商业营业用房	-14.1	19.1	193.1	-64.6	-71.6
其 他	-25.7	-52.0	146.7	-64.4	-34.7
本年新增固定资产(万元)	**1414608**		**88007**	**5756**	**95409**
房屋施工、竣工和销售、出租情况					
房屋施工面积(平方米)	**49826457**	**915885**	**2717403**	**3199369**	**1276257**
住 宅	34649245	442814	1516849	2349957	929874
#90平方米及以下住房					
办公楼	3109045	121667	192377	132054	128023
商业营业用房	5309191	167319	370431	182762	56498
其他	6758976	184085	637746	534596	161862
房屋新开工面积(平方米)	**4564237**	**57867**	**436649**	**457862**	**265202**
住 宅	3383903	9113	317443	368597	220103
#90平方米及以下住房					
办公楼	111304	39500	3713		9021
商业营业用房	327947	4998	2564	37165	6006
其 他	741083	4256	112929	52100	30072

和经营指标（2022 年）

新建区	红谷滩区	南昌县	安义县	进贤县	经济开发区	高新开发区	湾里管理局
38	**61**	**105**	**13**	**38**	**42**	**56**	**31**
-33.3	**2.8**	**-21.8**	**-41.7**	**-27.8**	**-18.3**	**-33.8**	**-36.3**
-44.3	6.4	-22.3	-56.3	-20.4	-10.2	-15.3	-37.1
3.1	-43.7	-41.3	-89.6	19.0	21.9	-21.5	1312.1
-18.0	-60.5	-32.4	-35.1	-27.7	-58.3	-45.4	318.9
-3.8	22.4	-18.0	23.2	-36.1	-29.3	-54.4	-44.9
67.1	27.5	-6.8	20.3	-14.7	-26.4	-53.9	-44.9
-29.8	-0.1	-18.2	-40.9	-30.2	-6.6	-39.3	-46.5
-9.3	-35.2	-20.8	-38.1	419.3	-16.5	-12.7	-38.5
-30.8	9.2	-38.9	-97.9		-47.0	-34.2	-32.9
22.2	-3.0	-36.0	-8.2	-40.9	-42.1	-6.4	160.0
-72.5	38.8	-34.3	-59.6	27.3	-48.1	-48.2	12.1
69101	**220656**	**613696**	**27932**	**46921**	**142759**	**77839**	**26532**
4916065	**10879337**	**8914458**	**1077204**	**1449968**	**4996527**	**7500520**	**1983464**
3764151	7694506	6791884	931761	1203091	3660501	3891900	1471957
337186	971470	61506	19393	451	142372	973214	29332
341654	1239856	962901	46822	114815	312062	1361580	152491
473074	973505	1098167	79228	131611	881592	1273826	329684
352757	**459155**	**861639**	**273834**	**142529**	**879690**	**315734**	**61319**
273553	373972	743562	271059	130458	465369	193568	17106
18895	611	9501			3761	20000	6302
18579	66933	49906	2775	10946	59308	44285	24482
41730	17639	58670		1125	351252	57881	13429

17—5

指　　标	全　市	东湖区	西湖区	青云谱区	青山湖区
房屋竣工面积(平方米)	**3337090**		**139089**	**17371**	**115870**
住　宅	2491578		1624	15678	76152
#90平方米及以下住房					
办公楼	176195		85713		8756
商业营业用房	293031		31196	1693	9474
其　他	376286		20556		21488
竣工房屋价值(万元)	**1150650**		**42501**	**5037**	**32466**
住　宅	895591		711	4661	22785
#90平方米及以下住房					
办公楼	51271		25195		2749
商业营业用房	114367		9358	376	2852
其　他	89421		7237		4080
商品房销售面积(平方米)	**13907026**	**157486**	**677303**	**713878**	**254532**
住　宅	10568778	91170	557994	691264	177829
#90平方米及以下住房	970542	1621	36661	57836	3863
办公楼	1255173	32841	8050	9478	43125
商业营业用房	1494056	23807	30245	12097	23383
其　他	589019	9668	81014	1039	10195
商品房销售额(万元)	**14372970**	**219727**	**1212922**	**790664**	**271022**
住　宅	11439869	141665	1114945	774068	215738
#90平方米及以下住房	957735	2642	64885	65344	3438
办公楼	1103138	33784	5703	4779	29161
商业营业用房	1460737	38115	40358	10985	23717
其　他	369226	6163	51916	832	2406
商品房待售面积(平方米)	**1163913**	**24518**	**31684**	**83621**	**28815**
住　宅	325421	1683	7481	45822	19468
#90平方米及以下住房					
办公楼	189275		9100	4609	4785
商业营业用房	411512	22835	2964	32978	3276
其　他	237705		12139	212	1286

续表

新建区	红谷滩区	南昌县	安义县	进贤县	经济开发区	高新开发区	湾里管理局
110389	**440097**	**1643474**	**40667**	**84253**	**463083**	**268066**	**14731**
94389	409287	1183330	37396	84253	438111	151358	
	22282	15852	140		4887	29512	9053
16000		180287	950		16492	34270	2669
	8528	264005	2181		3593	52926	3009
69101	**169599**	**570149**	**24282**	**23528**	**133449**	**77468**	**3070**
64601	160357	429345	22329	23528	126394	40880	
	6684	4198	84		1215	9259	1887
4500		79604	567		5102	11452	556
	2558	57002	1302		738	15877	627
1305960	**4349718**	**3157765**	**322971**	**499958**	**1386027**	**797753**	**283675**
1194488	2650666	2616626	299357	444446	1191680	374265	278993
143555	56835	361673	35536		202657	4206	66099
44190	921951	43377			48039	104122	
49580	644472	409205	21404	31654	101590	141937	4682
17702	132629	88557	2210	23858	44718	177429	
1182475	**4775937**	**2975908**	**269156**	**315198**	**1388065**	**704471**	**267425**
1111128	3119744	2510335	228237	282888	1222992	455937	262192
135557	56483	326967	23724		218367	6519	53809
27181	884252	23425			29311	65542	
38715	634108	391254	40646	19405	101209	116992	5233
5451	137833	50894	273	12905	34553	66000	
37447	**20061**	**489762**	**19919**	**30998**	**50516**	**264070**	**82502**
35204	16147	81398	667	15916	38958	8289	54388
	3445	267				158016	9053
2243	469	274179		15082	11558	26867	19061
		133918	19252			70898	

主要统计指标解释

房地产开发投资 是指房地产开发公司、商品房建设公司及其他房地产开发法人单位和附属于其他法人单位实际从事房地产开发或经营的活动单位统一开发的包括统筹待建、拆迁还建的住宅、厂房、仓库、饭店、宾馆、度假村、写字楼、办公楼等房屋建筑物和配套的服务设施，土地开发工程（如道路、给水、排水、供电、供热、通讯、平整场地等基础设施工程）的投资；不包括单纯的土地交易活动。

房地产开发投资按工程用途分 房地产开发投资按工程用途分为住宅、办公楼、商业营业用房和其他；住宅按照户型结构可以划分为 90 平方米以下住房、144 平方米以上住房等。

(1) 住宅：指专供居住的房屋，包括别墅、公寓、职工家属宿舍和集体宿舍（包括职工单身宿舍和学生宿舍）等，但不包括住宅楼中作为人防用、不住人的地下室等。

(2)90 平方米以下住房：指在房地产开发企业（单位）投资建设的商品住宅中，套型建筑面积不超过 90 平米（包括 90 平方米）的住房。

(3)144 平方米以上住房：指在房地产开发企业（单位）投资建设的商品住宅中，套型建筑面积超过 144 平方米（不包括 144 平方米）的住房。

(4) 办公楼：指企业、事业、机关、团体、学校、医院等单位使用的各类办公用房（又称写字楼）。

(5) 商业营业用房：指商业、粮食、供销、饮食服务业等部门对外营业的用房，如度假村、饭店、商店、门市部、粮店、书店、供销店、菜店、加油站、日杂等房屋。

(6) 其他：凡不属于上述各项用途的房屋建筑物，如中小学教学用房、托儿所、幼儿园、图书馆、体育馆等。

房屋建筑面积 房屋建筑面积是从房屋建筑物勒脚以上外墙外围的水平截面积，包括房屋建筑物的有效面积和结构面积，包括房屋结构（如柱、墙）占用的面积和地下室面积。多层建筑按各自然层面积计算，包括房屋内的楼隔层，突出墙面的眺望间、门斗、有柱雨罩的面积。不包括突出墙面结构的构件、艺术装饰等所占的面积，如台阶等。凹阳台、桃台按其水平投影面积一半计算建筑面积。

施工面积 是指报告期内施工的全部房屋建筑面积。包括本期新开工的面积和上期开工跨入本期继续施工的房屋面积，以及上期已停建在本期恢复施工的房屋面积。

新开工面积 指报告期内新开工建设的房屋面积，以单位工程为核算对象。不包括在上期开工跨入报告期继续施工的房屋建筑面积和上期停缓建而在本期复工的建筑面积。房屋的开工面积指整栋房屋的全部建筑面积，不能分割计算。

竣工面积 指报告期内房屋建筑按照设计要求已全部完工，达到住人和使用条件，经验收鉴定合格或达到竣工验收标准，可正式移交使用单位的各栋房屋建筑面积的总和。

销售面积 指报告期内出售商品房屋的合同总面积（即双方签署的正式买卖合同中所确定的建筑面积）。由现房销售面积和期房销售面积两部分组成。

待售面积 指报告期末已竣工的可供销售或出租的商品房屋建筑面积中，尚未销售或出租的商品房屋建筑面积，包括以前年度竣工和本期竣工的房屋面积，但不包括报告期已竣工的拆迁还建、统建代建、公共配套建筑、房地产公司自用及周转房等不可销售或出租的房屋面积。

十八、科技·教育·文化

SCI-TECH, EDUCATION AND CULTURE

本篇内容包括:

1. 科技事业情况
2. 教育事业情况
3. 文化事业情况

普通高等学校在校学生数

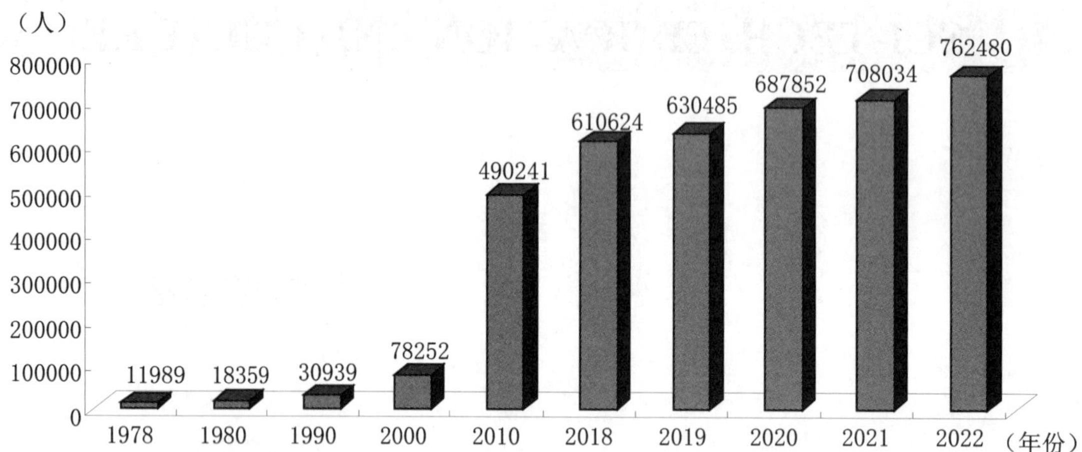

普通中等专业学校在校学生数

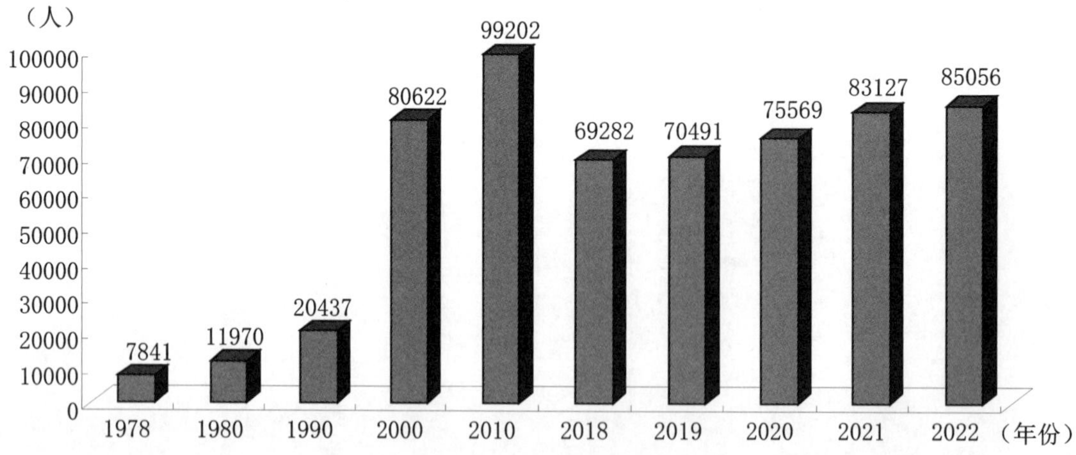

18-1 R&D 经费内部支出

年　份	R&D经费内部支出(亿元)	#规上工业企业	R&D经费内部支出与GDP比值(%)
2010	42.89	25.96	1.94
2011	44.20	28.14	1.64
2012	46.74	30.03	1.56
2013	53.54	33.11	1.58
2014	59.41	39.72	1.60
2015	63.72	43.35	1.59
2016	71.42	50.49	1.62
2017	81.02	56.78	1.68
2018	89.65	61.81	1.70
2019	101.24	70.26	1.81
2020	111.77	70.01	1.95
2021	128.16	75.96	1.93
2022	139.71	80.98	1.94

18－2 规模以上工业企业研究与试验发展情况

单位：万元

指 标	2021年	2022年
企业基本情况		
企业数(个)	1862	2093
#有R&D活动企业数	552	476
#有研发机构企业数	259	349
R&D人员情况		
R&D人员合计(人)	24165	21392
R&D人员折合全时当量合计(人年)	16145	15526
R&D经费支出情况		
R&D经费内部支出合计(万元)	759643	809791
R&D经费外部支出合计(万元)	57969	60123
企业办研发机构情况		
期末机构数(个)	305	405
机构人员合计(人)	17287	19965
机构经费支出(万元)	794213	877243
科技活动产出及相关情况		
自主知识产权情况		
专利申请数(件)	5875	5859
#发明专利	2166	2338
期末有效发明专利数(件)	7503	7930
新产品开发、生产及销售情况		
新产品开发项目数(项)	4557	4800
新产品开发经费支出(万元)	989914	996498
新产品销售收入(万元)	18563735	16631733
其他情况		
发表科技论文(篇)	502	419
期末拥有注册商标(件)	4893	5359
形成国家或行业标准(项)	83	84

18-3 技术市场基本情况（2022 年）

指　标	登记合同数（份）	合同成交总金额（万元）	#技术交易额	所含卖方数量（份）
合　计	**4619**	**1352512.64**	**786972.11**	**550**
技术开发	1182	138506.03	128538.14	247
技术转让	130	12433.19	10127.23	48
技术咨询	560	34708.54	34597.50	41
技术服务	2747	1166864.88	613709.24	214

注：本表数据由市科技局提供。

18-4 专利申请受理量和授权量（2022 年）

单位：项

项　目	专利授权量				发　明有效量
	合计	发明	实用新型	外观设计	
合　计	**17855**	**3730**	**12079**	**2046**	**13630**
个　人	2055	247	1069	739	701
大专院校	4025	1522	2144	359	4340
科研机构	753	389	344	20	1160
企　业	10722	1519	8281	922	7279
事业单位	300	53	241	6	150

注：本表数据由市市场监督管理局提供。

18-5 主要年份地方企事业单位专业技术人员

（事业单位、公有经济企业专业技术人才）　　单位：人

项　目	2005	2010	2015	2017	2018	2019	2020	2021	2022
总　计	**66232**	**70169**	**77034**	**76784**	**58390**	**57651**	**64386**	**16343**	**15789**
工程技术人员	8152	8687	15437	14841	2704	2354	12017	12643	12179
农业技术人员	1114	1278	1284	1160	850	753	781	164	163
科学研究人员	117	109	99	137	137	255	263	57	32
卫生技术人员	8981	9467	9884	9505	9162	9348	12234	43	29
教学人员	35188	40632	40127	40645	41411	40326	36853	420	91
其他人员								3016	3295

注：1. 表 18-5 至表 18-9 数据由市人社局提供。
　　2. 表 18-5 中 2021 年开始数据只含公有经济企业专业技术人才基本情况。

18-6 公有经济企业专业技术人员基本情况（2022 年）

项　目	合　计		平均每万人口专业技术人员（人）	平均每万在岗职工专业技术人员（人）
	人数（人）	比重（%）		
总　计	**15789**	**100.0**	**24**	**167**
工程技术人员	12179	77.1	19	129
农业技术人员	163	1.0	0	2
科学研究人员	32	0.2	0	0
卫生技术人员	29	0.2	0	0
教学人员	91	0.6	0	1
其他人员	3295	20.9	5	35

18-7 专业技术人员学历、年龄状况（2022年）

（公有经济企业专业技术人才）　　单位：人

项　　目	合　计	工　程 技术人员	农　业 技术人员	科　学 研究人员	卫　生 技术人员	教学人员	其他人员
总　计	**15789**	**12179**	**163**	**32**	**29**	**91**	**3295**
按学历分							
研究生	1531	1177	3	5	1	10	335
大学本科	8716	6620	31	21	11	40	1993
大学专科	2993	2055	73	6	13	40	806
中专	607	485	40		3		79
高中及以下	1942	1842	16		1	1	82
按年龄分							
35岁及以下	7038	5596	31	15	8	22	1366
36岁至40岁	2785	2293	16	7	5	14	450
41岁至45岁	2260	1760	19		3	22	456
46岁至50岁	1699	1215	22	3	5	14	440
51岁至54岁	1061	698	31	5	2	13	312
55岁及以上	946	617	44	2	6	6	271

18-8 专业技术人员职务状况（2022年）

（公有经济企业专业技术人才）　　单位：人

项　　目	合　计	高级职务	#正高级职务	中级职务	初级职务	未聘任专业 技术职务
总　计	**15789**	**1179**	**90**	**4862**	**5958**	**3790**
按学历分						
研究生	1531	271	21	897	201	162
大学本科	8716	828	69	2807	3417	1664
大学专科	2993	73		728	1333	859
中专	607	3		90	283	231
高中及以下	1942	4		340	724	874
按年龄分						
35岁及以下	7038	101		1745	3092	2100
36岁至40岁	2785	223	4	961	992	609
41岁至45岁	2260	230	11	821	729	480
46岁至50岁	1699	209	29	592	541	357
51岁至54岁	1061	193	18	424	327	117
55岁及以上	946	223	28	319	277	127

18-9 专业技术人员行业状况（2022 年）

（公有经济企业专业技术人才）　　　　单位：人

指　　标	合　　计
总　　计	**15789**
农林牧渔业	232
采矿业	
制造业	8285
电力、燃气及水的生产和供应业	1033
建筑业	2696
交通运输、仓储和邮政业	127
信息传输、软件和信息技术服务业	1355
批发和零售业	25
住宿和餐饮业	39
金融业	151
房地产业	312
租赁和商务服务业	727
科学研究、技术服务业	492
水利、环境和公共设施管理业	124
居民服务、修理和其他服务	20
教　育	2
卫生和社会工作	1
文化体育和娱乐业	168
公共管理、社会保障和社会组织	

18-10　各类全日制学校基本情况（2022 年）

单位：人

项　　目	学校数（个）	招生数	毕业生	在校学生	教职员工	#专任教师
合　　计	**813**	**483956**	**412672**	**1671695**	**112904**	**95548**
普通高等学校	49	254236	196996	762480	52416	38916
普通中等学校	26	28646	24700	85056	3508	2985
技 工 学 校	18	8862	7571	24868	1546	1216
普 通 中 学	316	110993	108314	330471	36126	33879
职 业 高 中	16	6061	4731	21550	1204	751
小　　学	380	74880	70024	446015	17847	17549
特 教 学 校	8	278	336	1255	257	252

注：本表数据由市教育局、市人社局提供。

18-11 普通中学基本情况（2022 年）

单位：人

项 目	招生数	毕业生	在校学生数	教职员工数	#专任教师
合 计	**110993**	**108314**	**330471**	**36126**	**33879**
#女 性	50928	49080	150909	24184	22920
按城乡分					
城 市	66910	62320	195545	21420	20075
县 镇	38572	38519	117630	12179	11555
农 村	5511	7475	17296	2527	2249
按层次分					
初 中	70032	72216	209001	21454	20845
城 市	41163	38565	119531	11074	10728
县 镇	24104	26815	74599	8405	8197
农 村	4765	6836	14871	1975	1920
高 中	40961	36098	121470	14672	13034
城 市	25747	23755	76014	10346	9347
县 镇	14468	11704	43031	3774	3358
农 村	746	639	2425	552	329
按地区分					
市 区	71155	66770	209776	23862	22410
南昌县	21386	20205	63166	6661	6321
安义县	4402	4774	13651	1003	963
进贤县	14050	16565	43878	4600	4185
按部门分					
教育部门办	91514	90008	268422	28688	28047
社会力量办	19375	18045	61615	7319	5718
其他部门办	104	261	434	119	114

注：本表数据由市教育局提供。

18-12 职业高中基本情况（2022 年）

单位：人

项目	招生数	毕业生	在校学生数	教职员工数	#专任教师
合计	**6061**	**4731**	**21550**	**1204**	**751**
#女性	2320	1432	7918	644	420
按城乡分					
城市	1228	1440	4947	473	246
县镇	4833	3291	16603	731	505
农村					
按部门分					
教育部门办	1883	335	6150	202	191
社会力量办	4178	4396	15286	968	527
其他部门办			114	34	33

注：本表数据由市教育局提供。

18-13　小学、特殊教育学校基本情况（2022 年）

单位：人

项　　目	招生数	毕业生	在　校 学生数	教　职 员工数	#专任教师
一、小学	**74880**	**70024**	**446015**	**17847**	**17549**
#女性	34810	32103	206247	13888	13712
按城乡分					
城　市	47983	39487	267764	9202	9029
县　镇	21999	23786	145357	5188	5080
农　村	4898	6751	32894	3457	3440
按县、区分					
市　区	52105	44156	293949	10800	10619
南昌县	14494	14541	93157	3732	3656
安义县	2276	2946	15630	1139	1124
进贤县	6005	8381	43279	2176	2150
按部门分					
教育部门	70878	63880	414193	17238	17053
社会力量办	3620	5829	29640	493	384
其他部门办	382	315	2182	116	112
二、特殊教育					
特教学校	278	336	1255	257	252

注：本表数据由市教育局提供。

18-14　幼儿园基本情况（2022年）

单位：人

项　目	幼儿园（个）	在园幼儿	教职员工数	#教师
总　计	**1166**	**196895**	**27398**	**14914**
#女　性		89822	26098	14788
按城乡分				
城　市	599	111387	17095	9086
县　镇	424	75351	9250	5190
农　村	143	10157	1053	638
按部门分				
教育部门和集体办	310	84044	10509	5854
社会力量办	730	85378	12561	6658
其他部门办	126	27473	4328	2402

注：本表数据由市教育局提供。

18-15 广播电视情况（2022 年）

项 目	2022
一、广播	
1.广播电台(座)	3
2.中短波发射台和转播台(座)	1
3.调频广播台和传输台(座)	3
4.广播覆盖率(%)	100.0
二、电视	
1.电视台(座)	6
2.电视转播发射台和差转台(座)	2
3.卫星电视地面站(个)	
4.全年自制电视节目(小时)	1048
5.电视覆盖率(%)	100.0
6.有线电视用户(万户)	36.13
#数字电视(万户)	36.13
7.南昌农村直卫星用户(万户)	9.18

注：1. 本表数据由市文广新旅局提供。
2. “电视”含有线电视台，不含教育台。
3. 调频广播台和传输台包括了乡村的小调频台。

18–16　艺术剧团和剧院（2022 年）

项　　目	合　　计	市　　级	县　　级
艺术表演团体			
剧团个数(个)	3	1	2
职工人数(人)	257	183	74
演出场次(场)	157	66	91
年末固定资产原值(万元)	7711.81	7513.14	198.67
当年创作首演剧目(个)	2		2
全年收入(万元)	6840.05	5943.65	896.40
#演出收入	48.00		48.00
全年支出(万元)	6627.69	5737.29	890.40

注：本表数据由市文广新旅局提供。

18-17 群众艺术馆和文化馆（2022 年）

项　　目	合　　计	市　　级	县　　级
群艺馆、文化馆数(个)	10	1	9
举办展览(次)	151	13	138
组织文艺活动次数(次)	1459	106	1353
举办训练班结业人数(人次)	171483	8970	162513
公用房屋建筑面积(平方米)	58558	18603	39955
职工人数(人)	145	44	101

注：本表数据由市文广新旅局提供。

18-18 博　　物　　馆（2022 年）

项　　目	合　　计	市　　级	县　　级
博物馆(个)	28	24	4
公用房屋面积(平方米)	232000	214000	18000
藏品(件)	48936	46532	2404
陈列个数(个)	46	41	5
展览个数(个)	128	96	32
参观人次(万人次)	694	657	37
职工(人)	585	523	62

注：本表数据由市文广新旅局提供。

18–19 公共图书馆(2022年)

项目	合计	市级	县级
图书馆(个)	10	1	9
藏书(万册)	373.70	210.00	163.70
公用房屋建筑面积(平方米)	54833	25199	29634
发放借书证(个)	151609	57185	94424
总流通人次(万人次)	427.35	136.21	291.14
书刊外借册数(万册次)	191.66	49.45	142.21
经费支出合计(万元)	5856.34	3441.22	2415.12
#购书支出	914.82	799.50	115.32
职工(人)	124	51	73

注：本表数据由市文广新旅局提供。

主要统计指标解释

R&D 指在科学技术领域，为增加知识总量，以及运用这些知识去创造新的应用进行的系统的创造性的活动，包括基础研究、应用研究、试验发展三类活动。国际上通常采用 R&D 活动的规模和强度指标反映一国的科技实力和核心竞争力。

R&D 人员 指参与研究与试验发展项目研究、管理和辅助工作的人员，包括项目（课题）组人员，企业科技行政管理人员和直接为项目（课题）活动提供服务的辅助人员。反映投入从事拥有自主知识产权的研究开发活动的人力规模。

R&D 经费支出 指企业用于 R&D 活动的费用合计，包括人员人工费用、直接投入费用、折旧费用与长期待摊费用、无形资产摊销费用、设计费用、装备调试费用与试验费用、委托外部研究开发费用及其他费用。

期末机构数 指企业自办（或与外单位合办），管理上同生产系统相对独立（或单独核算）的专门研究开发活动机构，如企业办的技术中心、研究院所、开发中心、开发部、实验室、中试车间、试验基地等。

新产品 指采用新技术原理、新设计构思研制、生产的全新产品，或在结构、材质、工艺等某一方面比原有产品有明显改进，从而显著提高了产品性能或扩大了使用功能的产品。

专业技术人员 专门从事各种科学研究和专业技术工作的人员。从事本类职业工作的人员，一般都要求接受过系统的专业教育，具备相应的专业理论知识，并且按规定的标准条件评聘专业技术职务，以及未聘任专业技术职务，但在专业技术岗位上工作的人员。

专利 是专利权的简称，是对发明人的发明创造经审查合格 后，由专利局依据专利法授予发明人和设计人对该项发明创造享有的专有权。包括发明、实用新型和外观设计。反映拥 有自主知识产权的科技和设计成果情况。

普通高等学校 指按照国家规定的设置标准和审批程序批 准举办的，通过全国普通高等学校统一招生考试，招收高中毕业生为主要培养对象，实施高等教育的全日制大学、独立设置的学院和高等专科学校、高等职业学校和其他机构。

成人高等学校 指按照国家规定的设置标准和审批程序批 准举办的，通过全国成人高等学校统一招生考试，招收具有高中毕业或同等学历的在职从业人员为主要培养对象，利用 函授、业余、脱产等多种形式对其实施高等学历教育的学校。包括职工高等学校、农民高等学校、管理干部学院、教育学 院、独立函授学院、广播电视大学、其他机构等。其他机构 是承担国家成人招生计划任务不计校数的机构。

文化事业机构 指从事专业文化工作和为专业文化工作服务的独立建制的单位。不包括这些单位另外举办独立核算的其他机构和各部门的业余文化组织。该指标主要反映文化事 业机构发展规模水平。

艺术表演团体 指从事戏曲、音乐、舞蹈、杂技等专业艺术表演，有独立帐户的单位，不包括半工半艺、半农半艺和民间职业剧团。该指标主要反映专业艺术表演团体发展规模水平。

艺术表演观众人数 指售票、包场演出或民族地区免费演出 的艺术表演观众人次数，不包括彩排审查和内部观摩演出的观看人次数。该指标主要反映观看专业艺术表演团体演出的效益规模。

十九、卫生·体育·其他

PUBLIC HEALTH, SPORTS AND OTHERS

本篇内容包括:

1．医疗卫生事业情况
2．体育事业
3．婚姻情况
4．民政事业
5．社会保险情况
6．司法情况
7．交通事故、火灾事故、职工伤亡事故

卫生技术人员数

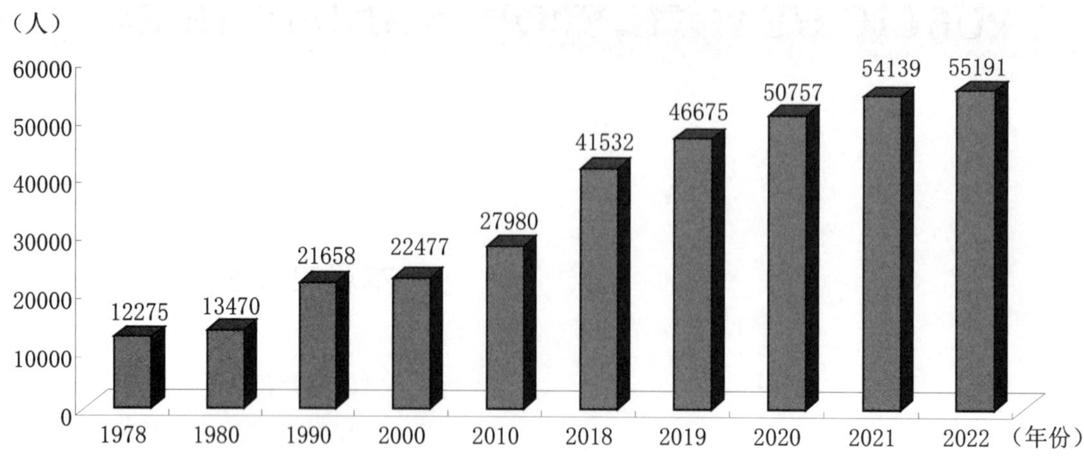

医疗卫生机构病床数

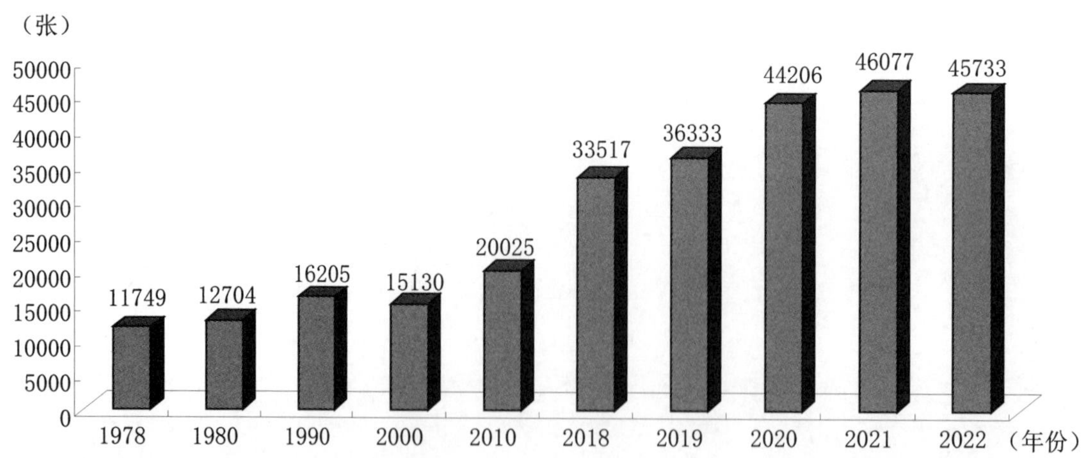

19-1 卫生机构、床位、人员数（2022年）

类 别	机构数（个）	床位数（张）	人员数（人）	#卫生技术人员	#医 生	注册护士
总 计	**2703**	**45733**	**67447**	**55191**	**19597**	**26773**
一、医 院	**138**	**39687**	**45552**	**39172**	**12779**	**20841**
#综合医院	70	24451	27177	23947	7803	13112
中医医院	10	3903	4790	4205	1568	1853
中西医结合医院	5	1095	1749	1580	570	762
专科医院	51	10089	11737	9378	2819	5077
二、基层医疗卫生机构	**2480**	**4069**	**14220**	**10425**	**4944**	**4077**
社区卫生服务中心(站)	141	517	2481	2162	813	987
卫生院	94	3313	3369	2792	1184	902
村卫生室	1151		3100	762	558	154
门诊部	365	239	3190	2744	1293	1238
诊所、卫生所、医务室	729		2080	1965	1096	796
三、专业公共卫生机构	**41**	**1702**	**4546**	**3714**	**1401**	**1361**
疾病预防控制中心	11		1058	811	385	122
专科医病防治院(所、站)	4	240	187	144	64	43
妇幼保健院(所、站)	10	1462	2511	2212	865	1021
卫生监督所(所、站)	10		245	199		
其他	6		545	348	87	175
四、其他卫生机构	**44**	**275**	**3129**	**1880**	**473**	**494**

注：本表数据由市卫健委提供。

19–2 体 育 事 业（2022年）

项 目	2022
一、举办综合(单项)运动会次数(次)	21
二、参加运动会人数(百人次)	1100
三、等级裁判员发展人数(人)	400
四、等级运动员发展人数(人)	316
五、参加省级及其以上和同等城市比赛次数(次)	67
六、参加比赛人数(人次)	30000
七、获得奖牌数(枚)	1330
#金牌	580
银牌	360

注：本表数据由市体育局提供，2022年开始，参加比赛人次数、获得奖牌枚数包含了县区数据。

19–3 市属共青团组织情况

年 份	基层团支部(个)	共青团员(人)		专职干部(人)
			#女团员	
2000	5636	113758	47461	1402
2010	5996	127529	51038	1053
2011	6170	137326	54958	926
2012	6385	142657	57091	962
2013	8379	160177	71408	999
2014	8456	166076	73954	1026
2015	6321	171885	70792	85
2016	6319	165268	71264	189
2017	6745	159323		187
2018	7002	155257		224
2019	6371	267778		151
2020	8279	263498		119
2021	10008	254269		123
2022	13084	263918		133

注：本表数据由共青团南昌市委提供。

19-4　主要年份妇联系统组织情况

单位：个

类　别	2000	2011	2012	2013	2014	2015	2016	2017	2018	2019	2020	2021	2022
城镇街道基层妇代会	792	446	440	446	497	579	675						
社区妇联								649	705	698	705	793	793
农村基层妇代会	1197	1037	1037	1050	1051	1154	1146	80					
农村妇联								1080	1146	1143	1148	1153	1139
乡镇(街办)妇联(含乡级单位)	137	111	111	122	111	120	133	105	123	125	123	114	125
机关、事业单位妇委会	72	286	341	334	364	375	359	360	360	360	360	384	384

注：本表数据由市妇联提供。

19-5　主要年份工会组织情况

单位：个、万人

类　别	2000	2011	2012	2013	2014	2015	2016	2017	2018	2019	2020	2021	2022
工会基层组织数(含法人、行政事业单位)	1713	12879	13779	14936	16001	17016	18021	18503	18930	19361	19856	20316	21258
已建工会组织的基层单位职工人数	37.01	78.82	80.92	82.08	85.16	86.18	87.24	91.44	93.97	96.50	97.13	97.82	101.69
已建工会组织的基层单位工会人数	33.01	65.87	67.75	68.90	71.88	72.90	73.96	78.16	80.69	83.22	85.75	88.25	92.09

注：本表数据由市总工会提供。

19–6 历届南昌市人民代表大会的代表人数

单位：人

项　目	一届 (1954年)	二届 (1956年)	三届 (1958年)	四届 (1960年)	五届 (1963年)	六届 (1965年)	七届 (1968年)	八届 (1982年)
总　数	**233**	**239**	**253**	**307**	**375**	**385**	**724**	**555**
#女代表	52	49	68	77	99			150
占代表总数（%）	22.3	20.5	27	25.1	26.4			27
#少数民族代表								
占代表总数（%）								

注：1. 本表数据由市人大常委会提供。
2. 国家政治生活处于不正常的“文化大革命”时期，1968 年 2 月 18 日成立了南昌市革命委员会。根据江西省人民代表大会常务委员会的规定，将革命委员会作为南昌市第七届人民代表大会。七届代表构成为革命委员会成员、人民解放军代表、群众组织推举的代表。

19–6 续表

单位：人

项　目	九届 (1987年)	十届 (1992年)	十一届 (1997年)	十二届 (2001年)	十三届 (2006年)	十四届 (2011年)	十五届 (2016年)	十六届 (2021年)
总　数	**495**	**489**	**434**	**421**	**438**	**433**	**428**	**429**
#女代表	102	98	89	90	90	94	111	115
占代表总数（%）	20.6	20	20.5	21.4	20.5	21.7	25.9	26.8
#少数民族代表		8	7	8	9	7	6	8
占代表总数（%）		1.6	1.6	1.9	2.1	1.6	1.4	1.9

19—7 历届南昌市政治协商会议的委员人数

单位：人

项　　目	一届(1955年)	二届(1958年)	三届(1959年)	四届(1962年)	五届(1963年)	六届(1965年)	七届(1982年)	八届(1987年)
总　　数	**129**	**189**	**299**	**288**	**300**	**302**	**458**	**405**
#中国共产党代表	22	47	63	81	82	87	175	171
占代表总数（%）	17.05	24.87	21.07	28.13	27.33	28.81	38.21	42.22
#少数民族代表	3	3	3	3	4	4	6	8
占代表总数（%）	2.33	1.58	1	1.04	1.33	1.32	1.31	1.98
#女性代表	20	29	54	54	58	64	108	100
占代表总数（%）	15.50	15.34	18.06	18.75	19.33	21.19	21.19	24.69

注：本表数据由市政协提供。

19—7 续表

单位：人

项　　目	九届(1992年)	十届(1997年)	十一届(2001年)	十二届(2006年)	十三届(2011年)	十四届(2016年)	十五届(2021年)
总　　数	**413**	**403**	**405**	**419**	**427**	**422**	**424**
#中国共产党代表	169	157	149	165	170	184	165
占代表总数（%）	40.92	38.9	36.8	39.4	39.81	43.6	38.91
#少数民族代表	10	11	6	6	6	5	6
占代表总数（%）	2.42	2.7	1.5	1.43	1.41	1.18	1.41
#女性代表	89	103	119	115	125	139	134
占代表总数（%）	20.09	25.60	29.40	27.4	29.27	32.94	31.6

19-8 社会福利事业单位基本情况（2022 年）

项　目	院　数（个）	工作人员（人）	床　位（张）	年末在院人　数（人）
全市总计	**102**	**1953**	**17168**	**5779**
社会福利院	5	237	1235	598
儿童福利机构	1	256	462	462
民办养老服务机构	57	1348	13092	4030
农村敬老院	39	112	2379	689

注：本表数据由市民政局提供。

19-9 城镇社区服务和农村服务网络（2022 年）

单位：个

地　区	城镇社区机构数
总　计	**974**
东 湖 区	91
西 湖 区	138
青云谱区	79
青山湖区	149
新 建 区	122
红谷滩区	110
南 昌 县	155
安 义 县	31
进 贤 县	74
湾里管理局	25

注：本表数据由市民政局提供。

19—10 享受国家补助、救济人员情况（2022年）

单位：人、户

项　　目	2022
优抚对象	
抚恤、补助优抚对象总金人数	16303
享受定期抚恤金人数	2737
享受定期补助人数	13566
城市居民最低生活保障家庭数	16845
城市居民最低生活保障人数	28957
传统救济情况	
农村居民最低生活保障家庭数	42489
农村居民最低生活保障人数	74032

注：本表数据由市民政局、市退役军人事务局提供。

19-11 婚姻登记情况(2022年)

地　　区	结婚登记(对)	#补办登记	离婚登记(对)
南昌市	**27654**	**612**	**9590**
东湖区	2487	11	1083
西湖区	2352	9	1235
青云谱区	2171	3	568
青山湖区	3764	37	1456
新建区	4072	235	1274
红谷滩区	2118	36	850
南昌县	5737	203	1806
安义县	1228	3	277
进贤县	3015	74	871
湾里管理局	710	1	170

注：本表数据由市民政局提供。

19-12 婚姻登记情况(2005-2022年)

年份	结婚登记(对)	#补办登记	离婚登记(对)
2005	30621	1	5336
2006	38671	1	5819
2007	40011	4	6033
2008	44309	1	6302
2009	52332	2	7129
2010	56097	3	7972
2011	51661	1659	8580
2012	53599	4888	10440
2013	53766	6260	13339
2014	53375	4473	13438
2015	46752	4137	13453
2016	41347	3221	14553
2017	40135	3439	14761
2018	38750	2756	15351
2019	36052	1652	16474
2020	31845	1049	15234
2021	31304	923	9516
2022	27654	612	9590

注：本表数据由市民政局提供。

19-13 社 会 保 险 情 况

单位：人

项　　目	2021年	2022年
失业保险参保人数	**691918**	**1065690**
企　　业	517120	929948
国有企业	135189	151073
集体企业	8621	7088
港、澳、台及外资企业	18760	25804
其他企业	354550	745983
事业单位	136886	125386
其他单位	37912	10356
领取失业保险金人数	**19577**	**120542**
基本养老保险参保人数	**2337666**	**2718970**
企　　业	1331224	1518603
国有企业	376757	300014
集体企业	104225	75141
其他企业	802421	1100935
港、澳、台及外资企业	47821	42513
机关事业单位	166754	225607
其　　他	839688	974760

注：本表数据由市人社局提供。

19—14 律师、公证和人民调解基本情况（含省属）

项 目	2021年	2022年
一、律师工作		
律师事务所(个)	194	210
律师(人)	3097	3323
#专 职	2854	3033
兼 职	243	290
聘请担任常年法律顾问的单位(处)	4397	4260
刑事诉讼辩护及代理(件)	4307	3434
民事诉讼代理(件)	27495	35899
办理非诉讼法律事务(件)	4783	3626
解答法律咨询(件)	8093	20123
代理法律文书(件)	1764	14757
二、公证工作		
公证处(个)	10	10
公证人员(人)	199	203
#公证员	64	68
助理公证员	96	87
办理公证文书(件)	78122	87019
#经济合同文书	2044	1363
三、人民调解工作		
专职人民调解员(人)	2462	2545
人民调解委员会(个)	2188	2241
调解工作人员(人)	11481	12397
调解民间纠纷(件)	12826	11351

注：本表数据由市司法局提供。

19-15 南昌市消协

（2007-2022 年）

项 目	2007	2008	2009	2010	2011	2012	2013
一、投诉案件数	**1151**	**1176**	**1165**	**1025**	**1148**	**2566**	**2673**
按行业分							
家用电器类	273	229	229	215	97	597	652
家用机械类	63	80	69	57	78	178	341
日用百货类	349	347	347	352	352	852	563
房屋及装修建材	109	94	94	89	95	195	124
服务类	12	298	298	267	405	405	226
农用生产资料类	211	6	6		26	26	182
其他类	134	122	122	45	95	313	585
按内容分							
质量	688	518	513	537	557	657	686
价格	57	57	57	34	95	259	384
虚假广告	79	20	20	16	16	335	206
假冒商品	14	5	6		2	248	152
计量	20	9	9	6	8	256	168
安全	9	139	139	98	89	292	386
其他	284	428	431	334	381	519	691
二、当年解决件数	**1100**	**1101**	**1039**	**989**	**1090**	**2493**	**2593**
解决率(%)	94.0	93.6	89.2	96.5	95.0	97.0	97.0
三、消费者免受损失(万元)	**255.9**	**137**	**180**	**167**	**180**	**210**	**200**

注：本表数据由市市场监督管理局提供。

受理投诉情况

单位：件

2014	2015	2016	2017	2018	2019	2020	2021	2022
2700	**1161**	**1366**	**1977**	**1378**	**1467**	**1917**	**1477**	**981**
670	344	375	613	368	368	384	324	196
381	50	47	141	96	76	61	51	105
573	90	312	442	312	412	451	477	145
135	120	210	459	221	203	203	118	98
178		172	242	21	31	134	122	92
76	60	21	11	5	9	5	2	4
687	497	229	69	355	368	679	383	341
818	524	597	721	434	550	751	514	282
397	120	105	101	54	63	274	109	159
216	56	71	113	152	178	166	83	87
167	78	92	112	71	83	59	27	7
101	81	61	61	47	55	72	47	1
215	30	61	63	21	24	23	15	5
786	272	379	806	599	514	572	682	440
2621	**1047**	**1256**	**1789**	**1245**	**1341**	**1751**	**1339**	**884**
97.0	90.1	91.9	90.4	90.3	91.4	91.3	90.6	90.1
203	**136**	**329**	**631**	**463**	**324**	**628**	**473**	**282**

19-16 南昌“12315”受理举报申诉情况

单位：件

项　目	2021年	2022年
一、受理申诉	**69119**	**98690**
商　品	43371	62171
服　务	25748	36519
二、申诉内容	**69119**	**98690**
质　量	10637	15233
价　格	2410	4359
广　告	11574	15940
计　量	434	891
售后服务	30341	46655
其　他	13723	15612
三、挽回损失(万元)	**1092**	**1021**

注：本表数据由市市场监督管理局提供。

19-17 社会治安案件（2022 年）

单位：件

项　目	全　市	#市　区
受　理　数	53112	42135
查　处　数	40639	33211

注：本表数据由市公安局提供。

19–18 交 通 事 故（2022 年）

项 目	合 计	市 区	三 县
一、交通事故次数(次)	369	140	229
二、死亡人数(人)	194	65	129
三、受伤人数(人)	279	104	175
四、经济损失(万元)	75.93	25.17	50.76

注：本表数据由市公安局提供。

19–19 火 灾 事 故（2022 年）

项 目	合 计	市 区	三 县
一、火灾次数(次)	4821	2985	1836
二、死亡人数(人)	12	10	2
三、受伤人数(人)	9	9	
四、经济损失(万元)	4477.59	1970.45	2507.14

注：本表数据由市消防救援支队提供。

19-20 人民法院一审案件结案情况

(2008-2022 年)

单位：件

项 目	2008	2009	2010	2011	2012	2013	2014	2015	2016	2017	2018	2019	2020	2021	2022
合 计	13845	15363	15904	16608	19668	22797	25310	35162	30622	42040	49712	58394	55629	80845	99620
刑事案件	2536	2476	2811	2920	3836	3729	3736	5440	4812	5476	5708	6015	6818	5392	4214
民事案件	11182	12752	12996	13530	15717	18916	21434	29304	25168	35810	43926	52374	48807	75446	95402
行政案件	127	135	97	158	115	152	140	418	642	754	78	5	4	7	4

注：1. 本表数据由市中级人民法院提供。
2. 以上数据取自人民法院大数据管理和服务平台。自 2017 年 10 月 1 日起，南昌中院、东湖区、西湖区、青云谱区、湾里区、青山湖区、新建区、经开区、高新区人民法院不再受理行政一审案件，改由铁路运输两级法院受理。

19-21 安 全 事 故 情 况 (2022 年)

项 目	安全生产事故(起)	死亡人数(人)
全 市	**103**	**88**
工矿商贸	35	34
生产经营性道路交通	68	54

注：本表数据由市应急管理局提供。

主要统计指标解释

卫生机构 包括医疗机构、疾病预防控制中心（防疫站）、采 供血机构、卫生监督及监测（检验）机构、医学科研和在职培 训机构、健康教育所等。

医疗机构 包括医院、社区卫生服务中心（站）、疗养院、卫 生院、门诊部、诊所（卫生所、医务室）、妇幼保健院（所、站）、 专科疾病防治院（所、站）、急救中心（站）和临床检验中心。 医疗机构分为非营利性医疗机构和营利性医疗机构。

医院 包括综合医院、中医医院、中西医结合医院、民族医 院、各类专科医院和护理院。

卫生技术人员 指卫生机构中医生、护理人员 、药剂人员、 检验人员等卫生技术人员。

医生 指在医疗、预防保健机构工作且取得《执业医师证书》 的执业医师和执业助理医师。

社会福利事业单位 指集中收养社会孤老、残、幼的机构，包括由民政部门管理的社会福利院、儿童福利院、精神病人福利院和城镇集体举办的福利院及农村集体举办的敬老院 以及优抚医院和具有收养能力的社区服务中心等。

社会福利事业单位收养人数 包括民政部门管理和城镇、农 村集体举办的社会福利事业单位中收养的老人、少年儿童、 缺乏生活自理能力的残疾人员和精神病人。

律师 指依法取得律师执业证书，担任法律顾问，民事（刑 事、行政）案件代理人、刑事案件辩护人、办理非诉讼业务， 解答法律询问，代写法律事务文书等，为社会提供法律服务的人员。

公证人员 指在公证处工作的人员总称，包括公证处主任、 副主任、公证员、公证员助理（助理公证员）和其他从事辅助性工作的人员。

公证文书 指公证处根据当事人申请，依照事实和法律，按 照法定程序制作的，具有法律效力的司法证明文书。根据公证书用途和使用地，公证书分为国内公证书、国内经济公证书、涉外民事公证书、涉外经济公证书四类。

调解员 指在人民调解委员会担负调解民间纠纷工作的人员，包括调解委员会的委员和调解小组的调解员。

调解民间纠纷 指调解委员会按照法律规定，根据自愿原则，用说服教育的方法调解民间发生的有关民事权利和义务争执的件数，包括调解成功数和调解未成功数。

二十、附　　表

APPENDIX

本篇内容包括:

1. 全国各省（区、市）主要经济指标
2. 全国各省会城市主要经济指标
3. 江西省各设区市主要经济指标

20-1　各省（区、市）按三次产业分法人单位数（2021 年）

单位：个

地　区	法人单位	第一产业	第二产业	第三产业
全　国	**32866972**	**1915236**	**6697618**	**24254118**
北　京	1300941	7036	81434	1212471
天　津	405767	10390	74922	320455
河　北	1569370	95296	422404	1051670
山　西	890153	101813	134299	654041
内 蒙 古	502117	64053	82031	356033
辽　宁	778066	48248	158932	570886
吉　林	300703	28796	48813	223094
黑 龙 江	360309	53091	54520	252698
上　海	539969	5128	76320	458521
江　苏	3082538	44477	891480	2146581
浙　江	2493082	48320	645388	1799374
安　徽	1314062	98829	295077	920156
福　建	1385496	60339	254822	1070335
江　西	**879842**	**81454**	**184226**	**614162**
山　东	3261394	141976	760058	2359360
河　南	1953717	159565	346209	1447943
湖　北	1348824	78645	265878	1004301
湖　南	935750	67656	167982	700112
广　东	3634156	41389	824091	2768676
广　西	846687	83339	113700	649648
海　南	188997	12041	22570	154386
重　庆	728589	84170	97240	547179
四　川	971006	95172	156759	719075
贵　州	634533	114693	109338	410502
云　南	782491	95201	119185	568105
西　藏	54923	3055	14449	37419
陕　西	732758	57482	151142	524134
甘　肃	343393	66768	45735	230890
青　海	124164	19656	17120	87388
宁　夏	158156	20902	24095	113159
新　疆	365019	26256	57399	281364

20-2 各省（区、市）生产总值（2022 年）

地　区	地　区 生产总值 (亿元)	第一产业	第二产业	第三产业	地区生产 总值指数 (上年＝100)	人均地区 生产总值 (元)	人均地区生 产总值指数 (上年＝100)
全　国	**1210207**	**88345**	**483165**	**638698**	**103.0**	**85698**	**103.0**
北　京	41611	112	6605	34894	100.7	190313	100.8
天　津	16311	273	6039	9999	101.0	119235	101.8
河　北	42370	4410	17050	20910	103.8	56995	104.1
山　西	25643	1340	13841	10461	104.4	73675	104.5
内蒙古	23159	2654	11242	9263	104.2	96474	104.2
辽　宁	28975	2598	11756	14622	102.1	68775	102.8
吉　林	13070	1689	4628	6753	98.1	55347	99.2
黑龙江	15901	3610	4649	7642	102.7	51096	103.9
上　海	44653	97	11458	33097	99.8	179907	100.0
江　苏	122876	4959	55889	62028	102.8	144390	102.5
浙　江	77715	2325	33205	42185	103.1	118496	102.2
安　徽	45045	3514	18588	22943	103.5	73603	103.3
福　建	53110	3076	25078	24956	104.7	126829	104.3
江　西	**32075**	**2452**	**14360**	**15264**	**104.7**	**70923**	**104.6**
山　东	87435	6299	35014	46122	103.9	86003	103.9
河　南	61345	5818	25465	30062	103.1	62106	103.5
湖　北	53735	4987	21241	27508	104.3	92059	103.4
湖　南	48670	4603	19183	24885	104.5	73598	104.8
广　东	129119	5340	52844	70935	101.9	101905	101.7
广　西	26301	4270	8939	13093	102.9	52164	102.6
海　南	6818	1418	1311	4090	100.2	66602	99.5
重　庆	29129	2012	11694	15423	102.6	90663	102.5
四　川	56750	5964	21157	29628	102.9	67777	102.9
贵　州	20165	2861	7113	10190	101.2	52321	101.2
云　南	28954	4012	10471	14471	104.3	61716	104.7
西　藏	2133	180	805	1148	101.1	58438	101.4
陕　西	32773	2575	15933	14264	104.3	82864	104.3
甘　肃	11202	1515	3945	5741	104.5	44968	104.7
青　海	3610	380	1586	1644	102.3	60724	102.1
宁　夏	5070	408	2449	2213	104.0	69781	103.5
新　疆	17741	2509	7271	7961	103.2	68552	103.3

注：本表绝对量按当年价格计算，指数按不变价格计算。

20–3　各省（区、市）年末总人口

（2015–2022 年）

单位：万人

地　区	2015	2016	2017	2018	2019	2020	2021	2022
全　国	**138326**	**139232**	**140011**	**140541**	**141008**	**141212**	**141260**	**141175**
北　京	2188	2195	2194	2192	2190	2189	2189	2184
天　津	1439	1443	1410	1383	1385	1387	1373	1363
河　北	7345	7375	7409	7426	7447	7464	7448	7420
山　西	3519	3514	3510	3502	3497	3490	3480	3481
内蒙古	2440	2436	2433	2422	2415	2403	2400	2401
辽　宁	4338	4327	4312	4291	4277	4255	4229	4197
吉　林	2613	2567	2526	2484	2448	2399	2375	2348
黑龙江	3529	3463	3399	3327	3255	3171	3125	3099
上　海	2458	2467	2466	2475	2481	2488	2489	2475
江　苏	8315	8381	8423	8446	8469	8477	8505	8515
浙　江	5985	6072	6170	6273	6375	6468	6540	6577
安　徽	6011	6033	6057	6076	6092	6105	6113	6127
福　建	3984	4016	4065	4104	4137	4161	4187	4188
江　西	**4485**	**4496**	**4511**	**4513**	**4516**	**4519**	**4517**	**4528**
山　东	9866	9973	10033	10077	10106	10165	10170	10163
河　南	9701	9778	9829	9864	9901	9941	9883	9872
湖　北	5850	5885	5904	5917	5927	5745	5830	5844
湖　南	6615	6625	6633	6635	6640	6645	6622	6604
广　东	11678	11908	12141	12348	12489	12624	12684	12657
广　西	4811	4857	4907	4947	4982	5019	5037	5047
海　南	945	957	972	982	995	1012	1020	1027
重　庆	3070	3110	3144	3163	3188	3209	3212	3213
四　川	8196	8251	8289	8321	8351	8371	8372	8374
贵　州	3708	3758	3803	3822	3848	3858	3852	3856
云　南	4663	4677	4693	4703	4714	4722	4690	4693
西　藏	330	340	349	354	361	366	366	364
陕　西	3846	3874	3904	3931	3944	3955	3954	3956
甘　肃	2523	2520	2522	2515	2509	2501	2490	2492
青　海	577	582	586	587	590	593	594	595
宁　夏	684	695	705	710	717	721	725	728
新　疆	2385	2428	2480	2520	2559	2590	2589	2587

注：本表数据根据年度人口抽样调查推算。全国数据包括中国人民解放军现役军人数，但不包括香港、澳门特别行政区和台湾地区数据；分省数据中未包括中国人民解放军现役军人数。

20-4 各省(区、市)年末城镇人口比重

(2015-2022 年)

单位：%

地 区	2015	2016	2017	2018	2019	2020	2021	2022
全 国	**57.33**	**58.84**	**60.24**	**61.50**	**62.71**	**63.89**	**64.72**	**65.22**
北 京	86.71	86.76	86.93	87.09	87.35	87.55	87.50	87.57
天 津	82.88	83.27	83.57	83.95	84.31	84.70	84.88	85.11
河 北	51.67	53.87	55.74	57.33	58.77	60.07	61.14	61.65
山 西	55.87	57.27	58.59	59.85	61.29	62.53	63.42	63.96
内蒙古	62.09	63.40	64.60	65.51	66.46	67.48	68.21	68.60
辽 宁	68.05	68.87	69.49	70.26	71.21	72.14	72.81	73.00
吉 林	57.64	58.75	59.71	60.85	61.63	62.64	63.36	63.72
黑龙江	60.47	61.09	61.90	63.46	64.62	65.61	65.69	66.21
上 海	88.53	89.00	89.10	89.13	89.22	89.30	89.30	89.33
江 苏	67.49	68.93	70.18	71.19	72.47	73.44	73.94	74.42
浙 江	66.32	67.72	68.91	70.02	71.58	72.17	72.66	73.38
安 徽	50.97	52.62	54.29	55.65	57.02	58.33	59.39	60.15
福 建	63.22	64.39	65.78	66.98	67.87	68.75	69.70	70.11
江 西	**52.30**	**53.99**	**55.70**	**57.34**	**59.07**	**60.44**	**61.46**	**62.07**
山 东	56.97	59.13	60.79	61.46	61.86	63.05	63.94	64.54
河 南	47.02	48.78	50.56	52.24	54.01	55.43	56.45	57.07
湖 北	57.18	58.57	59.88	61.00	61.83	62.89	64.09	64.67
湖 南	50.79	52.70	54.62	56.09	57.45	58.76	59.71	60.31
广 东	69.51	70.15	70.74	71.81	72.65	74.15	74.63	74.79
广 西	47.99	49.24	50.59	51.82	52.98	54.20	55.08	55.65
海 南	54.91	56.70	58.04	59.13	59.37	60.27	60.97	61.49
重 庆	61.47	63.33	65.00	66.61	68.24	69.46	70.32	70.96
四 川	48.27	50.00	51.78	53.50	55.36	56.73	57.82	58.35
贵 州	42.96	45.56	47.76	49.54	51.48	53.15	54.33	54.81
云 南	42.93	44.64	46.29	47.44	48.67	50.05	51.05	51.72
西 藏	28.87	31.57	33.38	33.80	34.51	35.73	36.61	37.39
陕 西	54.74	56.39	58.07	59.65	61.28	62.66	63.63	64.02
甘 肃	44.24	46.07	48.12	49.69	50.70	52.23	53.33	54.19
青 海	51.67	53.55	55.45	57.27	58.78	60.08	61.02	61.43
宁 夏	56.98	58.74	60.95	62.15	63.63	64.96	66.04	66.34
新 疆	48.78	50.42	51.90	54.01	55.51	56.53	57.26	57.89

20-5　各省(区、市)固定资产投资(不含农户)增长速度

(2018-2022年)

单位：%

地　区	2018	2019	2020	2021	2022
全　国	**5.9**	**5.4**	**2.9**	**4.9**	**5.1**
北　京	-5.4	-2.5	2.2	4.9	3.6
天　津	-4.9	13.1	3.0	4.8	-9.9
河　北	5.7	6.5	3.2	3.0	7.9
山　西	5.7	9.3	10.6	8.7	5.9
内蒙古	-28.3	6.7	-1.5	9.8	17.6
辽　宁	3.9	0.3	2.6	2.6	3.6
吉　林	1.4	-16.2	8.3	11.0	-2.4
黑龙江	-4.7	6.3	3.6	6.4	0.6
上　海	5.2	5.1	10.3	8.0	-1.0
江　苏	5.5	5.1	0.3	5.8	3.8
浙　江	7.2	10.0	5.4	10.8	9.1
安　徽	11.8	9.2	5.1	9.4	9.0
福　建	11.5	5.9	-0.4	6.0	7.5
江　西	**11.1**	**9.2**	**8.2**	**10.8**	**8.6**
山　东	3.8	-8.2	3.6	6.0	6.1
河　南	8.1	8.0	4.3	4.5	6.7
湖　北	10.9	10.7	-18.8	20.4	15.0
湖　南	10.0	10.1	7.6	8.0	6.6
广　东	10.7	11.1	7.2	6.3	-2.6
广　西	10.7	9.6	4.2	7.6	0.1
海　南	-12.5	-9.2	8.0	10.2	-4.2
重　庆	7.0	5.6	3.9	6.1	0.7
四　川	10.2	8.6	2.8	5.9	6.0
贵　州	15.8	0.9	3.2	-3.1	-5.1
云　南	11.6	8.5	7.7	4.0	7.5
西　藏	9.9	-2.2	5.4	-14.2	-18.0
陕　西	10.4	2.5	4.1	-3.0	8.1
甘　肃	-3.9	6.6	7.8	11.1	10.1
青　海	7.3	5.0	-12.2	-2.9	-7.6
宁　夏	-18.2	-10.3	4.0	2.2	10.2
新　疆	-25.2	2.5	16.2	15.0	7.6

20-6 各省（区、市）建筑业总产值和房屋建筑面积（2022年）

地 区	总产值（亿元）	施工面积（万平方米）	#新开工面积	竣工面积（万平方米）	#住 宅
全 国	**311979.8**	**1564518**	**438439**	**405477**	**260721**
北 京	13866.1	89888	17081	13815	9248
天 津	4751.3	18808	3492	2722	1617
河 北	6951.3	35918	9723	7099	4902
山 西	6145.5	22648	6230	5635	3473
内蒙古	1332.8	7046	1375	1096	830
辽 宁	3936.9	13329	3515	3633	2527
吉 林	2100.7	7047	1821	1883	1274
黑龙江	1414.5	3868	1435	1057	734
上 海	9273.9	58203	12389	8758	4802
江 苏	40660.0	275135	74173	76319	53915
浙 江	23861.1	171655	45290	44915	25152
安 徽	11702.6	49671	16640	14857	8460
福 建	17129.5	87433	24411	20255	14104
江 西	**10694.8**	**37048**	**15268**	**14683**	**8324**
山 东	17559.6	98828	30328	22918	14937
河 南	15086.9	66509	18972	18283	12898
湖 北	21155.0	91310	29258	33261	22126
湖 南	14481.0	76160	25357	23988	15392
广 东	22956.5	107366	30605	24929	13865
广 西	7275.8	27539	6619	8561	4569
海 南	467.2	1862	393	449	286
重 庆	10369.4	36186	11928	12602	8736
四 川	18675.2	77718	22922	22399	15436
贵 州	4820.2	16415	3741	3375	2162
云 南	8168.6	17690	5919	5973	3507
西 藏	203.8	263	110	118	60
陕 西	10067.9	40253	9583	6826	4445
甘 肃	2477.7	12229	3441	2031	1401
青 海	566.5	971	262	175	84
宁 夏	725.8	1802	824	559	311
新 疆	3101.5	13718	5334	2305	1142

20-7 各省（区、市）房地产开发企业投资、土地购置面积和成交价款（2022年）

地区	房地产开发投资(亿元)	#住宅	#办公楼	#商业营业用房	#其他	土地购置面积(万平方米)	土地成交价款(亿元)
全国	**132895.4**	**100646.4**	**5290.8**	**10647.4**	**16310.9**	**10052.1**	**9166.0**
北京	4178.5	2667.3	224.5	237.3	1049.4	188.8	853.5
天津	2127.9	1682.5	45.0	141.7	258.7	182.9	125.3
河北	4983.0	4116.9	89.1	298.1	478.9	224.5	85.4
山西	1764.2	1395.4	27.1	123.1	218.6	228.1	85.1
内蒙古	978.3	771.0	7.4	80.0	119.9	97.6	12.3
辽宁	2362.0	1905.9	57.5	218.0	180.7	320.1	91.6
吉林	1014.8	804.3	26.8	76.3	107.4	245.4	54.3
黑龙江	628.6	497.2	10.1	61.4	60.0	107.7	15.5
上海	4979.5	2771.8	695.8	416.2	1095.8	148.0	840.2
江苏	12406.9	9923.8	362.6	876.6	1243.9	691.8	773.1
浙江	12939.5	9086.6	529.9	888.4	2434.6	972.3	1714.2
安徽	6811.7	5595.6	124.0	577.6	514.5	1420.3	778.4
福建	5515.4	4112.4	146.6	386.8	869.6	299.1	473.9
江西	**2209.3**	**1763.3**	**73.8**	**242.1**	**130.1**	**252.3**	**117.6**
山东	9225.9	7211.6	411.1	632.1	971.1	872.1	440.5
河南	6793.4	5802.2	151.3	454.5	385.4	244.6	132.0
湖北	6172.0	4852.0	294.4	481.6	544.0	299.9	269.2
湖南	5180.3	4053.0	113.9	575.9	437.4	297.1	134.8
广东	14963.0	10700.3	1073.2	1238.7	1950.8	738.2	1353.5
广西	2307.4	1815.9	41.6	153.5	296.5	263.1	84.3
海南	1158.4	793.0	76.4	119.0	169.9	60.8	38.3
重庆	3467.6	2609.0	61.5	344.9	452.2	256.7	185.6
四川	7500.0	5577.7	244.2	749.2	928.9	288.3	221.1
贵州	2403.7	1936.0	33.7	239.7	194.2	136.3	25.1
云南	3152.0	2371.4	109.9	294.5	376.3	207.5	50.5
西藏	60.7	45.3	1.9	7.3	6.2	5.8	0.6
陕西	4254.8	3249.7	208.2	326.1	470.8	112.9	72.8
甘肃	1481.7	1160.8	21.4	119.2	180.3	91.3	15.9
青海	296.1	230.0	9.9	28.4	27.9	77.5	22.3
宁夏	419.9	316.2	2.8	42.6	58.3	142.9	50.0
新疆	1158.9	828.3	15.4	216.7	98.4	578.3	48.9

20-8 各省(区、市)房地产开发企业房屋施工、竣工面积(2022年)

单位:万平方米

地区	房屋施工面积	#住宅	#新开工面积	#住宅	房屋竣工面积	#住宅
全国	**904999.3**	**639695.9**	**120587.1**	**88135.1**	**86222.2**	**62539.2**
北京	13333.1	6713.6	1774.4	978.4	1938.5	1096.2
天津	11085.1	7733.6	667.2	501.1	1503.6	1086.1
河北	33651.8	26140.8	5395.3	4300.1	2522.6	1902.0
山西	25350.5	19068.6	3453.9	2734.9	2126.8	1636.6
内蒙古	15311.9	10988.3	1629.1	1137.1	1101.0	838.2
辽宁	22973.6	17043.8	2378.6	1799.4	1946.1	1567.0
吉林	11579.5	8172.3	869.5	700.0	724.1	517.0
黑龙江	9968.3	7299.8	991.1	800.4	731.7	552.9
上海	16678.2	7759.3	2939.7	1602.0	1676.4	934.7
江苏	62511.6	46155.0	9907.3	7298.0	7892.2	5901.6
浙江	55955.1	34773.4	7988.6	4988.3	6130.3	4064.2
安徽	40841.8	30610.2	6843.0	5237.6	5945.2	4315.4
福建	31735.0	21402.9	4142.4	2822.5	4063.4	2848.2
江西	**22714.8**	**17604.2**	**3629.3**	**2946.7**	**1462.8**	**1114.7**
山东	75798.6	55318.8	10520.6	7765.7	6686.0	4909.8
河南	57696.5	45097.1	8948.7	7367.5	6451.8	5235.3
湖北	34933.4	26076.5	4274.8	3168.4	3281.2	2516.6
湖南	38367.0	28938.1	5522.5	4545.3	3435.7	2572.9
广东	88662.7	59483.9	8535.4	5689.0	8161.1	5642.0
广西	32203.2	23818.3	3034.0	2347.8	2345.4	1847.6
海南	9057.2	5997.7	1058.0	737.7	750.9	600.6
重庆	22699.3	15033.1	2224.2	1541.0	2795.7	1920.1
四川	52210.8	34778.9	8313.9	5819.0	4071.9	2725.1
贵州	26256.2	18369.6	2211.5	1636.8	966.8	689.6
云南	27403.5	18509.2	2922.9	2076.5	2565.3	1758.4
西藏	697.6	483.1	80.6	56.0	35.8	24.6
陕西	28711.6	20656.5	4413.4	3075.6	1976.2	1545.8
甘肃	12268.4	8953.6	2105.3	1660.8	917.8	727.9
青海	3348.8	2377.5	422.5	310.7	247.9	186.9
宁夏	4918.4	3402.6	766.2	598.2	627.1	483.1
新疆	16075.7	10935.8	2623.1	1892.9	1141.0	778.2

20-9　各省(区、市)房地产开发企业商品房销售面积、销售额和待售面积(2022年)

地　区	商品房销售面积(万平方米)	#住　宅	商品房销售额(亿元)	#住　宅	商品房待售面积(万平方米)	#住　宅
全　国	**135836.9**	**114630.7**	**133307.8**	**116747.0**	**56366.1**	**26947.1**
北　京	1040.0	741.9	3976.9	3545.3	2617.0	854.4
天　津	973.8	895.5	1516.4	1421.6	1072.7	623.5
河　北	4615.7	4317.5	3702.1	3488.8	1027.1	717.5
山　西	2256.7	2152.2	1515.0	1418.4	801.9	533.6
内蒙古	1380.5	1289.0	868.0	808.7	1027.2	683.2
辽　宁	2182.5	1983.2	1814.7	1659.7	2726.2	1726.2
吉　林	1001.1	905.4	696.3	631.0	1215.6	782.4
黑龙江	925.5	839.5	569.4	506.7	1585.7	932.8
上　海	1852.9	1561.5	7467.5	6937.8	2646.9	673.4
江　苏	12115.2	10165.1	14811.6	13177.0	3851.0	1788.4
浙　江	6815.3	5467.0	12660.1	11061.4	1999.6	766.2
安　徽	7471.3	6448.1	5487.9	4964.3	1885.4	898.4
福　建	6054.3	4359.3	6502.4	5284.3	2037.4	739.7
江　西	**6702.6**	**5663.1**	**4905.2**	**4138.6**	**683.6**	**338.7**
山　东	11685.6	9821.7	9807.7	8481.3	3014.9	1819.7
河　南	11141.0	10310.3	6724.8	6152.3	2755.4	1831.6
湖　北	6385.1	5709.9	5413.3	4821.7	1828.6	1106.1
湖　南	6792.9	6085.4	4312.3	3800.1	1221.3	678.0
广　东	10591.1	8568.7	15870.5	13428.5	8189.1	3657.3
广　西	4370.9	3322.9	2390.1	1908.0	1745.5	937.8
海　南	644.0	530.5	1098.0	924.9	723.2	565.1
重　庆	4439.0	2969.0	3101.6	2448.8	2721.7	557.3
四　川	10339.5	8060.9	8215.9	6966.7	2332.0	719.2
贵　州	3847.0	3391.3	2193.6	1909.0	686.8	288.7
云　南	2938.4	2469.6	1999.4	1736.1	2033.6	938.8
西　藏	59.6	53.5	50.7	43.7	86.4	45.4
陕　西	3308.7	2954.1	3270.5	2958.8	658.9	330.2
甘　肃	1470.4	1388.2	835.5	780.5	583.0	332.4
青　海	204.4	177.8	145.0	127.7	187.1	104.6
宁　夏	715.6	650.7	502.1	451.0	817.6	258.5
新　疆	1516.2	1377.9	883.5	764.7	1603.8	718.0

20-10 各省(区、市)社会消费品零售总额

(2017—2022 年)

单位：亿元

地　区	2017	2018	2019	2020	2021	2022
全　国	**347327**	**377783**	**408017**	**391981**	**440823**	**439733**
北　京	13934	14422	15064	13716	14868	13794
天　津	4210	4231	4218	3583	3770	3572
河　北	11139	11974	12986	12705	13510	13720
山　西	6059	6523	7031	6746	7747	7563
内蒙古	4643	4852	5051	4760	5060	4971
辽　宁	8696	9113	9671	8961	9784	9526
吉　林	3992	4074	4213	3824	4217	3808
黑龙江	5077	5275	5604	5092	5543	5210
上　海	13700	14875	15848	15933	18079	16442
江　苏	32818	35473	37673	37086	42703	42752
浙　江	23121	25162	27344	26630	29211	30467
安　徽	14329	16156	17862	18334	21471	21518
福　建	15394	17178	18897	18626	20373	21050
江　西	**8118**	**9046**	**10068**	**10372**	**12207**	**12853**
山　东	25528	27480	29251	29248	33715	33236
河　南	19289	21268	23476	22503	24382	24407
湖　北	18520	20598	22722	17985	21561	22165
湖　南	13794	15134	16684	16258	18597	19051
广　东	36599	39767	42952	40208	44188	44883
广　西	7038	7664	8201	7831	8539	8539
海　南	1729	1853	1951	1975	2498	2268
重　庆	9769	10705	11632	11787	13968	13926
四　川	17404	19341	21343	20825	24133	24105
贵　州	6449	7105	7468	7833	8904	8507
云　南	8195	9197	10158	9793	10732	10839
西　藏	619	712	773	746	810	727
陕　西	8611	9510	10213	9606	10250	10402
甘　肃	3206	3436	3700	3632	4037	3922
青　海	843	900	949	877	948	842
宁　夏	1254	1330	1399	1301	1335	1338
新　疆	3250	3429	3617	3063	3585	3240

20−11 各省（区、市）网上零售额（2022年）

地 区	网上零售额（亿元）	比上年增长（%）	#实物商品网上零售额（亿元）	比上年增长（%）
全 国	**137853**	**4.0**	**119642**	**6.2**
北 京	11153	-1.2	8190	-0.6
天 津	1851	13.1	1635	14.4
河 北	4193	16.4	3892	16.8
山 西	847	15.2	701	21.1
内蒙古	500	0.5	344	-1.2
辽 宁	2146	15.2	1818	14.2
吉 林	555	-7.4	408	-9.5
黑龙江	744	4.5	618	4.9
上 海	11761	-10.0	9992	-10.9
江 苏	12209	5.1	10783	7.0
浙 江	19477	1.6	17307	9.8
安 徽	3436	9.5	3019	11.4
福 建	7738	9.3	7142	9.7
江 西	**2599**	**18.1**	**2312**	**17.5**
山 东	6699	7.5	5957	9.6
河 南	3666	13.1	3089	16.7
湖 北	3744	7.2	3216	6.7
湖 南	2549	11.3	2117	14.5
广 东	29478	5.6	27145	5.9
广 西	1057	8.4	786	15.0
海 南	572	10.9	444	23.0
重 庆	1352	6.3	1003	11.0
四 川	4161	2.3	3419	5.5
贵 州	565	14.0	384	13.3
云 南	1081	5.1	810	7.3
西 藏	91	-4.9	75	-4.9
陕 西	1644	8.7	1378	12.2
甘 肃	293	1.7	224	14.4
青 海	83	3.8	53	6.2
宁 夏	167	-2.3	108	19.3
新 疆	345	-7.7	258	-6.5

20-12 各省(区、市)货物进出口总额

地区	亿元人民币			亿美元		
	2020年	2021年	2022年	2020年	2021年	2022年
全国	**322215**	**390922**	**420678**	**46559**	**60502**	**63096**
北京	23313	30436	36446	3365	4710	5465
天津	7368	8568	8449	1063	1326	1268
河北	4457	5418	5629	645	839	843
山西	1504	2231	1846	218	345	277
内蒙古	1054	1237	1524	152	191	228
辽宁	6569	7723	7907	948	1195	1188
吉林	1282	1505	1559	185	233	234
黑龙江	1539	1993	2652	222	309	397
上海	34873	40605	41903	5038	6285	6272
江苏	44504	52105	54455	6428	8065	8178
浙江	33848	41419	46837	4885	6409	7034
安徽	5452	6914	7531	787	1070	1131
福建	14098	18433	19829	2036	2853	2975
江西	**4025**	**4977**	**6713**	**580**	**770**	**1007**
山东	22130	29319	33325	3202	4539	4994
河南	6679	8202	8524	973	1270	1279
湖北	4305	5370	6171	622	831	927
湖南	4885	5968	7058	707	924	1054
广东	70871	82682	83103	10240	12796	12470
广西	4870	5932	6604	704	917	980
海南	936	1469	2009	136	228	301
重庆	6514	8000	8158	942	1238	1228
四川	8089	9521	10077	1169	1474	1512
贵州	547	654	801	79	101	119
云南	2693	3145	3342	391	487	500
西藏	21	40	46	3	6	7
陕西	3778	4752	4835	546	736	726
甘肃	382	492	584	55	76	88
青海	23	32	43	3	5	6
宁夏	123	214	257	18	33	39
新疆	1483	1569	2464	214	243	367

20-13　各省(区、市)货物进口额

地　区	亿元人民币			亿美元		
	2020年	2021年	2022年	2020年	2021年	2022年
全　国	**142936**	**173634**	**181024**	**20660**	**26871**	**27160**
北　京	18649	24314	30555	2693	3763	4583
天　津	4294	4692	4645	620	726	696
河　北	1936	2388	2222	280	370	333
山　西	630	865	634	92	134	96
内蒙古	705	759	893	102	117	133
辽　宁	3917	4410	4323	565	682	649
吉　林	991	1152	1056	143	178	159
黑龙江	1179	1546	2106	170	239	316
上　海	21152	24891	24769	3058	3853	3709
江　苏	17070	19578	19639	2467	3030	2952
浙　江	8679	11299	12511	1254	1748	1876
安　徽	2291	2820	2767	331	436	417
福　建	5625	7621	7688	812	1179	1155
江　西	**1106**	**1308**	**1625**	**160**	**202**	**243**
山　东	9083	11762	12969	1313	1820	1947
河　南	2604	3180	3277	380	492	491
湖　北	1603	1861	1962	232	288	295
湖　南	1581	1758	1904	229	272	284
广　东	27381	32156	29780	3958	4977	4471
广　西	2162	2993	2898	312	463	434
海　南	659	1141	1287	96	177	193
重　庆	2326	2832	2913	337	438	437
四　川	3435	3812	3862	497	590	580
贵　州	115	167	278	17	26	41
云　南	1174	1379	1730	170	213	259
西　藏	8	18	3	1	3	0
陕　西	1848	2189	1824	267	339	274
甘　肃	297	395	457	43	61	69
青　海	11	15	16	2	2	2
宁　夏	37	39	61	5	6	9
新　疆	385	297	372	55	46	56

20-14 各省（区、市）货物出口额

地区	亿元人民币			亿美元		
	2020年	2021年	2022年	2020年	2021年	2022年
全国	**179279**	**217287**	**239654**	**25900**	**33630**	**35936**
北京	2048	3318	2267	295	514	341
天津	2812	3706	3800	406	573	569
河北	3460	4323	4968	500	669	745
山西	982	1590	1578	142	246	237
内蒙古	452	627	805	65	97	121
辽宁	3186	3862	4305	460	597	646
吉林	323	378	533	47	59	80
黑龙江	376	497	554	54	77	83
上海	11585	13078	13848	1673	2024	2070
江苏	27534	32647	36225	3974	5053	5437
浙江	24379	29639	33145	3518	4586	4981
安徽	3312	4295	5200	478	665	780
福建	7676	10166	11587	1109	1574	1736
江西	**2429**	**3084**	**4696**	**350**	**478**	**704**
山东	12417	18413	21838	1795	2851	3270
河南	4538	5565	6001	660	862	902
湖北	2641	3285	3977	381	508	597
湖南	2124	2451	3525	307	380	526
广东	52297	58309	59268	7561	9023	8886
广西	1467	1954	2722	212	302	404
海南	278	288	571	40	45	85
重庆	3809	4666	4675	550	722	704
四川	4553	5350	5982	658	829	896
贵州	409	471	509	59	73	76
云南	1177	1254	1696	170	194	254
西藏	17	26	23	3	4	3
陕西	1850	2482	2834	267	384	425
甘肃	125	140	190	18	22	28
青海	13	20	42	2	3	6
宁夏	155	248	344	22	38	52
新疆	855	1157	1946	123	179	290

20–15　各省（区、市）电力消费量

（2016–2022 年）

单位：亿千瓦小时

地　区	2016	2017	2018	2019	2020	2021	2022
北　京	1020	1067	1142	1166	1140	1233	1281
天　津	808	806	855	878	875	982	991
河　北	3265	3442	3666	3856	3934	4294	4344
山　西	1797	1991	2161	2262	2342	2608	2721
内蒙古	2605	2892	3353	3653	3900	3957	4200
辽　宁	2037	2135	2302	2401	2423	2576	2551
吉　林	668	703	751	780	805	843	852
黑龙江	897	929	974	996	1014	1089	1139
上　海	1486	1527	1567	1569	1576	1750	1746
江　苏	5459	5808	6128	6264	6374	7101	7400
浙　江	3873	4193	4533	4706	4830	5514	5799
安　徽	1795	1921	2135	2301	2428	2715	2993
福　建	1969	2113	2314	2402	2483	2837	2900
江　西	**1183**	**1294**	**1429**	**1536**	**1627**	**1863**	**1983**
山　东	5391	5430	6084	6219	6940	7383	7559
河　南	2989	3166	3418	3364	3392	3647	3908
湖　北	1763	1869	2071	2214	2144	2472	2648
湖　南	1496	1582	1745	1864	1929	2155	2236
广　东	5610	5959	6323	6696	6926	7867	7870
广　西	1360	1445	1703	1907	2029	2236	2217
海　南	287	305	327	355	363	405	416
重　庆	925	997	1119	1160	1186	1341	1404
四　川	2101	2205	2459	2636	2865	3275	3447
贵　州	1242	1385	1482	1541	1586	1743	1744
云　南	1411	1538	1679	1812	2025	2138	2390
西　藏	49	58	69	78	82	101	119
陕　西	1357	1495	1594	1912	1741	1966	2378
甘　肃	1065	1164	1290	1288	1376	1495	1501
青　海	638	687	738	716	742	858	922
宁　夏	887	978	1065	1084	1038	1158	1250
新　疆	2316	2543	2686	2868	3099	3527	3466

注：本表数据来源于中国电力企业联合会，2022 年数据为快报数。

20-16 各省（区、市）一般公共预算收入

(2017-2022 年)　　单位：亿元

地　区	2017	2018	2019	2020	2021	2022
地方合计	**91469**	**97903**	**101081**	**100143**	**111084**	**108819**
北　京	5431	5786	5817	5484	5932	5714
天　津	2310	2106	2410	1923	2141	1847
河　北	3234	3514	3739	3826	4168	4084
山　西	1867	2293	2348	2297	2834	3454
内蒙古	1703	1858	2060	2051	2350	2824
辽　宁	2393	2616	2652	2656	2766	2524
吉　林	1211	1241	1117	1085	1144	851
黑龙江	1243	1283	1263	1153	1301	1291
上　海	6642	7108	7165	7046	7772	7608
江　苏	8172	8630	8802	9059	10015	9259
浙　江	5804	6598	7049	7248	8263	8039
安　徽	2812	3049	3183	3216	3498	3589
福　建	2809	3007	3053	3079	3383	3339
江　西	**2247**	**2373**	**2487**	**2508**	**2812**	**2948**
山　东	6099	6485	6527	6560	7284	7104
河　南	3407	3766	4042	4169	4354	4262
湖　北	3248	3307	3389	2512	3283	3281
湖　南	2758	2861	3007	3009	3251	3102
广　东	11320	12105	12655	12924	14105	13280
广　西	1615	1681	1812	1717	1800	1688
海　南	674	753	814	816	921	832
重　庆	2252	2266	2135	2095	2285	2103
四　川	3578	3911	4071	4261	4773	4882
贵　州	1614	1727	1767	1787	1969	1886
云　南	1886	1994	2074	2117	2278	1949
西　藏	186	230	222	221	216	180
陕　西	2007	2243	2288	2257	2775	3312
甘　肃	816	871	850	875	1002	908
青　海	246	273	282	298	329	329
宁　夏	418	437	424	419	460	460
新　疆	1467	1531	1578	1477	1619	1889

注：本表数据为地方财政本级收入。由于体制调整，2022 年新疆数据包含新疆生产建设兵团。

20-17　各省（区、市）一般公共预算支出

（2017–2022 年）

单位：亿元

地　区	2017	2018	2019	2020	2021	2022
地方合计	**173228**	**188196**	**203743**	**210583**	**210623**	**225039**
北　京	6825	7471	7408	7116	7205	7469
天　津	3283	3103	3556	3151	3153	2740
河　北	6639	7726	8309	9023	8848	9336
山　西	3756	4284	4711	5111	5047	5873
内蒙古	4530	4831	5101	5270	5240	5885
辽　宁	4879	5338	5745	6014	5879	6253
吉　林	3726	3790	3933	4127	3697	4044
黑龙江	4641	4677	5012	5449	5105	5452
上　海	7548	8352	8179	8102	8431	9393
江　苏	10621	11657	12574	13682	14585	14903
浙　江	7530	8630	10053	10082	11015	12018
安　徽	6204	6572	7392	7474	7591	8379
福　建	4684	4833	5078	5216	5205	5703
江　西	**5111**	**5668**	**6387**	**6674**	**6779**	**7288**
山　东	9258	10101	10740	11234	11713	12132
河　南	8216	9218	10164	10373	9784	10645
湖　北	6801	7258	7970	8443	7934	8626
湖　南	6869	7480	8034	8403	8326	9005
广　东	15037	15729	17298	17431	18247	18510
广　西	4909	5311	5851	6179	5807	5894
海　南	1444	1691	1859	1972	1971	2096
重　庆	4336	4541	4848	4894	4835	4893
四　川	8695	9708	10348	11199	11216	11915
贵　州	4613	5030	5949	5739	5590	5849
云　南	5713	6075	6770	6974	6634	6700
西　藏	1682	1971	2188	2211	2027	2594
陕　西	4833	5302	5719	5930	6069	6766
甘　肃	3304	3772	3952	4163	4033	4263
青　海	1530	1647	1864	1933	1855	1975
宁　夏	1373	1419	1438	1480	1428	1584
新　疆	4637	5012	5315	5533	5377	6857

注：本表数据为地方财政本级支出。由于体制调整，2022 年新疆数据包含新疆生产建设兵团。

20-18 各省（区、市）各类价格指数（2022 年）

（上年 =100）

地区	居民消费价格指数	工业生产者出厂价格指数	工业生产者购进价格指数	农产品生产者价格指数
全国	**102.0**	**104.1**	**106.1**	**100.4**
北京	101.8	102.3	106.2	102.7
天津	101.9	105.8	104.4	98.4
河北	101.8	100.5	104.7	103.5
山西	102.1	111.4	109.7	104.0
内蒙古	101.8	108.6	111.2	100.8
辽宁	102.0	107.9	110.1	103.6
吉林	102.1	101.9	104.6	100.7
黑龙江	101.9	110.9	110.0	102.5
上海	102.5	102.6	104.9	102.6
江苏	102.2	103.2	105.8	100.1
浙江	102.2	104.0	106.1	101.5
安徽	102.0	103.2	104.0	102.8
福建	101.9	102.9	105.2	100.8
江西	**102.0**	**103.5**	**109.4**	**97.5**
山东	101.7	105.1	105.8	100.6
河南	101.5	105.0	105.7	97.2
湖北	102.1	103.4	107.8	100.6
湖南	101.8	102.0	104.8	103.6
广东	102.2	103.0	104.1	100.1
广西	101.9	102.5	107.3	100.8
海南	101.6	115.0	119.8	106.8
重庆	102.1	102.3	104.4	98.7
四川	102.0	102.8	105.8	99.1
贵州	101.6	105.7	111.2	95.9
云南	101.6	105.4	107.9	96.7
西藏	101.5	104.1		
陕西	102.1	107.3	106.2	104.4
甘肃	101.9	110.9	113.5	100.2
青海	102.4	112.2	114.0	98.4
宁夏	102.3	111.1	117.6	98.3
新疆	101.8	112.3	114.6	99.6

20–19　各省（区、市）全体居民人均可支配收入

（2017–2022年）

单位：元

地　区	2017	2018	2019	2020	2021	2022
全国总计	**25974**	**28228**	**30733**	**32189**	**35128**	**36883**
北　京	57230	62361	67756	69434	75002	77415
天　津	37022	39506	42404	43854	47449	48976
河　北	21484	23446	25665	27136	29383	30867
山　西	20420	21990	23828	25214	27426	29178
内蒙古	26212	28376	30555	31497	34108	35921
辽　宁	27835	29701	31820	32738	35112	36089
吉　林	21368	22798	24563	25751	27770	27975
黑龙江	21206	22726	24254	24902	27159	28346
上　海	58988	64183	69442	72232	78027	79610
江　苏	35024	38096	41400	43390	47498	49862
浙　江	42046	45840	49899	52397	57541	60302
安　徽	21863	23984	26415	28103	30904	32745
福　建	30048	32644	35616	37202	40659	43118
江　西	**22031**	**24080**	**26262**	**28017**	**30610**	**32419**
山　东	26930	29205	31597	32886	35705	37560
河　南	20170	21964	23903	24810	26811	28222
湖　北	23757	25815	28319	27881	30829	32914
湖　南	23103	25241	27680	29380	31993	34036
广　东	33003	35810	39014	41029	44993	47065
广　西	19905	21485	23328	24562	26727	27981
海　南	22553	24579	26679	27904	30457	30957
重　庆	24153	26386	28920	30824	33803	35666
四　川	20580	22461	24703	26522	29080	30679
贵　州	16704	18430	20397	21795	23996	25508
云　南	18348	20084	22082	23295	25666	26937
西　藏	15457	17286	19501	21744	24950	26675
陕　西	20635	22528	24666	26226	28568	30116
甘　肃	16011	17488	19139	20335	22066	23273
青　海	19001	20757	22618	24037	25920	27000
宁　夏	20562	22400	24412	25735	27905	29599
新　疆	19975	21500	23103	23845	26075	27063

20−20 各省（区、市）全体居民人均消费支出

（2017−2022 年）

单位：元

地　　区	2017	2018	2019	2020	2021	2022
全国总计	**18322**	**19853**	**21559**	**21210**	**24100**	**24538**
北　　京	37425	39843	43038	38903	43640	42683
天　　津	27841	29903	31854	28461	33188	31324
河　　北	15437	16722	17987	18037	19954	20890
山　　西	13664	14810	15863	15733	17191	17537
内 蒙 古	18946	19665	20743	19795	22658	22298
辽　　宁	20463	21398	22203	20672	23831	22604
吉　　林	15632	17200	18075	17318	19605	17898
黑 龙 江	15578	16994	18112	17056	20636	20412
上　　海	39792	43351	45605	42536	48879	46045
江　　苏	23469	25007	26697	26225	31451	32848
浙　　江	27079	29471	32026	31295	36668	38971
安　　徽	15752	17045	19137	18877	21911	22542
福　　建	21249	22996	25314	25126	28440	30042
江　　西	**14459**	**15792**	**17651**	**17955**	**20290**	**21708**
山　　东	17281	18780	20428	20940	22821	22640
河　　南	13730	15169	16332	16143	18391	19019
湖　　北	16938	19538	21567	19246	23846	24828
湖　　南	17160	18808	20479	20998	22798	24083
广　　东	24820	26054	28995	28492	31589	32169
广　　西	13424	14935	16418	16357	18088	18343
海　　南	15403	17528	19555	18972	22242	21500
重　　庆	17898	19249	20774	21678	24598	25371
四　　川	16180	17664	19338	19783	21518	22302
贵　　州	12970	13798	14780	14874	17957	17939
云　　南	12658	14250	15780	16792	18851	18951
西　　藏	10320	11520	13029	13225	15343	15886
陕　　西	14900	16160	17465	17418	19347	19848
甘　　肃	13120	14624	15879	16175	17456	17489
青　　海	15503	16557	17545	18284	19020	17261
宁　　夏	15350	16715	18297	17506	20024	19136
新　　疆	15087	16189	17397	16512	18961	17927

20-21　各省（区、市）城镇居民人均可支配收入

（2017-2022年）

单位：元

地　区	2017	2018	2019	2020	2021	2022
全国总计	**36396**	**39251**	**42359**	**43834**	**47412**	**49283**
北　京	62406	67990	73849	75602	81518	84023
天　津	40278	42976	46119	47659	51486	53003
河　北	30548	32977	35738	37286	39791	41278
山　西	29132	31035	33262	34793	37433	39532
内蒙古	35670	38305	40782	41353	44377	46295
辽　宁	34993	37342	39777	40376	43051	44003
吉　林	28319	30172	32299	33396	35646	35471
黑龙江	27446	29191	30945	31115	33646	35042
上　海	62596	68034	73615	76437	82429	84034
江　苏	43622	47200	51056	53102	57744	60178
浙　江	51261	55574	60182	62699	68487	71268
安　徽	31640	34393	37540	39442	43009	45133
福　建	39001	42121	45620	47160	51141	53817
江　西	**31198**	**33819**	**36546**	**38556**	**41684**	**43697**
山　东	36789	39549	42329	43726	47066	49050
河　南	29558	31874	34201	34750	37095	38484
湖　北	31889	34455	37601	36706	40278	42626
湖　南	33948	36698	39842	41698	44866	47301
广　东	40975	44341	48118	50257	54854	56905
广　西	30502	32436	34745	35859	38530	39703
海　南	30817	33349	36017	37097	40213	40118
重　庆	32193	34889	37939	40006	43503	45509
四　川	30727	33216	36154	38253	41444	43233
贵　州	29080	31592	34404	36096	39211	41086
云　南	30996	33488	36238	37500	40905	42168
西　藏	30671	33797	37410	41156	46503	48753
陕　西	30810	33319	36098	37868	40713	42431
甘　肃	27763	29957	32323	33822	36187	37572
青　海	29169	31515	33830	35506	37745	38736
宁　夏	29472	31895	34328	35720	38291	40194
新　疆	30775	32764	34664	34838	37642	38410

20-22 各省(区、市)城镇居民人均消费支出

(2017-2022 年)　　单位：元

地　区	2017	2018	2019	2020	2021	2022
全国总计	**24445**	**26112**	**28063**	**27007**	**30307**	**30391**
北　京	40346	42926	46358	41726	46776	45617
天　津	30284	32655	34811	30895	36067	33824
河　北	20600	22127	23483	23167	24193	25071
山　西	18404	19790	21159	20332	21966	21923
内蒙古	23638	24437	25383	23888	27194	26667
辽　宁	25379	26448	27355	24849	28438	26652
吉　林	20051	22394	23394	21623	24421	21835
黑龙江	19270	21035	22165	20397	24422	24011
上　海	42304	46015	48272	44839	51295	48111
江　苏	27726	29462	31329	30882	36558	37796
浙　江	31924	34598	37508	36197	42194	44511
安　徽	20740	21523	23782	22683	26495	26832
福　建	25980	28145	30946	30487	33942	35692
江　西	**19244**	**20760**	**22714**	**22134**	**24587**	**25976**
山　东	23072	24798	26731	27291	29314	28555
河　南	19422	20989	21972	20645	23178	23539
湖　北	21276	23996	26422	22885	28506	29121
湖　南	23163	25064	26924	26796	28294	29580
广　东	30198	30924	34424	33511	36621	36936
广　西	18349	20159	21591	20907	22555	22438
海　南	20372	22971	25317	23560	27565	26418
重　庆	22759	24154	25785	26464	29850	30574
四　川	21991	23484	25367	25133	26971	27637
贵　州	20348	20788	21402	20587	25333	24230
云　南	19560	21626	23455	24569	27441	26240
西　藏	21088	23029	25637	24927	28159	28265
陕　西	20388	21966	23514	22866	24784	24766
甘　肃	20659	22606	24454	24615	25757	25207
青　海	21473	22998	23799	24315	24513	21700
宁　夏	20219	21977	24161	22379	25386	24213
新　疆	22797	24191	25594	22952	25724	24142

20-23　各省（区、市）农村居民人均可支配收入

（2017-2022 年）

单位：元

地　区	2017	2018	2019	2020	2021	2022
全国总计	**13432**	**14617**	**16021**	**17131**	**18931**	**20133**
北　京	24240	26490	28928	30126	33303	34754
天　津	21754	23065	24804	25691	27955	29018
河　北	12881	14031	15373	16467	18179	19364
山　西	10788	11750	12902	13878	15308	16323
内蒙古	12584	13803	15283	16567	18337	19641
辽　宁	13747	14656	16108	17450	19217	19908
吉　林	12950	13748	14936	16067	17642	18134
黑龙江	12665	13804	14982	16168	17889	18577
上　海	27825	30375	33195	34911	38521	39729
江　苏	19158	20845	22675	24198	26791	28486
浙　江	24956	27302	29876	31930	35247	37565
安　徽	12758	13996	15416	16620	18372	19575
福　建	16335	17821	19568	20880	23229	24987
江　西	**13242**	**14460**	**15796**	**16981**	**18684**	**19936**
山　东	15118	16297	17775	18753	20794	22110
河　南	12719	13831	15164	16108	17533	18697
湖　北	13812	14978	16391	16306	18259	19709
湖　南	12936	14093	15395	16585	18295	19546
广　东	15780	17168	18818	20143	22306	23598
广　西	11325	12435	13676	14815	16363	17433
海　南	12902	13989	15113	16279	18076	19117
重　庆	12638	13781	15133	16361	18100	19313
四　川	12227	13331	14670	15929	17575	18672
贵　州	8869	9716	10756	11642	12856	13707
云　南	9862	10768	11902	12842	14197	15147
西　藏	10330	11450	12951	14598	16932	18209
陕　西	10265	11213	12326	13316	14745	15704
甘　肃	8076	8804	9629	10344	11433	12165
青　海	9462	10393	11499	12342	13604	14456
宁　夏	10738	11708	12858	13889	15337	16430
新　疆	11045	11975	13122	14056	15575	16550

20-24 各省(区、市)农村居民人均消费支出

(2017—2022 年)

单位：元

地　区	2017	2018	2019	2020	2021	2022
全国总计	**10955**	**12124**	**13328**	**13713**	**15916**	**16632**
北　京	18810	20195	21881	20913	23574	23745
天　津	16386	16863	17843	16844	19286	18934
河　北	10536	11383	12372	12644	15391	16271
山　西	8424	9172	9728	10290	11410	12091
内蒙古	12184	12661	13816	13594	15691	15444
辽　宁	10787	11455	12030	12311	14606	14326
吉　林	10279	10826	11457	11864	13411	12729
黑龙江	10524	11417	12495	12360	15225	15162
上　海	18090	19965	22449	22095	27205	27430
江　苏	15612	16567	17716	17022	21130	22597
浙　江	18093	19707	21352	21555	25415	27483
安　徽	11106	12748	14546	15024	17163	17980
福　建	14003	14943	16281	16339	19290	20467
江　西	**9870**	**10885**	**12497**	**13579**	**15663**	**16984**
山　东	10342	11270	12309	12660	14299	14687
河　南	9212	10392	11546	12201	14073	14824
湖　北	11633	13946	15328	14472	17647	18991
湖　南	11534	12721	13969	14974	16951	18078
广　东	13200	15411	16949	17132	20012	20800
广　西	9437	10617	12045	12431	14165	14658
海　南	9599	10956	12418	13169	15487	15145
重　庆	10936	11977	13112	14140	16096	16727
四　川	11397	12723	14056	14953	16444	17199
贵　州	8299	9170	10222	10818	12557	13172
云　南	8027	9123	10260	11069	12386	13309
西　藏	6691	7452	8418	8917	10577	11139
陕　西	9306	10071	10935	11376	13158	14094
甘　肃	8030	9065	9694	9923	11206	11494
青　海	9903	10352	11343	12134	13300	12516
宁　夏	9982	10790	11465	11724	13536	12825
新　疆	8713	9421	10318	10778	12821	12169

20–25　各省（区、市）农林牧渔业总产值及增长速度（2022 年）

地　区	农林牧渔业总产值（亿元）	#农　业	林　业	牧　业	渔　业	农林牧渔业总产值比上年增长（%）
全　国	**156066**	**84439**	**6821**	**40652**	**15468**	**4.4**
北　京	268	130	87	42	4	-2.0
天　津	521	277	9	147	70	2.9
河　北	7667	4036	267	2392	342	4.6
山　西	2212	1288	175	616	9	5.0
内蒙古	4317	2208	108	1876	31	4.9
辽　宁	5180	2258	162	1695	881	3.2
吉　林	3218	1513	69	1483	62	4.1
黑龙江	6718	4320	212	1843	148	2.5
上　海	274	149	8	46	51	-1.1
江　苏	8734	4686	186	1294	1857	3.9
浙　江	3752	1770	183	406	1261	3.4
安　徽	6278	2937	473	1813	660	4.5
福　建	5503	2066	430	1066	1741	3.9
江　西	**4224**	**1917**	**417**	**1094**	**553**	**4.3**
山　东	12131	6207	227	3004	1730	4.8
河　南	10952	6948	150	2832	147	5.1
湖　北	8939	4193	311	2128	1584	4.4
湖　南	8160	3973	477	2467	618	3.8
广　东	8892	4308	549	1680	1898	4.8
广　西	6939	3978	548	1510	576	5.0
海　南	2272	1237	119	340	467	3.5
重　庆	3068	1882	176	801	137	4.5
四　川	9860	5529	438	3282	343	4.5
贵　州	4909	3314	340	941	80	4.2
云　南	6636	3630	492	2192	120	5.5
西　藏	279	121	7	143	0	4.8
陕　西	4602	3310	86	925	36	4.6
甘　肃	2681	1806	36	662	2	5.9
青　海	566	238	13	302	4	4.6
宁　夏	846	456	11	323	23	4.9
新　疆	5469	3754	53	1305	32	5.8

注：本表绝对数按当年价格计算，增长速度按可比价格计算。

20-26 各省（区、市）农村贫困人口（2010 年标准）

（2014-2019 年）

单位：万人

地区	2014	2015	2016	2017	2018	2019
全国	**7017**	**5575**	**4335**	**3046**	**1660**	**551**
北京	.	.	.	.	.	.
天津	.	.	.	.	.	.
河北	320	241	188	124	63	.
山西	269	223	186	133	74	16
内蒙古	98	76	53	37	14	.
辽宁	117	86	59	39	24	.
吉林	81	69	57	41	26	9
黑龙江	96	86	69	50	27	.
上海	.	.	.	.	.	.
江苏	61	.	.	.	.	.
浙江	45	.	.	.	.	.
安徽	371	309	237	158	67	.
福建	50	36	23	.	.	.
江西	**276**	**208**	**155**	**107**	**63**	**.**
山东	231	172	140	60	.	.
河南	565	463	371	277	168	51
湖北	271	216	176	114	67	.
湖南	532	434	343	232	105	42
广东	82	47	.	.	.	.
广西	540	452	341	246	140	51
海南	50	41	32	23	7	.
重庆	119	88	45	21	13	.
四川	509	400	306	212	98	52
贵州	623	507	402	295	173	53
云南	574	471	373	279	179	66
西藏	61	48	34	20	13	4
陕西	350	288	226	169	83	17
甘肃	417	325	262	200	121	46
青海	52	42	31	23	10	5
宁夏	45	37	30	19	9	4
新疆	212	180	147	113	64	20

注：1. “.” 表示数值较小，统计上不显著。
注：2. 2020 年我国现行农村贫困标准下的农村贫困人口全部脱贫。

20–27　各省（区、市）规模以上工业企业主要经济指标（一）(2022 年）

单位：亿元

地　区	营业收入	营业成本	销售费用	管理费用	财务费用	利润总额
全　国	**1379098.4**	**1168426.4**	**31997.9**	**71238.8**	**9850.3**	**84038.5**
北　京	26794.4	22310.9	1269.6	1568.5	128.6	1980.9
天　津	23537.1	20080.7	441.1	1074.8	117.8	1523.3
河　北	52403.7	47132.4	948.3	2001.1	519.6	1261.2
山　西	37961.2	30397.5	478.3	1693.9	743.2	3633.4
内蒙古	28158.2	21559.7	443.3	1007.2	398.9	4060.0
辽　宁	35854.2	30763.4	743.0	1465.2	344.1	1540.9
吉　林	13835.9	11471.1	404.3	785.4	119.0	917.3
黑龙江	12418.8	10128.6	259.1	643.7	185.8	604.0
上　海	45264.8	37510.5	1433.4	3185.5	17.0	2793.6
江　苏	161506.0	138124.9	3871.9	9249.0	703.5	9061.9
浙　江	107956.6	92107.8	2668.4	6823.2	626.1	5863.6
安　徽	49051.1	42521.9	1037.5	2474.5	287.8	2449.7
福　建	70367.5	61346.1	1474.3	2781.2	325.5	4071.3
江　西	**48295.5**	**41848.4**	**713.6**	**1781.3**	**241.2**	**3456.1**
山　东	108019.9	94572.5	2139.0	4835.2	834.8	4473.2
河　南	60206.8	53255.8	1075.4	2267.8	573.2	2534.0
湖　北	53789.9	45878.5	1280.5	2744.1	409.5	3139.6
湖　南	47644.8	39668.6	1292.1	3148.0	320.0	2310.1
广　东	179878.2	151220.7	5677.4	12646.5	567.3	9460.9
广　西	23234.8	20861.2	345.2	771.3	218.5	702.3
海　南	2944.3	2399.3	111.8	147.6	40.6	135.2
重　庆	28211.4	24190.3	685.1	1312.2	124.7	1683.8
四　川	54932.4	45044.9	1465.7	2383.9	510.8	4836.3
贵　州	10255.5	7785.7	246.6	621.0	189.6	1284.9
云　南	19682.8	15967.8	340.0	775.7	267.4	1330.5
西　藏	498.5	360.8	9.4	40.6	18.7	61.5
陕　西	35208.7	27051.0	608.3	1396.4	296.5	4570.3
甘　肃	10960.4	9337.8	134.2	352.7	164.0	594.6
青　海	4544.0	3421.6	43.4	166.8	84.0	828.9
宁　夏	8107.3	6902.0	86.1	302.0	172.7	412.7
新　疆	17573.8	13204.0	271.6	792.5	299.8	2462.3

注：本表数据为快报数据。

20-28 各省(区、市)规模以上工业企业主要经济指标(二)(2022 年)

单位：亿元

地 区	亏损企业亏损总额	流动资产合 计	应收账款	存货	#产成品	资产总计	负债合计
全 国	**15568.1**	**807645.9**	**216466.2**	**159134.4**	**60363.2**	**1561196.7**	**882994.2**
北 京	293.8	25976.0	5765.8	3468.6	1285.4	64237.4	28002.6
天 津	360.7	12496.8	3397.7	2667.3	926.6	24752.1	13203.4
河 北	879.4	29651.1	6958.5	5545.0	2160.0	60192.4	37425.4
山 西	796.3	29172.5	6673.2	3033.3	1291.6	59676.4	41330.5
内蒙古	420.2	16234.4	3268.5	2479.2	948.1	42114.4	23294.1
辽 宁	656.4	22045.3	5103.7	5186.3	1703.4	43477.2	26643.7
吉 林	308.4	8927.6	1926.3	1865.9	586.5	19382.1	10681.0
黑龙江	344.1	9348.3	2110.8	1655.4	565.3	19181.9	11628.6
上 海	555.3	32037.7	9389.9	6627.1	2089.1	54298.1	26243.8
江 苏	1519.5	103067.9	34218.8	21735.3	8864.0	169623.2	92356.0
浙 江	989.6	71129.2	21182.3	14727.9	5980.0	125075.7	70201.8
安 徽	516.1	29189.3	9055.4	5516.2	2153.9	55493.6	30951.0
福 建	425.1	27558.4	6639.6	6245.7	2621.8	51807.6	27705.8
江 西	**235.3**	**17938.7**	**5035.7**	**3769.9**	**1467.6**	**33934.0**	**18730.5**
山 东	1469.3	64412.3	14912.2	13432.1	5434.7	119195.8	73376.8
河 南	634.8	28120.5	7005.0	5597.2	2004.5	57668.8	32846.4
湖 北	592.1	24927.9	6292.6	5289.4	2031.6	51829.6	27685.2
湖 南	208.0	17348.3	5508.8	3576.9	1310.1	36454.6	18720.7
广 东	1744.7	115668.2	31873.1	22895.0	8398.2	193540.2	111493.0
广 西	295.9	12770.9	3371.5	2853.7	1197.3	25919.1	16692.7
海 南	58.9	1741.8	440.6	326.6	102.0	4528.5	2729.9
重 庆	239.0	14260.5	4179.9	2389.9	957.6	26911.8	15012.2
四 川	411.9	29354.8	7743.9	5992.6	2103.4	64081.6	35542.1
贵 州	288.5	8211.2	1820.2	1934.3	460.0	18897.7	11593.6
云 南	263.5	10528.9	2251.2	2877.0	798.3	26815.1	15057.2
西 藏	67.8	455.8	98.6	61.8	18.8	2297.6	1182.7
陕 西	281.7	20477.7	4620.2	3077.4	1275.3	44192.6	23804.2
甘 肃	186.7	5648.6	1357.9	1340.2	412.4	14787.9	8588.8
青 海	87.4	2886.5	686.8	430.8	157.8	7439.7	4988.0
宁 夏	186.1	4778.1	1093.6	746.6	315.7	13152.9	8527.6
新 疆	251.7	11281.0	2483.7	1789.9	742.1	30237.0	16754.8

20-29　各省（区、市）货运量和货物周转量（2022年）

地　区	货运量（万吨）	#铁　路	公　路	水　运	货物周转量（亿吨公里）	#铁　路	公　路	水　运
全　国	**5152571**	**498424**	**3711928**	**855352**	**231783**	**35946**	**68958**	**121003**
北　京	18918	368	18549		1017	792	225	
天　津	52898	11754	30382	10761	2666	574	605	1487
河　北	232136	30212	196727	5197	14234	5506	7890	838
山　西	211540	104514	107024	1	6473	3309	3164	0
内蒙古	211615	84906	126709		5221	3080	2141	
辽　宁	166281	22394	139403	4484	4611	1305	2778	529
吉　林	46467	5654	40813		1874	597	1277	
黑龙江	52119	12955	38616	547	1852	969	846	36
上　海	141059	512	44846	95701	32370	21	844	31505
江　苏	279143	10010	159936	109197	11829	382	3208	8240
浙　江	321583	5453	205935	110195	13545	287	2650	10608
安　徽	394061	7912	245982	140167	11282	849	3696	6737
福　建	169091	4816	106939	57336	11340	206	1261	9873
江　西	**196926**	**5200**	**178366**	**13360**	**5120**	**619**	**4086**	**414**
山　东	334165	36174	276906	21085	14273	1897	7913	4464
河　南	259983	12156	230055	17772	11751	2748	7716	1287
湖　北	209475	6279	144979	58217	7544	1224	2059	4261
湖　南	213251	4827	186123	22301	2932	1016	1465	451
广　东	351809	11707	242474	97628	28078	363	2710	25005
广　西	213331	9805	163219	40307	5173	741	1886	2546
海　南	30007	911	6844	22252	9964	13	40	9911
重　庆	135491	1899	111915	21678	3880	304	1063	2513
四　川	186423	8045	172329	6049	3202	1068	1858	276
贵　州	94999	6672	87870	456	1417	680	723	14
云　南	145857	6009	139217	630	2000	528	1463	8
西　藏	4024	91	3934		130	28	103	
陕　西	164723	43505	121188	30	4369	2498	1871	0
甘　肃	72945	8861	64084		3681	1990	1690	
青　海	18467	3594	14874		703	527	175	
宁　夏	48623	10160	38463		874	276	598	
新　疆	88293	21068	67225		2503	1550	954	

20-30 各省（区、市）入境旅游情况

地区	入境游客（万人次）			外汇收入（万美元）		
	2017年	2018年	2019年	2017年	2018年	2019年
北京	392.56	400.41	376.90	512981	551639	519247
天津	79.21	58.96	56.10	375147	110985	118254
河北	91.01	98.86	97.08	57869	64667	74023
山西	67.00	71.35	76.22	35014	37798	40995
内蒙古	184.83	188.08	195.83	124556	127210	134009
辽宁	278.85	287.70	294.14	177806	173958	173903
吉林	148.43	143.75	136.58	76579	68585	61496
黑龙江	103.88	109.16	110.69	47958	53706	64593
上海	719.33	742.04	734.69	669865	726139	824351
江苏	370.10	400.85	399.46	419472	464836	474356
浙江	589.06	456.76	467.11	358644	259579	266824
安徽	351.09	370.75	379.74	288078	318757	338769
福建	691.74	513.55	566.03	758803	282821	339845
江西	**174.69**	**191.78**	**197.17**	**62992**	**74538**	**86538**
山东	440.52	422.00	404.22	317404	329282	341314
河南	155.89	167.25	180.35	66155	72323	94696
湖北	368.14	405.11	450.02	210474	237969	265416
湖南	322.28	365.08	466.95	129537	152041	225087
广东	3654.52	3748.06	3731.39	1996040	2051174	2052131
广西	512.44	562.33	623.96	239563	277773	351128
海南	111.95	126.36	143.59	68102	77052	97237
重庆	224.85	279.98	297.11	194759	218989	252483
四川	336.17	369.82	414.78	144654	151165	202379
贵州	32.40	39.69	47.18	28327	31763	34503
云南	667.69	706.08	739.02	355033	441800	514736
西藏	34.35	47.62	54.19	19751	24709	27907
陕西	383.74	437.14	465.72	270440	312666	336765
甘肃	7.88	10.01	19.82	2086	2830	5905
青海	7.02	6.92	7.31	3829	3613	3336
宁夏	6.53	8.82	12.66	3763	5587	6932
新疆	77.41	99.30	34.67	81081	94637	45400

注：2020-2022 年数据暂未反馈。

20–31　各省会城市地区生产总值（2022 年）

地　区	绝对值（亿 元）	位次	比上年增长(%)	位次
中　部				
南　昌	7203.50	14	4.1	5
合　肥	12013.10	10	3.5	8
长　沙	13966.10	6	4.5	2
郑　州	12934.70	7	1.0	22
武　汉	18866.43	3	4.0	6
太　原	5571.17	17	3.3	10
东　部				
石家庄	7100.60	15	6.4	1
南　京	16907.85	5	2.1	16
杭　州	18753.00	4	1.5	19
福　州	12308.23	8	4.4	3
济　南	12027.50	9	3.1	11
广　州	28839.00	1	1.0	22
海　口	2134.77	25	1.3	21
东　北				
沈　阳	7695.80	12	3.5	8
长　春	6744.56	16	-4.5	26
哈尔滨	5490.10	18	2.5	15
西　部				
呼和浩特	3329.10	23	2.6	14
成　都	20817.50	2	2.8	13
贵　阳	4921.17	20	2.0	18
昆　明	7541.37	13	3.0	12
西　安	11486.51	11	4.4	3
兰　州	3343.50	22	0.8	24
西　宁	1644.35	26	2.1	16
银　川	2535.63	24	4.0	6
南　宁	5218.34	19	1.4	20
乌鲁木齐	3893.00	21	0.3	25
拉　萨				

20-31 续表1

地　区	第一产业增加值			
	绝对值(亿元)	位次	比上年增长(%)	位次
中　部				
南　昌	248.60	17	3.6	15
合　肥	379.20	10	3.9	11
长　沙	451.30	8	3.6	15
郑　州	185.60	19	3.7	13
武　汉	475.79	7	3.2	18
太　原	48.07	25	4.0	9
东　部				
石家庄	558.30	5	5.2	2
南　京	315.56	16	3.4	17
杭　州	346.00	11	1.8	26
福　州	683.38	1	3.0	21
济　南	420.50	9	3.1	20
广　州	318.31	15	3.2	18
海　口	99.19	21	5.6	1
东　北				
沈　阳	335.19	12	2.1	24
长　春	551.32	6	2.1	24
哈尔滨	672.10	2	2.6	23
西　部				
呼和浩特	160.55	20	4.3	8
成　都	588.42	4	3.8	12
贵　阳	203.60	18	4.0	9
昆　明	326.96	13	4.4	5
西　安	323.58	14	3.7	13
兰　州	65.00	23	5.0	3
西　宁	62.96	24	4.4	5
银　川	91.80	22	4.7	4
南　宁	601.51	3	4.4	5
乌鲁木齐	31.00	26	2.8	22
拉　萨				

20-31　续表 2

地　区	第二产业增加值			
	绝对值(亿元)	位次	比上年增长(%)	位次
中　部				
南　昌	3484.61	12	4.6	12
合　肥	4394.50	9	5.3	10
长　沙	5589.58	6	6.2	6
郑　州	5174.60	7	2.0	18
武　汉	6716.65	2	7.3	3
太　原	2466.10	15	5.8	7
东　部				
石家庄	2334.10	17	5.4	9
南　京	6069.64	4	1.7	19
杭　州	5620.00	5	0.4	22
福　州	4656.90	8	5.2	11
济　南	4180.20	10	3.2	15
广　州	7909.29	1	1.1	20
海　口	406.30	26	6.8	5
东　北				
沈　阳	2885.47	13	3.7	13
长　春	2694.97	14	-9.3	26
哈尔滨	1285.00	19	0.6	21
西　部				
呼和浩特	1155.82	22	2.7	17
成　都	6404.12	3	5.5	8
贵　阳	1739.57	18	3.7	13
昆　明	2413.39	16	3.2	15
西　安	4071.56	11	10.7	2
兰　州	1150.80	23	-2.9	25
西　宁	618.45	25	11.4	1
银　川	1261.70	20	7.3	3
南　宁	1182.81	21	0.1	23
乌鲁木齐	1133.00	24	-1.0	24
拉　萨				

20—31 续表 3

地区	第三产业增加值			
	绝对值(亿元)	位次	比上年增长(%)	位次
中　部				
南　昌	3470.29	17	3.7	3
合　肥	7239.40	9	2.4	10
长　沙	7925.24	6	3.4	5
郑　州	7574.50	7	0.2	23
武　汉	11673.99	4	2.3	12
太　原	3057.00	19	1.7	16
东　部				
石家庄	4208.20	14	7.0	1
南　京	10522.65	5	2.2	13
杭　州	12787.00	3	2.0	14
福　州	6967.95	11	4.0	2
济　南	7426.70	8	3.0	7
广　州	20611.40	1	1.0	20
海　口	1629.28	24	-0.1	24
东　北				
沈　阳	4475.13	13	3.5	4
长　春	3498.27	16	-1.8	25
哈尔滨	3533.00	15	3.2	6
西　部				
呼和浩特	2012.70	23	2.5	9
成　都	13824.96	2	1.5	17
贵　阳	2977.99	20	0.9	21
昆　明	4801.02	12	2.7	8
西　安	7091.37	10	1.3	18
兰　州	2127.80	22	2.4	10
西　宁	962.94	25	-2.7	26
银　川	878.40	26	2.0	14
南　宁	3434.03	18	1.2	19
乌鲁木齐	2729.00	21	0.7	22
拉　萨				

20–32　各省会城市规模以上工业增加值增速（2022 年）

地　区	比上年增长(%)	位次
中　部		
南　昌	6.0	9
合　肥	6.3	7
长　沙	8.3	6
郑　州	4.4	12
武　汉	5.0	11
太　原	8.5	5
东　部		
石家庄	2.8	18
南　京	2.4	19
杭　州	0.3	24
福　州	3.8	14
济　南	1.6	21
广　州	0.8	23
海　口	10.4	4
东　北		
沈　阳	3.1	15
长　春	-10.1	26
哈尔滨	1.0	22
西　部		
呼和浩特	3.0	16
成　都	5.6	10
贵　阳	4.4	12
昆　明	3.0	16
西　安	13.9	2
兰　州	-0.4	25
西　宁	26.9	1
银　川	11.1	3
南　宁	1.9	20
乌鲁木齐	6.2	8
拉　萨		

20—33 各省会城市固定资产投资增速（2022 年）

地　　区	比上年增长(%)	位次
中　　部		
南　　昌	7.6	7
合　　肥	9.1	5
长　　沙	5.1	11
郑　　州	-8.5	22
武　　汉	10.8	2
太　　原	0.2	16
东　　部		
石 家 庄	10.0	4
南　　京	3.5	14
杭　　州	6.0	9
福　　州	5.9	10
济　　南	3.8	13
广　　州	-2.1	17
海　　口	-12.7	24
东　　北		
沈　　阳	6.1	8
长　　春	-11.8	23
哈 尔 滨	-7.6	21
西　　部		
呼和浩特	12.6	1
成　　都	5.0	12
贵　　阳	-4.2	20
昆　　明	-3.1	18
西　　安	10.5	3
兰　　州	-3.5	19
西　　宁	-18.3	26
银　　川	8.6	6
南　　宁	-17.8	25
乌鲁木齐	0.3	15
拉　　萨		

20–34　各省会城市社会消费品零售总额（2022年）

地　区	绝对值（亿元）	位次	比上年增长(%)	位次
中　部				
南　昌	3012.00	13	4.6	2
合　肥	5021.60	8	-1.8	12
长　沙	5253.56	6	2.4	5
郑　州	5223.10	7	-3.3	14
武　汉	6936.20	5	2.1	6
太　原	1761.40	17	-6.0	20
东　部				
石家庄	2548.40	14	1.9	7
南　京	7832.41	3	-0.8	10
杭　州	7294.00	4	5.8	1
福　州	4679.52	10	2.9	3
济　南	4878.10	9	-4.8	16
广　州	10298.15	1	1.7	8
海　口	1003.05	22	-5.1	17
东　北				
沈　阳	1720.93	18	-2.1	13
长　春	1907.84	16	-14.0	24
哈尔滨	2195.90	15	-7.7	21
西　部				
呼和浩特	1059.80	20	-4.1	15
成　都	9096.50	2	-1.7	11
贵　阳			-5.7	19
昆　明	3385.26	12	0.0	8
西　安	4642.11	11	-5.2	18
兰　州	1598.20	19	-9.1	22
西　宁	531.70	24	-14.4	25
银　川	601.20	23	2.5	4
南　宁			-0.2	9
乌鲁木齐	1033.00	21	-11.8	23
拉　萨				

20–35 各省会城市地方一般公共预算收入（2022 年）

地区	绝对值(亿元)	位次	比上年增长(%)	位次
中部				
南昌	457.68	16	5.1	7
合肥	909.25	9	10.4	1
长沙	1202.00	6	1.2	11
郑州	1130.79	7	-3.7	16
武汉	1504.70	5	3.7	9
太原	437.48	17	8.1	3
东部				
石家庄	718.00	11	5.4	6
南京	1558.21	4		
杭州	2451.00	1	2.7	10
福州	698.52	13	1.1	12
济南	1001.10	8	6.8	5
广州	1854.73	2	-1.5	14
海口	204.82	23	0.2	13
东北				
沈阳	713.67	12	-7.7	18
长春	459.69	15	-25.5	23
哈尔滨	262.20	21	-28.3	24
西部				
呼和浩特				
成都	1722.40	3	-1.5	14
贵阳	402.16	18	-5.7	17
昆明	505.25	14	-13.6	20
西安	834.09	10	9.7	2
兰州	221.00	22	-7.8	19
西宁	131.70	25	-14.4	21
银川	131.90	24	4.2	8
南宁	392.68	19	7.5	4
乌鲁木齐	314.82	20	-16.7	22
拉萨				

注：南昌市地方一般公共预算收入为同口径增速。

20–36　各省会城市实际利用外资（2022 年）

地　区	绝对值（亿 元）	位次	比上年增长(%)	位次
中　部				
南　昌	4.17		-37.8	
合　肥	12.05		4.5	
长　沙	30.99		54.4	
郑　州	12			
武　汉			2.9	
太　原	3.05		76.9	
东　部				
石家庄	2.94		51.2	
南　京	48.5		10.5	
杭　州	78.1		-4.4	
福　州	11.03			
济　南	31.4		18.0	
广　州	574.13		5.7	
海　口	20.32		-20.8	
东　北				
沈　阳	39.2		375.1	
长　春				
哈尔滨				
西　部				
呼和浩特				
成　都				
贵　阳				
昆　明				
西　安	11.73		119.5	
兰　州				
西　宁				
银　川				
南　宁				
乌鲁木齐				
拉　萨				

注：1. 外资数据从 2022 年 7 月开始使用国家商务部统计口径数据；2. 各省会城市实际利用外资数据不全，暂不进行排位。

20–37 各省会城市海关出口值（2022 年）

地　区	绝对值（亿元）	位次	比上年增长(%)	位次
中　部				
南　昌	954.89	13	6.7	17
合　肥	2301.84	9	13.4	13
长　沙	2462.88	8	27.3	6
郑　州	3596.32	5	1.3	19
武　汉	2153.00	10	11.6	14
太　原	971.82	12	-14.6	24
东　部				
石家庄	803.71	15	-6.2	23
南　京	3827.91	4	-1.8	21
杭　州	5141.00	2	10.6	15
福　州	2564.56	7	16.6	11
济　南	1431.82	11	22.0	8
广　州	6194.80	1	-1.8	21
海　口	170.80	21	62.0	3
东　北				
沈　阳	522.27	17	7.7	16
长　春	208.46	20	25.6	7
哈尔滨	136.30	22	-20.4	26
西　部				
呼和浩特	93.00	24	15.4	12
成　都	4995.45	3	3.7	18
贵　阳	312.77	19	-16.5	25
昆　明	946.40	14	1.2	20
西　安	2801.50	6	17.3	10
兰　州	65.31	25	77.7	1
西　宁	16.48	26	77.5	2
银　川	122.61	23	18.6	9
南　宁	742.68	16	27.6	4
乌鲁木齐	388.78	18	27.6	4
拉　萨				

20–38　各省会城市城镇居民人均可支配收入（2022 年）

地　区	绝对值(元)	位次	比上年增长(%)	位次
中　部				
南　昌	52622	12	4.3	7
合　肥	56177	7	5.6	2
长　沙	65910	4	4.9	5
郑　州	46287	16	2.3	19
武　汉	58449	6	5.7	1
太　原	43694	19	5.6	2
东　部				
石家庄	44745	18	4.0	11
南　京	76643	3	4.1	9
杭　州	77043	1	3.1	15
福　州	55638	8	4.1	9
济　南	59459	5	3.5	12
广　州	76849	2	3.3	13
海　口	43535	20	-0.2	22
东　北				
沈　阳	51702	13	2.2	20
长　春				
哈尔滨				
西　部				
呼和浩特	54616	10	3.0	16
成　都	54897	9	4.3	7
贵　阳				
昆　明	53832	11	2.5	17
西　安	48418	14	3.2	14
兰　州	45277	17	4.7	6
西　宁	40197		2.4	
银　川	31984	22	5.0	4
南　宁				
乌鲁木齐	46972	15	1.8	21
拉　萨				

20−39 各省会城市农村居民人均可支配收入（2022 年）

地区	绝对值(元)	位次	比上年增长(%)	位次
中部				
南昌	24218	11	5.7	15
合肥	28727	7	7.0	2
长沙	40678	2	6.5	4
郑州	28237	8	5.4	18
武汉	29304	6	7.7	1
太原	22822	14	5.9	11
东部				
石家庄	19834	18	6.2	6
南京	34664	4	6.0	10
杭州	45183	1	5.8	13
福州	26826	9	6.4	5
济南	23844	13	5.6	17
广州	36292	3	5.1	20
海口	20388	17	5.8	13
东北				
沈阳	22352	15	3.2	22
长春				
哈尔滨				
西部				
呼和浩特	23938	12	6.7	3
成都	30931	5	6.2	6
贵阳				
昆明	20722	16	6.2	6
西安	18285	19	5.2	19
兰州	17178	20	6.1	9
西宁	15797	21	5.7	15
银川	15029	22	5.9	11
南宁				
乌鲁木齐	25873	10	4.0	21
拉萨				

20–40　各省会城市金融机构本外币存、贷款余额（2022 年末）

地　区	存款余额绝对值（亿元）	位次	贷款余额绝对值（亿元）	位次
中　部				
南　昌	16110.30	17	18949.13	15
合　肥	25070.93	10	23952.13	10
长　沙	27882.56	8	29853.42	8
郑　州	29416.50	7	34814.00	6
武　汉	35754.03	5	44383.81	5
太　原	18288.01	13	18162.14	16
东　部				
石家庄	20723.00	12	16208.70	18
南　京	49531.31	4	48760.23	4
杭　州	69592.00	2	62306.00	2
福　州				
济　南	25941.00	9	26112.30	9
广　州	80495.07	1	68918.60	1
海　口	6399.46	23	7073.29	23
东　北				
沈　阳	20854.99	11	20777.30	12
长　春	16851.34	15	17122.05	17
哈尔滨	16474.00	16	14396.50	20
西　部				
呼和浩特	7788.41	22	10595.72	22
成　都	53189.00	3	53053.00	3
贵　阳	14415.87	18	19266.02	14
昆　明	17740.70	14	23867.98	11
西　安	31428.29	6	32053.67	7
兰　州	10109.10	21	15016.20	19
西　宁				
银　川	5432.72	24	6527.89	24
南　宁	13146.27	19	19877.66	13
乌鲁木齐	11967.06	20	10602.99	21
拉　萨				

20—41　副省级（非省会）城市主要经济指标（2022 年）

地　区	深　圳	大　连	宁　波	厦　门	青　岛
地区生产总值(亿元)	32387.68	8430.9	15704.3	7802.66	14920.75
比上年增长(%)	3.3	4.0	3.5	4.4	3.9
规模以上工业增加值比上年增长(%)	4.8	5.1	3.8	4.3	3.8
固定资产投资比上年增长(%)	8.4	6.5	10.4	10.2	4.5
社会消费品零售总额(亿元)	9708.28	1846.90	4896.70	2665.36	5891.80
比上年增长(%)	2.2	-3.3	5.3	3.1	-1.4
海关出口值(亿元)	21944.80	2086.73	8230.59	4657.39	5361.06
比上年增长(%)	13.9	8.0	8.0	8.2	9.0
实际利用外资(亿美元)	109.70		37.27	22.12	55.10
比上年增长(%)	0.1		13.8	-18.8	-10.6
地方一般公共预算收入(亿元)	4012.27	669.70	1680.23	883.77	1273.20
比上年增长(%)	-5.8	-9.2	-2.5	6.6	5.5
城镇居民人均可支配收入(元)		51904	76690	70467	62584
比上年增长(%)		2.7	3.8	4.9	3.9
农村居民人均可支配收入(元)		24759	45487	32323	27701
比上年增长(%)		4.2	5.9	8.1	6.0
居民消费价格指数(以上年为100)	102.3	102.2	102.3	101.8	102.0

20-42　全省各设区市常住人口（2022 年）

单位：万人

地　区	常住人口
全　省	**4528**
南昌市	654
景德镇市	162
萍乡市	181
九江市	456
新余市	120
鹰潭市	116
赣州市	899
吉安市	442
宜春市	497
抚州市	358
上饶市	644

20-43　全省各设区市地区生产总值（2022 年）

单位：亿元

地　区	地　区 生产总值	第一产业	第二产业	第三产业
全　省	**32074.72**	**2451.47**	**14359.56**	**15263.68**
南昌市	7203.50	248.60	3484.61	3470.29
景德镇市	1192.19	75.42	533.49	583.28
萍乡市	1160.33	80.93	515.20	564.20
九江市	4026.60	258.66	1926.52	1841.42
新余市	1252.15	73.82	552.72	625.62
鹰潭市	1237.55	78.10	649.92	509.53
赣州市	4523.63	450.83	1822.59	2250.21
吉安市	2750.33	260.65	1280.07	1209.62
宜春市	3473.12	351.34	1508.90	1612.87
抚州市	1945.62	241.66	766.83	937.13
上饶市	3309.70	331.47	1318.70	1659.52

20—44　全省各设区市规模以上工业增加值增速（2022 年）

地　区	比上年增长(%)
全　省	**7.1**
南 昌 市	6.0
景德镇市	8.4
萍 乡 市	-9.9
九 江 市	5.6
新 余 市	8.3
鹰 潭 市	8.3
赣 州 市	8.8
吉 安 市	8.8
宜 春 市	9.0
抚 州 市	8.5
上 饶 市	9.1

20—45　全省各设区市规模以上服务业营业收入（2022 年）

地　区	营业收入(亿元)
全　省	**4306.65**
南 昌 市	1371.56
景德镇市	
萍 乡 市	
九 江 市	
新 余 市	
鹰 潭 市	
赣 州 市	
吉 安 市	
宜 春 市	
抚 州 市	
上 饶 市	

注：本表数据为快报数，其他地市数据未反馈。

20-46　全省各设区市社会消费品零售总额（2022 年）

单位：亿元

地　区	社会消费品零售总额	比上年增长(%)
全　省	**12853.49**	**5.3**
南 昌 市	3012.00	4.6
景德镇市	573.06	4.5
萍 乡 市	410.64	5.4
九 江 市	1485.96	5.6
新 余 市	423.25	5.3
鹰 潭 市	423.22	4.4
赣 州 市	2100.01	5.7
吉 安 市	1094.77	5.8
宜 春 市	1131.00	5.6
抚 州 市	665.90	5.5
上 饶 市	1533.69	5.9

20-47　全省各设区市固定资产投资增速（2022 年）

(500 万元及以上项目）

地　区	比上年增长(%)
全　省	**8.6**
南 昌 市	7.6
景德镇市	8.1
萍 乡 市	7.8
九 江 市	9.5
新 余 市	7.4
鹰 潭 市	9.4
赣 州 市	9.7
吉 安 市	8.7
宜 春 市	9.8
抚 州 市	8.3
上 饶 市	8.6

20—48 全省各设区市地方一般公共预算收入（2022 年）

单位：亿元

地　　区	地方一般公共预算收入
全　　省	**2948.34**
南 昌 市	457.68
景德镇市	94.00
萍 乡 市	107.11
九 江 市	303.40
新 余 市	88.94
鹰 潭 市	100.28
赣 州 市	306.06
吉 安 市	190.87
宜 春 市	277.48
抚 州 市	136.42
上 饶 市	250.86

20—49 全省各设区市实际利用外资（2022 年）

（省口径）

地　　区	实际利用外资（亿美元）	比上年增长（%）
全　　省	**21.66**	**–5.3**
南 昌 市	4.17	-37.8
景德镇市	0.88	68.7
萍 乡 市	0.46	46.3
九 江 市	2.14	-44.4
新 余 市	0.29	85.2
鹰 潭 市	0.68	0.7
赣 州 市	3.73	4.3
吉 安 市	2.87	71.7
宜 春 市	3.43	28.2
抚 州 市	0.60	123.2
上 饶 市	2.41	-1.8

注：外资数据从 2022 年 7 月开始使用国家商务部统计口径数据。

20—50　全省各设区市海关进出口总值（2022 年）

单位：亿元

地　区	进出口总值	
		#出口
全　省	**6712.98**	**5088.43**
南昌市	1345.56	954.89
景德镇市	244.57	170.91
萍乡市	221.22	216.56
九江市	972.34	800.10
新余市	459.07	214.80
鹰潭市	433.07	118.26
赣州市	1033.10	824.11
吉安市	714.18	604.89
宜春市	508.11	474.78
抚州市	284.18	267.34
上饶市	497.59	441.77

20—51　全省各设区市居民消费价格指数（2022 年）

（上年 =100）

地　区	居民消费价格指数
全　省	**102.0**
南昌市	101.8
景德镇市	101.9
萍乡市	102.0
九江市	102.3
新余市	101.8
鹰潭市	102.1
赣州市	102.3
吉安市	101.8
宜春市	102.1
抚州市	101.6
上饶市	102.4

20-52 全省各设区市城镇居民人均可支配收入（2022 年）

单位：元

地　　区	城镇居民人均可支配收入	比上年增长(%)
全　　省	**43697**	**4.8**
南 昌 市	52622	4.3
景德镇市	47732	4.6
萍 乡 市	45278	4.3
九 江 市	45685	4.6
新 余 市	47574	4.2
鹰 潭 市	43836	4.3
赣 州 市	42231	5.2
吉 安 市	44965	4.9
宜 春 市	42038	5.3
抚 州 市	41360	4.8
上 饶 市	45037	5.1

20-53 全省各设区市农村居民人均可支配收入（2022 年）

单位：元

地　　区	农村居民人均可支配收入	比上年增长(%)
全　　省	**19936**	**6.7**
南 昌 市	24218	5.7
景德镇市	22331	6.4
萍 乡 市	24279	6.2
九 江 市	20108	6.7
新 余 市	23859	5.6
鹰 潭 市	21892	5.8
赣 州 市	15900	8.3
吉 安 市	19588	7.1
宜 春 市	20366	6.4
抚 州 市	20436	6.8
上 饶 市	18736	7.1

中华人民共和国2022年国民经济和社会发展统计公报[1]

国家统计局
2023年2月28日

2022年是党和国家历史上极为重要的一年。党的二十大胜利召开，擘画了全面建设社会主义现代化国家、以中国式现代化全面推进中华民族伟大复兴的宏伟蓝图。面对风高浪急的国际环境和艰巨繁重的国内改革发展稳定任务，在以习近平同志为核心的党中央坚强领导下，各地区各部门坚持以习近平新时代中国特色社会主义思想为指导，按照党中央、国务院决策部署，统筹国内国际两个大局，统筹疫情防控和经济社会发展，统筹发展和安全，坚持稳中求进工作总基调，完整、准确、全面贯彻新发展理念，加快构建新发展格局，着力推动高质量发展，加大宏观调控力度，应对超预期因素冲击，经济保持增长，发展质量稳步提升，创新驱动深入推进，改革开放蹄疾步稳，就业物价总体平稳，粮食安全、能源安全和人民生活得到有效保障，经济社会大局保持稳定，全面建设社会主义现代化国家新征程迈出坚实步伐。

一、综合

初步核算，全年国内生产总值[2]1210207亿元，比上年增长3.0%。其中，第一产业增加值88345亿元，比上年增长4.1%；第二产业增加值483164亿元，增长3.8%；第三产业增加值638698亿元，增长2.3%。第一产业增加值占国内生产总值比重为7.3%，第二产业增加值比重为39.9%，第三产业增加值比重为52.8%。全年最终消费支出拉动国内生产总值增长1.0个百分点，资本形成总额拉动国内生产总值增长1.5个百分点，货物和服务净出口拉动国内生产总值增长0.5个百分点。全年人均国内生产总值85698元，比上年增长3.0%。国民总收入[3]1197215亿元，比上年增长2.8%。全员劳动生产率[4]为152977元/人，比上年提高4.2%。

图1 2018-2022年国内生产总值及其增长速度

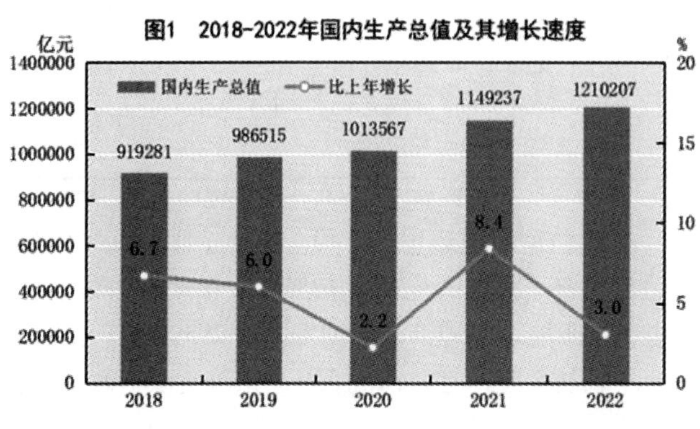

图2 2018-2022年三次产业增加值占国内生产总值比重

图3 2018—2022年全员劳动生产率[5]

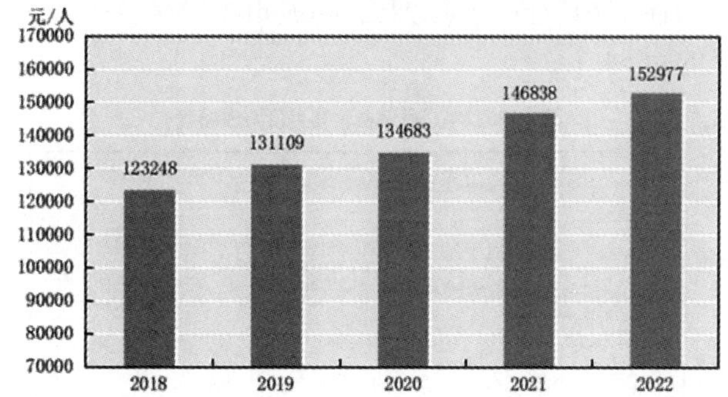

年末全国人口[6]141175万人，比上年末减少85万人，其中城镇常住人口92071万人。全年出生人口956万人，出生率为6.77‰；死亡人口1041万人，死亡率为7.37‰；自然增长率为-0.60‰。

表1 2022年年末人口数及其构成

指标	年末数（万人）	比重（%）
全国人口	141175	100.0
其中：城镇	92071	65.2
乡村	49104	34.8
其中：男性	72206	51.1
女性	68969	48.9
其中：0-15岁（含不满16周岁）[7]	25615	18.1
16-59岁（含不满60周岁）	87556	62.0
60周岁及以上	28004	19.8
其中：65周岁及以上	20978	14.9

年末全国就业人员73351万人，其中城镇就业人员45931万人，占全国就业人员比重为62.6%。全年城镇新增就业1206万人，比上年少增63万人。全年

全国城镇调查失业率平均值为 5.6%。年末全国城镇调查失业率为 5.5%。全国农民工[8]总量 29562 万人，比上年增长 1.1%。其中，外出农民工 17190 万人，增长 0.1%；本地农民工 12372 万人，增长 2.4%。

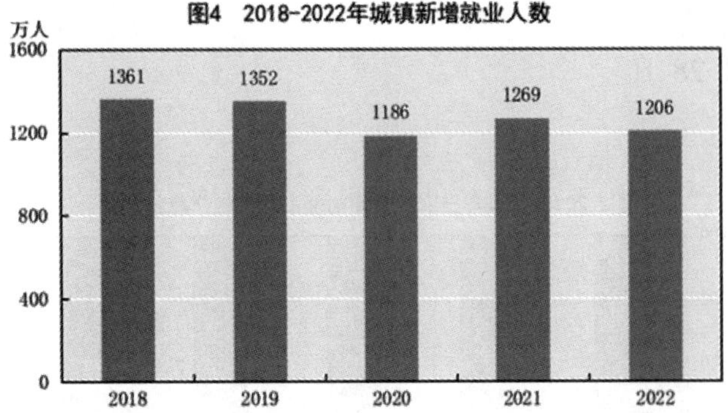

图4 2018-2022年城镇新增就业人数

全年居民消费价格比上年上涨 2.0%。工业生产者出厂价格上涨 4.1%。工业生产者购进价格上涨 6.1%。农产品生产者价格[9]上涨 0.4%。12 月份，70 个大中城市中，新建商品住宅销售价格同比上涨的城市个数为 16 个，持平的为 1 个，下降的为 53 个；二手住宅销售价格同比上涨的城市个数为 6 个，下降的为 64 个。

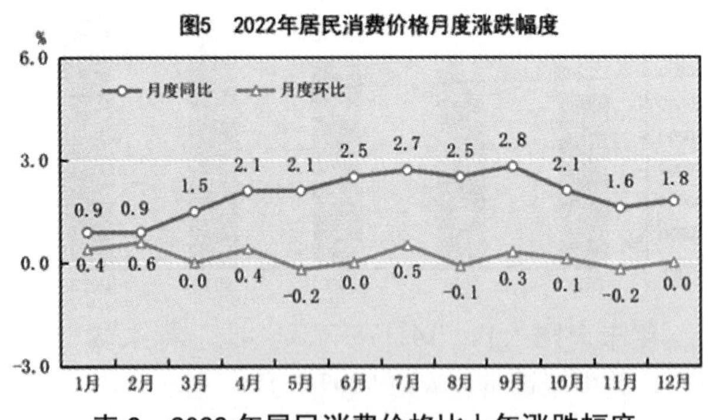

图5 2022年居民消费价格月度涨跌幅度

表 2 2022 年居民消费价格比上年涨跌幅度

单位：%

指标	全国	城市	农村
居民消费价格	2.0	2.0	2.0
其中：食品烟酒	2.4	2.6	2.1
衣　着	0.5	0.6	0.3
居　住[10]	0.7	0.5	1.3
生活用品及服务	1.2	1.2	1.0
交通通信	5.2	5.2	5.0
教育文化娱乐	1.8	1.9	1.7
医疗保健	0.6	0.6	0.8
其他用品及服务	1.6	1.5	2.0

年末国家外汇储备 31277 亿美元，比上年末减少 1225 亿美元。全年人民币平均汇率为 1 美元兑 6.7261 元人民币，比上年贬值 4.1%。

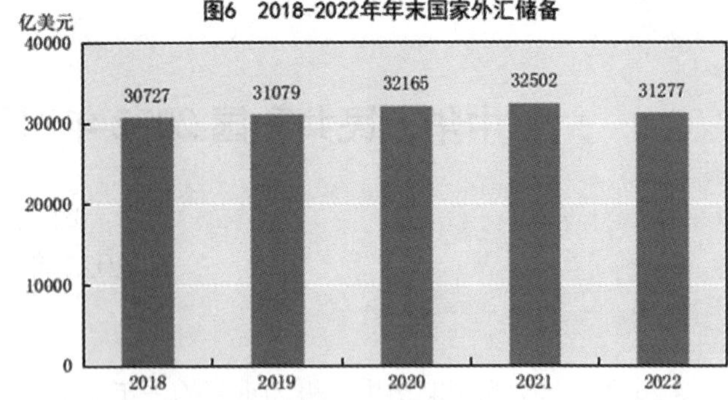

图6 2018-2022年年末国家外汇储备

新产业新业态新模式较快成长。全年规模以上工业中，高技术制造业[11]增加值比上年增长 7.4%，占规模以上工业增加值的比重为 15.5%；装备制造业[12]增加值增长 5.6%，占规模以上工业增加值的比重为 31.8%。全年规模以上服务业[13]中，战略性新兴服务业[14]企业营业收入比上年增长 4.8%。全年高技术产业投资[15]比上年增长 18.9%。全年新能源汽车产量 700.3 万辆，比上年增长 90.5%；太阳能电池（光伏电池）产量 3.4 亿千瓦，增长 46.8%。全年电子商务交易额[16]438299 亿元，按可比口径计算，比上年增长 3.5%。全年网上零售额[17]137853 亿元，按可比口径计算，比上年增长 4.0%。全年新登记市场主体 2908 万户，日均新登记企业 2.4 万户，年末市场主体总数近 1.7 亿户。

城乡区域协调发展稳步推进。年末全国常住人口城镇化率为 65.22%，比上年末提高 0.50 个百分点。分区域看[18]，全年东部地区生产总值 622018 亿元，比上年增长 2.5%；中部地区生产总值 266513 亿元，增长 4.0%；西部地区生产总值 256985 亿元，增长 3.2%；东北地区生产总值 57946 亿元，增长 1.3%。全年京津冀地区生产总值 100293 亿元，比上年增长 2.0%；长江经济带地区生产总值 559766 亿元，增长 3.0%；长江三角洲地区生产总值 290289 亿元，增长 2.5%。粤港澳大湾区建设、黄河流域生态保护和高质量发展等区域重大战略扎实推进。

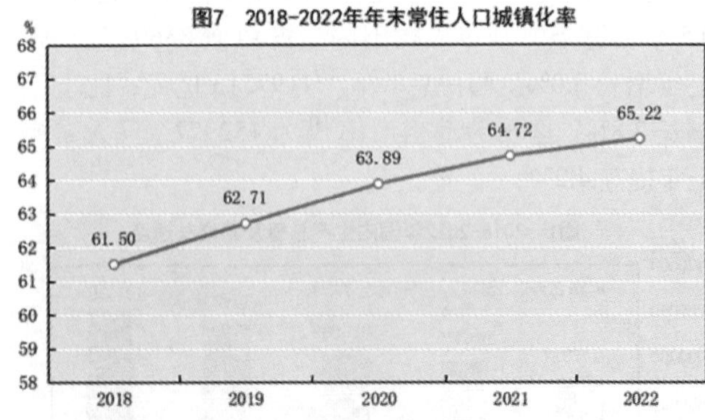

图7 2018-2022年年末常住人口城镇化率

绿色转型发展迈出新步伐。全年全国万元国内生产总值能耗[19]比上年下降 0.1%。全年水电、核电、风电、太阳能发电等清洁能源发电量 29599 亿千瓦时，比上年增长 8.5%。在监测的 339 个地级及以上城市中，全年空气质量达标的城市占62.8%，未达标的城市占37.2%；细颗粒物（$PM_{2.5}$）年平均浓度29微克/立方米，比上年下降3.3%。3641个国家地表水考核断面中，全年水质优良（Ⅰ～Ⅲ类）断面比例为87.9%，Ⅳ类断面比例为9.7%，Ⅴ类断面比例为1.7%，劣Ⅴ类断面比例为0.7%。

二、农业

全年粮食种植面积11833万公顷，比上年增加70万公顷。其中，稻谷种植面积2945万公顷，减少47万公顷；小麦种植面积2352万公顷，减少5万公顷；玉米种植面积4307万公顷，减少25万公顷；大豆种植面积1024万公顷，增加183万公顷。棉花种植面积300万公顷，减少3万公顷。油料种植面积1314万公顷，增加4万公顷。糖料种植面积147万公顷，增加1万公顷。

全年粮食产量68653万吨，比上年增加368万吨，增产0.5%。其中，夏粮产量14740万吨，增产1.0%；早稻产量2812万吨，增产0.4%；秋粮产量51100万吨，增产0.4%。全年谷物产量63324万吨，比上年增产0.1%。其中，稻谷产量20849万吨，减产2.0%；小麦产量13772万吨，增产0.6%；玉米产量27720万吨，增产1.7%。大豆产量2028万吨，增产23.7%。

图8 2018-2022年粮食产量

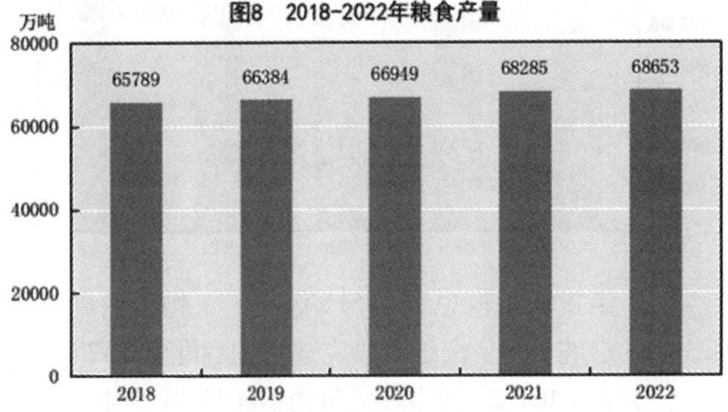

全年棉花产量598万吨，比上年增产4.3%。油料产量3653万吨，增产1.1%。糖料产量11444万吨，减产0.1%。茶叶产量335万吨，增产5.7%。

全年猪牛羊禽肉产量9227万吨，比上年增长3.8%。其中，猪肉产量5541万吨，增长4.6%；牛肉产量718万吨，增长3.0%；羊肉产量525万吨，增长2.0%；禽肉产量2443万吨，增长2.6%。禽蛋产量3456万吨，增长1.4%。牛奶产量3932万吨，增长6.8%。年末生猪存栏45256万头，比上年末增长0.7%；全年生猪出栏69995万头，比上年增长4.3%。

全年水产品产量6869万吨，比上年增长2.7%。其中，养殖水产品产量5568万吨，增长3.2%；捕捞水产品产量1301万吨，增长0.4%。

全年木材产量10693万立方米，比上年下降7.7%。

全年新增耕地灌溉面积78万公顷，新增高效节水灌溉面积161万公顷。

三、工业和建筑业

全年全部工业增加值401644亿元，比上年增长3.4%。规模以上工业增加值增长3.6%。在规模以上工业中，分经济类型看，国有控股企业增加值增长3.3%；股份制企业增长4.8%，外商及港澳台商投资企业下降1.0%；私营企业增长2.9%。分门类看，采矿业增长7.3%，制造业增长3.0%，电力、热力、燃气及水生产和供应业增长5.0%。

图9 2018-2022年全部工业增加值及其增长速度

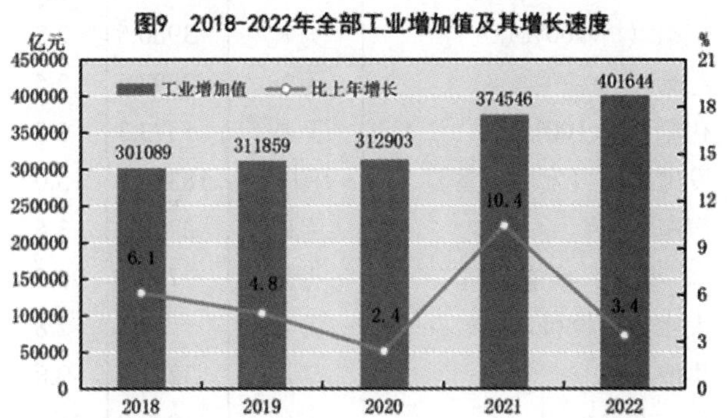

全年规模以上工业中，农副食品加工业增加值比上年增长0.7%，纺织业下降2.7%，化学原料和化学制品制造业增长6.6%，非金属矿物制品业下降1.5%，黑色金属冶炼和压延加工业增长1.2%，通用设备制造业下降1.2%，专用设备制造业增长3.6%，汽车制造业增长6.3%，电气机械和器材制造业增长11.9%，计算机、通信和其他电子设备制造业增长7.6%，电力、热力生产和供应业增长5.1%。

表3 2022年主要工业产品产量及其增长速度[20]

产品名称	单位	产量	比上年增长（%）
纱	万吨	2719.1	-5.4
布	亿米	467.5	-6.9
化学纤维	万吨	6697.8	-0.2
成品糖	万吨	1486.8	2.6
卷烟	亿支	24321.5	0.6
彩色电视机	万台	19578.3	5.8
家用电冰箱	万台	8664.4	-3.6
房间空气调节器	万台	22247.3	1.9
一次能源生产总量	亿吨标准煤	46.6	9.2
原煤	亿吨	45.6	10.5
原油	万吨	20472.2	2.9
天然气	亿立方米	2201.1	6.0
发电量	亿千瓦时	88487.1	3.7
其中：火电[21]	亿千瓦时	58887.9	1.4
水电	亿千瓦时	13522.0	1.0
核电	亿千瓦时	4177.8	2.5
风电	亿千瓦时	7626.7	16.2
太阳能发电	亿千瓦时	4272.7	31.2

产品名称	单位	产量	比上年增长(%)
粗钢	万吨	101795.9	-1.7
钢材[22]	万吨	134033.5	0.3
十种有色金属	万吨	6793.6	4.9
其中：精炼铜（电解铜）	万吨	1106.3	5.5
原铝（电解铝）	万吨	4021.4	4.4
水泥	亿吨	21.3	-10.5
硫酸（折 100%）	万吨	9504.6	1.3
烧碱（折 100%）	万吨	3980.5	2.3
乙烯	万吨	2897.5	2.5
化肥（折 100%）	万吨	5573.3	0.5
发电机组（发电设备）	万千瓦	18376.1	15.0
汽车	万辆	2718.0	3.5
其中：新能源汽车	万辆	700.3	90.5
大中型拖拉机	万台	40.0	-2.8
集成电路	亿块	3241.9	-9.8
程控交换机	万线	883.8	26.3
移动通信手持机	万台	156080.0	-6.1
微型计算机设备	万台	43418.2	-7.0
工业机器人	万套	44.3	21.0
太阳能电池（光伏电池）	万千瓦	34364.2	46.8
充电桩	万个	191.5	80.3

年末全国发电装机容量 256405 万千瓦，比上年末增长 7.8%。其中[23]，火电装机容量 133239 万千瓦，增长 2.7%；水电装机容量 41350 万千瓦，增长 5.8%；核电装机容量 5553 万千瓦，增长 4.3%；并网风电装机容量 36544 万千瓦，增长 11.2%；并网太阳能发电装机容量 39261 万千瓦，增长 28.1%。

全年规模以上工业企业利润 84039 亿元，比上年下降[24]4.0%。分经济类型看，国有控股企业利润 23792 亿元，比上年增长 3.0%；股份制企业 61611 亿元，下降 2.7%，外商及港澳台商投资企业 20040 亿元，下降 9.5%；私营企业 26638 亿元，下降 7.2%。分门类看，采矿业利润 15574 亿元，比上年增长 48.6%；制造业 64150 亿元，下降 13.4%；电力、热力、燃气及水生产和供应业 4315 亿元，增长 41.8%。全年规模以上工业企业每百元营业收入中的成本为 84.72 元，比上年增加 0.91 元；营业收入利润率为 6.09%，下降 0.64 个百分点。年末规模以上工业企业资产负债率为 56.6%，比上年末上升 0.3 个百分点。全年全国工业产能利用率[25]为 75.6%。

全年建筑业增加值 83383 亿元，比上年增长 5.5%。全国具有资质等级的总承包和专业承包建筑业企业利润 8369 亿元，比上年下降 1.2%，其中国有控股企业 3922 亿元，增长 8.4%。

图10 2018-2022年建筑业增加值及其增长速度

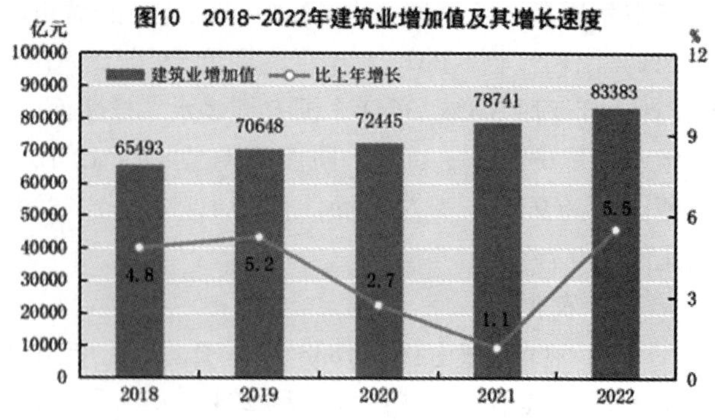

四、服务业

全年批发和零售业增加值 114518 亿元，比上年增长 0.9%；交通运输、仓储和邮政业增加值 49674 亿元，下降 0.8%；住宿和餐饮业增加值 17855 亿元，下降 2.3%；金融业增加值 96811 亿元，增长 5.6%；房地产业增加值 73821 亿元，下降 5.1%；信息传输、软件和信息技术服务业增加值 47934 亿元，增长 9.1%；租赁和商务服务业增加值 39153 亿元，增长 3.4%。全年规模以上服务业企业营业收入比上年增长 2.7%，利润总额增长 8.5%。

图11 2018-2022年服务业增加值及其增长速度

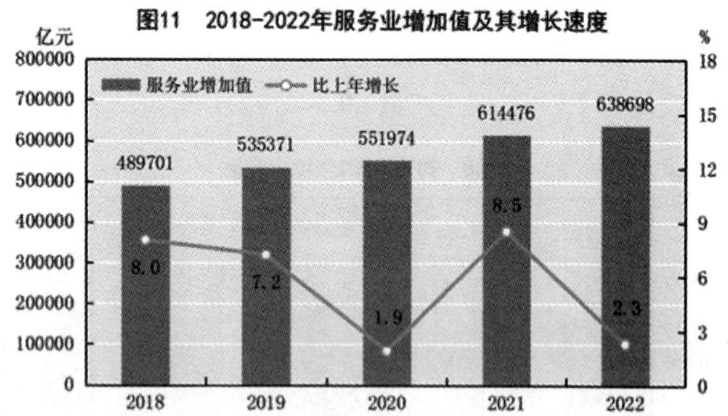

全年货物运输总量[26]515 亿吨，货物运输周转量 231744 亿吨公里。全年港口完成货物吞吐量 157 亿吨，比上年增长 0.9%，其中外贸货物吞吐量 46 亿吨，下降 1.9%。港口集装箱吞吐量 29587 万标准箱，增长 4.7%。

表 4 2022 年各种运输方式完成货物运输量及其增长速度

指标	单位	绝对数	比上年增长(%)
货物运输总量	亿吨	514.7	-3.0
铁路	亿吨	49.3	4.5
公路	亿吨	371.2	-5.5
水路	亿吨	85.5	3.8
民航	万吨	607.6	-17.0
管道	亿吨	8.6	3.1
货物运输周转量	亿吨公里	231743.5	3.4
铁路	亿吨公里	35906.5	8.2
公路	亿吨公里	68958.0	-1.2
水路	亿吨公里	121003.1	4.7
民航	亿吨公里	254.1	-8.7
管道	亿吨公里	5621.8	3.7

全年旅客运输总量56亿人次，比上年下降32.7%。旅客运输周转量12921亿人公里，下降34.6%。

表5　2022年各种运输方式完成旅客运输量及其增长速度

指标	单位	绝对数	比上年增长(%)
旅客运输总量	亿人次	55.9	-32.7
铁路	亿人次	16.7	-35.9
公路	亿人次	35.5	-30.3
水路	亿人次	1.2	-28.8
民航	亿人次	2.5	-42.9
旅客运输周转量	亿人公里	12921.4	-34.6
铁路	亿人公里	6577.5	-31.3
公路	亿人公里	2407.5	-33.7
水路	亿人公里	22.6	-31.7
民航	亿人公里	3913.7	-40.1

年末全国民用汽车保有量31903万辆（包括三轮汽车和低速货车719万辆），比上年末增加1752万辆，其中私人汽车保有量27873万辆，增加1627万辆。民用轿车保有量17740万辆，增加1003万辆，其中私人轿车保有量16685万辆，增加954万辆。

全年完成邮政行业业务总量[27]14317亿元，比上年增长4.5%。邮政业全年完成邮政函件业务9.4亿件，包裹业务0.2亿件，快递业务量1105.8亿件，快递业务收入10567亿元。全年完成电信业务总量[28]17498亿元，比上年增长21.3%。年末移动电话基站数[29]1083万个，其中4G基站603万个，5G基站231万个。全国电话用户总数186286万户，其中移动电话用户168344万户。移动电话普及率为119.2部/百人。固定互联网宽带接入用户[30]58965万户，比上年末增加5386万户，其中100M速率及以上的宽带接入用户[31]55380万户，增加5513万户。蜂窝物联网终端用户[32]18.45亿户，增加4.47亿户。互联网上网人数10.67亿人，其中手机上网人数[33]10.65亿人。互联网普及率为75.6%，其中农村地区互联网普及率为61.9%。全年移动互联网用户接入流量2618亿GB，比上年增长18.1%。全年软件和信息技术服务业[34]完成软件业务收入108126亿元，按可比口径计算，比上年增长11.2%。

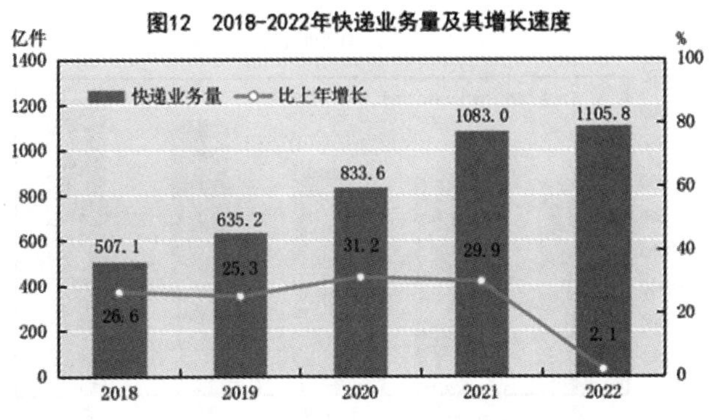

图12　2018-2022年快递业务量及其增长速度

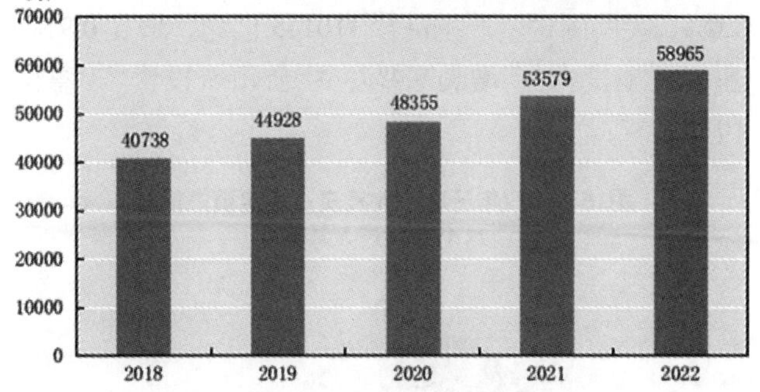

图13　2018-2022年年末固定互联网宽带接入用户数

五、国内贸易

全年社会消费品零售总额439733亿元，比上年下降0.2%。按经营地统计，城镇消费品零售额380448亿元，下降0.3%；乡村消费品零售额59285亿元，与上年基本持平。按消费类型统计，商品零售额395792亿元，增长0.5%；餐饮收入额43941亿元，下降6.3%。

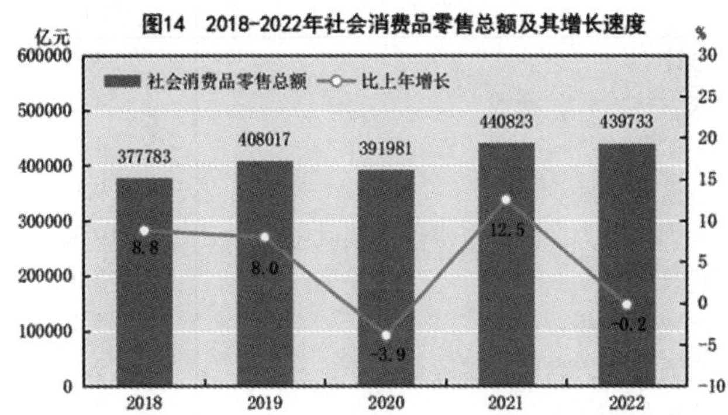

图14　2018-2022年社会消费品零售总额及其增长速度

全年限额以上单位商品零售额中，粮油、食品类零售额比上年增长8.7%，饮料类增长5.3%，烟酒类增长2.3%，服装、鞋帽、针纺织品类下降6.5%，化妆品类下降4.5%，金银珠宝类下降1.1%，日用品类下降0.7%，家用电器和音像器材类下降3.9%，中西药品类增长12.4%，文化办公用品类增长4.4%，家具类下降7.5%，通讯器材类下降3.4%，石油及制品类增长9.7%，汽车类增长0.7%，建筑及装潢材料类下降6.2%。

全年实物商品网上零售额119642亿元，按可比口径计算，比上年增长6.2%，占社会消费品零售总额的比重为27.2%。

六、固定资产投资

全年全社会固定资产投资579556亿元，比上年增长4.9%。固定资产投资（不含农户）572138亿元，增长5.1%。在固定资产投资（不含农户）中，分区域看[35]，东部地区投资增长3.6%，中部地区投资增长8.9%，西部地区投资增长4.7%，东北地区投资增长1.2%。

在固定资产投资（不含农户）中，第一产业投资14293亿元，比上年增长0.2%；第二产业投资184004

亿元，增长 10.3%；第三产业投资 373842 亿元，增长 3.0%。民间固定资产投资[36]310145 亿元，增长 0.9%。基础设施投资[37]增长 9.4%。社会领域投资[38]增长 10.9%。

图15 2022年三次产业投资占固定资产投资（不含农户）比重

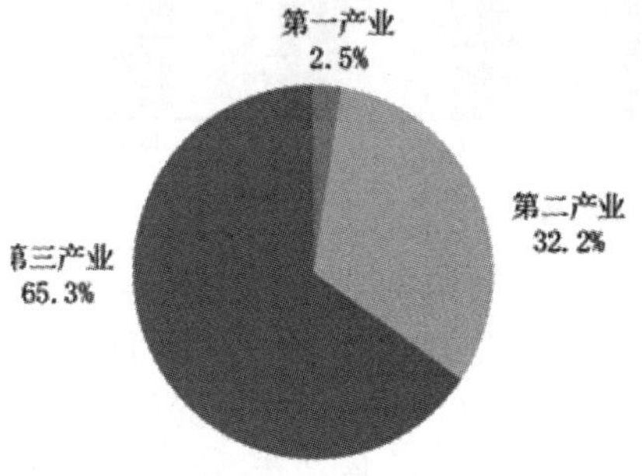

表 6 2022 年分行业固定资产投资（不含农户）增长速度

行业	比上年增长 (%)
总计	**5.1**
农、林、牧、渔业	4.2
采矿业	4.5
制造业	9.1
电力、热力、燃气及水生产和供应业	19.3
建筑业	2.0
批发和零售业	5.3
交通运输、仓储和邮政业	9.1
住宿和餐饮业	7.5
信息传输、软件和信息技术服务业	21.8
金融业	10.5
房地产业[39]	-8.4
租赁和商务服务业	14.5
科学研究和技术服务业	21.0
水利、环境和公共设施管理业	10.3
居民服务、修理和其他服务业	21.8
教育	5.4
卫生和社会工作	26.1
文化、体育和娱乐业	3.5
公共管理、社会保障和社会组织	42.1

表 7 2022 年固定资产投资新增主要生产与运营能力

指标	单位	绝对数
新增 220 千伏及以上变电设备	万千伏安	25839
新建铁路投产里程	公里	4100
其中：高速铁路	公里	2082
增、新建铁路复线投产里程	公里	2658
电气化铁路投产里程	公里	3452
新改建高速公路里程	公里	8771
港口万吨级及以上码头泊位新增通过能力	万吨 / 年	25561
新增民用运输机场	个	6
新增光缆线路长度	万公里	477

全年房地产开发投资 132895 亿元，比上年下降 10.0%。其中住宅投资 100646 亿元，下降 9.5%；办公楼投资 5291 亿元，下降 11.4%；商业营业用房投资 10647 亿元，下降 14.4%。年末商品房待售面积 56366 万平方米，比上年末增加 5343 万平方米，其中商品住宅待售面积 26947 万平方米，增加 4186 万平方米。

全年全国各类棚户区改造开工 134 万套，基本建成 181 万套；全国保障性租赁住房开工建设和筹集 265 万套（间）。全年全国新开工改造城镇老旧小区 5.25 万个，涉及居民 876 万户。

表 8 2022 年房地产开发和销售主要指标及其增长速度

指标	单位	绝对数	比上年增长 (%)
投资额	亿元	132895	-10.0
其中：住宅	亿元	100646	-9.5
房屋施工面积	万平方米	904999	-7.2
其中：住宅	万平方米	639696	-7.3
房屋新开工面积	万平方米	120587	-39.4
其中：住宅	万平方米	88135	-39.8
房屋竣工面积	万平方米	86222	-15.0
其中：住宅	万平方米	62539	-14.3
商品房销售面积	万平方米	135837	-24.3
其中：住宅	万平方米	114631	-26.8
本年到位资金	亿元	148979	-25.9
其中：国内贷款	亿元	17388	-25.4
个人按揭贷款	亿元	23815	-26.5

七、对外经济

全年货物进出口总额 420678 亿元，比上年增长 7.7%。其中，出口 239654 亿元，增长 10.5%；进口 181024 亿元，增长 4.3%。货物进出口顺差 58630 亿元，比上年增加 15330 亿元。对“一带一路”[40]沿线国家进出口总额 138339 亿元，比上年增长 19.4%。其中，出口 78877 亿元，增长 20.0%；进口 59461 亿元，增长 18.7%。对《区域全面经济伙伴关系协定》（RCEP）其他成员国[41]进出口额 129499 亿元，比上年增长 7.5%。

图16 2018-2022年货物进出口总额

亿元
■ 货物进口额 ■ 货物出口额

年份	货物出口额	货物进口额
2018	164129	140881
2019	172374	143254
2020	179279	142936
2021	216908	173608
2022	239654	181024

表9　2022年货物进出口总额及其增长速度

指标	金额（亿元）	比上年增长（%）
货物进出口总额	420678	7.7
货物出口额	239654	10.5
其中：一般贸易	152468	15.4
加工贸易	53952	1.1
其中：机电产品	136973	7.0
高新技术产品	63391	0.3
货物进口额	181024	4.3
其中：一般贸易	115624	6.7
加工贸易	30574	-3.2
其中：机电产品	69661	-5.4
高新技术产品	50864	-6.0
货物进出口顺差	58630	35.4

表10　2022年主要商品出口数量、金额及其增长速度

商品名称	单位	数量	比上年增长（%）	金额（亿元）	比上年增长（%）
钢材	万吨	6732	0.9	6427	22.3
纺织纱线、织物及制品	—	—	—	9836	4.9
服装及衣着附件	—	—	—	11713	6.7
鞋靴	万双	929318	6.6	3844	24.4
家具及其零件	—	—	—	4639	-2.5
箱包及类似容器	万吨	297	22.2	2378	32.6
玩具	—	—	—	3229	9.1
塑料制品	—	—	—	7188	12.7
集成电路	亿个	2734	-12.0	10254	3.5
自动数据处理设备及其零部件	—	—	—	15701	-4.7
手机	万台	82224	-13.8	9527	0.9
集装箱	万个	321	-33.7	967	-36.1
液晶平板显示模组	万个	164560	—	1807	—
汽车（包括底盘）	万辆	332	56.8	4054	82.2

表11　2022年主要商品进口数量、金额及其增长速度

商品名称	单位	数量	比上年增长（%）	金额（亿元）	比上年增长（%）
大豆	万吨	9108	-5.6	4085	18.1
食用植物油	万吨	648	-37.6	606	-14.1
铁矿砂及其精矿	万吨	110686	-1.5	8498	-27.9
煤及褐煤	万吨	29320	-9.2	2855	22.2
原油	万吨	50828	-0.9	24350	45.9
成品油	万吨	2645	-2.5	1309	21.2
天然气	万吨	10925	-9.9	4683	30.3
初级形状的塑料	万吨	3058	-10.0	3734	-5.5
纸浆	万吨	2916	-1.8	1492	15.1
钢材	万吨	1057	-25.9	1136	-6.1
未锻轧铜及铜材	万吨	587	6.2	3610	6.5
集成电路	亿个	5384	-15.3	27663	-0.9
汽车（包括底盘）	万辆	88	-6.5	3529	1.2

表12　2022年对主要国家和地区货物进出口金额、增长速度及其比重

国家和地区	出口额（亿元）	比上年增长（%）	占全部出口比重（%）	进口额（亿元）	比上年增长（%）	占全部进口比重（%）
东盟	37907	21.7	15.8	27247	6.8	15.1
欧盟	37434	11.9	15.6	19034	-4.9	10.5
美国	38706	4.2	16.2	11834	1.9	6.5
韩国	10843	13.0	4.5	13278	-3.7	7.3
日本	11537	7.7	4.8	12295	-7.5	6.8
中国台湾	5423	7.2	2.3	15840	-1.8	8.8
中国香港	19883	-12.0	8.3	527	-16.0	0.3
俄罗斯	5123	17.5	2.1	7638	48.6	4.2
巴西	4128	19.3	1.7	7294	2.6	4.0
印度	7896	25.5	3.3	1160	-36.2	0.6
南非	1615	18.6	0.7	2173	2.0	1.2

全年服务进出口总额59802亿元，比上年增长12.9%。其中，服务出口28522亿元，增长12.1%；服务进口31279亿元，增长13.5%。服务进出口逆差2757亿元。

全年外商直接投资[42]新设立企业38497家，比上年下降19.2%。实际使用外商直接投资金额12327亿元，增长6.3%，折1891亿美元，增长8.0%。其中“一带一路”沿线国家对华直接投资（含通过部分自由港对华投资）新设立企业4519家，下降15.3%；对华直接投资金额891亿元，增长17.2%，折137亿美元，增长18.6%。全年高技术产业实际使用外资4449亿元，增长28.3%，折683亿美元，增长30.9%。

表13　2022年外商直接投资及其增长速度

行业	企业数（家）	比上年增长（%）	实际使用金额（亿元）	比上年增长（%）
总计	38497	-19.2	12327	6.3
其中：农、林、牧、渔业	420	-14.5	80	44.6
制造业	3570	-19.9	3237	46.1
电力、热力、燃气及水生产和供应业	523	12.5	276	10.8
交通运输、仓储和邮政业	602	-13.1	347	-1.1
信息传输、软件和信息技术服务业	3059	-24.5	1548	15.1
批发和零售业	10894	-18.6	961	-12.5
房地产业	581	-48.4	914	-41.8
租赁和商务服务业	7473	-19.6	2148	-2.1
居民服务、修理和其他服务业	411	-21.3	19	-38.6

全年对外非金融类直接投资额7859亿元，比上年增长7.2%，折1169亿美元，增长2.8%。其中，对“一带一路”沿线国家非金融类直接投资额1410亿元，增长7.7%，折210亿美元，增长3.3%。

表 14　2022 年对外非金融类直接投资额及其增长速度

行业	金额（亿美元）	比上年增长（%）
总计	**1168.5**	**2.8**
其中：农、林、牧、渔业	8.3	-26.5
采矿业	50.1	0.6
制造业	216.0	17.4
电力、热力、燃气及水生产和供应业	35.2	-28.0
建筑业	64.0	14.9
批发和零售业	211.0	19.5
交通运输、仓储和邮政业	45.6	-10.6
信息传输、软件和信息技术服务业	54.9	-27.1
房地产业	24.2	-2.8
租赁和商务服务业	387.6	5.8

全年对外承包工程完成营业额 10425 亿元，比上年增长 4.3%，折 1550 亿美元，与上年基本持平。其中，对“一带一路”沿线国家完成营业额 849 亿美元，下降 5.3%，占对外承包工程完成营业额比重为 54.8%。对外劳务合作派出各类劳务人员 26 万人。

八、财政金融

全年全国一般公共预算收入 203703 亿元，比上年增长 0.6%；其中税收收入 166614 亿元，下降 3.5%。全国一般公共预算支出 260609 亿元，比上年增长 6.1%。全年新增减税降费及退税缓税缓费超 4.2 万亿元，其中累计退到纳税人账户的增值税留抵退税款 2.46 万亿元，新增减税降费超 1 万亿元，办理缓税缓费超 7500 亿元。

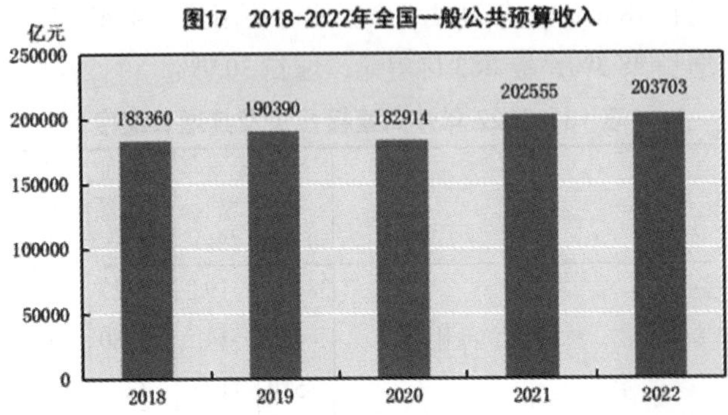

注：图中 2018 年至 2021 年数据为全国一般公共预算收入决算数，2022 年为执行数。

年末广义货币供应量（M_2）余额 266.4 万亿元，比上年末增长 11.8%；狭义货币供应量（M_1）余额 67.2 万亿元，增长 3.7%；流通中货币（M_0）余额 10.5 万亿元，增长 15.3%。

全年社会融资规模增量 [43]32.0 万亿元，按可比口径计算，比上年多 0.7 万亿元。年末社会融资规模存量 [44]344.2 万亿元，按可比口径计算，比上年末增长 9.6%，其中对实体经济发放的人民币贷款余额 212.4 万亿元，增长 10.9%。年末全部金融机构本外币各项存款余额 264.4 万亿元，比年初增加 25.9 万亿元，其中人民币各项存款余额 258.5 万亿元，增加 26.3 万亿元。全部金融机构本外币各项贷款余额 219.1 万亿元，增加 20.6 万亿元，其中人民币各项贷款余额 214.0 万亿元，增加 21.3 万亿元。人民币普惠金融贷款 [45] 余额 32.1 万亿元，增加 5.6 万亿元。

表 15　2022 年年末全部金融机构本外币存贷款余额及其增长速度

指标	年末数（亿元）	比上年末增长（%）
各项存款	2644472	10.8
其中：境内住户存款	1212110	17.3
其中：人民币	1203387	17.4
境内非金融企业存款	779398	6.8
各项贷款	2191029	10.4
其中：境内短期贷款	560304	7.7
境内中长期贷款	1427739	10.6

年末主要农村金融机构（农村信用社、农村合作银行、农村商业银行）人民币贷款余额 267195 亿元，比年初增加 24702 亿元。全部金融机构人民币消费贷款余额 560361 亿元，增加 11522 亿元。其中，住户短期消费贷款余额 93473 亿元，减少 90 亿元；住户中长期消费贷款余额 466888 亿元，增加 11613 亿元。

全年沪深交易所 A 股累计筹资 [46]15109 亿元，比上年减少 1634 亿元。沪深交易所首次公开发行上市 A 股 341 只，筹资 5704 亿元，比上年增加 353 亿元，其中科创板股票 123 只，筹资 2520 亿元；沪深交易所 A 股再融资（包括公开增发、定向增发、配股、优先股、可转债转股）9405 亿元，减少 1986 亿元。北京证券交易所公开发行股票 83 只，筹资 [47]164 亿元。全年各类主体通过沪深北交易所发行债券（包括公司债券、资产支持证券、国债、地方政府债券和政策性银行债券）筹资 64494 亿元，其中沪深交易所共发行上市基础设施领域不动产投资信托基金（REITs）13 只，募集资金 419 亿元。全国中小企业股份转让系统 [48] 挂牌公司 6580 家，全年挂牌公司累计股票筹资 232 亿元。

全年发行公司信用类债券 [49]13.7 万亿元，比上年减少 1.0 万亿元。

全年保险公司原保险保费收入 [50]46957 亿元，按可比口径计算，比上年增长 4.6%。其中，寿险业务原保险保费收入 24519 亿元，健康险和意外伤害险业务原保险保费收入 9726 亿元，财产险业务原保险保费收入 12712 亿元。支付各类赔款及给付 15485 亿元。其中，寿险业务给付 3791 亿元，健康险和意外伤害险业务赔款及给付 3937 亿元，财产险业务赔款 7757 亿元。

九、居民收入消费和社会保障

全年全国居民人均可支配收入36883元，比上年增长5.0%，扣除价格因素，实际增长2.9%。全国居民人均可支配收入中位数[51]31370元，增长4.7%。按常住地分，城镇居民人均可支配收入49283元，比上年增长3.9%，扣除价格因素，实际增长1.9%。城镇居民人均可支配收入中位数45123元，增长3.7%。农村居民人均可支配收入20133元，比上年增长6.3%，扣除价格因素，实际增长4.2%。农村居民人均可支配收入中位数17734元，增长4.9%。城乡居民人均可支配收入比值为2.45，比上年缩小0.05。按全国居民五等份收入分组[52]，低收入组人均可支配收入8601元，中间偏下收入组人均可支配收入19303元，中间收入组人均可支配收入30598元，中间偏上收入组人均可支配收入47397元，高收入组人均可支配收入90116元。全国农民工人均月收入4615元，比上年增长4.1%。全年脱贫县[53]农村居民人均可支配收入15111元，比上年增长7.5%，扣除价格因素，实际增长5.4%。

全年全国居民人均消费支出24538元，比上年增长1.8%，扣除价格因素，实际下降0.2%。其中，人均服务性消费支出[54]10590元，比上年下降0.5%，占居民人均消费支出的比重为43.2%。按常住地分，城镇居民人均消费支出30391元，增长0.3%，扣除价格因素，实际下降1.7%；农村居民人均消费支出16632元，增长4.5%，扣除价格因素，实际增长2.5%。全国居民恩格尔系数为30.5%，其中城镇为29.5%，农村为33.0%。

图18　2018-2022年全国居民人均可支配收入及其增长速度

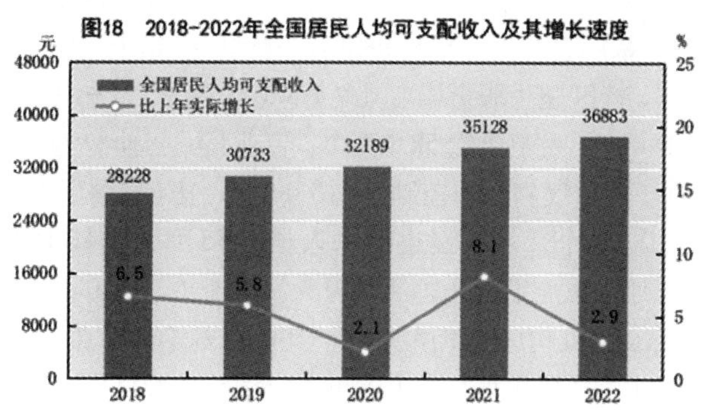

图19　2022年全国居民人均消费支出及其构成

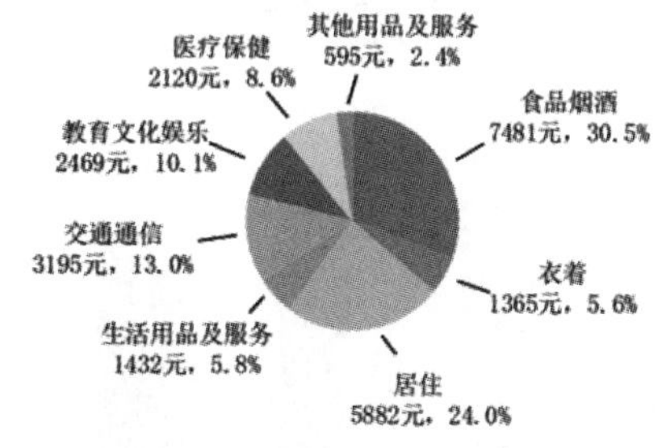

年末全国参加城镇职工基本养老保险人数50349万人，比上年末增加2275万人。参加城乡居民基本养老保险人数54952万人，增加155万人。参加基本医疗保险人数[55]134570万人，其中参加职工基本医疗保险人数36242万人，参加城乡居民基本医疗保险人数98328万人。参加失业保险人数23807万人，增加849万人。年末全国领取失业保险金人数297万人。参加工伤保险人数29111万人，增加825万人，其中参加工伤保险的农民工9127万人，增加41万人。参加生育保险人数24608万人，增加856万人。年末全国共有683万人享受城市最低生活保障，3349万人享受农村最低生活保障，435万人享受农村特困人员[56]救助供养，全年临时救助[57]1083万人次。全年领取国家定期抚恤金、定期生活补助金的退役军人和其他优抚对象827万人。

年末全国共有各类提供住宿的民政服务机构4.3万个，其中养老机构4.0万个，儿童福利和救助保护机构899个。民政服务床位[58]849.1万张，其中养老服务床位822.3万张，儿童福利和救助保护机构床位10.0万张。年末共有社区服务中心2.9万个，社区服务站50.9万个。

十、科学技术和教育

全年研究与试验发展（R&D）经费支出30870亿元，比上年增长10.4%，与国内生产总值之比为2.55%，其中基础研究经费1951亿元。国家自然科学基金共资助5.19万个项目。截至年末，正在运行的国家重点实验室533个，纳入新序列管理的国家工程研究中心191个，国家企业技术中心1601家，大众创业万众创新示范基地212家。国家科技成果转化引导基金累计设立36支子基金，资金总规模624亿元。国家级科技企业孵化器[59]1425家，国家备案众创空间[60]2441家。全年授予专利权432.3万件，比上年下降6.0%；PCT专利申请受理量[61]7.4万件。截至年末，有效专利1787.9万件，其中境内有效发明专利328.0万件。每万人口高价值发明专利拥有量[62]9.4件。全年商标注册617.7万件，比上年下降20.2%。全年共签订技术合同77万项，技术合同成交金额47791亿元，比上年增长28.2%。我国公民具备科学素质[63]的比例达到12.93%。

图20　2018-2022年研究与试验发展（R&D）经费支出及其增长速度

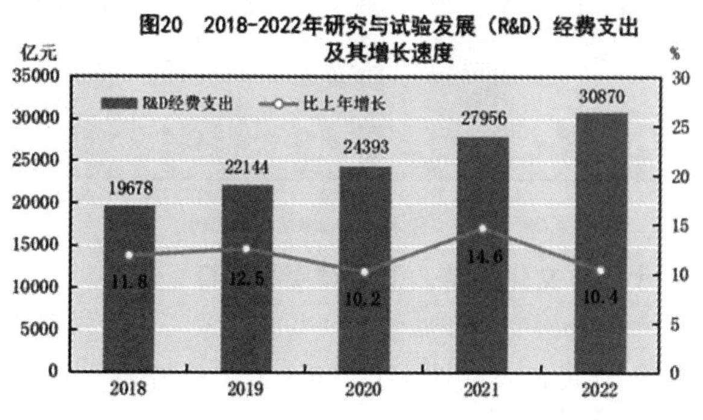

表 16　2022 年专利授权和有效专利情况

指标	专利数（万件）	比上年增长（%）
专利授权数	432.3	-6.0
其中：境内专利授权	418.7	-5.9
其中：发明专利授权	79.8	14.7
其中：境内发明专利授权	68.9	19.2
年末有效专利数	1787.9	15.9
其中：境内有效专利	1671.9	17.0
其中：有效发明专利	421.2	17.1
其中：境内有效发明专利	328.0	21.3

全年成功完成 62 次宇航发射。问天实验舱、梦天实验舱发射成功，神舟十四号、十五号等任务相继实施，中国空间站全面建成。嫦娥五号发现月球新矿物“嫦娥石”。句芒号陆地生态系统碳监测卫星、大气环境监测卫星成功发射运行。长征八号运载火箭实现一箭 22 星发射。第三艘航空母舰福建舰下水。国产 C919 大型客机获得型号合格证并交付首架。投入商业运行的华龙一号自主三代核电机组保持安全稳定运行。

年末全国共有国家质检中心 869 家。全国现有产品质量、体系和服务认证机构 1128 个，累计完成对 94 万家企业的认证。全年制定、修订国家标准 2266 项，其中新制定 1382 项。全年制造业产品质量合格率[64]为 93.29%。

全年研究生教育招生 124.2 万人，在学研究生 365.4 万人，毕业生 86.2 万人。普通、职业本专科[65]招生 1014.5 万人，在校生 3659.4 万人，毕业生 967.3 万人。中等职业教育[66]招生 650.7 万人，在校生 1784.7 万人，毕业生 519.2 万人。普通高中招生 947.5 万人，在校生 2713.9 万人，毕业生 824.1 万人。初中招生 1731.4 万人，在校生 5120.6 万人，毕业生 1623.9 万人。普通小学招生 1701.4 万人，在校生 10732.0 万人，毕业生 1740.6 万人。特殊教育招生 14.6 万人，在校生 91.9 万人，毕业生 15.9 万人。学前教育在园幼儿 4627.5 万人。九年义务教育巩固率为 95.5%，高中阶段毛入学率为 91.6%。

图21　2018-2022年本专科、中等职业教育及普通高中招生人数

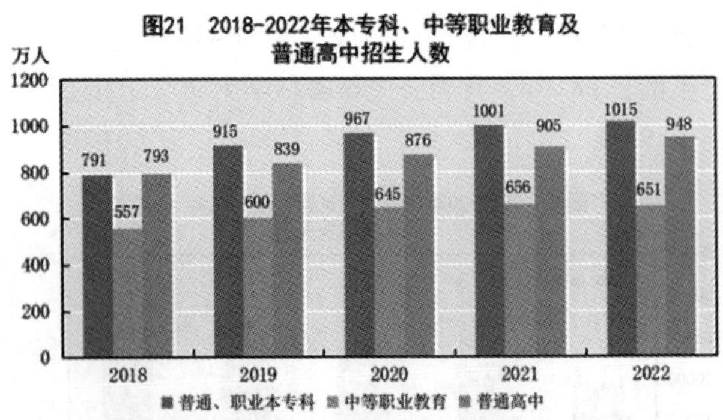

十一、文化旅游、卫生健康和体育

年末全国文化和旅游系统共有艺术表演团体 2023 个。全国共有公共图书馆 3303 个，总流通[67]72375 万人次；文化馆 3503 个。有线电视实际用户 1.99 亿户，其中有线数字电视实际用户 1.90 亿户。年末广播节目综合人口覆盖率为 99.6%，电视节目综合人口覆盖率为 99.8%。全年生产电视剧 160 部 5283 集，电视动画片 89094 分钟。全年生产故事影片 380 部，科教、纪录、动画和特种影片[68]105 部。出版各类报纸 266 亿份，各类期刊 20 亿册，图书 114 亿册（张），人均图书拥有量[69]8.09 册（张）。年末全国共有档案馆 4136 个，已开放各类档案 20886 万卷（件）。全年全国规模以上文化及相关产业企业营业收入 121805 亿元，按可比口径计算，比上年增长 0.9%。

全年国内游客 25.3 亿人次，比上年下降 22.1%。其中，城镇居民游客 19.3 亿人次，下降 17.7%；农村居民游客 6.0 亿人次，下降 33.5%。国内旅游收入 20444 亿元，下降 30.0%。其中，城镇居民游客花费 16881 亿元，下降 28.6%；农村居民游客花费 3563 亿元，下降 35.8%。

图22　2018-2022年国内游客人次及其增长速度

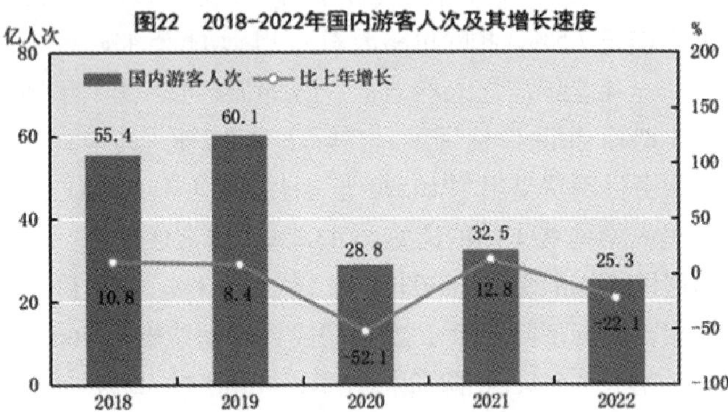

年末全国共有医疗卫生机构 103.3 万个，其中医院 3.7 万个，在医院中有公立医院 1.2 万个，民营医院 2.5 万个；基层医疗卫生机构 98.0 万个，其中乡镇卫生院 3.4 万个，社区卫生服务中心（站）3.6 万个，门诊部（所）32.1 万个，村卫生室 58.8 万个；专业公共卫生机构 1.3 万个，其中疾病预防控制中心 3385 个，卫生监督所（中心）2796 个。年末卫生技术人员 1155 万人，其中执业医师和执业助理医师 440 万人，注册护士 520 万人。医疗卫生机构床位 975 万张，其中医院 766 万张，乡镇卫生院 145 万张。全年总诊疗人次[70]84.0 亿人次，出院人数[71]2.5 亿人。

图23　2018-2022年年末卫生技术人员人数

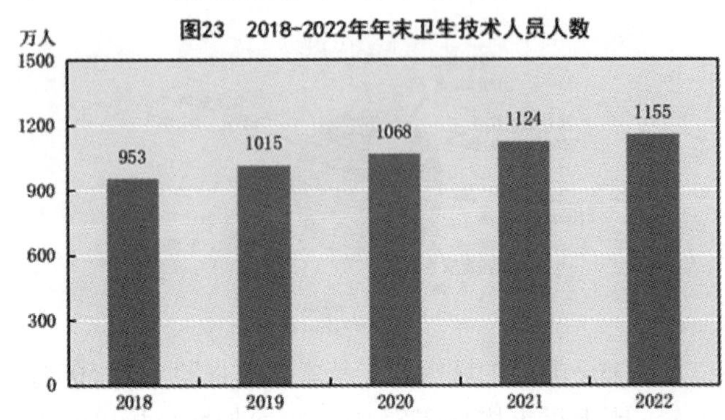

年末全国共有体育场地[72]422.7万个，体育场地面积[73]37.0亿平方米，人均体育场地面积2.62平方米。全年我国运动员在15个运动大项中获得93个世界冠军，共创11项世界纪录。在北京第24届冬奥会上，我国运动员共获得9枚金牌，奖牌总数15枚。全年我国残疾人运动员在5项国际赛事中获得41个世界冠军。在北京第13届冬残奥会上，我国运动员共获得18枚金牌，奖牌总数61枚，位列冬残奥会金牌榜和奖牌榜双第一位。

十二、资源、环境和应急管理

全年全国国有建设用地供应总量[74]76.6万公顷，比上年增长10.9%。其中，工矿仓储用地19.8万公顷，增长13.2%；房地产用地[75]11.0万公顷，下降19.4%；基础设施用地45.8万公顷，增长20.7%。

全年水资源总量26634亿立方米。全年总用水量5997亿立方米，比上年增长1.3%。其中，生活用水下降0.5%，工业用水下降7.7%，农业用水增长3.7%，人工生态环境补水增长8.3%。万元国内生产总值用水量[76]53立方米，下降1.6%。万元工业增加值用水量27立方米，下降10.8%。人均用水量425立方米，增长1.3%。

全年完成造林面积383万公顷，其中人工造林面积120万公顷，占全部造林面积的31.4%。种草改良面积[77]321万公顷。截至年末，国家公园5个。新增水土流失治理面积6.3万平方公里。

初步核算，全年能源消费总量54.1亿吨标准煤，比上年增长2.9%。煤炭消费量增长4.3%，原油消费量下降3.1%，天然气消费量下降1.2%，电力消费量增长3.6%。煤炭消费量占能源消费总量的56.2%，比上年上升0.3个百分点；天然气、水电、核电、风电、太阳能发电等清洁能源消费量占能源消费总量的25.9%，上升0.4个百分点。重点耗能工业企业单位电石综合能耗下降1.6%，单位合成氨综合能耗下降0.8%，吨钢综合能耗上升1.7%，单位电解铝综合能耗下降0.4%，每千瓦时火力发电标准煤耗下降0.2%。全国万元国内生产总值二氧化碳排放[78]下降0.8%。

图24 2018-2022年清洁能源消费量占能源消费总量的比重

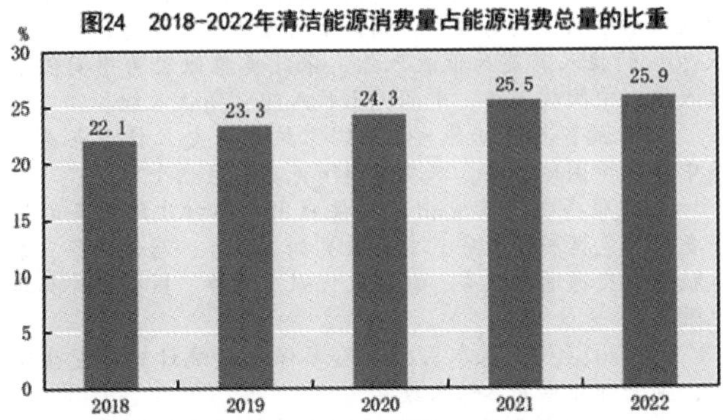

全年近岸海域海水水质[79]达到国家一、二类海水水质标准的面积占81.9%，三类海水占4.1%，四类、劣四类海水占14.0%。

在开展城市区域声环境监测的320个城市中，全年昼间声环境质量好的城市占5.0%，较好的占66.3%，一般的占27.2%，较差的占1.2%，差的占0.3%。

全年平均气温为10.51℃，比上年下降0.02℃。共有4个台风登陆。

全年农作物受灾面积1207万公顷，其中绝收135万公顷。全年因洪涝和地质灾害造成直接经济损失1303亿元，因干旱灾害造成直接经济损失513亿元，因低温冷冻和雪灾造成直接经济损失125亿元，因海洋灾害造成直接经济损失24亿元。全年大陆地区共发生5.0级以上地震27次，造成直接经济损失224亿元。全年共发生森林火灾709起，受害森林面积约0.5万公顷。

全年各类生产安全事故共死亡20963人。工矿商贸企业就业人员10万人生产安全事故死亡人数1.097人，比上年下降20.2%；煤矿百万吨死亡人数0.054人，上升22.7%。道路交通事故万车死亡人数1.46人，下降7.0%。

注释：

[1] 本公报中数据均为初步统计数。各项统计数据均未包括香港特别行政区、澳门特别行政区和台湾省。部分数据因四舍五入的原因，存在总计与分项合计不等的情况。

[2] 国内生产总值、三次产业及相关行业增加值、地区生产总值、人均国内生产总值和国民总收入绝对数按现价计算，增长速度按不变价格计算。

[3] 国民总收入，原称国民生产总值，是指一个国家或地区所有常住单位在一定时期内所获得的初次分配收入总额，等于国内生产总值加上来自国外的初次分配收入净额。

[4] 全员劳动生产率为国内生产总值（按2020年价格计算）与全部就业人员的比率。

[5] 见注释[4]。

[6] 全国人口是指我国大陆31个省、自治区、直辖市和现役军人的人口，不包括居住在31个省、自治区、直辖市的港澳台居民和外籍人员。

[7]2022年年末，0-14岁（含不满15周岁）人口为23908万人，15-59岁（含不满60周岁）人口为89263万人。

[8] 年度农民工数量包括年内在本乡镇以外从业6个月及以上的外出农民工和在本乡镇内从事非农产业6个月及以上的本地农民工。

[9] 农产品生产者价格是指农产品生产者直接出售其产品时的价格。

[10] 居住类价格包括租赁房房租、住房保养维修及管理、水电燃料、自有住房服务价格。

[11] 高技术制造业包括医药制造业，航空、航天器及设备制造业，电子及通信设备制造业，计算机及办公设备制造业，医疗仪器设备及仪器仪表制造业，信息化学品制造业。

[12] 装备制造业包括金属制品业，通用设备制造业，专用设备制造业，汽车制造业，铁路、船舶、航空航天和其他运输设备制造业，电气机械和器材制造业，计算机、通信和其他电子设备制造业，仪器仪表制造业。

[13] 规模以上服务业统计范围包括：年营业收入2000万元及以上的交通运输、仓储和邮政业，信息传输、软件和信息技术服务业，水利、环境和公共设施管理业，卫生行业

法人单位；年营业收入 1000 万元及以上的房地产业（不含房地产开发经营），租赁和商务服务业，科学研究和技术服务业，教育行业法人单位；以及年营业收入 500 万元及以上的居民服务、修理和其他服务业，文化、体育和娱乐业，社会工作行业法人单位。

[14] 战略性新兴服务业包括新一代信息技术产业、高端装备制造产业、新材料产业、生物产业、新能源汽车产业、新能源产业、节能环保产业和数字创意产业等八大产业中的服务业相关行业，以及新技术与创新创业等相关服务业。2022 年战略性新兴服务业企业营业收入增速按可比口径计算。

[15] 高技术产业投资包括医药制造、航空航天器及设备制造等六大类高技术制造业投资和信息服务、电子商务服务等九大类高技术服务业投资。

[16] 电子商务交易额是指通过电子商务交易平台（包括企业自建平台和第三方平台）实现的商品和服务交易额，包括对单位和对个人交易额。

[17] 网上零售额是指通过公共网络交易平台（主要从事实物商品交易的网上平台，包括自建网站和第三方平台）实现的商品和服务零售额。

[18] 东部地区是指北京、天津、河北、上海、江苏、浙江、福建、山东、广东和海南 10 省（市）；中部地区是指山西、安徽、江西、河南、湖北和湖南 6 省；西部地区是指内蒙古、广西、重庆、四川、贵州、云南、西藏、陕西、甘肃、青海、宁夏和新疆 12 省（区、市）；东北地区是指辽宁、吉林和黑龙江 3 省。

[19] 万元国内生产总值能耗按 2020 年价格计算。

[20]2021 年部分产品产量数据进行了核实调整，2022 年产量增速按可比口径计算。

[21] 火电包括燃煤发电量，燃油发电量，燃气发电量，余热、余压、余气发电量，垃圾焚烧发电量，生物质发电量。

[22] 钢材产量数据中含企业之间重复加工钢材。

[23] 少量发电装机容量（如地热等）公报中未列出。

[24] 由于统计调查制度规定的调查范围变动、统计执法、剔除重复数据等因素，2022 年规模以上工业企业财务指标增速及变化按可比口径计算。

[25] 产能利用率是指实际产出与生产能力（均以价值量计量）的比率。企业的实际产出是指企业报告期内的工业总产值；企业的生产能力是指报告期内，在劳动力、原材料、燃料、运输等保证供给的情况下，生产设备（机械）保持正常运行，企业可实现并能长期维持的产品产出。

[26] 货物运输总量及周转量包括铁路、公路、水路、民航和管道五种运输方式完成量，2022 年增速按可比口径计算。

[27] 邮政行业业务总量按 2020 年价格计算。

[28] 电信业务总量按上年价格计算。

[29] 移动电话基站数是指报告期末为小区服务的无线收发信设备，处理基站与移动台之间的无线通信，在移动交换机与移动台之间起中继作用，监视无线传输质量的全套设备数。

[30] 固定互联网宽带接入用户是指报告期末在电信企业登记注册，通过 xDSL、FTTx+LAN、FTTH/O 以及其他宽带接入方式和普通专线接入公众互联网的用户。

[31]100M 速率及以上的宽带接入用户是指报告期末下行速率大于或等于 100Mbit/s 的宽带接入用户。

[32] 蜂窝物联网终端用户是指报告期末接入移动通信网络并开通物联网业务的用户。物联网终端即连接传感网络层和传输网络层，实现远程采集数据及向网络层发送数据的物联网设备。

[33] 手机上网人数是指过去半年通过手机接入并使用互联网的人数。

[34] 软件和信息技术服务业包括软件开发、集成电路设计、信息系统集成和物联网技术服务、运行维护服务、信息处理和存储支持服务、信息技术咨询服务、数字内容服务和其他信息技术服务等行业。

[35] 见注释 [18]。

[36] 民间固定资产投资是指具有集体、私营、个人性质的内资企事业单位以及由其控股（包括绝对控股和相对控股）的企业单位建造或购置固定资产的投资。

[37] 基础设施投资包括铁路运输业、道路运输业、水上运输业、航空运输业、管道运输业、多式联运和运输代理业、装卸搬运业、邮政业、电信广播电视和卫星传输服务业、互联网和相关服务业、水利管理业、生态保护和环境治理业、公共设施管理业投资。

[38] 社会领域投资包括教育，卫生和社会工作，文化、体育和娱乐业投资。

[39] 房地产业投资除房地产开发投资外，还包括建设单位自建房屋以及物业管理、中介服务和其他房地产投资。

[40]“一带一路”是指“丝绸之路经济带”和“21 世纪海上丝绸之路”。

[41]《区域全面经济伙伴关系协定》（RCEP）其他成员国包括印度尼西亚、马来西亚、菲律宾、泰国、新加坡、文莱、柬埔寨、老挝、缅甸、越南、日本、韩国、澳大利亚、新西兰。

[42]2022 年外商投资统计调查制度进行修订，外商直接投资新设立企业数量、实际使用外商直接投资金额为包含银行、证券、保险领域的全口径数据，增速按可比口径计算。

[43] 社会融资规模增量是指一定时期内实体经济从金融体系获得的资金总额。

[44] 社会融资规模存量是指一定时期末（月末、季末或年末）实体经济从金融体系获得的资金余额。

[45] 普惠金融贷款包括单户授信小于 1000 万元的小微型企业贷款、个体工商户经营性贷款、小微企业主经营性贷款、农户生产经营贷款、建档立卡贫困人口消费贷款、创业担保贷款和助学贷款。

[46] 沪深交易所股票筹资额按上市日统计，筹资额包括了可转债实际转股金额，2021 年、2022 年可转债实际转股金额分别为 1342 亿元、934 亿元。

[47] 北京证券交易所股票筹资额按上市日统计。

[48] 全国中小企业股份转让系统是 2012 年经国务院批准的全国性证券交易场所。全年全国中小企业股份转让系统挂牌公司累计筹资不含优先股，股票筹资按新增股份挂牌日统计。

[49] 公司信用类债券包括非金融企业债务融资工具、企业债券以及公司债、可转债等。

[50] 原保险保费收入是指保险企业确认的原保险合同保费收入。

[51] 人均可支配收入中位数是指将所有调查户按人均收入水平从低到高（或从高到低）顺序排列，处于最中间位置调查户的人均可支配收入。

[52] 全国居民五等份收入分组是指将所有调查户按人均收入水平从低到高顺序排列，平均分为五个等份，处于最低 20% 的收入家庭为低收入组，依此类推依次为中间偏下收入组、中间收入组、中间偏上收入组、高收入组。

[53] 脱贫县包括原 832 个国家扶贫开发工作重点县和集中连片特困地区县，以及新疆阿克苏地区 7 个市县。

[54] 服务性消费支出是指住户用于各种生活服务的消费支出，包括餐饮服务、衣着鞋类加工服务、居住服务、家庭服务、交通通信服务、教育文化娱乐服务、医疗服务和其他服务。

[55]2022 年，基本医疗保险参保人数统计口径发生变化，剔除部分重复参保人数。

[56] 农村特困人员是指无劳动能力，无生活来源，无法定赡养、抚养、扶养义务人或者其法定义务人无履行义务

能力的农村老年人、残疾人以及未满 16 周岁的未成年人。

[57] 临时救助是指国家对遭遇突发事件、意外伤害、重大疾病或其他特殊原因导致基本生活陷入困境，其他社会救助制度暂时无法覆盖或救助之后基本生活暂时仍有严重困难的家庭或个人给予的应急性、过渡性的救助。

[58] 民政服务床位除收养性机构外，还包括救助类机构、社区类机构的床位。

[59] 国家级科技企业孵化器是指符合《科技企业孵化器管理办法》规定的，以促进科技成果转化、培育科技企业和企业家精神为宗旨，提供物理空间、共享设施和专业化服务的科技创业服务机构，且经过科学技术部批准确定的科技企业孵化器。

[60] 国家备案众创空间是指符合《发展众创空间工作指引》规定的新型创新创业服务平台，且按照《国家众创空间备案暂行规定》经科学技术部审核备案的众创空间。

[61]PCT 专利申请受理量是指国家知识产权局作为 PCT 专利申请受理局受理的 PCT 专利申请数量。PCT（Patent Cooperation Treaty）即专利合作条约，是专利领域的一项国际合作条约。

[62] 每万人口高价值发明专利拥有量是指每万人口本国居民拥有的经国家知识产权局授权的符合下列任一条件的有效发明专利数量：战略性新兴产业的发明专利；在海外有同族专利权的发明专利；维持年限超过 10 年的发明专利；实现较高质押融资金额的发明专利；获得国家科学技术奖、中国专利奖的发明专利。

[63] 公民具备科学素质是指崇尚科学精神，树立科学思想，掌握基本科学方法，了解必要科技知识，并具有应用其分析判断事物和解决实际问题的能力。公民具备科学素质比例数据是面向 18-69 岁公民开展抽样调查获得。

[64] 制造业产品质量合格率是指以产品质量检验为手段，按照规定的方法、程序和标准实施质量抽样检测，判定为质量合格的样品数占全部抽样样品数的百分比，统计调查样本覆盖制造业的 29 个行业。

[65] 普通、职业本专科包括普通本科、职业本科、高职（专科）。

[66] 中等职业教育包括普通中专、成人中专、职业高中和技工学校。

[67] 总流通人次是指本年度内到图书馆场馆接受图书馆服务的总人次，包括借阅书刊、咨询问题以及参加各类读者活动等。

[68] 特种影片是指采用与常规影院放映在技术、设备、节目方面不同的电影展示方式，如巨幕电影、立体电影、立体特效（4D）电影、动感电影、球幕电影等。

[69] 人均图书拥有量是指在一年内全国平均每人能拥有的当年出版图书册数。

[70] 总诊疗人次是指所有诊疗工作的总人次数，包括门诊、急诊、出诊、预约诊疗、单项健康检查、健康咨询指导（不含健康讲座、核酸检测）人次。

[71] 出院人数是指报告期内所有住院后出院的人数，包括医嘱离院、医嘱转其他医疗机构、非医嘱离院、死亡及其他人数，不含家庭病床撤床人数。

[72] 体育场地调查对象不包括军队、铁路系统所属体育场地。

[73] 体育场地面积是指体育训练、比赛、健身场地的有效面积。

[74] 国有建设用地供应总量是指报告期内市、县人民政府根据年度土地供应计划依法以出让、划拨、租赁等方式与用地单位或个人签订出让合同或签发划拨决定书、完成交易的国有建设用地总量。

[75] 房地产用地是指商服用地和住宅用地的总和。

[76] 万元国内生产总值用水量、万元工业增加值用水量按 2020 年价格计算。

[77] 种草改良面积是指通过实施播种、栽种等措施增加牧草数量的面积以及通过压盐压碱压沙、土壤改良、围栏封育等措施使草原原生植被、生态得到改善的面积之和。

[78] 万元国内生产总值二氧化碳排放按 2020 年价格计算。

[79] 近岸海域海水水质采用面积法进行评价。

资料来源：

本公报中城镇新增就业、养老保险、失业保险、工伤保险、技工学校数据来自人力资源和社会保障部；外汇储备、汇率数据来自国家外汇管理局；市场主体、质量检验、国家标准制定修订、制造业产品质量合格率数据来自国家市场监督管理总局；环境监测等数据来自生态环境部；水产品产量、新增高效节水灌溉面积数据来自农业农村部；木材产量、造林面积、种草改良面积、国家公园数据来自国家林业和草原局；新增耕地灌溉面积、水资源总量、用水量、新增水土流失治理面积数据来自水利部；发电装机容量、新增 220 千伏及以上变电设备、电力消费量数据来自中国电力企业联合会；港口货物吞吐量、港口集装箱吞吐量、公路运输、水路运输、新改建高速公路里程、港口万吨级及以上码头泊位新增通过能力数据来自交通运输部；铁路运输、新建铁路投产里程、增新建铁路复线投产里程、电气化铁路投产里程数据来自中国国家铁路集团有限公司；民航运输、新增民用运输机场数据来自中国民用航空局；管道运输数据来自中国石油天然气集团有限公司、中国石油化工集团有限公司、中国海洋石油集团有限公司、国家石油天然气管网集团有限公司；民用汽车保有量、道路交通事故数据来自公安部；邮政业务数据来自国家邮政局；通信业、软件业务收入、新增光缆线路长度等数据来自工业和信息化部；互联网上网人数、互联网普及率数据来自中国互联网络信息中心；棚户区改造、保障性租赁住房、城镇老旧小区改造数据来自住房和城乡建设部；货物进出口数据来自海关总署；服务进出口、外商直接投资、对外直接投资、对外承包工程、对外劳务合作等数据来自商务部；财政数据来自财政部；新增减税降费及退税缓税缓费数据来自国家税务总局；货币金融、公司信用类债券数据来自中国人民银行；境内交易场所筹资数据来自中国证券监督管理委员会；保险业数据来自中国银行保险监督管理委员会；医疗保险、生育保险数据来自国家医疗保障局；城乡低保、农村特困人员救助供养、临时救助、民政服务数据来自民政部；优抚对象数据来自退役军人事务部；国家自然科学基金资助项目数据来自国家自然科学基金委员会；国家重点实验室、国家科技成果转化引导基金、国家级科技企业孵化器、国家备案众创空间、技术合同等数据来自科学技术部；国家工程研究中心、国家企业技术中心、大众创业万众创新示范基地等数据来自国家发展和改革委员会；专利、商标数据来自国家知识产权局；公民具备科学素质比例数据来自中国科协；宇航发射数据来自国家国防科技工业局；教育数据来自教育部；艺术表演团体、公共图书馆、文化馆、旅游数据来自文化和旅游部；电视、广播数据来自国家广播电视总局；电影数据来自国家电影局；报纸、期刊、图书数据来自国家新闻出版署；档案数据来自国家档案局；医疗卫生数据来自国家卫生健康委员会；体育数据来自国家体育总局；残疾人运动员数据来自中国残疾人联合会；国有建设用地供应、海洋灾害造成直接经济损失数据来自自然资源部；平均气温、台风登陆数据来自中国气象局；农作物受灾面积、洪涝和地质灾害造成直接经济损失、干旱灾害造成直接经济损失、低温冷冻和雪灾造成直接经济损失、地震次数、地震灾害造成直接经济损失、森林火灾、受害森林面积、生产安全事故数据来自应急管理部；其他数据均来自国家统计局。

江西省 2022 年国民经济和社会发展统计公报[1]

江西省统计局　国家统计局江西调查总队

2023 年 3 月 28 日

2022 年是党的二十大胜利召开之年，是党和国家历史上极 为重要的一年。面对严峻复杂的国际环境和疫情散发多发、历史 极值干旱等超预期考验，在以习近平同志为核心的党中央坚强领 导下，全省上下深入贯彻习近平总书记视察江西重要讲话精神， 坚决落实“疫情要防住、经济要稳住、发展要安全”重要要求，高效统筹疫情防控和经济社会发展，全面做好稳增长、防风险、 保稳定、惠民生等各项工作，推动全省经济运行企稳向好，转型 升级持续深化，市场活力更大激发，民生保障有力有效，全面建设社会主义现代化江西迈出坚实步伐。

一、综合

初步核算，全年地区生产总值[2]32074.7 亿元，比上年增长 4.7%。其中，第一产业增加值 2451.5 亿元，增长 3.9%；第二产 业增加值 14359.6 亿元，增长 5.4%； 第三产业增加值 15263.7 亿元，增长 4.2%。三次产业结构为 7.6:44.8:47.6，三次产业对 GDP 增长的贡献率分别为 6.9%、49.9% 和 43.2%。人均地区生产总值 70923 元，增长 4.6%。

图 1　2018-2022 年江西地区生产总值及其增长速度

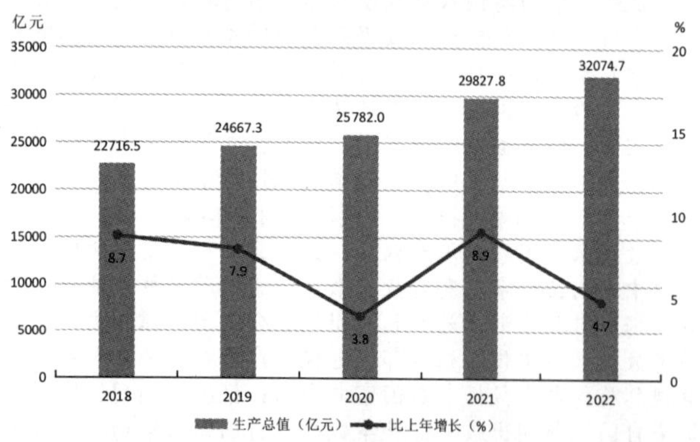

图 2　2018-2022 年三次产业增加值占地区生产总值比重

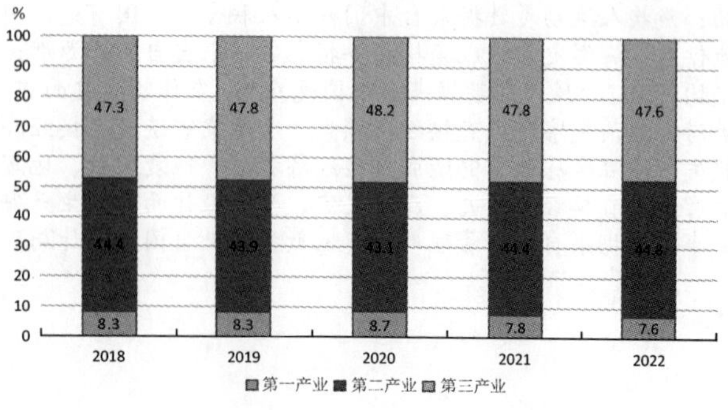

年末全省常住人口 4527.98 万人，比上年末增加 10.58 万人。其中，城镇常住人口 2810.52 万人，占总人口的比重（常住人口城镇化率）为 62.07%，比上年末提高 0.61 个百分点。全年出生 人口 32.5 万人，出生率为 7.19‰，比上年下降 1.15 个千分点； 死亡人口 31.4 万人，死亡率为 6.94‰，上升 0.23 个千分点；自然增长率为 0.25‰，下降 1.38 个千分点。

表 1　2022 年年末常住人口数及其构成

指　标	年末数（万人）	比重（%）
全省常住人口	4527.98	100.0
其中：城镇	2810.52	62.1
乡村	1717.46	37.9
其中：男性	2339.75	51.7
女性	2188.23	48.3
其中：0-15 岁（含不满16周岁）	975.60	21.5
16-59 岁（含不满60周岁）	2745.87	60.6
60周岁及以上	806.51	17.8
其中：65周岁及以上	590.11	13.0

全年城镇新增就业 45.2 万人，失业人员再就业 15.0 万人，就业困难人员就业 5.0 万人，新增转移农村劳动力 58.3 万人。

全年居民消费价格比上年上涨 2.0%。工业生产者出厂价格 上涨 3.5%。工业生产者购进价格上涨 9.4%。农产品生产者价格下降 2.5%。

图 3　2022 年居民消费价格各月涨跌幅度

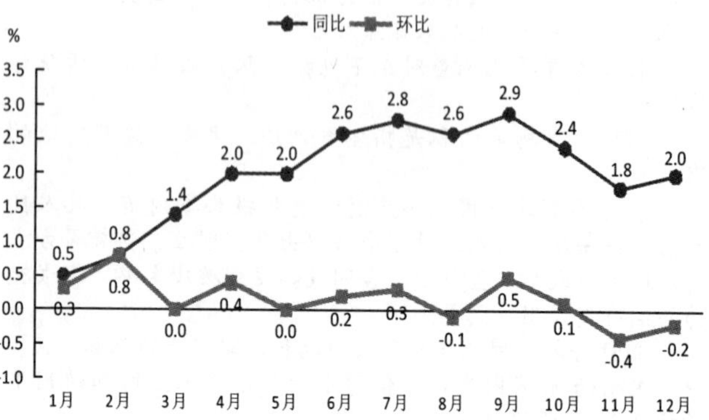

表 2 2022 年居民消费价格分类别涨跌幅度

类 别	比上年增长(%)
居民消费价格	2.0
食品烟酒	2.2
衣着	0.5
居住	0.9
生活用品及服务	0.8
交通通信	5.6
教育文化娱乐	2.1
医疗保健	0.2
其他用品及服务	1.6

二、农业

全年农林牧渔业总产值 4223.8 亿元，比上年增长 4.3%。粮 食种植面积 3776.4 千公顷，增长 0.1%。其中，谷物种植面积 3477.6 千公顷，下降 0.4%。油料种植面积 737.5 千公顷，增长 3.4%。其中，油菜籽种植面积 524.6 千公顷，增长 4.0%。蔬菜 种植面积 704.4 千公顷，增长 2.6%。棉花种植面积 19.7 千公顷，增长 78.8%。甘蔗种植面积 13.7 千公顷，增长 2.0%。

全年粮食产量 2151.9 万吨， 比上年减产 1.8%。油料产量 137.5 万吨，增产 5.0%。蔬菜及食用菌产量 1786.9 万吨，增产 3.3%。棉花产量 2.2 万吨，增产 26.4%。甘蔗产量 62.5 万吨， 增产 3.0%。烟叶产量 2.7 万吨，增产 4.7%。茶叶产量 7.7 万吨，增产 4.5%。园林水果产量 538.9 万吨，增产 4.0%。

全年猪牛羊禽肉产量 358.6 万吨，比上年增长 4.2%。其中， 猪肉产量 249.9 万吨，增长 4.8%；牛肉产量 17.1 万吨，增长 2.5%； 羊肉产量 3.1 万吨，增长 8.8%；禽肉产量 88.4 万吨，增长 3.0%。 禽蛋产量 68.4 万吨，增长 9.2%。水产品产量 283.2 万吨，增长 5.1%。年末生猪存栏 1730.1 万头，比上年末增长 2.8%；全年生猪出栏 3064.6 万头， 比上年增长 5.3%。

三、工业和建筑业

全年全部工业增加值 11770.3 亿元， 比上年增长 5.5%。规模以上工业增加值增长 7.1%。在规模以上工业中，分经济类型看，国有控股企业增长 8.3%；股份制企业增长 7.3%，外商及港 澳台商投资企业增长 6.9%；私营企业增长 2.4%。分门类看，采 矿业下降 13.5%，制造业增长 7.4%，电力、热力、燃气及水生产和供应业增长 13.2%。

图 4 2018-2022 年规模以上工业增加值增长速度

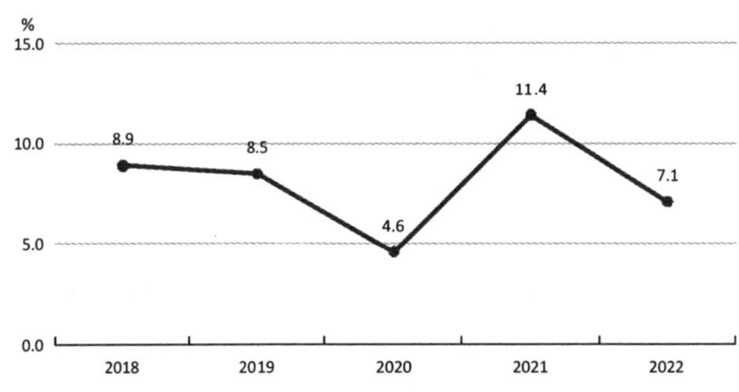

全年规模以上工业中，化学原料和化学制品制造业比上年增 长 17.2%，化学纤维制造业增长 13.3%，黑色金属冶炼和压延加 工业增长 13.2%，专用设备制造业增长 14.9%， 电气机械和器材 制造业增长 17.1%，计算机、通信和其他电子设备制造业增长 32.1%，电力、热力生产和供应业增长 14.9%。战略性新兴产业、 高新技术产业、装备制造业增加值分别增长 20.6%、16.9%、17.3%， 占规模以上工业比重分别为 27.1%、40.5%、30.9%，比上年提高 3.9、2.0、2.9 个百分点。

表 3 2022 年规模以上工业主要产品产量及其增长速度

产品名称	单位	产量	比上年增长(%)
多晶硅	万千克	304.0	36.1
单一稀土金属	万千克	1473.4	2.4
中成药	万吨	11.2	18.6
白酒（折65度，商品量）	万千升	4.2	-10.0
啤酒	万千升	59.7	-4.3
精制茶	吨	119251.8	19.0
卷烟	亿支	642.0	0.0
化学纤维	万吨	125.0	-1.6
布	万米	72013.1	-26.7
服装	万件	125384.8	-9.6
机制纸及纸板	万吨	390.8	31.1
饲料	万吨	1200.6	0.3
硫酸（折100%）	万吨	342.4	16.9
农用氮、磷、钾化学肥料	万吨	111.3	14.2
化学原料药	吨	344496.6	171.7
水泥	万吨	8768.6	-14.1
瓷质砖	万平方米	122816.2	-5.3
粗钢	万吨	2689.9	-0.8
钢材	万吨	3457.0	-1.3
十种有色金属	万吨	248.3	3.5
其中：精炼铜（电解铜）	万吨	187.5	7.7
铜材	万吨	542.4	-0.3
汽车	万辆	42.7	-2.0
其中：新能源汽车	万辆	5.8	122.8
家用电冰箱	万台	70.8	-2.1
房间空气调节器	万台	309.8	-12.0
太阳能电池	万千瓦	3697.8	285.8

全年规模以上工业企业实现营业收入 48295.5 亿元，比上年 增长 9.0%；实现利润总额 3456.1 亿元，增长 11.6%；每百元营业收入中的成本为 86.65 元，比上年增加 0.22 元。

全省开发区投产工业企业 16817 家， 比上年增加 1442 家。 开发区工业增加值增长 7.9%，实现营业收入 44745.7 亿元，增 长 11.8%；实现利润总额 3212.0 亿元，增长 14.9%。营业收入超千亿元的开发区 10 个，比上年增加 2 个。

全年规模以上工业生产原煤 194.6 万吨，比上年下降 8.3%。原油加工量 718.9 万吨，增长 7.8%。发电量 1568.6 亿千瓦时，增长 8.6%。

全年建筑业增加值 2597.2 亿元，比上年增长 4.8%。具有资质等级的总承包和专业承包建筑业企业 5939 家。

四、服务业

全年服务业实现增加值 15263.7 亿元，比上年增长 4.2%。其中，批发和零售业增加值 2844.5 亿元，增长 6.4%；交通运输、仓储和邮政业增加值 1341.7 亿元，增长 2.3%；住宿和餐饮业增加值 555.5 亿元，增长 1.4%；金融业增加值 2140.5 亿元，增长 5.6%；房地产业增加值 2117.4 亿元，下降 1.9%；信息传输、软件和信息技术服务业增加值 692.9 亿元，增长 9.4%。全年规模以上服务业企业营业收入 4306.6 亿元，比上年增长 11.0%；利润总额 231.3 亿元，下降 2.5%。

图 5　2018-2022 年服务业增加值增长速度

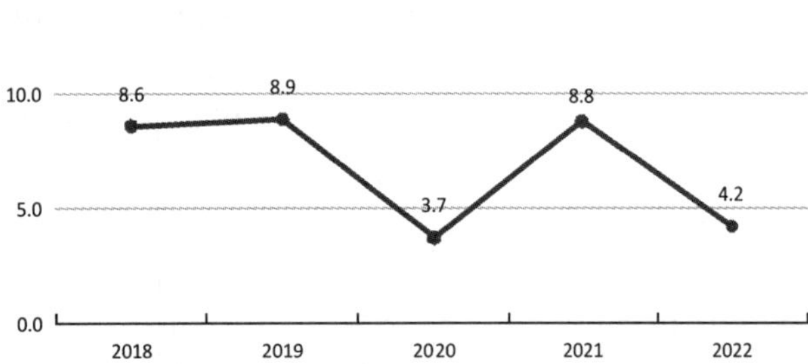

全年货物运输总量 196931.5 万吨，比上年下降 0.9%；货物运输周转量 5119.8 亿吨公里，增长 4.8%。九江港完成货物吞吐量 1.8 亿吨，增长 19%；完成集装箱吞吐量 76.9 万标准箱，增长 18.6%。南昌港完成货物吞吐量 2823.6 万吨，下降 23.7%；完成集装箱吞吐量 11.6 万标准箱，下降 12.2%。

表 4　2022 年各种运输方式完成货物运输量及其增长速度

指 标	单 位	绝对值	比上年增长(%)
货物运输量	万吨	196931.5	-0.9
铁路	万吨	5200.0	7.9
公路	万吨	178367.1	-1.5
水路	万吨	13360.0	4.0
民航	万吨	4.4	-75.7
货物运输周转量	亿吨公里	5119.8	4.8
铁路	亿吨公里	619.1	8.5
公路	亿吨公里	4086.4	3.2
水路	亿吨公里	414.2	16.9

全年旅客运输量 16891.4 万人，比上年下降 34.2%；旅客运输周转量 455.6 亿人公里，下降 24.6%。

表 5　2022 年各种运输方式完成旅客运输量及其增长速度

指 标	单 位	绝对值	比上年增长(%)
旅客运输量	万人	16891.4	-34.2
铁路	万人	6386.0	-30.3
公路	万人	9735.4	-35.0
水路	万人	97.0	-39.1
民航	万人	673.0	-51.0
旅客运输周转量	亿人公里	455.6	-24.6
铁路	亿人公里	394.2	-22.1
公路	亿人公里	61.3	-37.3
水路	亿人公里	0.1	-40.8

年末公路通车里程 210711 公里，其中高速公路通车里程 6731 公里。铁路营业里程 4822 公里。年末全省民用汽车保有量 760.9 万辆，比上年增长 6.0%；民用轿车保有量 441.6 万辆，增长 7.7%，其中私人轿车 427.4 万辆，增长 7.9%。

全年完成邮政业务总量[3]243.6 亿元，比上年增长 15.6%。

完成邮政函件业务 706.1 万件，下降 5.2%；包裹业务 36.9 万件，增长 9.8%。快递业务量 18.2 亿件，增长 13.9%；快递业务收入 161.7 亿元，增长 12.1%。全年完成电信业务总量[4]437.7 亿元，比上年增长 25.7%。年末移动电话基站数 31.4 万个，其中 4G 基站 17.3 万个，5G 基站 6.5 万个。年末固定电话用户 448.2 万户，比上年末下降 5.4%。移动电话用户 4694.5 万户，增长 4.4%。移动电话普及率为 103.9 部 / 百人。固定互联网宽带接入用户 1958.3 万户，增长 15.2%。移动互联网用户 3974.7 万户，增长 3.1 %。

五、固定资产投资

全年固定资产投资比上年增长 8.6%。第一产业投资增长 20.8%，第二产业投资增长 6.9%，第三产业投资增长 10.1%。民间投资增长 5.4%。基础设施投资增长 22.4%。社会领域投资[5]增长 26.2%

图 6　2018-2022 年固定资产投资增长速度

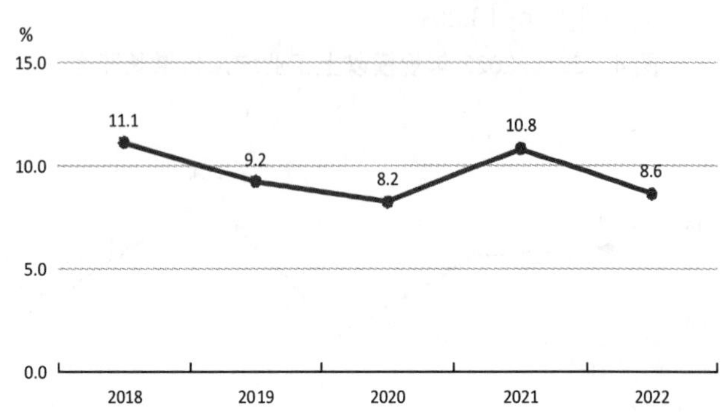

表 6　2022 年分行业固定资产投资增长速度及构成

行　业	比上年增长 (%)	构成 (%)
总计	8.6	100.0
第一产业	20.8	1.8
第二产业	6.9	50.8
工业	7.0	50.7
采矿业	31.9	1.0
制造业	6.5	46.8
电力、热力、燃气及水生产和供应业	7.2	2.9
建筑业	-29.3	0.1
第三产业	10.1	47.4
批发和零售业	4.7	1.4
交通运输、仓储和邮政业	10.3	4.0
住宿和餐饮业	33.4	0.6
信息传输、软件和信息技术服务业	-7.8	1.1
金融业	16.1	0.1
房地产业 [6]	-5.9	16.1
租赁和商务服务业	19.4	2.4
科学研究和技术服务业	12.9	0.7
水利、环境和公共设施管理业	29.8	13.5
居民服务、修理和其他服务业	9.7	0.3
教育	14.4	2.1
卫生和社会工作业	40.4	1.8
文化、体育和娱乐业	28.9	1.6
公共管理、社会保障和社会组织	1.1	1.4

全年房地产开发投资比上年下降 12.6%，其中住宅投资下降 11.6%；办公楼投资下降 15.2%；商业营业用房投资下降 14.6%。商品房销售面积 6702.6 万平方米，下降 12.7%，其中住宅销售面积 5663.1 万平方米，下降 15.2%。商品房销售额 4905.2 亿元，下降 16.8%，其中住宅销售额 4138.6 亿元，下降 19.0%。年末商品房待售面积 683.6 万平方米，比上年末下降 7.3%，其中住宅待售面积 338.7 万平方米，增长 4.3%。

六、国内贸易

全年社会消费品零售总额 12853.5 亿元，比上年增长 5.3%。按经营地统计，城镇消费品零售额 10813.0 亿元，增长 5.3%；乡村消费品零售额 2040.5 亿元，增长 5.5%。按消费类型统计，商品零售 11530.2 亿元，增长 5.3%；餐饮收入 1323.3 亿元，增长 5.1%。限额以上单位消费品零售额 4622.8 亿元，增长 14.4%。网上零售额 2598.5 亿元，增长 18.1%，其中，实物商品网上零售额 2311.8 亿元，增长 17.5%。

图 7　2018-2022 年社会消费品零售总额增长速度

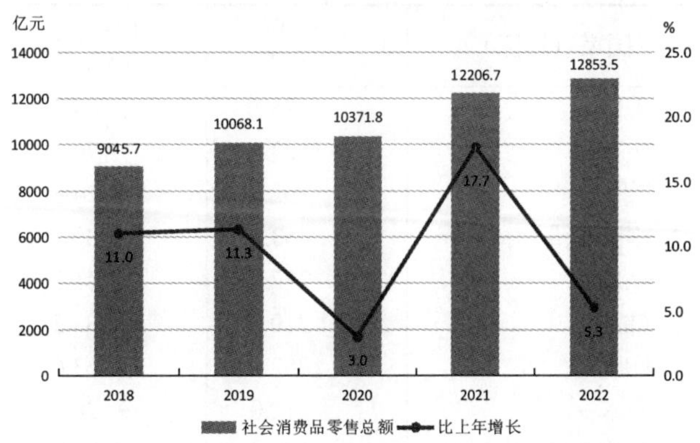

全年限额以上单位商品零售额中，粮油、食品类零售额比上年增长 27.1%，饮料类增长 32.2%，烟酒类增长 18.7%，服装、鞋帽、针纺织品类增长 31.0%，化妆品类增长 24.8%，金银珠宝类增长 8.6%，日用品类下降 2.8%，家用电器和音像器材类增长 1.1%，中西药品类增长 19.0%，文化办公用品类增长 18.7%，家具类增长 19.7%，通讯器材类增长 3.4%，石油及制品类增长 18.8%，建筑及装潢材料类增长 16.1%，汽车类增长 4.6%。

七、对外经济

全年货物贸易进出口总值 6713.0 亿元，比上年增长 34.9%。其中，出口值 5088.4 亿元，增长 38.7%；进口值 1624.6 亿元，增长 24.2%。对“一带一路”沿线国家进出口 2254.0 亿元，增长 58.2%。

图 8　2018-2022 年货物贸易进出口总值

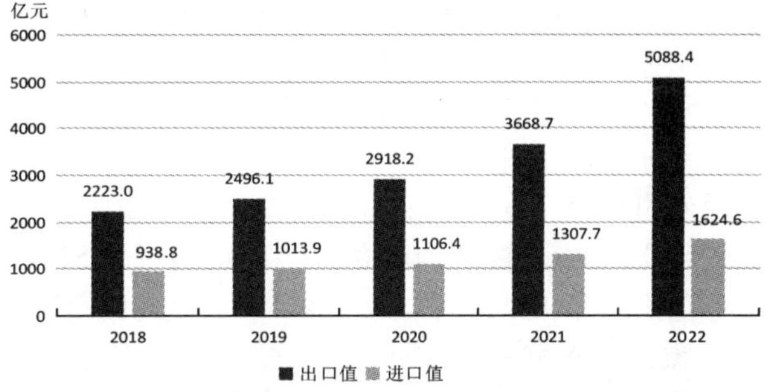

表 7　2022 年货物贸易进出口总值及其增长速度

指　标	金额 (亿元)	比上年增长 (%)
进出口总值	6713.0	34.9
出口值	5088.4	38.7
其中：一般贸易	4203.9	43.2
加工贸易	696.8	18.9
其中：机电产品	2354.8	28.3
高新技术产品	1224.2	28.5
进口值	1624.6	24.2
其中：一般贸易	923.6	21.2
加工贸易	558.9	32.5
其中：机电产品	692.5	27.8
高新技术产品	587.4	28.2

表 8 2022 年对主要国家（地区）出口值及其增长速度

国家（地区）	出口值（亿元）	比上年增长（%）
美国	725.3	9.2
东盟	1123.3	70.1
欧盟	592.8	24.6
中国香港	453.7	30.3
越南	277.3	41.7
韩国	310.1	83.2
印度	252.1	63.6
日本	212.0	38.7
马来西亚	176.4	64.8
印度尼西亚	111.0	30.3
中国台湾	66.6	-1.5

全年新设外商直接投资企业 669 家，比上年增加 36 家。实际使用外商直接投资 [7] 金额 21.7 亿美元，下降 5.3%。利用省外项目实际进资 10425.4 亿元，增长 9.3%。

全年对外承包工程完成营业额 38.7 亿美元，比上年下降 6.1%。累计派出各类劳务人员 1400 人。

八、财政金融

全年一般公共预算收入 2948.3 亿元，比上年增长 4.8%。其中税收收入 1788.9 亿元，下降 7.3%。一般公共预算支出 7288.3 亿元，比上年增长 7.5%。全年为市场主体办理新增减税退税缓税（费）近千亿元，其中留抵退税 444.4 亿元，降低、缓缴各项社保费 44.6 亿元，减免房屋租金 5.4 亿元。

年末金融机构本外币各项存款余额 53162.4 亿元，比上年末增长 11.3%。金融机构本外币各项贷款余额 52775.6 亿元，比上年末增长 11.9%。

年末境内证券市场共有上市公司 77 家，其中，主板公司 51 家，创业板公司 20 家，科创板公司 5 家，北交所公司 1 家。辖区内证券公司 2 家，分公司 52 家，证券营业部 299 家，证券交易额 8.7 万亿元；期货公司 1 家，分公司 9 家，期货营业部 22 家，期货代理成交金额 3.9 万亿元。

全年保险公司原保险保费收入 [8]972.5 亿元，比上年增长 6.9%。其中，财产险保费收入 304.2 亿元，寿险保费收入 475.4 亿元，健康险保费收入 169.9 亿元，人身意外伤害险保费收入 23.0 亿元。支付各类赔款及给付 354.5 亿元。其中，财产险赔付 192.5 亿元，寿险赔付 74.6 亿元，健康险赔付 80.6 亿元，人身意外伤害险赔付 7.0 亿元。

九、居民收入消费和社会保障

全年居民人均可支配收入 32419 元，比上年增长 5.9%。按常住地分，城镇居民人均可支配收入 43697 元，增长 4.8%；农村居民人均可支配收入 19936 元，增长 6.7%。城乡居民人均可支配收入比值为 2.19，比上年缩小 0.04。

全年居民人均消费支出 21708 元，比上年增长 7.0%。按常住地分，城镇居民人均消费支出 25976 元，增长 5.6%；农村居民人均消费支出 16984 元，增长 8.4%。全省居民恩格尔系数为 32.0%，其中城镇为 31.2%，农村为 33.4%。

图 9 2018-2022 年城镇、农村居民人均可支配收入及城乡居民收入比

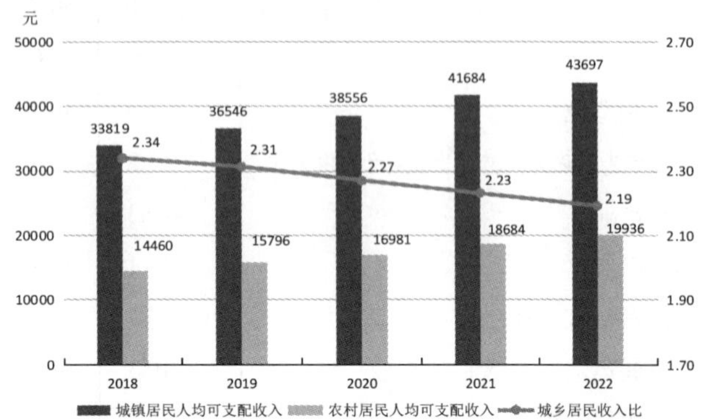

年末参加城镇职工基本养老保险人数 1362.0 万人，比上年末增加 114.5 万人。参加城乡居民基本养老保险人数 2081.1 万人，增加 6.7 万人。参加基本医疗保险人数 4648.2 万人，其中，参加职工基本医疗保险人数 646.1 万人，参加城乡居民基本医疗保险人数 4002.2 万人。参加失业保险人数 357.5 万人，增加 49.6 万人。领取失业保险金人数 5.5 万人。参加工伤保险人数 558.1 万人，减少 5.3 万人。参加生育保险人数 403.9 万人，增加 23.5 万人。城市居民纳入最低生活保障人数 29.6 万人，农村居民纳入最低生活保障人数 144.3 万人，农村居民纳入特困供养人数 12.4 万人，全年临时救助 18.1 万人次。

年末共有提供住宿的社会服务机构 1964 个，床位 19.1 万张，其中养老床位 18.7 万张。收养人数 9.2 万人。社区综合服务机构和设施总数 2.2 万个，其中社区服务中心 1171 个。全年销售社会福利彩票 31.0 亿元，筹集福利彩票公益金 9.9 亿元，直接接受社会捐赠 17.3 亿元。

十、科学技术和教育

全年研究与试验发展（R&D）经费支出占 GDP 的比重预计为 1.8%。年末共有国家级重点实验室 6 个，省级重点实验室 241 个；国家工程（技术）研究中心 8 个，省工程（技术）研究中心 351 个。全年授权专利 7.6 万件，每万人有效发明专利拥有量 6.9 件。全年共签订技术合同 10255 项，技术市场合同成交金额 758.2 亿元。

全年累计获省级检验检测机构资质认定的机构 1899 个。其中，国家产品质量监督检验中心 10 个，法定计量技术机构 340 个。全年强制检定计量器具 141.2 万台（件）。获得 CCC 认证证书的企业 714 家，获得 CCC 认证证书 4783 张。发放自愿性产品认证证书 1.7 万张，发放省级工业产品生产许可证 877 张。

测绘部门为经济社会发展提供各种基本比例尺地形图 4062 幅，测绘基准成果 591 点，遥感影像成果 2009.2 万平方公里。

年末共有普通高等学校（含普通、职业本专科）106 所，普通高中 561 所，中等职业学校 263 所，初中阶段学校 2233 所，小学 6324 所。民办学校 7739 所。特殊教育在校生 3.9 万人，学前教育在园幼儿 150.9 万人。高中阶段毛入学率为 93.5%，普通高考录取率为 81.1%。

表 9　2022 年各类学校招生、在校生和毕业生人数

单位：万人

指　标	招生数	在校生数	毕业生数
研究生教育	2.3	6.6	1.6
普通高等教育	49.8	146.4	37.9
成人高等教育	18.9	46.7	12.4
中等职业教育	19.5	55.7	14.2
普通高中	42.2	120.7	37.3
初中学校	68.5	208.4	76.6
普通小学	56.8	383.9	68.5

十一、文化旅游、卫生健康和体育

年末共有公有制艺术表演团体 81 个，文化馆 117 个，公共图书馆 114 个，博物馆 203 个。广播电视播出机构 96 个。有线电视实际用户 646.7 万户，其中有线数字电视实际用户 643.5 万户。广播综合人口覆盖率 99.5%，电视综合人口覆盖率 99.8%。全年出版各类报纸 64 种、期刊 165 种、图书 10760 种，出版各类报纸 71682 万份、期刊 7603 万册、图书 27554 万册。

全年旅游接待总人数 65537.1 万人次，比上年下降 11.8%；旅游总收入 5758.7 亿元，下降 14.9%。

年末共有各类医疗卫生机构（含村卫生室）35690 个。其中，医院、卫生院 2561 个，社区卫生服务中心（站）597 个，妇幼保健院（所、站）111 个，专科疾病防治院（所、站）83 个，疾病预防控制中心 142 个，卫生监督所（中心）100 个。卫生技术人员 31.3 万人。其中，执业医师和执业助理医师 11.3 万人，注册护士 14.4 万人。医院、卫生院床位数 29.1 万张。

年末共有青少年俱乐部 202 个，其中，国家级 145 个，省级 57 个。青少年户外活动营地 5 个。国家级体育传统项目学校 15 所，省级体育传统项目学校 237 所，省级单项体育后备人才基地 38 个。在国际和国内的重大比赛中共获得 33 枚金牌、36 枚银牌和 42 枚铜牌。

十二、资源、环境和应急管理

全年完成人工造林 101.2 万亩，退化林修复（低产低效林改造）173.1 万亩。完成油茶生产任务 154.4 万亩。新增森林药材种植面积 29.4 万亩。新增水土流失治理面积 1353.1 平方公里。

全年规模以上工业综合能源消费量 6362.3 万吨标准煤，比上年增长 3.5%；万元规模以上工业增加值能耗下降 3.4%。

全年全省设区城市 $PM_{2.5}$ 平均浓度为 27 微克 / 立方米，比上年下降 6.9%，平均浓度达国家二级标准。全年优良天数比例为 92.1%，比上年下降 4.0 个百分点。

全年地表水监测断面（点位）水质优良比例为 93.6%，Ⅴ类比例为 0.3%，劣Ⅴ类水质比例为 0%。全省地表水国考断面水质优良比例为 96.2%，比上年提高 0.7 个百分点。

全年平均气温 19.0℃，偏高 0.7℃，排历史第 2 高位；平均降水量 1518.2 毫米，偏少 1.2 成，为 1961 年以来第 20 低位。

全年共发生生产安全事故 790 起，比上年减少 503 起。生产安全事故死亡人数 577 人，比上年减少 355 人。亿元生产总值生产安全事故死亡率为 0.018。

注释：

[1] 本公报中数据均为初步统计数。部分数据因四舍五入的原因，存在总计与分项合计不等的情况。

[2] 地区生产总值、各产业增加值绝对数按现价计算，增长速度按不变价格计算。

[3] 邮政业务总量按 2020 年不变单价计算。

[4] 电信业务总量按 2021 年不变单价计算。

[5] 社会领域投资包括教育，卫生和社会工作，文化、体育和娱乐业投资。

[6] 房地产业投资除房地产开发投资外，还包括建设单位自建房屋以及物业管理、中介服务和其他房地产投资。

[7] 实际使用外商直接投资数据从 2022 年 7 月起改为国家商务部统计口径数据。

[8] 原保险保费收入是指保险企业确认的原保险合同保费收入。

资料来源：

本公报中就业、养老保险、失业保险、工伤保险数据来自省人力资源和社会保障厅；铁路客货运数据来自中国铁路南昌局集团有限公司；公路水路客货运、港口货物吞吐量数据来自省交通运输厅；民用汽车数据来自省公安厅；电信业务量、移动电话用户数、固定电话用户数、互联网用户数据来自省通信管理局；邮政业务量、快递业务量数据来自省邮政管理局；证券、期货数据来自江西证监局；保险数据来自江西银保监局；货物进出口数据来自南昌海关；外商直接投资、对外直接投资、对外承包工程数据来自省商务厅；财政数据来自省财政厅；存贷款数据来自人民银行南昌中心支行；医保数据来自省医保局；教育数据来自省教育厅；科技数据来自省科技厅；专利数据、质量检测、行业标准数据来自省市场监督管理局；艺术表演团体、博物馆、公共图书馆、文化馆、旅游数据来自省文化和旅游厅；广播、电视数据来自省广播电视局；报纸、期刊、图书数据来自省委宣传部；测绘数据来自省自然资源厅；卫生数据来自省卫生健康委；体育数据来自省体育局；城乡低保、社会福利、社区服务、社会捐赠数据来自省民政厅；造林数据来自省林业局；空气和地表水质量数据来自省生态环境厅；降水量、平均气温数据来自省气象局；安全生产数据来自省应急管理厅；其他数据来自省统计局和国家统计局江西调查总队。